parcerias público-privadas

parcerias público-privadas

CRISTINA MARGARETE WAGNER MASTROBUONO
MARIÂNGELA SARRUBBO FRAGATA

organizadoras

CEPGE
CENTRO DE ESTUDOS DA PROCURADORIA
GERAL DO ESTADO DE SÃO PAULO

imprensaoficial
GOVERNO DO ESTADO DE SÃO PAULO

apresentação

Esta obra destina-se a orientar os profissionais do Direito em relação a um tema que tem se tornado comum nas grandes empreitadas do Estado e desencadeado inúmeras preocupações: as Parcerias Público-Privadas, conhecidas como PPPs.

A formação de grupos de estudos e pesquisas junto ao Centro de Estudos da Procuradoria Geral do Estado de São Paulo tem sido um importante instrumento no enriquecimento dos profissionais que voltam seus olhos ao aprimoramento temático.

O fio condutor do grupo de estudos responsável por esta obra foi a difusão das melhores práticas na realização da parceria que envolve a Administração Pública e o setor privado.

Ao passo em que os trabalhos foram desenvolvidos, passou-se da reflexão conceitual à elaboração e exame dos editais que regem grande parte das contratações que envolvem o Estado de São Paulo.

A partir da análise comparativa dos editais já publicados em todo o país, tentou-se identificar as posturas rotineiras das partes envolvidas e produzir uma cláusula "modelo" a ser utilizada, com as devidas adaptações, por outros profissionais que, igualmente, enfrentam o desafio constante de identificar qual o melhor direito a ser aplicado nos complexos editais e contratos de concessão.

O tema surpreende a todos a cada dia, com as intercorrências que surgem a partir da publicação de um novo edital ou da assinatura de um novo contrato exigindo do leitor a constante atualização, inclusive a partir da publicação dessa obra. Contudo, o compartilhamento deste estudo se impôs para um maior conhecimento do assunto por toda a comunidade jurídica, com vistas a evitar o aumento da litigiosidade entre o setor público e o privado, e o melhor aproveitamento dos recursos públicos.

Assim, deixamos aqui registrados nosso reconhecimento aos coautores desta obra, e ao apoio do Procurador Geral do Estado, Dr. Elival da Silva Ramos para o desenvolvimento dos trabalhos, na certeza de que a cada dia a Procuradoria Geral do Estado de São Paulo afirma e reafirma a qualidade do seu trabalho na advocacia consultiva do Estado.

Mariângela Sarrubbo Fragata
Procuradora do Estado Chefe do
Centro de Estudos da PGE/SP

Cristina Margarete Wagner Mastrobuono
Procuradora do Estado Assessora
Coordenadora do Núcleo Temático de Estudos e Pesquisas
de PPPs na PGE/SP

sumário

capítulo I

Habilitação jurídica na licitação de parceria público-privada 1

Introdução 1

Direito de licitar. Participação nas licitações em geral e em certames de parcerias público-privadas 2

Licitações internas e internacionais. Distinção. Publicidade 3

Sociedades nacionais e estrangeiras e entidades nacionais e estrangeiras – participação no edital da Linha 6 - Laranja 7

Consórcio na licitação 15

Documentos equivalentes 19

Conclusão 20

Bibliografia 22

capítulo II

A qualificação econômico-financeira nas parcerias público-privadas 23

Introdução 23

Os mecanismos positivados e a jurisprudência dos Tribunais 29

Utilização de índices 33

Os sinais de capacidade financeira 42

Conclusão 47

Bibliografia 47

capítulo III

Qualificação Técnica em Parcerias Público-Privadas na jurisprudência do Tribunal de Contas da União e do Tribunal de Contas do Estado de São Paulo 49

Introdução 49

Qualificação Técnico-Operacional 51

Qualificação Técnico-Profissional 59

Questões Comuns 63

Somatório de atestados **66**

Grupos empresariais e alterações societárias **74**

Qualificação Técnica "facultativa" – ou "subcontratada qualificada" **77**

Sugestão de cláusula **81**

Conclusão **92**

Bibliografia **92**

capítulo IV

Plano de Negócios. Função Contratual e Desafios Licitatórios 95

Introdução **95**

A viabilidade e a exequibilidade do Plano de Negócios: a análise pela comissão julgadora **107**

Momento do julgamento do Plano de Negócios nas diversas fases da Licitação para Concessão e suas implicações jurídicas **114**

Conclusão **123**

Bibliografia **125**

capítulo V

Garantia da proposta e garantia da execução nas parcerias público-privadas 127

Introdução **127**

Garantia da proposta **129**

Garantia da execução **134**

Modalidades de garantia nos contratos de parceria público-privada **145**

Conclusão **152**

Bibliografia **154**

capítulo VI

A sociedade de propósito específico nas parcerias público-privadas: debatendo o tema sob uma perspectiva prática 155

Introdução 155

A Constituição da Sociedade de Propósito Específico **160**

Sociedade de Propósito Específico **164**

Padrões de Governança Corporativa e Contabilidade **172**

Transferência do controle acionário aos financiadores **175**

Outras questões sobre o tema **177**

Conclusão **182**

Bibliografia **183**

capítulo VII

Garantias do Poder Público em parcerias público-privadas: uma análise dos projetos da Linha 6 do Metrô de São Paulo, do Estádio Castelão, do Complexo Viário da Praia do Paiva e do Complexo Penal de Minas Gerais 187

Introdução **187**

Breves considerações sobre as garantias previstas no artigo 8º da Lei federal no 11.079/2004 **190**

Estruturas de garantias oferecidas em projetos de PPPs **193**

Considerações finais **207**

Bibliografia **208**

capítulo VIII

Breves notas sobre o equilíbrio econômico-financeiro nas concessões de serviços públicos 211

Introdução **211**

Breve visão jurídica sobre o equilíbrio econômico-financeiro **212**

Breve visão econômica sobre o equilíbrio econômico-financeiro **219**

Representação gráfica do fluxo de caixa de um projeto **221**

Conclusão **237**

Bibliografia **238**

capítulo IX

Término da parceria público-privada: hipóteses de extinção contratual e pontos polêmicos 241

Introdução **241**

Intervenção do Poder Concedente na execução do Contrato de Concessão. Dispositivos "gerais" e dispositivos aplicáveis ao setor elétrico **242**

Transferência de controle da concessionária (SPE) para seus financiadores (*step in rights*) **246**

Extinção do Contrato **248**

Caso fortuito ou força maior **273**

Reversão dos bens **274**

Conclusão **281**

Bibliografia **282**

capítulo X

Aspectos polêmicos envolvendo a aplicação de penalidades contratuais nas parcerias público-privadas 285

Introdução **285**

Procedimento para aplicação de penalidades contratuais **288**

Excludentes de responsabilidade **292**

O problema da tipificação das penalidades e sua previsão contratual **298**

A execução da penalidade de multa **305**

A multa e sua base de cálculo **309**

Considerações finais **312**

Bibliografia **313**

capítulo XI

Cláusula de solução de controvérsias em contratos de parcerias público-privadas: estudo de casos e proposta de redação 315

Introdução **315**

O Foro amigável de solução de disputas **317**

A Cláusula Arbitral **327**

Forma de contratação e pagamento das despesas e eventual condenação **339**

Bibliografia **345**

capítulo XII

Aporte de recursos em PPPs - notas sobre a natureza, tratamento tributário e modificações implementadas pela Lei nº 12.766/12 347

Introdução **347**

Breve histórico da remuneração nas concessões **348**

Remuneração das PPPs – Aporte de recursos **349**

Análise de caso: O aporte de recursos em PPPs e a experiência da Linha 6 do Metrô de São Paulo **360**

Anexo VI **362**

Conclusão **364**

Bibliografia **365**

capítulo I

Habilitação jurídica na licitação de parceria público-privada

Anna Cândida Alves Pinto Serrano[1]
Beatriz Corrêa Netto Cavalcanti[2]
Vera Lúcia La Pastina[3]

Introdução

O presente estudo objetiva trazer aspectos tidos por relevantes na habilitação jurídica nas licitações de parcerias público-privadas, de forma a auxiliar na elaboração de editais.

A análise do assunto foi precedida de ampla consulta a obras doutrinárias, julgados dos tribunais de contas e editais de licitações públicas, tais como Edital de Concessão Patrocinada da Linha Amarela do Metrô de São Paulo, Edital de Concessão Patrocinada da Linha Laranja do Metrô de São Paulo e Edital de Concessão do Trem de Alta Velocidade - ANTT.

Partindo do direito de licitar, serão feitas considerações sobre as condições de participação em certames em geral e nas parcerias público-privadas, tanto em licitações internas quanto em internacionais.

A participação de sociedades e de entidades nacionais e estrangeiras nas licitações, em especial nas parcerias público-privadas, terá análise detalhada, não apenas pelas questões surgidas durante o estudo, mas também pela necessidade de exame da legislação societária brasileira.

---

[1] Procuradora do Estado de São Paulo. Especialista em Direito do Estado pela Escola Superior da Procuradoria Geral do Estado de São Paulo. Graduada em Direito pela Pontifícia Universidade Católica de São Paulo – PUC/SP.
[2] Procuradora do Estado de São Paulo. Graduada em Direito pela Universidade de São Paulo - USP.
[3] Procuradora do Estado de São Paulo. Graduada em Direito pela Universidade de São Paulo - USP.

Como as licitações para a contração de parcerias público-privadas envolvem, em geral, serviços públicos complexos e de grande vulto, a formação de consórcios e os temas relativos à sua constituição, seja por empresas nacionais ou estrangeiras, será abordada dando-se especial destaque às matérias controvertidas.

Por fim, diante da possibilidade de participação de pessoas jurídicas estrangeiras em certames, a questão dos documentos equivalentes, que devem ser por elas apresentados, comporão tópico específico.

Direito de licitar. Participação nas licitações em geral e em certames de parcerias público-privadas

O direito de licitar é um direito público subjetivo de natureza abstrata. É um direito condicionado. Subordina-se ao preenchimento de certas exigências, previstas em lei e no ato convocatório. Essas exigências se referem quer à pessoa do licitante, quer à proposta por ele formulada. A lei e o ato convocatório estabelecem certos requisitos indispensáveis para a disputa. Esses requisitos podem ser denominados de condições do direito de licitar. No plano jurídico, qualquer pessoa pode ter interesse em formular proposta de contratação à Administração Pública. O interesse público exige que somente sejam consideradas propostas de contratação, as que forem formuladas por quem esteja em condições de executá-las satisfatoriamente. O princípio da igualdade não significa que a Administração Pública possa aceitar proposta formulada por quem não detenha condições de sua execução.

> "O direito de licitar assegura a qualquer pessoa a formulação de uma proposta de contratação dirigida à Administração Pública, sujeito passivo do direito de licitar reconhecido aos particulares, segundo as condições fixadas na lei e no ato convocatório.
> [...]
> Seguindo essa sistemática, a Lei nº 8666 consagra a orientação de que a Administração somente pode apreciar as propos-

tas formuladas por aqueles a quem reconheceu titularidade do direito de licitar.
[...]
A titularidade das condições do direito de licitar é denominada, usualmente, de 'habilitação'.
[...]
Na acepção de fase procedimental, a habilitação consiste no conjunto de atos orientados a apurar a idoneidade e a capacitação de sujeito para contratar com a Administração Pública. Na acepção de ato administrativo decisório, indica o ato pelo qual a Administração finaliza essa fase procedimental, decidindo sobre a presença das condições do direito de licitar.
Os requisitos para o sujeito participar da licitação podem ser denominados de 'condições de participação'. A expressão indica o conjunto de exigências, previsto em lei e no ato convocatório, cujo descumprimento acarretará a ausência de apreciação da proposta do licitante."
(Justen Filho, Marçal. 2012, p. 452, 453, 454).

Nas concorrências internacionais podem participar

"[...] quaisquer empresas sob o controle da iniciativa privada e, também, empresas públicas, sociedades de economia mista, fundações públicas e outras entidades supervisionadas pelo Poder Público, ressalvando-se, quanto a estas últimas, a necessidade de não serem prestadoras de serviços públicos. A participação, nesse caso, pode ocorrer isoladamente ou sob a forma de consórcio, desde que admitido este no edital."
(Leão, Eliana Goulart; Senhorinho, Eliane Maria. Acesso em 5/7/2013)

O art. 9º da Lei nº 8.666/93 arrola aqueles que não podem participar de licitação.

Licitações internas e internacionais. Distinção. Publicidade

A Lei nº 11.079, de 30/12/2004, instituiu normas gerais de licitação e contratação de parceria público-privada no âmbito da Administração Pública.

A contratação de parceria público-privada é precedida de licitação, na modalidade de concorrência (art. 10). O edital deve indicar expressamente a submissão da licitação às normas da Lei nº 11.079/2004 e, no que couber, ao disposto nos §§ 3º e 4º do art. 15 e nos arts. 18, 19 e 21 da Lei nº 8.987/95.

Nessa legislação, não há restrição à participação de consórcios nem à licitação internacional.

Em licitações internacionais, prescreve o art. 23, § 3º, da Lei federal nº 8.666/93, que a modalidade de licitação a ser adotada é a concorrência, salvo as exceções expressamente previstas.

Nos editais analisados, a Administração Pública tem, em regra, escolhido a licitação internacional para os Projetos de PPPs.

A decisão acerca de realizar licitação interna ou internacional está a cargo do administrador público, que fará tal opção de acordo com a disponibilidade dos bens ou serviços no mercado interno ou internacional, tendo como foco buscar melhores produtos e preços mais vantajosos.

A definição do que vem a ser uma licitação internacional, porém, não é uniforme. Assim ensina o professor Celso Antônio Bandeira de Mello, entendendo que o certame internacional busca alcançar as empresas que *não estejam em funcionamento* no país:

> "A Administração Pública é livre para decidir, segundo as conveniências públicas, se realiza uma licitação *interna* ou *internacional*. Com efeito, a lei reguladora das licitações tanto trata ordinariamente de uma, quanto especificamente de outra, pois às licitações internacionais se reportam os arts. 32, § 4º, e 42 e parágrafos.
> *Licitação internacional* é aquela aberta à participação de empresas estrangeiras que não estejam em 'funcionamento no País'. [...]
> Empresas estrangeiras que não se qualifiquem como 'em funcionamento no País' *não podem participar de licitações internas,* seja isoladamente, seja em consórcio, visto que os membros de um consórcio necessitam, a teor do art. 33, III, apresentar todos os documentos exigidos nos arts. 28 a 31. Ora, o art. 28 exige, entre os documentos demandados, o 'decreto

de autorização para funcionamento no País' (inciso V). Assim, empresas estrangeiras que não sejam tipificáveis como 'em funcionamento no País' só podem participar de 'licitações internacionais'."
(Mello, Celso Antônio Bandeira de. 2009, p. 566/567).

O doutrinador Lucas Rocha Furtado, no entanto, tem entendimento diverso, e seu conceito enfoca a divulgação do certame no exterior como condição à caracterização da licitação internacional:

"[...]
é considerada licitação internacional aquela em que a Administração promove a sua divulgação no exterior, convocando empresas constituídas e regidas por leis de países estrangeiros para participar do certame. Lembramos que em uma licitação normal (que não seja internacional), para a aquisição pela Administração de determinados produtos, nada impede que empresas estrangeiras apresentem propostas. Isto não irá, no entanto, transformá-la em licitação internacional. Somente quando a divulgação do certame for feita no exterior será ela considerada internacional. Isto impõe, como visto, a adoção, como regra, da concorrência."
(Furtado, Lucas Rocha. 2012, p. 150/151).

O conceito de Furtado para a concorrência internacional parece frágil, pois a utilização da internet como meio de divulgação de edital (nos *sites* de domínio do Estado ou de suas estatais), torna, de imediato, internacionais as licitações assim divulgadas, visto que a comunicação pela internet é acessível por sociedades de todo o mundo.

Pensamos que para que a licitação seja considerada internacional é indispensável que essa condição seja declarada no Edital. Mas não é indispensável que a sua divulgação seja feita nos meios de comunicação no exterior. A Lei nº 8.666/93 não tem previsão sobre a divulgação obrigatória em meios de comunicação de outros países. A publicação dos avisos contendo os resumos dos editais está prevista no art. 21 da Lei nº 8.666/93. A publicação deve ser feita pelo menos uma vez e com antecedência.

O aviso deve ser publicado no:

a) *Diário Oficial da União*, se a licitação for da Administração Pública Federal ou quando se tratar de obras financiadas parcial ou totalmente com recursos federais ou garantidas por instituições federais;

b) *Diário Oficial do Estado* ou do Distrito Federal, quando se tratar, respectivamente, de licitação da Administração Pública Estadual ou Municipal ou do Distrito Federal;

c) em jornal diário de grande circulação no Estado e também, se houver, em jornal de grande circulação no município ou na região onde será realizada a obra, prestado o serviço, fornecido, alienado ou alugado o bem.

O aviso pode ser publicado, conforme o vulto da licitação, em outros meios de divulgação para ampliar a área de competição. É uma faculdade da Administração Pública fazer uso de outros meios de comunicação social, inclusive rádio e televisão, sindicatos e outras entidades de classe e até na internet.

Cabe à Administração deliberar sobre o meio de atingir o objetivo da ampla competição, mas não está dispensada a publicação na imprensa oficial.

Recomenda-se a determinação de um prazo maior do que o estabelecido no art. 21, § 2°, da Lei de Licitações (45, 30, 15 ou 5 dias, a depender do tipo da licitação) para que possam ser adotadas todas as providências para a propagação do certame. Tratando-se de parcerias público-privadas, o prazo de publicação do edital que tem sido considerado é de 45 dias, mediante interpretação dos art. 6°, "e", e 21, § 2°, I, "b", da Lei n° 8.666/93, pois as concessões patrocinadas e administrativas podem ser consideradas como contratação em regime de empreitada integral. Quando o objeto a ser licitado for de alta complexidade tecnológica ou de grande vulto, recomenda-se a publicação em revistas técnicas renomadas, periódicos ou publicações profissionais de ampla circulação internacional.

Nas licitações internacionais com recursos oriundos do BIRD ou do BID (organismos multilaterais de crédito dos quais o Brasil faz parte) ou de agências oficiais estrangeiras de cooperação, é necessária a publicação do resumo do edital, geralmente em inglês, no "Development Business", publicação do Departamento de Informação Pública das Nações Unidas e ainda comunicação escrita a todas as embaixadas dos respectivos países membros, no Brasil, noticiando a realização da concorrência e convidando-os a participar.

Se o objeto da licitação for financiado por organismos internacionais – BIRD e BID – sua divulgação deverá ser feita nos meios de divulgação indicados por esses organismos.

Sociedades nacionais e estrangeiras e entidades nacionais e estrangeiras – participação no edital da Linha 6 - Laranja

Tomamos como objeto de estudo neste item o edital da Linha 6 – Laranja do Metrô de São Paulo (disponível em http://stm.sp.gov.br, acesso em 16/10/2013), que abre a concorrência a sociedades nacionais e estrangeiras e entidades nacionais e estrangeiras, inclusive as que não funcionem no País, reunidas em consórcio ou isoladamente (subitem 4.1 do edital da Linha Laranja).

Sociedades nacionais

a) Sociedades nacionais: empresárias e simples, isoladamente ou reunidas em consórcio.

Deve-se registrar o conceito legal de sociedade nacional, conforme prescreve o art. 1.126 do Código Civil: *É nacional a sociedade organizada de conformidade com a lei brasileira e que tenha no País a sede de sua administração.*

Também o parágrafo único do mesmo dispositivo reza que:

> "Quando a lei exigir que todos ou alguns sócios sejam brasileiros, as ações da sociedade anônima revestirão, no silêncio da lei, a forma nominativa. Qualquer que seja o tipo da sociedade, na sua sede ficará arquivada cópia autêntica do documento comprobatório da nacionalidade dos sócios."

Conforme o art. 45 do Código Civil, começa a existência legal das pessoas jurídicas de direito privado com a inscrição do ato constitutivo no respectivo registro, precedida, quando necessário, de autorização ou aprovação do Poder Executivo, averbando-se no registro todas as alterações que passar o ato constitutivo.

Observação:

No edital, pode ser solicitado que os atos societários venham consolidados, pois dessa forma o último ato societário registrado no órgão de registro público competente conterá todas as alterações societárias anteriores.

b) Participação de sociedades estrangeiras.

1) Nos termos do art. 28, V, da Lei nº 8.666/93, as sociedades estrangeiras, autorizadas por decreto a funcionar no País e, com seus atos societários registrados no órgão de registro público competente, podem participar das licitações internas e internacionais, e estão sujeitas ao mesmo regime jurídico das sociedades nacionais quanto aos atos ou operações praticados no Brasil (art.1.137 do Código Civil).

2) A sociedade estrangeira, que não esteja em funcionamento no País, poderá comprovar a sua habilitação jurídica e até a qualificação econômico-financeira, apresentando os documentos relacionados no art. 1.134 do Código Civil, a saber:

"I - prova de se achar a sociedade constituída conforme a lei de seu país;

II - inteiro teor do contrato ou do estatuto;

III - relação dos membros de todos os órgãos da administração da sociedade, com nome, nacionalidade, profissão, domicílio e, salvo quanto a ações ao portador, o valor da participação de cada um no capital da sociedade;

IV - [...];

V -prova de nomeação do representante no Brasil, com poderes expressos para aceitar as condições exigidas para a autorização;

VI - último balanço."

Os documentos exigidos pelo art. 1.134 do Código Civil são os necessários para a sociedade estrangeira requerer autorização para funcionar no País.

Os mesmos documentos que são exigidos pelo art. 1.134 do Código Civil para a sociedade estrangeira requerer autorização para funcionar no País, com as adaptações pertinentes, podem ser requeridos para a habilitação jurídica em licitação internacional de sociedade estrangeira não autorizada a funcionar no País.

Ao Ministro de Estado Chefe da Secretaria da Micro e Pequena Empresa da Presidência da República foi delegada pelo Presidente da República, por meio do Decreto nº 5.664/2006, na redação dada pelo Decreto nº 8.060, de 29/3/2013, a competência para autorizar o funcionamento no Brasil de sociedade estrangeira, bem como suas alterações estatutárias ou contratuais, nacionalização e cassação da autorização de seu funcionamento, na forma prevista nos arts. 1.134, 1.139 e 1.141 do Código Civil, e nos arts. 59 a 73 do Decreto-lei nº 2.627/1940, permitida a subdelegação.

Se a atividade da sociedade estrangeira estiver, por lei, sujeita à fiscalização de outro órgão federal, como, por exemplo, o Banco Central, a Susep, Anac, este será competente para dar a autorização.

A Instrução Normativa nº 81/1999, do extinto Departamento Nacional do Registro do Comércio – DNRC, ainda em vigor, regula o procedimento para a sociedade estrangeira requerer autorização junto à Secretaria da Micro e

Pequena Empresa da Presidência da República para funcionar no País.

Deverá também, a sociedade estrangeira nomear representante *residente* e domiciliado no País com poderes, inclusive, para receber citação (art. 119 da Lei nº 6.404/76 – Lei das Sociedades Anônimas[4]), sendo de todo recomendável a inclusão da palavra *residente* em editais.

3) Cabe observar que, no caso de participação isolada de sociedade estrangeira, haverá dificuldade na constituição de Sociedade de Propósito Específico na forma de Sociedade Anônima, eis que a Lei das S/A exige para sua constituição, dois sócios e, a subsidiária integral, somente pode ter como acionista uma sociedade brasileira (art. 80, inciso I, e art. 251, *caput*, da Lei nº 6.404/76).

Sociedade estrangeira: Habilitação jurídica

Os editais de parcerias público-privadas adotados pelo Estado de São Paulo, em sua absoluta maioria, foram de licitações internacionais, com a exigência, para as sociedades estrangeiras, de decreto de autorização para funcionamento no Brasil para a fase de habilitação, como prevê o art. 28, V, da Lei nº 8.666/93.

Nesse assunto, aventamos, para efeito de estudo, quatro possibilidades de configuração de editais de licitação em geral e em aspectos específicos para PPPs:

a) exigir, desde a fase de habilitação, que a empresa estrangeira apresente o decreto de autorização para funcionamento no Brasil.

---

[4] Lei nº 6.404/76 – Lei das S/A – Representação de Acionista Residente ou Domiciliado no Exterior.
"Art. 119. O acionista residente ou domiciliado no exterior deverá manter, no País, representante com poderes para receber citação em ações contra ele, propostas com fundamento nos preceitos desta Lei.
Parágrafo único. O exercício, no Brasil, de qualquer dos direitos de acionista, confere ao mandatário ou representante legal qualidade para receber citação judicial."

Nessa configuração, muitas sociedades estrangeiras não terão condição de participar da licitação, em razão da eventual demora em obter a autorização federal. Esse modelo foi adotado pelo Estado de São Paulo no edital da Linha Laranja do Metrô.

Considerando o que pensa Bandeira de Mello (op. cit.), quando conceitua a licitação internacional como aquela aberta à participação de empresa estrangeira que não esteja em funcionamento no país, a exigência contida no inciso V do art. 28 da Lei nº 8.666/93, na fase de habilitação, impede essa participação, visto que as sociedades estrangeiras não possuem de imediato o decreto de autorização para funcionamento a fim de ingressar na licitação.

b) exigir decreto de autorização no momento da contratação.

Essa posição possibilita a ampliação da participação das sociedades estrangeiras, que terão que providenciar até o momento da contratação o decreto de autorização.

c) prever na minuta de contrato prazo para que a sociedade estrangeira obtenha o decreto de autorização, que poderá ser prorrogado se a estrangeira tiver adotado todas as providências a seu alcance para a emissão do decreto.

Nos projetos de PPPs cujo objeto geralmente envolva uma logística de serviços, que demandará certo tempo para mobilização, poderia ser conferido prazo, a partir da assinatura do contrato, para que fosse criada a filial, no Brasil, da sociedade estrangeira.

Tal configuração, do edital e contrato, pode ser adotada caso se entenda que a atuação da sociedade estrangeira na condição de acionista da SPE configuraria "funcionamento" no Brasil, segundo critérios de permanência e continuidade da atividade desenvolvida.

Marçal Justen Filho assim explana:

> "Segundo entendimento pacífico, não constitui 'funcionamento' no Brasil a atividade eventual, precária e isolada. Uma empresa estrangeira, mesmo sem autorização governamental, pode praticar atos isolados. O 'funcionamento' no Brasil se configura quando exista continuidade e permanência na atividade desenvolvida."
> (Justen Filho, 2012, p. 562).

d) dar a possibilidade de a sociedade estrangeira permanecer sem autorização para funcionar no país, tendo em conta que a lei civil admite que ela seja acionista de sociedade anônima brasileira, no caso a Sociedade de Propósito Específico (SPE).

A parte final do art. 1.134, *caput*, do Código Civil permite que a sociedade estrangeira seja sócia de sociedade anônima brasileira. Essa disposição legal torna possível que a sociedade estrangeira integre a SPE como acionista, sem que seja necessária a autorização para funcionamento no País.

A atuação da estrangeira como acionista da SPE em nada afeta a Contratante (Administração), posto que essa se relaciona diretamente com a SPE. Assim, pode-se admitir a hipótese de não abertura da filial brasileira.

O Estado de São Paulo, no edital da Linha 4 – Amarela do Metrô, não exigiu a criação de filial brasileira da sociedade estrangeira que participou da licitação, em consórcio com sociedades brasileiras, vindo ao final, a participar na condição de acionista da SPE com a mesma composição do consórcio.

> Edital da Linha Amarela:
> Habilitação jurídica das sociedades estrangeiras:
> 7.3.2.3. Contrato Social ou Estatutos devidamente atualizados e que comprovem sua constituição legal, segundo exigência de lei no seu país de origem.
> 7.3.2.4. Prova de constituição dos administradores em exercício, em se tratando de Sociedade Anônima ou por ações, devidamente publicada e arquivada no órgão próprio de seu país de origem, inclusive com poderes de representação legal.

Esta é a forma que confere a maior amplitude de participação às empresas estrangeiras.

Entidades nacionais e estrangeiras

As entidades de previdência complementar, as instituições financeiras ou fundos de investimento devem estar reunidos em consórcio para participar da licitação, dado que, por atuarem no mercado financeiro, não detêm a *expertise* necessária para atividades de serviços, necessitando associar-se a empresas com atividade técnica para transportes, serviços de saúde, hotelaria, gestão de hospitais, estádios e outros.

a) Entidades de previdência complementar.

I) Entidades abertas de previdência complementar.

Entidades abertas de previdência complementar são sociedades empresárias constituídas unicamente sob a forma de sociedades anônimas e têm por objetivo instituir e operar planos de benefícios de caráter previdenciário, concedidos em forma de renda continuada ou pagamento único, acessíveis a quaisquer pessoas físicas. São regidas pelo Decreto-lei nº 73, de 21 de novembro de 1966, e pela Lei Complementar no 109, de 29 de maio de 2001. As funções do órgão regulador e do órgão fiscalizador são exercidas pelo Ministério da Fazenda, por intermédio do Conselho Nacional de Seguros Privados (CNSP) e da Superintendência de Seguros Privados (SUSEP).

II) Entidades de previdência complementar fechadas.

Os chamados fundos de pensão são organizados sob a forma de fundação ou sociedade civil, sem fins lucrativos, e são acessíveis, exclusivamente, aos empregados de uma empresa ou grupo de empresas ou aos servidores da União, dos Estados, do Distrito Federal e dos Municípios, entes denominados patrocinadores ou aos associados ou membros de pessoas jurídicas de caráter profissional, classista ou setorial, denominadas instituidores. As entidades de previdência fechada devem seguir as diretrizes estabelecidas pelo Conselho Monetário Nacional, por meio da Resolução no

3.121, de 25 de setembro de 2003, no que tange à aplicação dos recursos dos planos de benefícios. Também são regidas pela Lei Complementar no 109, de 29 de maio de 2001.

A fiscalização das EFPC é feita pela Superintendência Nacional de Previdência Complementar – Previc e regulada pela Secretaria de Políticas de Previdência Complementar (SPPC), do Ministério da Previdência Social.

Nas licitações, são exigíveis dessas entidades comprovantes de autorização expressa e específica de constituição e funcionamento da entidade de previdência complementar, concedida pela entidade reguladora do setor.

b) Instituições financeiras.

Instituições financeiras são fiscalizadas pelo BACEN. São sociedades empresárias com registro na Junta Comercial.

c) Fundos de Investimento.

São fiscalizados e regulamentados pela Comissão de Valores Mobiliários - CVM, por meio da Instrução CVM nº 409, de 18 de agosto de 2004. O art. 2º dessa Instrução traz a definição jurídica de fundo de investimento: "O fundo de investimento é uma comunhão de recursos, constituída sob a forma de condomínio, destinado à aplicação em títulos e valores mobiliários, bem como em quaisquer outros ativos disponíveis no mercado financeiro e de capitais, observadas as disposições desta instrução."

Os fundos de investimento não possuem personalidade jurídica própria, a exemplo do que ocorre com o espólio ou a massa falida no direito brasileiro. Esse fenômeno, no entanto, não os impede de assumir obrigações e direitos em nome próprio. Tal fator demonstra que a regulamentação dos fundos de investimento no Brasil é relativamente inadequada em relação à sua relevância cada vez maior. Alguns estudiosos do tema recomendam que seja instituída uma nova forma societária específica para tratar melhor os Fundos de Investimento. (ABEL, Fernando, acesso em 3/6/2013).

Os Fundos de Investimento em Participações – FIP são disciplinados, inicialmente, pela Instrução CVM nº 391, de 16 de julho de 2003, e são fundos criados especialmente para investir em companhias, abertas ou fechadas, participando do processo decisório, com efetiva influência na definição de sua política estratégica e na sua gestão, podendo ser um interessante veículo de investimento em parcerias público-privadas, cabendo uma adequação dos editais à participação de tais entidades.

Consórcio na licitação

O consórcio vem regulado nos arts. 278 e 279 da Lei das S.A[5] e, a possibilidade de sua participação em licitação está

---

5 "Art. 278. As companhias e quaisquer outras sociedades, sob o mesmo controle ou não, podem constituir consórcio para executar determinado empreendimento, observado o disposto neste Capítulo.
§ 1º O consórcio não tem personalidade jurídica e as consorciadas somente se obrigam nas condições previstas no respectivo contrato, respondendo cada uma por suas obrigações, sem presunção de solidariedade. (ver inciso V do art. 33, da Lei nº 8.666/93, que prevê a responsabilidade solidária dos integrantes pelos atos praticados em consórcio tanto na fase de licitação quanto na de execução do contrato).
§ 2º A falência de uma consorciada não se estende às demais, subsistindo o consórcio com as outras contratantes; os créditos que porventura tiver a falida serão apurados e pagos na forma prevista no contrato de consórcio.
Art. 279. O consórcio será constituído mediante contrato aprovado pelo órgão da sociedade competente para autorizar a alienação de bens do ativo não circulante, do qual constarão: (Redação dada pela Lei nº 11.941, de 2009)
I - a designação do consórcio se houver;
II - o empreendimento que constitua o objeto do consórcio;
III - a duração, endereço e foro;
IV - a definição das obrigações e responsabilidade de cada sociedade consorciada, e das prestações específicas;
V - normas sobre recebimento de receitas e partilha de resultados;
VI - normas sobre administração do consórcio, contabilização, representação das sociedades consorciadas e taxa de administração, se houver;
VII - forma de deliberação sobre assuntos de interesse comum, com o número de votos que cabe a cada consorciado;
VIII - contribuição de cada consorciado para as despesas comuns, se houver.
Parágrafo único. O contrato de consórcio e suas alterações serão arquivados no registro do comércio do lugar da sua sede, devendo a certidão do arquivamento ser publicada."

prevista no art. 33 da Lei de Licitações, que nessa matéria tem caráter de norma especial e, por isso, altera disposições da Lei nº 6.404/76 no que tange ao consórcio na licitação. O consórcio não é dotado de personalidade jurídica. Nas licitações, está prevista a responsabilidade solidária das consorciadas pelos atos praticados em consórcio na fase de licitação e na de execução do contrato (art. 33, V, da Lei nº 8.666/93).

O licitante vencedor está obrigado a constituir o consórcio e seu registro antes da celebração do contrato (art. 33, § 2º, da Lei nº 8.666/93).

Para participar da licitação, a Lei nº 8.666/93 exige apenas a comprovação do compromisso público ou particular de constituição do consórcio, subscrito pelos futuros consorciados (art. 33, I). Somente se vencedor do certame, será obrigatória a constituição do consórcio (art. 33, § 2º), com registro no órgão competente.

Para habilitação no certame, cada uma das empresas signatárias do compromisso de constituição deverá apresentar os documentos exigidos nos arts. 28 a 31, da Lei nº 8.666/93.

No edital da Linha Laranja do Metrô de São Paulo foi inserido dispositivo prescrevendo que as sociedades consorciadas devem apresentar compromisso público ou particular de constituição de consórcio. Entre os objetivos do consórcio, deve constar o de se constituir em sociedade de propósito específico – SPE, na forma de sociedade anônima, com sede e administração no Brasil (sociedade brasileira), no Município de São Paulo (edital subitem 8.1.3, "b").

O objeto da licitação será adjudicado ao consórcio, que antes da celebração do contrato deverá constituir-se em sociedade de propósito específico.

O consórcio pode ser composto só de sociedades nacionais ou de nacionais e estrangeiras, hipótese em que a empresa líder deve ser nacional (art. 33, § 1º, da Lei nº 8.666/93).

Liderança da empresa brasileira no consórcio nas licitações internacionais

> "A liderança de uma das empresas consorciadas não significa representação jurídica por ela das demais integrantes do grupo, já que o consórcio não tem personalidade jurídica. A liderança é apenas indicativa de que, caso o consórcio seja vencedor da licitação e adjudicatário do objeto licitado, as empresas que o integram serão representadas, perante a Administração contratante, pela líder, que por elas se responsabilizará do ponto de vista técnico, do econômico e do administrativo referentemente à execução do objeto do ajuste. A Lei nº 8.666 manda que haja responsabilidade solidária dos integrantes pelos atos praticados em consórcio, tanto na fase de licitação quanto na de execução do contrato (art. 33, V)."
> (Leão, Eliana Goulart; Senhorinho, Eliane Maria, acesso em 5/7/2013)

Questão controvertida: é possível que o consórcio seja composto apenas por sociedades/entidades estrangeiras?

Se o consórcio for composto apenas por sociedades e entidades estrangeiras, a liderança caberá necessariamente à sociedade estrangeira.

Note-se que, no edital da Linha Laranja, não há vedação expressa à participação de consórcio composto unicamente por sociedades/entidades estrangeiras.

Porém, o edital deve necessariamente fixar as condições de liderança (art. 33, II, da Lei de Licitações). Se não forem discriminadas, é nula a previsão de participação de empresas em consórcio. Considerando que o edital, na forma do disposto no § 1º do art. 33 da Lei de Licitações, prevê que a liderança cabe à sociedade brasileira, conclui-se que não está permitido pelo edital o consórcio composto apenas por sociedades e entidades estrangeiras.

Comentários sobre a vedação legal do art. 33, §1º, da Lei de Licitações

A lei prevê que, em caso de consórcio com sociedades/entidades brasileiras e estrangeiras, a liderança seja exercida pela empresa brasileira (artigo 33, § 1º).

A redação do artigo induz à ideia de que o consórcio pode ser formado exclusivamente por sociedades brasileiras ou por sociedades brasileiras e estrangeiras.

A exceção se encontra unicamente para licitações internacionais, em que a contratação envolverá empréstimos de organismo financeiro internacional de que o Brasil faça parte ou por agência estrangeira de cooperação (art. 32, § 6º, da Lei de Licitações), o que não é objeto desta reflexão.

No entanto, é de se registrar a crítica da doutrina quanto ao dispositivo legal do § 1º do art. 33 da Lei nº 8.666/93.

Para Hely Lopes Meirelles, uma vez revogado o art. 171 da CF, a exigência do § 1º do artigo 33 da Lei de Licitações, não tem mais razão de ser e nenhuma espécie de discriminação pode haver em face das sociedades estrangeiras, sendo, pois, possível que a liderança de consórcio seja por estas exercida (Meirelles, Hely Lopes. 2006, p. 94/95, Nota 21).

Marçal Justen Filho anota existir inconstitucionalidade no § 1º do art. 33 da Lei nº 8.666/93, porque a regra seria incompatível com a liberdade de empresa garantida pela Constituição Federal (art. 1º, IV, e art. no 170) e com o espírito da Lei de Licitações, pois "se a Administração é autorizada a contratar com empresa estrangeira, nas licitações internacionais, não há fundamento para vedar-se de modo absoluto a liderança de empresas estrangeiras em hipótese de contratação de consórcios" (Justen Filho, 2012, p. 571).

No edital do Trem de Alta Velocidade (ANTT), previu-se a possibilidade de empresas estrangeiras exercerem a liderança do consórcio (Disponível em http://antt.gov.br/index.php, acesso em 14/10/2013).

A doutrina também sustenta, que o § 1º do art. 33 da Lei nº 8.666/93 fora derrogado pela extinção dos privilégios para a empresa brasileira com a supressão do art. 171 da Constituição Federal, por meio da Emenda nº 6/95, como faz referência Egon Bockmann Moreira (2004, p. 7).

Cumpre esclarecer que a liderança prevista no § 1º do art. 33 da Lei 8.666/93 diz respeito à representação das sociedades consorciadas perante o órgão licitante e perante terceiros, inclusive o Judiciário, prevista no art. 279, VI, da Lei nº 6.404/76. Trata-se de representação do consórcio frente à Administração e terceiros, com capacidade para contratar e processual ativa e passiva. As sociedades consorciadas outorgam um mandato à empresa líder com poderes específicos de administração e representação do consórcio perante terceiros.

Se entendido que o § 1º do art. 33 da Lei 8.666/93 foi derrogado, o edital poderá prever que o consórcio seja integrado apenas por sociedades estrangeiras e que sua representação seja feita por sociedade estrangeira.

Documentos equivalentes

A licitação que admite a participação de sociedades estrangeiras enfrenta ainda a questão da formalidade necessária em relação aos documentos a serem apresentados na licitação, decorrente do fato de que, por não atuarem no país, não têm condições de atestar a regularidade tributária, fiscal e financeira nos mesmos moldes que a empresa de atuação no território nacional.

Considerando essa dificuldade, prevê a Lei de Licitações, nº § 4º do art. 32, a possibilidade de apresentação de documentos equivalentes, a serem definidos pelo licitante. Essa equivalência de documentos, por meio de indicação do próprio licitante é aceita também pela doutrina, uma vez que a Administração Pública não tem condições de avaliar a equivalência, porque cada país tem sua forma de apresentá-los:

> "A Lei 8.666/93, no art. 32, § 4º, não dispensa expressamente a comprovação de regularidade fiscal pelas empresas estrangeiras que venham a participar de licitações internacionais, mas por intermédio de um raciocínio lógico e sistemático, conclui-se não ser cabível essa providência porque a Lei das Licitações, que é uma lei nacional, não tem poder e, muito menos, motivo para impor às empresas estrangeiras a obrigação de comprovar sua situação regular perante o fisco dos

respectivos países de origem. Entendemos que, em termos jurídicos, isso representaria uma invasão de soberania."
(Leão, Eliana Goulart; Senhorinho, Eliane Maria, acesso em 5/7/2013.)

Porém, se a sociedade estrangeira é sonegadora de tributos no país de origem e não respeita as normas nacionais e internacionais de organização do trabalho, poderá promover uma concorrência desleal.

As grandes corporações costumam exigir de seus fornecedores declarações sobre o não emprego de mão de obra escrava, respeito ao meio ambiente e outras, inclusive para evitar a responsabilidade da empresa enquanto compradora de produtos e serviços, devendo, igualmente, ser adotada tal postura nas licitações públicas.

É frequente, nos editais estudados, exigir que a sociedade estrangeira declare, quando for o caso, a inexistência de documento equivalente no país de origem, suprindo a apresentação do documento por meio de referida declaração.

Por fim, cabe ressaltar que os documentos de origem estrangeira devem ser autenticados pelos respectivos consulados e traduzidos por tradutor juramentado para a língua portuguesa (Brasil) para serem utilizados na licitação, como preconiza o art. 32, § 4º, da Lei nº 8.666/93. No edital da linha 6 do Metrô de São Paulo foi ainda exigida a certificação do documento por notário público no país de origem.

Não se aplica nessa situação a exigência contida no art. 129, da Lei federal nº 6.015, de 31 de dezembro de 1973, de que o documento deve ser levado a registro no Registro de Títulos e Documentos para surtir efeitos em relação a terceiros.

Conclusão

1. A decisão acerca de realizar licitação interna ou internacional está a cargo do administrador público, que fará tal opção de acordo com a disponibilidade dos bens ou serviços no mercado interno ou internacional, tendo como foco buscar melhores produtos e preços mais vantajosos.

2. As sociedades estrangeiras autorizadas por decreto a funcionar no País e com seus atos societários registrados no órgão de registro público competente podem participar das licitações internas e internacionais e estão sujeitas ao mesmo regime jurídico das sociedades nacionais quanto aos atos ou operações praticados no Brasil (art.1.137 do Código Civil).

3. Nas licitações, deve a sociedade estrangeira nomear representante residente e domiciliado no País, com poderes, inclusive, para receber citação (art. 119 da Lei nº 6.404/76 – Lei das Sociedades Anônimas).

4. A participação isolada de sociedade estrangeira em licitação para concessões se torna problemática quando da constituição de sociedade de propósito específico na forma de sociedade anônima, posto que a Lei das S/A exige dois sócios para a formação da sociedade anônima. A subsidiária integral, por seu turno, somente pode ter como acionista uma sociedade brasileira (art. 80, inciso I, e art. 251, *caput*, da Lei nº 6.404/76). Conclui-se que a sociedade estrangeira não pode participar isoladamente em licitação para concessões em face da legislação vigente.

5. A exigência contida no inciso V do artigo 28 da Lei nº 8.666/93 (autorização para a sociedade estrangeira funcionar no País), na fase de habilitação em licitação internacional, dificulta a participação de sociedade estrangeira que não tenha filial no País, visto que esta não terá como obter de imediato o decreto de autorização para funcionamento para fim de ingresso na licitação. Portanto, nas licitações internacionais, é recomendável o acréscimo de item especialmente voltado à sociedade estrangeira não autorizada a funcionar no país, conforme modelo proposto neste artigo.

6. A parte final do art. 1.134, *caput*, do Código Civil permite que a sociedade estrangeira seja sócia de sociedade anônima brasileira. Essa disposição legal torna possível que a sociedade estrangeira integre a SPE como acionista, sem que seja necessária a autorização para seu funcionamento no País.

7. O edital de licitação em que se admite a liderança do consórcio por sociedade estrangeira garante maior amplitude de participação de licitantes. Tal posição encontra amparo tanto na revogação do art. 171 da Constituição Federal (EC nº 06/95) quanto na crítica da doutrina ao dispositivo da Lei de Licitações. Se entendido que o § 1º do art. 33 da Lei nº 8.666/93 foi derrogado ou que carrega inconstitucionalidade, é possível adotar previsão nos editais de que o consórcio integrado apenas por sociedades estrangeiras, seja representado por sociedade estrangeira.

Bibliografia

ABEL, Fernando. *Principais Aspectos dos Fundos de Investimento*. Disponível em <http://www.cerqueiraleite.com.br/index.php>. Acesso em 3/6/2013.

FURTADO, Lucas Rocha. *Curso de Licitações e Contratos Administrativos*, Belo Horizonte: Fórum, 2012, p. 150/151.

JUSTEN FILHO, Marçal. *Comentários à Lei de Licitações e Contratos Administrativos*. São Paulo: Dialética, 2012, p. 452/454; 562.

LEÃO, Eliana Goulart; SENHORINHO, Eliane Maria. Observações sobre as licitações internacionais. Zênite Web Licitações e Contratos. Disponível em http://webzenite.com.br. Acesso em 5/7/2013.

MEIRELLES, Hely Lopes. AZEVEDO, Eurico de Andrade e MONTEIRO, Vera Atualização. *Licitação e Contrato Administrativo*. São Paulo: Malheiros, 2006, p. 94/95, Nota 21.

MELLO, Celso Antônio Bandeira de. *Curso de Direito Administrativo*. São Paulo: Malheiros, 2009, p. 566/567.

MOREIRA, Egon Bockmann. *Os consórcios empresariais e as licitações públicas. Considerações em torno do artigo 33 da Lei 8.666/93*. Belo Horizonte: Fórum. 2004. Interesse Público – IP. Ano 6, nº 26, p. 7.

capítulo II

A qualificação econômico-financeira nas parcerias público-privadas

Carlos Eduardo Teixeira Braga[1]
Diego Brito Cardoso[2]
Fábio Augusto Daher Montes[3]
Mariana Rosada Pantano[4]

Introdução

Dentre os objetos de estudo do Direito Administrativo, um dos que mais exige uma abordagem interdisciplinar é o tema das parcerias público-privadas. Além da necessidade de compreensão do tema dentro do Direito Administrativo, em especial das Leis nºs 11.079/04, 8.987/95 e 8.666/93, a análise da modelagem de uma concessão envolve conhecimentos em outras disciplinas do direito, como tributário, financeiro, econômico, empresarial, civil etc. Ademais, é extremamente recomendável que o profissional do direito possua conhecimentos básicos em administração, finanças, contabilidade e economia, devendo ainda possuir conhecimentos setoriais de acordo com o objeto da concessão (transportes, saneamento, habitação, saúde, educação etc.).

---

1 Procurador do Estado de São Paulo. Especialista em Direito Administrativo pela Escola de Direito de São Paulo da Fundação Getúlio Vargas – FGV e em Direito Constitucional pela Pontifícia Universidade Católica de São Paulo - PUC/SP.

2 Procurador do Estado de São Paulo. Pós-Graduado em Direito do Estado pela Escola Paulista de Direito. Graduado em Direito pela Universidade Presbiteriana Mackenzie.

3 Procurador do Estado de São Paulo. Especialista em Direito Administrativo pela Escola de Direito de São Paulo da Fundação Getúlio Vargas – FGV. Graduado em Direito pela Pontifícia Universidade Católica de São Paulo - PUC/SP.

4 Procuradora do Estado de São Paulo. Especialista em Direito do Estado e Direito Processual Civil pela Escola Superior da Procuradoria Geral do Estado de São Paulo. Graduada em Direito pela Pontifícia Universidade Católica de São Paulo - PUC/SP.

Isso porque o profissional terá que modelar o projeto (ou avaliá-lo) verificando o melhor enquadramento tributário, analisando a adequação orçamentária e financeira, incentivando a concorrência entre os licitantes, indicando as diretrizes gerais de estruturação da sociedade de propósito específico e avaliando as relações civis envolvidas na execução contratual. Além disso, terá que verificar se o projeto, do ponto de vista do negócio, está adequadamente estruturado e possui condições de iniciar a fase externa da licitação[5].

Neste artigo, cabe-nos a abordagem sobre a qualificação econômico-financeira dessa estrutura complexa que é a Concessão. A elaboração deste estudo decorre de encontros e pesquisas realizadas pelo Núcleo Temático de Estudos sobre Parceiras Público-Privadas da Procuradoria Geral do Estado de São Paulo que analisou os principais pontos polêmicos das PPPs. Cabe alertar que abordaremos apenas o cerne da qualificação econômico-financeira, especialmente os instrumentos elencados nos incisos I e II e os parágrafos do art. 31 da Lei nº 8.666/93 e os demais usualmente utilizados nos editais de Concessão, uma vez que os temas correlatos serão tratados por outros artigos elaborados por colegas integrantes do referido Núcleo.

O claro delineamento do escopo deste estudo é importante porque a complexidade da PPP não mais permite que os instrumentos criados para uma licitação fundamentada exclusivamente na Lei nº 8.666/93 sejam utilizados da mesma forma para as Concessões. Assim, um instrumento de

---

5 Obviamente, caberá ao advogado a avaliação dos aspectos jurídicos da modelagem da concessão, cabendo aos técnicos das demais áreas do conhecimento humano apreciar os aspectos que lhe são pertinentes. Entretanto, é imprescindível que o assessor jurídico tenha os conhecimentos básicos mencionados para que possa fazer a adequada interpretação legal dos documentos que lhe são fornecidos pelos demais técnicos. Em outras palavras, não é necessário que o advogado saiba realizar o trabalho dos demais técnicos, mas que seja capaz de avaliar juridicamente o produto que lhe for apresentado e a compatibilização desse produto ao disposto em lei.

avaliação da qualificação econômico-financeira do licitante pode não estar alocado no edital como um requisito de habilitação da qualificação econômico-financeira, mas, sim, estar inserido no edital ou no contrato sob outra forma de requisito de participação ou de avaliação dos concorrentes.

Um exemplo que bem ilustra isso é a qualificação técnica relativa à comprovação de experiência como "empreendedor", a qual exige que o licitante comprove a participação em empreendimento que tenha requerido investimentos de determinado valor. Está claro que esse requisito de habilitação pretende permitir a verificação acerca da experiência anterior do licitante, que demonstre sua capacidade de investir e administrar determinados valores, tratando-se de habilitação técnica com contornos de qualificação econômico-financeira.

Até mesmo a garantia da proposta (art. 31, inciso III, da Lei nº 8.666/93) não é mais apenas solicitada como um documento dentre aqueles apresentados para qualificação econômico-financeira. Os editais com inversão de fases (nos quais o julgamento da proposta comercial antecede a habilitação do licitante) vêm prevendo a apresentação e análise da garantia da proposta como uma fase autônoma e preliminar dentro do procedimento de licitação[6]. Rigorosamente, isso significa que os editais que adotam essa sistemática estão prevendo dois momentos para análise da habilitação dos licitantes dentro de um mesmo procedimento (iniciando-se com a avaliação da garantia da proposta como fase autônoma, seguindo-se a abertura dos envelopes com as propostas comerciais e finalizando com a análise dos documentos de habilitação restantes). E não podia ser diferente. Não haveria sentido em classificar as propostas econômicas e poste-

---

6 A garantia da proposta, assim como a garantia da execução do contrato, pelas peculiaridades do tema, foram objeto de análise autônoma pelo Núcleo Temático de Estudos sobre PPPs e, por isso, será tratado apenas incidentalmente neste artigo.

riormente verificar se a garantia da proposta é, ou não, válida. Trata-se evidentemente de uma inovação procedimental necessária para adequar a Lei Geral de Licitações às necessidades de uma licitação de concessão e ao regramento que permitiu a inversão de fases.

Outro instrumento que também não está previsto na Lei nº 8.666/93, e vem sendo utilizado com certa frequência, é a declaração de uma instituição financeira sobre a viabilidade do plano de negócios do licitante, que nada mais é do que uma análise da exequibilidade da proposta comercial por terceiro estranho à licitação, mas que, em tese, possui mais capacidade para avaliar o plano de negócios do que a comissão de licitação.

Assim, vê-se que o isolamento da fase de habilitação econômico-financeira criada pela Lei nº 8.666/93 não comporta todos os instrumentos que hoje são utilizados para verificar se o licitante possui ou não condições de se sagrar vencedor do certame. A bem da verdade, os novos instrumentos utilizados nas licitações de concessão estão se mostrando mais efetivos para verificar a capacidade econômico-financeira dos licitantes. Por isso, apresentaremos ao final do artigo o que Maurício Portugal Ribeiro vem chamando de *sinais de capacidade financeira*.

Isso decorre do fato de que as licitações realizadas exclusivamente pela sistemática da Lei nº 8.666/93 exigem que o licitante tenha capacidade financeira para execução de uma pequena parcela do objeto, que em breve tempo será pago pela Administração. Já as concessões, se caracterizam pelo alto investimento do parceiro privado nos primeiros anos do contrato, que será amortizado em até 35 anos[7]. Ou seja, a legislação fornece para dois tipos com-

---

[7] Esse ponto (momento e montante do investimento) também merece atenção do profissional do direito. Nem todos os projetos de concessão possuem alto investimento inicial e baixo custo operacional posterior. Por vezes, os custos

pletamente diferentes de contrato os mesmo instrumentos para verificar a qualificação do licitante, obrigando a Administração a desenvolver ferramentas não previstas expressamente em lei[8].

Outro fato que leva os profissionais do direito a criarem novas formas de avaliação da capacidade econômico-financeira é a dúvida quanto à qualidade do que será demonstrado pelo licitante (e que foi exigido no edital com base nos parâmetros positivados). Questiona-se, por exemplo, se a análise do balanço patrimonial e das demonstrações contábeis é um mecanismo efetivo para qualificação econômico-financeira para as concessões. Veremos abaixo que, a mera exigência de índices contábeis, sem a possibilidade de a comissão de licitação avaliar outros elementos da empresa, pode significar muito pouco, ou quase nada, para avaliação da capacidade financeira do licitante.

Outro ponto preliminar que entendemos importante na estruturação das PPPs e concessões em geral (assim como todas as decisões importantes que são tomadas pela Administração) é a necessidade, ou ao menos tentativa, de envolvimento prévio dos órgãos de controle, como Tribunais de Contas, Poder Judiciário e Ministério Público, além dos demais atores sociais, como Defensoria Pública e entidades da sociedade civil.

---

operacionais do projeto são bem superiores ao investimento inicial. Isso gera a necessidade de se avaliar como a qualificação econômico-financeira deve ser exigida.

8 Aliás, esse ponto bem demonstra a necessidade de interpretar o princípio da legalidade para Administração Pública como sendo permitido tudo que não é expressamente proibido em lei e que não contrarie os demais princípios aplicáveis à Administração, mormente os princípios constitucionais. Interpretar o princípio da legalidade como sendo permitido ao Poder Público realizar apenas aquilo que está expressamente autorizado pela lei nos levaria a conclusão de que a criação de novas formas de avaliação da qualificação econômico-financeira seria ilegal, porquanto incompatível com os procedimentos e instrumentos previstos em lei. Isso levaria a Administração Pública a contratar pessoas que para a lei teriam capacidade para execução do contrato, mas que não se sabe se efetivamente teriam essa capacidade, gerando uma interpretação totalmente descolada da realidade e que poderia trazer graves prejuízos à execução de um serviço público.

Nas PPPs, a existência de audiência e consulta pública antes da publicação definitiva do edital já permitiria, em tese, a participação desses órgãos e entidades na estruturação do modelo que será implementado. Entretanto, a prática demonstra que essa participação serve apenas para aprimorar o modelo e raramente alterará sua estrutura. Assim, o ideal é que a participação se dê antes mesmo desse momento previsto em lei.

O motivo dessa participação prévia seria permitir que os interessados já apresentassem o que entendem como estrutura ideal da concessão e, principalmente, apontem eventuais irregularidades que poderiam ser questionadas futuramente[9]. Isso é especialmente importante nas PPPs, pois, como dito acima, a estruturação dos projetos, cada vez mais, utiliza instrumentos novos e não previstos expressamente em lei.

Mais uma vez estamos tratando de algo que não tem previsão legal (envolvimento prévio dos demais poderes e entidades interessadas) e que depende da criatividade e da vontade do órgão ou grupo de trabalho responsável pela elaboração da modelagem[10]. No entanto, entendemos que essa providência é extremamente importante e deve ser praticada. O rápido desenvolvimento econômico e social buscado pelo Brasil exige a intensa colaboração entre todos os órgãos públicos, bem como a participação ativa e responsável de toda sociedade. Qualquer medida para reduzir

---

9 Não estamos aqui propondo, de qualquer modo, a alteração da autoridade responsável pela definição do modelo, qual seja, o Poder Executivo, mas sim a colaboração desses órgãos e entidades que podem auxiliar muito com suas experiências e conhecimentos específicos.

10 A título de exemplo, o Grupo de Trabalho formado para análise e estruturação da modelagem da PPP dos Complexos Prisionais no Estado de São Paulo reuniu-se informalmente com a Defensoria Pública do Estado de São Paulo, antes mesmo da audiência e da consulta pública, para apresentar o projeto e solicitar a colaboração sobre o que o órgão entendia como sendo importante constar ou ser alterado no projeto.

a judicialização dos projetos e o consequente atraso na sua implantação é bem-vinda.

Feitos esses esclarecimentos iniciais, passamos à exposição da estrutura deste artigo.

De início, serão apresentados os mecanismos de avaliação da capacidade econômico-financeira dispostos na Lei nº 8.666/93 e sua interpretação pelos Tribunais de Contas, com ênfase na corte de contas paulista. Essa jurisprudência, na sua maioria, não se refere especificamente às PPPs e concessões, mas são referências valiosas para demonstrar o modo de atuar desses tribunais. Ainda que as melhores práticas em licitações de PPPs indiquem que esses mecanismos tradicionais podem não ser os mais adequados para o administrador verificar a capacidade do licitante, caso a Administração pretenda fazer uso deles, é obrigação do assessor jurídico avaliar sua adequação à lei e à jurisprudência de modo a afastar qualquer irregularidade.

Posteriormente, serão apresentados os instrumentos que são indicados como sendo mais efetivos na avaliação da capacidade econômico-financeira dos licitantes, demonstrando como eles foram utilizados no edital de licitação da Linha 6 do Metrô de São Paulo.

Os mecanismos positivados e a jurisprudência dos Tribunais

Previsão constitucional

De modo abrangente, a qualificação econômica "corresponde à disponibilidade de recursos econômico-financeiros para a satisfatória execução do objeto da contratação"[11]. Como ao contratado caberá a execução do objeto com re-

---
11 JUSTEN FILHO, Marçal. *Comentários à Lei de Licitações e Contratos Administrativos*. São Paulo: Ed. Dialética, 2010. p. 537.

cursos próprios, certo é que aquele que não os dispuser suficientemente para tanto, não terá o direito de sagrar-se vencedor da licitação, uma vez que a insuficiência financeira gera a presunção de inviabilidade da execução do contrato e a impossibilidade de arcar com as consequências de eventual inadimplemento.

Com efeito, a saúde econômica da empresa licitante deve ser aferida relativamente ao vulto dos investimentos e das despesas necessárias à execução do contrato, motivo pelo qual a qualificação econômico-financeira só pode ser apurada em função das necessidades concretas.

Levando-se em conta a necessidade de o procedimento licitatório buscar a proposta mais vantajosa para a Administração e, ao mesmo tempo, selecionar um parceiro apto a prestar o serviço objeto do contrato em níveis de qualidade à altura das exigências do Poder Concedente, a interpretação das exigências de qualificação econômico-financeira dos licitantes deve partir do disposto no art. 37, inciso XXI, da Constituição Federal.

O trecho desse dispositivo legal que merece destaque é: "as obras, serviços, compras e alienações serão contratados mediante processo de licitação pública [...] o qual *somente permitirá as exigências de qualificação* técnica e *econômica indispensáveis à garantia do cumprimento das obrigações*".

Daí decorre que o advogado, no momento da estruturação da concessão, deverá alertar as demais áreas técnicas, neste caso, em especial aquela responsável pela área econômico-financeira, de que as exigências postas na habilitação devem ser aquelas indispensáveis para o cumprimento do contrato. Na prática, o assessor jurídico deverá questionar se, *diante do caso concreto*, o que está sendo exigido (1) está devidamente motivado e (2) é realmente necessário para avaliar a capacidade financeira do licitante.

Se ambas as respostas forem positivas, estará atendido, a princípio, o comando constitucional. Nesse ponto, fica clara a necessidade do advogado possuir conhecimentos básicos das demais áreas do conhecimento, uma vez que somente com isso será possível avaliar se a resposta dada pela área técnica é válida e suficiente para atender à premissa constitucional.

Previsão infraconstitucional

No âmbito infraconstitucional, a qualificação econômico-financeira na seleção dos licitantes, visando à contratação sob regime de PPPs e concessões, segue o disposto na Lei nº 8.666/93.

Há previsão especial para as concessões nos §§ 1º, inciso I, e 3º do art. 27 da Lei nº 8.987/95 e no inciso I do §2º do artigo 5º da Lei nº 11.079/04, que tratam basicamente da transferência do controle societário da concessionária, mas que não inovam os instrumentos que podem ser utilizados para aferir a capacidade do licitante. No mais, as regras para licitação comum e para licitação de uma concessão seguem os mesmo parâmetros da lei geral de licitações.

Os três instrumentos básicos positivados pela legislação estão elencados nos incisos do art. 31 da Lei nº 8.666/93, quais sejam:

> "I - balanço patrimonial e demonstrações contábeis do último exercício social, já exigíveis e apresentados na forma da lei, que comprovem a boa situação financeira da empresa, vedada a sua substituição por balancetes ou balanços provisórios, podendo ser atualizados por índices oficiais quando encerrado há mais de 3 (três) meses da data de apresentação da proposta;
> II - certidão negativa de falência ou concordata expedida pelo distribuidor da sede da pessoa jurídica, ou de execução patrimonial, expedida no domicílio da pessoa física;
> III - garantia, nas mesmas modalidades e critérios previstos no "caput" e § 1º do art. 56 desta Lei, limitada a 1% (um por cento) do valor estimado do objeto da contratação."

A avaliação do balanço patrimonial e das demonstrações contábeis do licitante é, sem dúvida, o ponto que mais possui controvérsias. Por outro lado, a exigência de apresentação de certidão negativa de falência e de recuperação judicial, para as pessoas jurídicas, ou de execução patrimonial, para as pessoas físicas, não apresenta grandes questionamentos. Por fim, temos a garantia da proposta, que, como dito acima, será tratada apenas superficialmente neste artigo.

Balanço patrimonial e demonstrações contábeis

O primeiro alerta a ser feito, quanto à apresentação do balanço patrimonial e demonstrações contábeis do último exercício social, é relativo à necessidade de indicação de parâmetros objetivos no edital para sua avaliação. A mera exigência de sua apresentação, sem qualquer balizamento objetivo para sua aferição, não terá valia alguma e não poderá ser utilizado para inabilitação dos concorrentes.

O próprio art. 31 estabelece alguns parâmetros para essa análise, conforme disposto nos §§ 1º e 5º, *in verbis*:

> "§1º A exigência de índices limitar-se-á à demonstração da capacidade financeira do licitante com vistas aos compromissos que terá que assumir caso lhe seja adjudicado o contrato, vedada a exigência de valores mínimos de faturamento anterior, índices de rentabilidade ou lucratividade.
> [...]
> §5º A comprovação de boa situação financeira da empresa será feita de forma objetiva, através do cálculo de índices contábeis previstos no edital e devidamente justificados no processo administrativo da licitação que tenha dado início ao certame licitatório, vedada a exigência de índices e valores não usualmente adotados para correta avaliação de situação financeira suficiente ao cumprimento das obrigações decorrentes da licitação."

Resta evidente, dessa forma, que a própria lei julgou insuficiente a mera apresentação das demonstrações contábeis, autorizando a utilização de índices que se destinem à comprovação da capacidade financeira do licitante para a execução do contrato e vedando expressamente exigência de valores mínimos de faturamento anterior, índices de rentabilidade ou lucratividade.

Utilização de índices

Os índices que podem ser utilizados não foram preestabelecidos pela legislação, de modo que a Administração se valerá dos fornecidos pela ciência da contabilidade e pelas regras usuais do campo da auditoria e das finanças.

A escolha do índice, portanto, deve guardar relação de razoabilidade e proporcionalidade com o objeto a ser atingido, refletindo parâmetros que possibilitem obter a melhor proposta para a Administração Pública.

Usualmente, são encontrados nos editais os seguintes índices: (1) liquidez geral, (2) liquidez corrente, (3) endividamento e (4) solvência geral.

A liquidez indica a capacidade de uma empresa honrar os seus compromissos financeiros na data do vencimento (curto ou longo prazo), incorrendo em perdas insignificantes ou nenhuma perda. Em contrapartida, o risco de liquidez é entendido pela possibilidade de a empresa não ser capaz de pagar seus compromissos no vencimento, ou somente fazê-lo com elevadas perdas. Quanto maior for esse índice, maior será a liquidez da empresa.

A diferença entre a liquidez geral e a liquidez corrente consiste no fato de que a primeira considera a relação entre (1) ativo circulante mais ativo realizável a longo prazo e (2) passivo circulante mais passivo realizável a longo prazo, e a segunda considera a relação entre (1) ativo circulante e (3) passivo circulante.

Já o índice de endividamento considera a relação entre (1) o passivo exigível (curto e longo prazo) e (2) o ativo total. O índice de endividamento total procura identificar o montante de recursos de terceiros que está sendo utilizado com o objetivo de gerar lucro. Quanto menor for a participação de capital de terceiros na empresa, menor será seu grau de endividamento e, em tese, maior será a liberdade financeira para tomar decisões.

Por fim, o índice de solvência geral expressa a relação entre (1) o ativo total e (2) o passivo exigível (curto e longo prazo). Esse índice se presta a avaliar se as dívidas contraídas possuem respaldo no ativo da empresa[12].

Na prática, a análise dos índices é algo que deve ser bem planejada na licitação para que não se faça uma exigência desnecessária, limitando a participação de empresa que efetivamente possui condições de executar o objeto, mas não possui o índice exigido. Para tanto, o assessor jurídico deve considerar que a análise de uma empresa, por meio de suas demonstrações contábeis envolve "(1) comparar o desempenho da empresa com outras da mesma indústria e (2) avaliar tendências da posição patrimonial e financeira da empresa ao longo do tempo"[13].

Pelo item 1 acima referido, vemos o motivo pelo qual a determinação dos índices na licitação depende do caso concreto: é necessária a comparação da empresa analisada com outras do mesmo setor. No caso das PPPs, é importante ressaltar que, na maioria das vezes, o objeto será executado por empresas de mais de um ramo de atividade, que podem possuir índices diferentes. Assim, o assessor jurídico deverá verificar se essa variação está sendo observada pelo órgão técnico competente.

Outra consideração importante é que o processo licitatório possui limitações, não permitindo o aprofundamento da análise do índice com a obtenção de outros dados concretos da empresa, pois podem ser considerados documentos não previstos inicialmente no edital. Dessa forma, a exigência de índices

---

12 Sobre índices contábeis ver: IUDÍCIBUS, Sérgio de et al. *Contabilidade Introdutória*. 7. ed. São Paulo: Atlas, 1998, e VICECONTI, Paulo; NEVES, Silvério das. *Contabilidade avançada e análise das demonstrações financeiras*. 17. ed. rev. São Paulo: Saraiva, 2013. p. 456-458.

13 BRIGHAM, Eugene F.; EHRHARDT, Michel C. *Administração financeira: teoria e prática*. 2. ed. bras. São Paulo: Cengage Learning, 2012. p. 86.

pode acabar se tornando uma opção inócua ou desvantajosa para a Administração. Isso porque os indicadores são um *sinal* de que uma empresa é bem gerenciada e não uma certeza absoluta, pois "uma média da indústria não é um número mágico pelo qual todas as empresas devem lutar para manter – na realidade, algumas empresas bem gerenciadas estarão acima da média, enquanto outras boas estão abaixo da média"[14].

Essa limitação na análise de índices é algo bastante conhecido nas ciências financeira e contábil e deve ser alvo de avaliação por parte do advogado assessor. Reiteramos que a demonstração, por parte da Administração, da essencialidade e da motivação da exigência é sempre o melhor caminho para evitar direcionamentos, ainda que involuntários, no certame.

Ademais, não se pode esquecer que os índices estão sujeitos a manobras para alterá-los indevidamente, atingindo o quanto solicitado na licitação de modo artificial. Apenas para ilustrar essa situação, vejamos um simples exemplo citado pela doutrina: "suponha que uma empresa faça um empréstimo de dois anos em dezembro. Por ser um empréstimo com um prazo superior a um ano, ele não será incluído no passivo circulante, embora o dinheiro recebido do empréstimo seja registrado como ativo circulante. Isso melhora os índices de liquidez corrente e liquidez seca e faz com que o balanço patrimonial pareça melhor. Se a empresa liquidar o empréstimo em janeiro, então a transação foi estritamente uma maquiagem"[15].

As decisões dos Tribunais de Contas da União e do Estado de São Paulo sobre a utilização dos índices prezam principalmente pela necessidade de justificativa de sua utilização e sua compatibilidade com o setor.

A título de exemplo, o TCU assim se manifestou ao analisar licitação de obra pública:

---

14 BRIGHAM, Eugene F.; EHRHARDT, Michel C. *Obra citada*, p. 89.
15 BRIGHAM, Eugene F.; EHRHARDT, Michel C. *Obra citada*, p. 107.

"...enquanto que o normal seria um índice de liquidez corrente de 1,2 a 1,5, a licitação exigia 2,0. [...] Ora, a fixação de 2,0 como valor limite para o Índice de Liquidez Corrente teve a finalidade de restringir a participação no certame daquelas empresas que apresentassem a razão entre seu ativo e passivo circulantes igual ou superior àquele índice, ou seja, que apresentassem a saúde financeira tal que para cada real atinente a dívidas de curto prazo assumidas deveria haver dois reais em disponibilidade em seu caixa. [...] Segundo especialistas e publicações atinentes ao mercado de construção civil de infra-estrutura – obras públicas – a possibilidade de se encontrar empresas gozando de situação financeira tão privilegiada era e continua sendo muito remota, fato que nos leva a crer ter sido tal exigência propositadamente colocada no edital com o objetivo de determinar, previamente, os rumos da licitação. [...] Cabe destacar que a fixação de índices de liquidez a serem utilizados em licitações deve guardar relação de razoabilidade e proporcionalidade com o objeto a ser atingido, devendo--se fixar parâmetros que não obstante possibilitem obter a melhor proposta para a Administração Pública, não venham, entretanto, inviabilizar o caráter competitivo do processo licitatório, conforme preconizado pelo art. 3º da Lei 8.666/1993" (Acórdão TCU nº 326/2010 – Plenário). (grifo nosso)

O Tribunal de Contas do Estado de São Paulo, também em licitação de obra pública, já decidiu que "a jurisprudência da Corte sobre o tema é pacífica e condena quocientes [ILC e ILG] de 1,5 para cima, a exemplo do decidido nos autos dos TCs 514/003/96, 517/003/96, 37211/026/96, 13571/026/98, 21649/026/98, 13677/026/98, dentre outros" (TCE-SP. TC 031546/026/99).

Utilização de capital social e patrimônio líquido mínimos

Outro instrumento para análise do balanço patrimonial da empresa está previsto no §2º do art. 31 da Lei nº 8.666/93, que permite exigência de capital social ou de patrimônio líquido mínimos. Esse mesmo parágrafo permite a exigência das garantias previstas no §1º do art. 56 do mesmo diploma legal (garantia de execução do contrato).

O primeiro problema a ser enfrentado é que, pela interpretação literal do dispositivo encimado, somente seria possível uma alternatividade de exigências (capital mínimo *ou* patrimônio líquido *ou* garantias do §1º do art. 56 da Lei nº 8.666/93) para fins de comprovação da qualificação econômico-financeira dos licitantes e para efeito de garantia ao adimplemento do contrato a ser ulteriormente celebrado.

A Súmula 275 do Egrégio Tribunal de Contas da União dispõe nesse sentido:

> "Para fins de qualificação econômico-financeira, a Administração pode exigir das licitantes, de forma não cumulativa, capital social mínimo, patrimônio líquido mínimo ou garantias que assegurem o adimplemento do contrato a ser celebrado, no caso de compras para entrega futura e de execução de obras e serviços."

Já o Tribunal de Contas do Estado de São Paulo editou a Súmula 27, afirmando ser possível a cumulação de caução de participação e de capital social mínimo em procedimento licitatório, desde que respeitados os limites previstos na lei de regência (1% do valor estimado do objeto do contrato): "Em procedimento licitatório, a cumulação de caução de participação e de capital social mínimo insere-se no poder discricionário do administrador, respeitados os limites previstos na lei de regência."

Em que pese o entendimento sumulado pelo TCU, parece-nos que a súmula do Tribunal de Contas Bandeirante é a que melhor esclarece o tema da cumulação das exigências previstas no § 2º do art. 31. Isso porque o TCE-SP esclarece que o § 2º não se refere à caução de participação do certame, mas à garantia da *execução contratual*.

O Tribunal de Justiça do Estado de São Paulo também já enfrentou a questão da possibilidade da cumulação da exigência de patrimônio líquido, capital social mínimo e garantia da proposta para fins de qualificação econômico-financeira.

Na Apelação nº 097.183-5/7-00 (Relatora Teresa Ramos Marques, j. em 5/4/2000), decidiu-se pela possibilidade de cumulação de exigência de garantias, capital social e patrimônio líquido mínimos, salientando que não se confundem garantia da proposta (critério de habilitação) e da execução do contrato (requisito para assinatura do contrato). Nos termos do acórdão:

> "A Lei 8.666/93 não impede a concomitância da exigência de capital e patrimônios líquido mínimos com quaisquer das garantias, seja da proposta, seja da execução do contrato, quando se trata de compras para entrega futura e contratação de obras e serviços. É o que tem constatado a melhor doutrina, da análise conjunta dos arts. 31, III, §2º e 56, §1º da Lei nº 8.666/93 (...)

Já na Apelação nº 284.252-5/0-00 (Relator Moreira de Carvalho, j. em 4/12/2006), na qual estava em exame a legalidade da concorrência 12/2001 da Companhia de Engenharia de Tráfego – CET, que visava à contratação da prestação de serviços de detecção, registro e processamento de imagens de infração referentes ao desrespeito à velocidade regulamentada, decidiu-se pela impossibilidade da cumulação de exigência de garantia de participação e capital social mínimo, interpretando-se o art. 31, §2º, da Lei nº 8.666/93 no sentido de que a vedação para a cumulação refere-se à garantia de participação (art. 31, inciso III).

Há ainda um terceiro entendimento externado no julgamento do Agravo de Instrumento nº 751.838-5/4-00 (Relator Laerte Sampaio, j. em 24/6/2008), no qual se entendeu, explicitamente, que os requisitos de capital social mínimo ou de patrimônio líquido são autônomos e independentes, podendo a Administração exigir apenas um ou os dois.

A nosso ver, o entendimento que melhor atende às finalidades da licitação é aquele que permite a cumulação, desde que tal procedimento seja devidamente justificado na fase interna do certame.

Continuando a análise do § 2º, o Tribunal de Contas da União possui o posicionamento de ser ilegal a exigência de comprovação de capital social *integralizado*, uma vez que a Lei nº 8.666/93 não faz essa exigência (Acórdãos nºs 170/2007 e 701/2007, ambos do Plenário). Esse também é o posicionamento dominante do Tribunal de Contas do Estado de São Paulo (TC n.º 33045/026/07), muito embora já tenha decidido (TC n.º 1020/026/07), em exame de concorrência visando à contratação de empresa especializada na prestação de serviços técnicos de publicidade institucional, que "não há nada na legislação de regência da matéria que impeça a exigência cumulada de prova de capital social *integralizado* mínimo e de garantia de proposta de 1% do valor do contrato pretendido e, ainda, a prestação de garantia de 5%" (itálico nosso)[16].

Não se pode deixar de observar que Justen Filho[17] considera a exigência de capital social mínimo inconstitucional, constituindo restrição indevida à participação de interessados, porquanto apenas o exame do patrimônio líquido seria capaz para revelar a boa situação econômica da empresa licitante. Justifica:

> "[...] o valor do capital social não fornece qualquer dado seguro acerca da situação econômica da sociedade. Não é índice objetivo de qualificação econômico-financeira. A comprovação da idoneidade somente pode abster-se através de dados atinentes ao patrimônio líquido. Ora, a disponibilidade de recursos somente é apurável através do exame do passivo e do ativo. Por isso, a exigência de capital social mínimo afigura-se inconstitucional, pois não se presta a revelar, de modo adequado, a presença dos requisitos do direito de licitar."

Em que pese o posicionamento de tão respeitado autor, entendemos que, caso seja previsto em edital a exigência de capital social mínimo e haja justificativa razoável para sua utilização, não há nada na Constituição Federal e nas leis infraconstitucionais que possam nos levar a interpretar esse requisito como ilegal ou inconstitucional. De todo modo, até

---

16 Ver ainda: TC nºs 7395/026/09, 10376/026/09 e 10473/026/09.
17 JUSTEN FILHO, Marçal. *Comentários à Lei de Licitações e Contratos Administrativos*. São Paulo: Dialética, 2012. p. 549-550.

que o dispositivo seja contestado em controle concentrado de constitucionalidade, o instrumento pode ser utilizado.

O § 3º do art. 31 da Lei nº 8.666/93, por sua vez, estabelece o limite de 10% (dez por cento) do valor estimado da contratação como valor máximo a ser exigido como capital social mínimo ou como valor do patrimônio líquido, devendo a comprovação ser feita relativamente à data da apresentação da proposta, na forma da lei, admitida a atualização para a data do certame através de índices oficiais.

Nesse ponto, importante salientar a posição do Egrégio Tribunal de Contas do Estado de São Paulo de que o "valor da contratação" para fins de garantia e fixação do valor do patrimônio líquido e capital social mínimos nas concessões deve ser o valor do investimento a ser feito pelo licitante e não o valor total do contrato, esse último considerado como a soma de toda receita gerada pelo projeto (TC nºs 014610/026/10, 16.132/026/09, 29.349/026/09 e 000651/002/11). Entretanto, para concessão na qual o valor do investimento é baixo em relação ao custo operacional, há recente decisão, de 12 de junho de 2013 (TC nº 000591/989/13), entendendo que o cálculo do valor contratual para fins de garantia poderá corresponder à *projeção de receitas* para 12 meses de vigência.

Ainda segundo o entendimento do TCE-SP, é de fundamental importância a existência de estudos técnicos prevendo o montante a ser desembolsado pelo vencedor do licitante a título de investimentos para execução do contrato, sem os quais não é possível a realização do certame (TC nº 034871/026/09). Apesar de parecer uma constatação óbvia, cabe ao assessor jurídico verificar se os valores indicados pela Administração *realmente* possuem respaldo e fundamento em estudos técnicos, sob pena de macular a licitação.

Relação de compromissos assumidos pelo licitante

Por fim, o art. 31 da Lei nº 8.666/93, no seu § 4º, prevê ainda a possibilidade de a Administração Pública exigir a relação dos compromissos assumidos pelo licitante que importem diminuição da capacidade operativa ou absorção de disponibilidade financeira, calculada esta em função do patrimônio líquido atualizado e sua capacidade de rotação.

Esse instrumento se mostra importante na medida em que nem todos os compromissos assumidos pela licitante podem estar demonstrados no balanço patrimonial e nas demonstrações contábeis do último exercício, especialmente se algum fato relevante ocorrer entre a elaboração das demonstrações e a participação na licitação[18].

Consórcio de empresas para participação na licitação

Em relação à participação de licitantes em consórcio, o art. 33 da Lei nº 8.666/93 permite essa possibilidade, desde que haja previsão no edital. O inciso III do art. 33, supramencionado, permite a exigência, para fins de qualificação econômico-financeira, do somatório dos valores de cada consorciado, na proporção de sua respectiva participação, "podendo a Administração estabelecer, para o consórcio, um acréscimo de até 30% (trinta por cento) dos valores exigidos para licitante individual, inexigível este acréscimo para os consórcios compostos, em sua totalidade, por micro e pequenas empresas assim definidas em lei".

---

18 Ao comentar a fragilidade da análise de balanços para aferir a capacidade econômico-financeira de licitantes, Floriano de Azevedo Marques relata: "pode-se imaginar situação, a título ilustrativo, em que um concorrente apresente o balanço social do último exercício social que, apesar de documentar boa situação financeira, não dá conta da real situação do licitante. Poder-se-ia tratar, por exemplo, de desastre financeiro ocorrido após o fechamento daquele balanço, que não estaria retratado naquele documento. Ou então - situação ainda mais próxima da espécie aqui analisada - a empresa poderia ter sido objeto de cisão, reduzindo em muito seu perfil e sua saúde financeira." (MARQUES NETO, Floriano de Azevedo. *Qualificação econômica - balanço de incorporação - interpretação do art. 31 da Lei de Licitação. Fórum Administrativo - Direito Público - FA*, Belo Horizonte, ano 1, n. 3, maio 2001. Disponível em: <http://www.bidforum.com.br/bid/PDI0006.aspx?pdiCntd=133>. Acesso em: 3 out. 2013.)

A respeito do atendimento dos índices contábeis por todas as empresas consorciadas, o Egrégio Tribunal de Contas do Estado de São Paulo possui três posicionamentos: (1) é ilegal a exigência de que as empresas consorciadas atendam, isoladamente, os índices contábeis estipulados no edital (TC nº 43940/026/08); (2) é legal a exigência de que as empresas consorciadas atendam, isoladamente, os índices contábeis estipulados no edital (TC nº 4442/026/09); (3) é difícil afirmar, categoricamente, que a exigência é legal ou ilegal, devendo a conclusão ser extraída, casuisticamente, do contexto das prescrições do edital (posição do Conselheiro Renato Martins Costa, externada nos autos do TC-4442/026/09).

Parece-nos que a terceira corrente é a que melhor atende a licitação para contratação de concessão, uma vez que, por se tratar de contratação complexa, que pode envolver diversos setores, bem como a variação da composição de um consórcio, somente diante do caso concreto será possível verificar quais os serviços que serão executados pela concessionária.

No tocante ao capital social e patrimônio líquido mínimo exigidos para licitantes em consórcio, o Egrégio Tribunal de Contas do Estado de São Paulo já decidiu que a mensuração e avaliação poderão ser tomadas conforme a exata proporção da participação de cada licitante no consórcio (TC nº 024496/026/11).

Os sinais de capacidade financeira

Referência na estruturação de projetos de concessão, Ribeiro[19] destaca que as exigências relativas à qualificação econômico-financeira não podem criar barreiras desneces-

---

19 RIBEIRO, Maurício Portugal. *Concessões e PPPs: melhores práticas em licitações e contratos.* São Paulo: Atlas, 2011.

sárias ao adequado desenvolvimento do projeto. Para ele, a modelagem deve respeitar o grau de amadurecimento do setor no qual ocorrerá a licitação.

Para setores maduros (reconhecida pela existência de empresas com balanços auditados e formulados seguindo as melhores práticas de mercado), é possível manter as formas tradicionais de qualificação econômico-financeira com a apresentação de balanços e demonstrações financeiras auditadas, que cumpram índices financeiros previamente estipulados e exigência de capital social e/ou patrimônio líquido mínimo. Entretanto, os índices e valores exigidos devem respeitar o setor, o que demanda a análise caso a caso.

Ciente da possibilidade de se alterar indevidamente as demonstrações contábeis, como acima exposto, Ribeiro aponta ser importante que o balanço e as demonstrações contábeis exibidos sejam relativos à consolidação do *grupo econômico* a que pertença a licitante, porquanto seria possível "limpar" dívidas artificialmente de uma determinada empresa participante do grupo econômico.

Já nos setores com diversos entrantes potenciais ou setores imaturos do ponto de vista financeiro, Ribeiro entende que o processo de qualificação deve analisar o que chama de "sinais de capacidade financeira". Para ele, a aferição desses sinais pode ser melhor acomodada, à vista da legislação vigente e do entendimento dos tribunais, como condição para assinatura do contrato.

Esses sinais de capacidade financeira seriam: (1) a exigência de aporte em dinheiro na SPE; (2) a exigência de apresentação de seguros dos riscos mais relevantes e; (3) exigência de apresentação de garantia de cumprimento de contrato (*completion guarantee* ou *performance bond*). Apesar de serem exigências comuns, quando utilizadas como "sinais" de capacidade financeira, *os valores são proporcionalmente maiores*.

No edital da Linha 6 do Metrô de São Paulo[20][21], para o contrato com valor estimado em R$ 22.559.316.793,, correspondente ao somatório dos valores nominais do aporte de recursos (pelo Poder Concedente), da projeção da contraprestação pecuniária, das receitas decorrentes da tarifa de remuneração e das receitas acessórias, *diante das condições do projeto*, exigiu-se a integralização de R$ 52.000.000,00 em moeda corrente nacional, bem como sua total integralização do capital social no prazo de 72 meses, nos seguintes termos:

> "12.1.3 Comprovação de integralização na SPE de parcela do capital social subscrito definido no item 14.5 deste edital, no valor mínimo de R$52.000.000,00 (cinquenta e dois milhões de reais), em moeda corrente nacional.
> [...]
> 14.5 O capital social subscrito da SPE deverá ser de, no mínimo, R$ 520.000.000,00 (quinhentos e vinte milhões de reais), devendo ser aumentado para R$ 890.000.000,00 (oitocentos e noventa milhões de reais) no 25º mês do início do prazo de vigência da CONCESSÃO, e sua integralização deverá obedecer as condições estabelecidas no item 12.1.3 deste edital, e o saldo restante até o 72º (septuagésimo segundo) mês contado do início do prazo de vigência da CONCESSÃO, conforme as condições estabelecidas no item 18.2.1.1 da minuta do CONTRATO."

Vale ressaltar que a licitante interessada na Linha 6, não participante de consórcio, deveria comprovar, como requisito de habilitação econômico-financeira, patrimônio líquido mínimo de R$ 850.000.000,00. Dessa forma, percebe-se que exigências para a qualificação econômico-financeira acabam sendo levadas (e inclusive ampliadas no decorrer da execução contratual) da licitante para a sociedade de propósitos específicos.

---

20 Vale relembrar que a contratação de seguros e garantia da execução do contrato são tratados em artigo autônomo, portanto não indicaremos como foram tratados no edital da Linha 6.

21 Disponível em http://www.stm.sp.gov.br/index.php/edital-linha-6, acesso em 4 de outubro de 2013.

Além dos sinais de capacidade financeira, anota-se ser importante que esses mecanismos sejam conjugados com a garantia da proposta e demais sanções administrativas previstas no edital, de forma a inibir ao máximo a possibilidade de não assinatura do contrato.

No caso do edital da Linha 6 foi utilizado procedimento licitatório com inversão de fases, exigindo-se que a garantia da proposta fosse o primeiro documento a ser avaliado (segmentando a fase de habilitação, no que se refere à qualificação econômico-financeira), sendo que o valor da garantia da proposta foi de R$ 85.000.000,00.

Ribeiro ainda menciona de passagem um quarto "sinal": a apresentação de carta de instituição financeira que assegure a capacidade financeira da licitante ou garanta a existência de linha de crédito aprovada à disposição do licitante. Alerta, entretanto, que tal requisito foi considerado ilegal pelo TCU em meados da década de 90, pois se exigia que os bancos emitentes dessas cartas fossem "de primeira linha", sem, contudo, definir o que seria "banco de primeira linha".

No edital da Linha 6 do Metrô, mecanismo parecido com esse quarto sinal (declaração de instituição financeira) foi utilizado para avaliar a viabilidade econômico-financeira do plano de negócios. Para evitar qualquer nulidade, o edital também fez menção de como seria avaliada a instituição financeira que emitisse a declaração. Esse mecanismo possui a seguinte redação:

> "8.8.2 Declaração de instituição financeira, nacional ou estrangeira, atestando a viabilidade econômico-financeira da implementação do Plano de Negócios, conforme Anexo VIII do edital, podendo ser observadas as condições indicativas para eventual apoio financeiro constantes do Ofício AS/DEURB nº 005/2013 do BNDES, que integra este Edital como Volume III do Anexo VI.
> 8.8.2.1 A Licitante deverá demonstrar de forma inequívoca, por meio de documento (atestados, declarações e outros), a experiência da instituição financeira, de que trata o subitem acima, na estruturação financeira de empreendimentos e, em

> especial, na área de infraestrutura, na modalidade de "Project finance" ou outras formas de mobilização de recursos de longo prazo, envolvendo ao menos R$ 1.000.000.000,00 (um bilhão de reais) de investimentos."

Ao lado dos sinais de capacidade financeira acima elencados, entendemos que também possui contornos de qualificação econômico-financeira, não disposta no art. 31 da Lei n° 8.666/93, a qualificação técnica relativa à participação em empreendimentos com determinado valor de investimento. Esse instrumento foi utilizado no edital da Linha 6, da seguinte forma:

> "8.6.1.1. O(s) atestados(s) deverá(ão) indicar a execução de atividades nas características, quantidades e prazos referidos a seguir:
> [...]
> b) Participação em empreendimento em que tenha sido realizado investimento de pelo menos R$ 2.000.000.000,00 (dois bilhões de reais).
> [...]
> 8.6.1.2 Para comprovação do valor exigido na alínea "b" do subitem 8.6.1.1 será admitido o somatório de até 5(cinco) atestados, um deles referindo-se a um único empreendimento em que o valor total de investimento tenha sido de, no mínimo, R$ 1.000.000.000,00 (um bilhão de reais) e os demais, em outros empreendimentos, de no mínimo R$ 250.000.000,00 (duzentos e cinquenta milhões de reais) cada um;
> a. Somente serão aceitos atestados em que a Licitante individual ou membro de Consórcio figure em uma das seguintes formas de participação no empreendimento constante do atestado:
> a.1. Como responsável direto pela execução do empreendimento com participação mínima no Consórcio de 30% (trinta por cento).
> a.2. Como investidor no empreendimento com participação mínima no Consórcio de 15% (quinze por cento).
> 8.6.1.2.1 Ainda para atendimento do item 8.6.1.1 "b" serão admitidos documentos, tais como contratos, cartas ou declarações de instituição financeira, agências reguladoras ou poderes concedentes, conforme o caso, bem como demonstrações financeiras auditadas dos empreendimentos realizados ou outro documento que demonstre a experiência requerida."

Por fim, cabe mencionar que, pelo pouco tempo de utilização desses mecanismos "extra artigo 31", ainda não há jurisprudência consolidada sobre a licitude dessa modelagem, mas é certo que até o momento, tais previsões não foram consideradas ilegais. Todavia, todas as disposições com o objetivo ora tratado devem sempre ser devidamente justificadas e fundamentadas *com base no caso concreto*, como, aliás, deve ser todo ato administrativo.

Conclusão

Todo esse quadro exposto indica que a qualificação econômico-financeira nas parcerias público-privadas, para que atinja adequadamente os fins a que se destina, deve ser estruturada não apenas observando o disposto no art. 31 da Lei nº 8.666/93, mas conjugada com as "condições de capacidade financeira" dispostas ao longo do edital e do contrato. Para isso, o assessor jurídico deverá conhecer a fundo o projeto que será licitado, uma vez que cada concessão possui modelagem econômico-financeira única.

Bibliografia

BRIGHAM, Eugene F.; EHRHARDT, Michel C. *Administração financeira: teoria e prática*. 2. ed. bras. São Paulo: Cengage Learning, 2012.

DI PIETRO, Maria Sylvia Zanella.*Parcerias na Administração Pública*. 9. ed. São Paulo: Atlas, 2012.

IUDÍCIBUS, Sérgio de et al. *Contabilidade Introdutória*. 7. ed. São Paulo: Atlas, 1998.

JUSTEN FILHO, Marçal. *Comentários à Lei de Licitações e Contratos Administrativos*. 15. ed. São Paulo: Dialética, 2012.

_____. *Teoria geral das concessões de serviço público*. São Paulo: Dialética, 2003.

MARQUES NETO, Floriano de Azevedo. *Qualificação econômica - balanço de incorporação - interpretação do art. 31 da Lei de Licitação*. *Fórum Administrativo - Direito Público - FA*, Belo Horizonte, ano 1, n. 3, maio 2001. Disponível em: <http://www.bidforum.com.br/bid/PDI0006.aspx?pdiCntd=133>. Acesso em: 3 out. 2013

PEREIRA JUNIOR, Jessé Torres. *Comentários à Lei de Licitações e Contratos da Administração Pública.* Rio de Janeiro: Ed. Renovar, 2009.

RIBEIRO, Maurício Portugal. *Concessões e PPPs: melhores práticas em licitações e contratos.* São Paulo: Atlas, 2011.

VICECONTI, Paulo; NEVES, Silvério das. *Contabilidade avançada e análise das demonstrações financeiras.* 17. ed. rev. São Paulo: Saraiva, 2013.

capítulo III

Qualificação Técnica em Parcerias Público-Privadas na jurisprudência do Tribunal de Contas da União e do Tribunal de Contas do Estado de São Paulo

Jéssica Helena Rocha Vieira Couto[1]
Luiz Fernando Roberto[2]
Soraya Lima do Nascimento[3]
Thiago Mesquita Nunes[4]

Introdução

O presente trabalho foi desenvolvido no âmbito do Núcleo de Estudos em Parcerias Público-Privadas da Procuradoria Geral do Estado de São Paulo e tem como objetivo proceder a uma análise da jurisprudência do Tribunal de Contas da União e do Tribunal de Contas do Estado de São Paulo sobre o tema de qualificação técnica, especificamente quanto às peculiaridades observáveis em contratos de parcerias público-privadas.

O art. 27, inciso II, da Lei nº 8.666/1993[5], elegeu a Qualificação Técnica como um dos requisitos de habilitação dos certames licitatórios, e tais previsões são aplicáveis às parcerias público-privadas em razão do disposto nos art. 11 e 12 da Lei nº 11.079/2004[6]. Objetiva-se, com a fixação de critérios objeti-

---

[1] Procuradora do Estado de São Paulo. Especialista em Direito Processual Civil pela Universidade Mackenzie. Pós-graduanda em Direito Administrativo na Fundação Getúlio Vargas. Graduada em Direito pela Universidade Mackenzie.

[2] Procurador do Estado de São Paulo. Mestre em Direito Administrativo pela Pontifícia Universidade Católica de São Paulo - PUC/SP.

[3] Procuradora do Estado de São Paulo. Especialista em Direito Processual Civil pela Pontifícia Universidade Católica de São Paulo - PUC/SP. Graduada em Direito pela Universidade Paulista.

[4] Procurador do Estado de São Paulo. Pós-graduando em Direito Administrativo pela Fundação Getúlio Vargas – FGV. Graduado pela Universidade de São Paulo – USP.

[5] Lei de Licitações e Contratos Administrativos.

[6] Lei de Parcerias Público-Privadas.

vamente aferíveis, garantir que os licitantes tenham os conhecimentos teóricos e práticos necessários para a execução do objeto da licitação, delimitando o universo de potenciais concorrentes no processo licitatório.

Todavia, ao contrário dos demais contratos administrativos, as parcerias público-privadas denotam uma preocupação com o oferecimento ao particular de garantia de compromissos financeiros seguros e de longo prazo por parte do parceiro público. Embora as atenções de ambas as partes sejam voltadas para critérios econômicos como a alocação dos riscos e a estipulação de um plano de financiamento, a magnitude dos projetos veiculados por esse modelo justificam, não raras vezes, cautelas com a qualificação técnica da contratada[7].

Em face, portanto, da aplicabilidade às parcerias público-privadas das mesmas normas a que sujeitos os demais contratos administrativos, relativamente aos requisitos de qualificação técnica, a conclusão natural é a de que, em regra, esse instituto deveria ser interpretado de forma indistinta, independentemente da natureza do contrato ao qual submetido, mas, como exposto adiante, essa conclusão não é de todo adequada, devendo-se reconhecer, ainda que sujeitos às normas previstas na Lei nº 8.666/93, que o vulto e a complexidade dos contratos de parcerias público-privadas justificam uma interpretação peculiar das normas de qualificação técnica, de forma a não desnaturar o seu objetivo essencial, que é o de garantir que o futuro contratado tenha experiência e condições suficientes para desempenhar, adequadamente, o objeto da contratação.

---

[7] Narrando a experiência internacional das PPPs, Diogo Rosenthal Coutinho observa que, no Reino Unido, essas parcerias foram utilizadas para "a concepção (*designing*) e a construção (*building*) de grandes obras ou sua gestão sob a forma de serviços". COUTINHO, Diogo Rosenthal. Parcerias Público-Privadas: Relatos de Algumas Experiências Internacionais *in* SUNDFELD, Carlos Ari (org.) Parcerias Público Privadas. São Paulo: Malheiros, 2007, p. 51.

Qualificação Técnico-Operacional

A Qualificação Técnico-Operacional é um dos aspectos da qualificação técnica e tem por objetivo verificar se a empresa – e não os profissionais que nela laboram – possui aptidão para o desempenho de atividade pertinente e compatível com o objeto posto em licitação. A Qualificação Técnico-Operacional refere-se, assim, à experiência anterior da empresa licitante, e *"envolve a comprovação de que a empresa, como unidade jurídica e econômica, participara anteriormente de contrato cujo objeto era similar ao previsto para a contratação almejada pela Administração Pública"*.[8]

Em certames licitatórios, a prova dessa experiência anterior é feita, principalmente, mediante a apresentação de atestados emitidos por pessoas jurídicas de direito público ou privado, a teor do disposto no art. 30, inciso II, §§ 3º e 5º, da Lei nº 8.666/93[9].

A depender da complexidade técnica do objeto posto em licitação e do nível de difusão no mercado da técnica necessária para sua execução, a apresentação de atestados que comprovem a mera execução de contrato anterior com

---

[8] JUSTEN FILHO, Marçal. Comentários à Lei de Licitações e Contratos Administrativos. 15. ed. São Paulo: Dialética, 2012, p. 499.

[9] *Art. 30. A documentação relativa à qualificação técnica limitar-se-á a:*
(...)
II - comprovação de aptidão para desempenho de atividade pertinente e compatível em características, quantidades e prazos com o objeto da licitação, e indicação das instalações e do aparelhamento e do pessoal técnico adequados e disponíveis para a realização do objeto da licitação, bem como da qualificação de cada um dos membros da equipe técnica que se responsabilizará pelos trabalhos;
(...)
§ 3º Será sempre admitida a comprovação de aptidão através de certidões ou atestados de obras ou serviços similares de complexidade tecnológica e operacional equivalente ou superior.
(...)
§ 5º É vedada a exigência de comprovação de atividade ou de aptidão com limitações de tempo ou de época ou ainda em locais específicos, ou quaisquer outras não previstas nesta Lei, que inibam a participação na licitação.

características similares não é, *de per si*, suficiente para aferir a capacidade técnica da empresa licitante, pois de tais documentos pode não ser possível extrair informações relevantes, notadamente, a qualidade da execução do objeto e a *expertise* técnica utilizada.

Assim, especialmente em contratos de parcerias público-privadas, as quais representam licitações de objetos tecnicamente complexos, a modelagem da qualificação técnica reclama a conjugação da exigência de comprovação de experiência anterior não só na execução genérica de objeto similar, mas também na realização dos aspectos mais complexos e específicos do objeto a ser licitado (sejam eles quantitativos e/ou qualitativos).

A prática, contudo, revela que esta não é tarefa das mais fáceis, pois, por influxo do art. 37, inciso XXI, da Constituição Federal[10] e do princípio consagrado no art. 3º, § 1º, inciso I, da Lei nº 8.666/93, os requisitos de habilitação *"devem ser restritos ao mínimo necessário para assegurar a obtenção de uma prestação adequadamente executada."*[11]

O excerto a seguir transcrito, da lavra do Ministro do Tribunal de Contas da União, Marcos Bemquerer Costa, espelha a dificuldade que se põe ao administrador[12]:

---

[10] *Art. 37. A administração pública direta e indireta de qualquer dos Poderes da União, dos Estados, do Distrito Federal e dos Municípios obedecerá aos princípios de legalidade, impessoalidade, moralidade, publicidade e eficiência e, também, ao seguinte:*
(...)
XXI - ressalvados os casos especificados na legislação, as obras, serviços, compras e alienações serão contratados mediante processo de licitação pública que assegure igualdade de condições a todos os concorrentes, com cláusulas que estabeleçam obrigações de pagamento, mantidas as condições efetivas da proposta, nos termos da lei, o qual somente permitirá as exigências de qualificação técnica e econômica indispensáveis à garantia do cumprimento das obrigações. (...)

[11] JUSTEN FILHO, Marçal. *Op. cit.*, p. 460.

[12] TCU, Ac 1519-34/06, Plenário, TC-003906/2004-0, rel. Min. Marcos Bemquerer Costa, sessão de 23/8/2006.

(...) o limite entre a saudável cautela e a afronta à competitividade que é princípio basilar do instituto licitatório é tênue, sendo que a inclinação da conduta do administrador deve ser pautada pela ponderação dos valores envolvidos.

A licitação destina-se, precipuamente, à apuração da proposta mais vantajosa para a Administração, dentre um universo considerado de propostas possíveis de ser implementadas, já que uma série de procedimentos preliminares, insertos na fase de habilitação, encarrega-se de eliminar previamente possibilidades reputadas objetivamente como inadequadas (...).

Nesse sentido, há que se aferir a intensidade das restrições a serem estabelecidas à participação de empresas em certames licitatórios de maneira que a natureza das limitações impostas não ultrapasse o estritamente necessário para conferir um mínimo de segurança à Administração na celebração do negócio e execução do objeto contratado sob pena de macular princípio consagrado no art. 3º, § 1º, inciso I, da Lei n.º 8.666/93, qual seja, erigir condições que frustrem, restrinjam ou comprometam o caráter competitivo do certame, sendo impertinentes ou irrelevantes para o específico cumprimento do contrato.

O legislador não dimensionou as exigências que devem ser estabelecidas como mínimas para a participação de licitante. E nem poderia fazê-lo, pois a multiplicidade fática inerente à realidade não o permite, impondo-se ao aplicador do Direito a subsunção das restrições abstratamente contidas na norma diante das especificidades do caso concreto. Impediu, entretanto, a atuação desmedida do administrador, vedando-se-lhe o exercício de um alvedrio inconsequente.

O espectro de atuação no administrador é largamente restringido, em eventos da espécie, pela compatibilidade a ser observada entre as limitações situadas e a manutenção da competitividade do processo licitatório. É nesse contexto que deve ser desenvolvida a ponderação de valores, que definirá a magnitude das limitações.

No intuito de subsidiar o caminho da Administração nesta seara, partindo de julgados do Tribunal de Contas da União (TCU) e do Tribunal de Contas do Estado de São Paulo (TCE/SP), pretende-se indicar neste trabalho o posicionamento desses órgãos de controle acerca dos aspectos gerais mais problemáticos vivenciados na elaboração de cláusulas editalícias de qualificação técnico-operacional em contratações de parcerias público-privadas.

Similaridade da anterior execução

Os Tribunais de Contas não admitem a exigência de prova de execução de obras e serviços idênticos e/ou específicos, conforme a Súmula n° 30 do TCE/SP[13]:

> SÚMULA N° 30 - Em procedimento licitatório, para aferição da capacitação técnica, poderão ser exigidos atestados de execução de obras e/ou serviços de forma genérica, ficando vedado o estabelecimento de apresentação de prova de experiência anterior em atividade específica, como realização de rodovias, edificação de presídios, de escolas, de hospitais e outros itens.

De outro lado, é assente a possibilidade de serem aceitos atestados que demonstrem a execução de obra similar[14] e de complexidade igual ou superior ao objeto da licitação, previsão contida expressamente no § 3º do art. 30 da Lei n° 8.666/93, retrotranscrito. Sobre o tema, o TCU já manifestou no sentido de que *"será sempre admitida a comprovação de aptidão através de certidões ou atestados de obras ou serviços similares de complexidade tecnológica e operacional equivalente ou superior"*.[15]

Estabelecimento de limites quantitativos e qualitativos para comprovação de experiência anterior

Especificamente quanto à qualificação técnico-operacional, é possível o estabelecimento de exigências de quantita-

---

13 Disponível em: <http://www4.tce.sp.gov.br/sumulas>. Acesso em 7/10/2013.

14 Nesse sentido, Jessé Torres Pereira Junior leciona que "havendo compatibilidade – sinônimo, aí, de afinidade – entre as atividades e o objeto, estará atendida parte substancial da prova de aptidão, que se completará com a indicação das instalações e do aparelhamento necessários – entre as atividades e o objeto, estará atendida parte substancial da prova de aptidão, que se completará com a indicação das instalações e do aparelhamento necessários à execução do objeto, bem como da qualificação do pessoal técnico." PEREIRA JÚNIOR, Jessé Torres. Comentários à Lei de Licitações e Contratações da Administração Pública. 7. ed. Rio de Janeiro: Renovar, 2007, p. 389.

15 TCU, Ac 1847/2012, Plenário, TC-010.137/2009-3, rel. Min. Aroldo Cedraz, 18/7/2012.

tivos mínimos de serviços e de prazos máximos de execução (inciso II, art. 30, da Lei nº 8.666/93), que se encontram limitadas pelos quantitativos e prazos que sejam *"indispensáveis à garantia do cumprimento das obrigações"*, consoante disposto no inciso XXI do art. 37 da Constituição Federal.

Daí porque ambos, TCE/SP e TCU, entendem que as exigências devem referir-se somente *"às parcelas de maior relevância e valor significativo do objeto da licitação"*, conforme previsto no § 1º, inciso I, do art. 30, da Lei nº 8.666/93.[16] São os fundamentos técnicos (operacionais e econômicos) relacionados ao objeto da contratação pretendida que determinam as parcelas de maior relevância e valor significativo do contrato.

Aliás, quanto à limitação da qualificação técnico-operacional às parcelas de maior relevância e valor significativo do objeto da licitação, importante salientar que, muito embora a norma do inciso I do § 1º do art. 30 da Lei de Licitações, refira-se expressamente à capacitação técnico-profissional, atualmente a jurisprudência das Cortes de Contas posiciona-se pela aplicação de sua parte final também à capacitação técnico-operacional (que sofreu sensível abalo em sua disciplina legal em razão de vetos presidenciais impostos ao inciso II de tal parágrafo).

---

16 *Art. 30.*
(...)
1º A comprovação de aptidão referida no inciso II do "caput" deste artigo, no caso das licitações pertinentes a obras e serviços, será feita por atestados fornecidos por pessoas jurídicas de direito público ou privado, devidamente registrados nas entidades profissionais competentes, limitadas as exigências a:
I - capacitação técnico-profissional: comprovação do licitante de possuir em seu quadro permanente, na data prevista para entrega da proposta, profissional de nível superior ou outro devidamente reconhecido pela entidade competente, detentor de atestado de responsabilidade técnica por execução de obra ou serviço de características semelhantes, limitadas estas exclusivamente às parcelas de maior relevância e valor significativo do objeto da licitação, vedadas as exigências de quantidades mínimas ou prazos máximos;
(...)

Sobre esse aspecto, o TCE/SP editou a Súmula n° 24[17], que possui o seguinte enunciado:

> Em procedimento licitatório, é possível a exigência de comprovação da qualificação operacional, nos termos do inciso II, do artigo 30 da Lei federal n° 8.666/93, a ser realizada mediante apresentação de atestados fornecidos por pessoas jurídicas de direito público ou privado, devidamente registrados nas entidades profissionais competentes, admitindo-se a imposição de quantitativos mínimos de prova de execução de serviços similares, desde que em quantidades razoáveis, assim consideradas 50% a 60% da execução pretendida, ou outro percentual que venha devida e tecnicamente justificado.

O TCU possui Súmula de teor semelhante – Súmula n° 263[18] –, mas que não define parâmetro em termos percentuais:

> "Para a comprovação da capacidade técnico-operacional das licitantes, e desde que limitada, simultaneamente, às parcelas de maior relevância e valor significativo do objeto a ser contratado, é legal a exigência de comprovação da execução de quantitativos mínimos em obras ou serviços com características semelhantes, devendo essa exigência guardar proporção com a dimensão e a complexidade do objeto a ser executado."

Não obstante isso, julgados do TCU demonstram que o órgão entende como razoáveis exigências de até 50% da execução pretendida, sendo que:

> "a fixação de quantitativos mínimos para comprovação de capacidade técnica operacional em percentuais superiores a 50% dos quantitativos previstos para os itens de maior relevância da obra ou serviço somente é possível em casos excepcionais, em que justificativas para tal extrapolação deverão estar tecnicamente explicitadas, ou no processo licitatório, previamente ao lançamento do respectivo edital, ou no próprio edital e seus anexos, em observância ao art. 37, inciso

---

17 Disponível em: <http://www4.tce.sp.gov.br/sumulas>. Acesso em 7/10/2013.

18 Disponível em: < http://portal2.tcu.gov.br/portal/page/portal/TCU/jurisprudencia/sumulas>. Acesso em 7/10/2013.

XXI, da Constituição Federal, e ao art. 3º, § 1º, inciso I, e art. 30, inciso II, da Lei 8.666/1993.[19]

Quanto à possibilidade de extrapolação do limite estabelecido na Súmula nº 24 do TCE/SP, os editais de licitações de parcerias público-privadas, por ele já apreciados, estabeleceram percentuais que observaram o parâmetro ditado pela Súmula, de modo que, em face do limitado número de julgados submetidos até a presente data ao crivo daquele órgão de controle, não é possível dizer, com segurança, que o TCE/SP admite, tal qual o TCU, a extrapolação do parâmetro estabelecido. Entretanto, a própria redação da Súmula nº 24 do TCE/SP, em especial de sua cláusula de fechamento, demonstra haver certa flexibilidade ao parâmetro ali estabelecido, a depender das especificidades do caso concreto e da justificativa técnica previamente lançada aos autos.

Ainda quanto aos limites quantitativos e qualitativos às comprovações de Qualificação Técnico-Profissional, o TCE/SP entende admissível a fixação de um prazo mínimo de exercício da atividade que deu origem à experiência anterior, especialmente para as exigências correspondentes às funções de operação com alto grau de complexidade técnica, desde que não se refira a período específico.

Destacam-se os julgados trazidos no TC-42675/026/10[20], que tratou do exame prévio do edital de PPP "Sistema Integrado Metropolitano da Região Metropolitana da Baixada Santista (SIM) "[21], e no TC-42428/026/09[22], que analisou, também em sede de cognição sumária, o edital de PPP lançado para a con-

---

19 TCU, Ac 2898-42/12, Plenário, TC-026.382/2012-1, rel. Min. José Jorge, sessão de 24/10/2002.
20 TCE/SP, Tribunal Pleno, Cons. Rel. Antônio Roque Citadini, sessão de 17/12/2010.
21 Lançado pela Empresa Metropolitana de Transportes Urbanos de São Paulo S/A (EMTU).
22 TCE/SP, Tribunal Pleno, Cons. Rel. Cláudio Ferraz de Alvarenga, sessão de 28/4/2010.

tração de "Sistema de Arrecadação Centralizada - SBI"[23], por trazerem limitações temporais combinadas com limitações quantitativas. A despeito das impugnações sofridas quanto a esses aspectos, ambos os editais foram considerados hígidos pela Corte de Contas Estadual, justamente por terem observado os parâmetros definidos na Lei nº 8.666/93 c.c. o enunciado nº 24 da Súmula do TCE/SP[24][25].

De outro lado, o TCE/SP, em regra, não admite a estipulação de prazo máximo de anterioridade da experiência a ser comprovada[26], bem como a estipulação de limite temporal em relação à data de expedição dos atestados[27], por considerar tais estipulações ofensivas ao § 5º do art. 30[28]. Os excertos a seguir transcritos bem espelham a posição do órgão:

---

[23] Pela Companhia do Metropolitano de São Paulo – METRÔ.

[24] Consoante se extrai do julgado do TCE/SP, a cláusula editalícia de habilitação técnico-operacional exigiu a comprovação de experiência no transporte de 100.000 (cem mil) passageiros por dia útil.

[25] Segue trecho da cláusula de habilitação técnico-operacional do edital do Sistema de Arrecadação Centralizada - SBI: *"8.3.5.1.1. Para fins de aceitação dos atestados quanto à comprovação da capacitação técnica, serão considerados pertinentes e compatíveis com o objeto desta LICITAÇÃO aqueles que atenderem às seguintes características:*
a) Elaboração de projeto, fornecimento e implantação de sistema utilizando CARTÃO INTELIGENTE (com circuito integrado – chip), contemplando, no mínimo e simultaneamente, 1.500 (mil e quinhentos) equipamentos de leitura e/ou gravação de cartões e 30.000.000 (trinta milhões) de transações dentro de um período de, no máximo, 30 dias consecutivos; (...)."

[26] Como, por exemplo, serviços executados no último ano ou nos últimos dois meses.

[27] Como, por exemplo, emitidos há, no mínimo, 90 dias, ou no máximo, há seis meses. Nesse sentido, o TCE/SP considerou irregular cláusula editalícia redigida nos seguintes termos: "Atestado de capacidade técnica emitida por pessoa jurídica de direito público ou privado, em nome da proponente, que comprove, individualmente, ter ela prestado serviço pertinente e compatível com o objeto da presente licitação e que tenha emissão de no mínimo 90 dias." (TC-19978/026/09, Tribunal Pleno, Cons. Rel. Edgard Camargo Rodrigues, sessão de 24/9/09).

[28] Destaque-se que tais vedações aplicam-se também à capacitação técnico-profissional.

"Em verdade, compreendo que haveria transgressão à norma regente caso se estipulasse, por exemplo, que os atestados deveriam referir-se a contratos executados no último ano, ou nos últimos dois meses, dentre outras hipóteses, uma vez que, enquanto aqui há claro limite temporal estabelecido, no caso concreto simplesmente estabeleceu-se o prazo de pelo menos um mês – vale dizer, qualquer mês, denotando situações distintas, esta amparada pelo inciso II, artigo 30, da norma de regência.[29] Procedente também a impugnação que recaiu sobre o subitem 8.1.8 do Anexo I do edital que impõe para comprovação de qualificação técnica, a apresentação de 'Atestado de capacidade técnica emitida por pessoa jurídica de direito público ou privado, em nome da proponente, que comprove, individualmente, ter ela prestado serviço pertinente e compatível com o objeto da presente licitação, e que tenha emissão de no mínimo 90 dias.' Sobre esse assunto argumentou a representada que 'o prazo de 90 (noventa) dias mínimos fixados nesse dispositivo do edital, não tem o condão de afastar qualquer empresa em participar da licitação', entretanto, como bem observaram a ATJ e SDG, referida disposição do instrumento convocatório contraria o contido no § 5° do artigo 30 da Lei de Licitações que veda, para fins de demonstração de qualificação técnica, comprovação de atividade ou de aptidão com limitação de tempo ou de época, devendo a Empresa de Transporte Coletivo de Diadema rever essa previsão adequando-a aos exatos termos desse dispositivo legal, de forma a ampliar a competitividade no certame, consoante já decidiu este Tribunal nos autos do TC-393/009/05.[30]"

Qualificação Técnico-Profissional

Nos termos do art. 30, inciso II c.c. § 1°, inciso I, da Lei 8.666/93, a Qualificação Técnico-Profissional poderá ser aferida pela comprovação de que a licitante possui *"em seu quadro permanente (...) profissional de nível superior ou outro devidamente reconhecido pela entidade competente, detentor de atestado de responsabilidade técnica por execução de obra ou serviço de características semelhantes (...)"*.

---

29 TCE/SP, TC-5184/026/10, 2ª Câmara, Cons. Rel. Robson Marinho, sessão de 26/2/2013.

30 TC-19978/026/09, Tribunal Pleno, Cons. Rel. Edgard Camargo Rodrigues, sessão de 24/09/09.

Há entendimento pacificado no TCE/SP e no TCU de que, por quadro permanente, deve-se entender qualquer vínculo existente entre o profissional e a empresa, seja ele de natureza trabalhista, comercial ou civil. Sobre o tema, o TCE/SP editou a Súmula nº 25:

> "SÚMULA Nº 25 - Em procedimento licitatório, a comprovação de vínculo profissional pode se dar mediante contrato social, registro na carteira profissional, ficha de empregado ou contrato de trabalho, sendo possível a contratação de profissional autônomo que preencha os requisitos e se responsabilize tecnicamente pela execução dos serviços.

Assim, ao exigir a comprovação de qualificação técnico-profissional, a Administração deve possibilitar a comprovação do vínculo entre o profissional e a empresa licitante por intermédio das várias formas elencadas no enunciado citado. Não é diferente, nesse sentido, o entendimento do TCU:

> "(...) tanto na data da entrega da proposta quanto ao longo da execução do contrato, a contratada deve contar com profissional qualificado, vinculado à empresa por meio de contrato de prestação de serviços, celebrado de acordo com a legislação civil comum, ou que tenha vínculo trabalhista ou societário com a empresa[31]."

Destaque-se que a comprovação do vínculo, como requisito de habilitação, deve restringir-se ao profissional que se responsabilizará pela execução do objeto licitado. Em relação aos demais componentes da equipe, incide a norma do § 6º do art. 30 da Lei nº 8.666/93[32]. Esse é, a propósito, o posicionamento que tem sido adotado pelo TCE/SP[33].

---

31 Ac 3474-51/12, Plenário, TC- 009.650/2012-1, rel. Min. Marcos Bemquerer, sessão de 10/12/2012.

32 § 6º As exigências mínimas relativas a instalações de canteiros, máquinas, equipamentos e pessoal técnico especializado, considerados essenciais para o cumprimento do objeto da licitação, serão atendidas mediante a apresentação de relação explícita e da declaração formal da sua disponibilidade, sob as penas cabíveis, vedada as exigências de propriedade e de localização prévia.

33 Cf., por exemplo, o acórdão TC- 19630/026/09.

Por expressa disposição do art. 30, § 1°, inciso I, da Lei n° 8.666/93, e ao contrário do entendimento aplicável à qualificação técnico-profissional, é vedada a exigência de quantidades mínimas de serviços já executados pelo profissional ou prazos máximos de atividade profissional. Nos termos desse mesmo dispositivo, as exigências devem recair sobre as *"parcelas de maior relevância e valor significativo do objeto da licitação"*, que deverão, por essa razão, ser explicitadas no instrumento convocatório.

A comprovação da qualificação técnico-profissional é feita pela apreciação da Certidão de Acervo Técnico (CAT), documento comprobatório da aptidão técnica de determinado profissional em relação aos serviços por ele já executados e registrados em suas Anotações de Responsabilidade Técnica (que são devidamente validadas pelo órgão competente). A matéria foi sedimentada pela Súmula n° 23 do TCE/SP:

> "SÚMULA N° 23 - Em procedimento licitatório, a comprovação da capacidade técnico-profissional, para obras e serviços de engenharia, se aperfeiçoará mediante a apresentação da CAT (Certidão de Acervo Técnico), devendo o edital fixar as parcelas de maior relevância, vedada a imposição de quantitativos mínimos ou prazos máximos."

Sobre esse ponto, também é importante esclarecer que a Certidão de Acervo Técnico é documento pertencente ao profissional e, não, à empresa a que esse se vinculava à época da atividade certificada.

Ainda de acordo com a jurisprudência do TCE/SP, mostra-se restritiva e carecedora de amparo legal a imposição de prazo de experiência mínima para os membros da equipe técnica, bem como de currículos, como requisitos de habilitação[34].

Para além da aplicação, de forma geral, das observações já apresentadas quanto às exigências de qualificação

---

34 A matéria foi apreciada, por exemplo, nos acórdãos: TC. 22504/026/11, 22808/026/11, 22924/026/11 e 706/005/11.

técnico-operacional e técnico-profissional, especificamente quanto à comprovação de experiência anterior na realização de obras ou projetos de engenharia, é importante destacar que uma breve análise dos editais já publicados sobre o assunto revela que a avaliação da qualificação técnico-operacional pela comprovação de participação em empreendimento de porte similar tem sido feita por critérios diversos, como o valor do investimento[35], a complexidade das atividades decorrente do tamanho da área do empreendimento[36], ou o número de usuários[37].

Particularmente, quanto à qualificação técnico-profissional, a exigência de inscrição no CREA do local da execução da obra tem sido interpretada pelos Tribunais de Contas como obstáculo à competitividade da licitação. A solução que tem sido adotada para contornar essa dificuldade é a exigência do cumprimento desse requisito apenas no momento da contratação e, não, na licitação. A este respeito, pode-se mencionar a posição do TCU:

> "a exigência de registro ou visto no CREA do local de realização da obra licitada somente dar-se-á no momento da contratação. Nessa linha, cito as Decisões Plenárias 279/1998 e 348/1999, o Acórdão 979/2005 - Plenário e o Acórdão 992/2007 - Primeira

---

35 Edital da PPP do Estádio do Mineirão: *"O LICITANTE, ou, no mínimo, 1 (uma) das empresas integrantes do CONSÓRCIO, deverá apresentar, para comprovação de qualificação técnica, atestado(s) emitido(s) por pessoa(s) jurídica(s) de direito público ou privado, que comprove ter participado de empreendimento de grande porte no qual tenha sido realizado investimento de pelo menos R$ 600.000.000,00 (seiscentos milhões de reais), provenientes de capital próprio ou de terceiros".*

36 Edital da PPP do Estádio da Fonte Nova: *"Comprovação de experiência em demolição ou implosão(ões), em área urbana, com área construída mínima de 15.000 (quinze mil) m²".*

37 Edital da PPP da Linha 4 do Metro de São Paulo: *"Estar operando, por pelo menos três anos consecutivos, anteriores à data da publicação do Edital, sistemas de transporte metroviário ou ferroviário, isoladamente ou em conjunto, com pelo menos 250.000 entradas de passageiros, média por dia útil, obtida nos últimos 12 (doze) meses anteriores à mesma data. Para fins de demonstração do quantitativo de passageiros transportados média por dia útil será admitido o somatório de até 2 (dois) atestados".*

Câmara. O entendimento do Tribunal fundamenta-se no princípio constitucional da universalidade de participação em licitações, impondo-se ao ato convocatório o estabelecimento de regras que garantam a seleção da proposta mais vantajosa para a Administração, vedadas cláusulas desnecessárias ou inadequadas que restrinjam o caráter competitivo do certame[38]."

Também sobre esta matéria, é interessante apontar que tanto TCE/SP, quanto o TCU, entendem ser restritiva a exigência, como requisito de habilitação, de que os atestados apresentados por empresas de outros Estados sejam vistados no CREA do local em que realizada a licitação[39].

Questões Comuns

Experiência dos profissionais como requisito de qualificação técnico-operacional

Observando-se a distinção conceitual entre a qualificação técnico-operacional – destinada à comprovação da capacidade técnica da empresa, enquanto atividade organizada, para a execução do objeto contratual – e a qualificação técnico-profissional – voltada à comprovação da experiência anterior de um determinado profissional na execução de objeto similar ao licitado – , e com fundamento no § 5º do art. 30 da Lei de Licitações, os Tribunais de Contas mostram-se contrários à exigência de comprovação de tempo de experiência dos profissionais a serem disponibilizados pela licitante, como requisito de qualificação operacional da empresa. Segundo o TCU, *"a empresa deve demonstrar aptidão técnica para executar o contrato, sem que isso esteja necessariamente ligado, por ocasião da licitação, à experiência do quadro de pessoal utilizado em avenças anteriores"*.[40]

---

38 TCU, Ac 2.239/2012, TC-019.357/2012-5, Plenário, Rel. Min. José Jorge, sessão de 22/8/2012.

39 Nesse sentido: TC-8173/026/08 e TC-27663/026/05 (TCE/SP) e Ac 0992-11/07-1 (TCU).

40 TCU, Ac 727-2012, TC-004.909/2012-7, Plenário, rel. Min. José Múcio Monteiro, sessão de 28/3/2012.

Naturalmente, esse entendimento dos Tribunais de Contas não representa qualquer óbice a que a Administração estabeleça, paralelamente aos requisitos de qualificação técnico--operacional, outras exigências de qualificação técnico-profissional, nas quais objetive a comprovação da capacidade técnica de um dado profissional a ser alocado para a execução do objeto contratual, sendo pacífica, tanto para o TCE/SP quanto para o TCU, a possibilidade de coexistência, num mesmo edital, de exigências de qualificação técnico-profissional e técnico-operacional.

Formulação de requisitos de qualificação técnica em licitação sob a modalidade "melhor técnica" ou "técnica e preço"

O TCE/SP possui entendimento contrário à sobreposição dos critérios de habilitação técnica aos critérios de julgamento de pontuação técnica. O entendimento foi consolidado na Súmula nº 22:

> SÚMULA Nº 22: "Em licitações do tipo 'técnica e preço', é vedada a pontuação de atestados que comprovem a experiência anterior, utilizados para fins de habilitação."

Aparentemente, contudo, a despeito da redação da Súmula nº 22, do TCE/SP, a intenção da Corte não foi impedir a utilização de atestados como critério de julgamento do aspecto técnico de uma proposta, mas apenas evitar que, quando já apresentados para fins de habilitação, estes sejam aproveitados para pontuação no julgamento técnico. Cabe à Administração, neste sentido, determinar se um dado aspecto da capacidade técnica do licitante deve ser tido como imprescindível à execução do objeto contratual – hipótese em que será alocado como requisito de qualificação técnica – ou, ao revés, se esta capacidade técnica representa, apenas, um sinal distintivo deste licitante em face dos demais, capaz de conferir-lhe maior pontuação técnica e, portanto, melhores condições para se sagrar vencedor da licitação. Nesse sentido, os processos: TC-041498/026/11 e TC-000051/989/12-7, julgados em 15/2/12.

Certificações

Quanto à admissibilidade de exigência de comprovação de certificações de excelência emitidas por terceiros (ex: ISO), tanto o TCE/SP, quanto o TCU, entendem que tais exigências somente poderão ser aceitas se não figurarem como requisito de habilitação. É dizer, se servirem como fator de pontuação técnica ou forem direcionadas ao vencedor da licitação (estabelecendo, nesta hipótese, prazo razoável e compatível para sua obtenção) são consideradas lícitas pelo TCE/SP e TCU. Em sendo exigidas como requisito de habilitação técnica, serão consideradas restritivas, por ausência de previsão legal.

Abarcando esse tema, o TCE/SP editou a Súmula nº 17:

> SÚMULA Nº 17 - Em procedimento licitatório, não é permitido exigir-se, para fins de habilitação, certificações de qualidade ou quaisquer outras não previstas em lei.

De igual modo, o TCU possui o entendimento de que certificações dessa espécie somente poderão figurar dentre os requisitos de habilitação técnica se sobrevir lei federal disciplinando a questão, por influxo do disposto no inciso IV do art. 30 da Lei nº 8.666/93. Nesse sentido: Ac 7549-42/10-2, Ac 5372-25/12 e Ac 381/2009.

Sob tais premissas, não parece possível exigir-se, no âmbito da qualificação técnica, que o licitante apresente certificação de experiência prévia com um determinado grau de qualidade ou excelência, atestado por terceiros, o que assume especial relevância na hipótese de projeto de parceria público-privada para a gestão de hospitais ou centros de saúde, nos quais o nível de "acreditação" do hospital previamente gerenciado pelo licitante somente poderá ser pontuado para os fins da proposta técnica.

Somatório de atestados

No âmbito da qualificação técnica, tema bastante relevante refere-se à possibilidade de imposição de limitações ou mesmo da vedação ao somatório de atestados para atingimento dos quantitativos mínimos exigidos para sua comprovação[41].

A partir da análise da jurisprudência, mormente aquela oriunda do E. TCE/SP[42], é possível afirmar que, com o evidente intuito de ampliação à competitividade dos certames, a regra é a recomendação ao somatório de atestados.

Nada obstante, os órgãos de controle têm considerado, como regulares, eventuais limitações, desde que sua pertinência e necessidade estejam justificadas e fundamentadas em estudos técnicos, de modo a evidenciar que a exigência é imprescindível à perfeita execução do objeto.

Nesse sentido, para licitações regidas pela Lei nº 8.666/93, o E. TCE/SP assim se manifestou[43]:

> "A jurisprudência desta Corte tem se firmado pela admissibilidade, via de regra, do somatório de atestados para fins de comprovação da qualificação técnica, com o escopo de garantir a observância aos princípios da isonomia, da competitividade e da vantajosidade. Somente em casos especialíssimos é que tal regra poderá ser excepcionada, quando comprovadamente necessário para a preservação de algum

---

41 Ressalte-se, nesse passar, o teor da Súmula nº 24 do E. TCE/SP (*verbis*): "Em procedimento licitatório, é possível a exigência de comprovação da qualificação operacional, nos termos do inciso II, do artigo 30 da Lei federal nº 8.666/93, a ser realizada mediante apresentação de atestados fornecidos por pessoas jurídicas de direito público ou privado, devidamente registrados nas entidades profissionais competentes, admitindo-se a imposição de quantitativos mínimos de prova de execução de serviços similares, desde que em quantidades razoáveis, assim consideradas 50% a 60% da execução pretendida, ou outro percentual que venha devida e tecnicamente justificado". Disponível em: <http://www4.tce.sp.gov.br/sumulas>. Acesso em 7/10/2013.

42 Foram consultados 204 processos que apareceram como resultado à busca pelo argumento "parceria público-privada", no sítio eletrônico do E. Tribunal de Contas do Estado de São Paulo, no período compreendido entre os dias 11 e 18 de maio de 2013.

43 TCE/SP, TC 000954/989/12-5, Tribunal Pleno, Cons. Rel. Dimas Eduardo Ramalho, sessão de 19/09/2012.

interesse público primário. Ou seja, serão as características e, especialmente, o nível de complexidade do objeto que determinarão a possibilidade de se restringir o número de atestados de desempenho anterior. A exigência de atestado único apenas tem lugar quando o objeto posto em disputa caracterizar-se por singularidade e indissociabilidade, de modo que a execução anterior de parcelas não configure experiência tecnicamente relevante e aceitável na execução de objeto similar. E mais, a singularidade e a complexidade do objeto do certame devem estar suficientemente demonstradas em justificativas técnicas que sustentem a dissociação do objeto em unidades autônomas, sem que isso produza a sua desnaturação."

Semelhante a posição adotada pela jurisprudência do TCU[44]:

"34. Com efeito, a jurisprudência deste Tribunal somente tolera a limitação do número de atestados em casos excepcionais, quando imprescindíveis para garantir a perfeita execução do objeto licitado (...)"

Assim, e em última análise, *"a pergunta adequada envolve a possibilidade de dissociação do objeto licitado em unidades autônomas, sem que isso produza a sua desnaturação"*[45]. Esse o fator determinante para a (im)possibilidade do somatório.

Não é cediço consignar, nesse ponto, o clássico exemplo trazido por Marçal Justen Filho no sentido de que *"uma ponte de mil metros de extensão não é igual a duas pontes de quinhentos metros"*[46].

Com efeito, a exigência de demonstração de experiência prévia na execução de quantidades superiores pode fundar-se, ainda e no limite, na necessidade de maior capacidade gerencial e operativa das licitantes, haja vista o aumento da com-

---

44 TCU, Ac 2898/12, Plenário, TC 026.382/2012-1, rel. Min. José Jorge, sessão de 24/10/2012.
45 JUSTEN FILHO, Marçal. In *Comentários à Lei de licitações e Contratos Administrativos*, 15ª ed. São Paulo: Dialética, 2012, p. 511.
46 *Ibidem*.

plexidade técnica do objeto, ou mesmo a limitação temporal exigida para sua execução[47].

Nos processos que versam sobre parcerias público-privadas, sobretudo por contemplarem projetos de grande vulto e alta complexidade técnica, foi possível observar a existência de julgados, em especial do TCE/SP, franqueando a limitação à soma de quantitativos oriundos de contratos diversos, repise-se, com espeque em justificativas técnicas da Administração.

Como já mencionado, conquanto a regra seja a recomendação ao somatório, a análise dos órgãos de controle se faz de forma casuística – sobretudo pela prevalência da argumentação técnica –, ademais, há diversas nuances que podem e devem ser consideradas, razão pela qual os julgados selecionados abordam aspectos específicos da conjugação de atestados. Se não, vejamos.

No que concerne à capacidade técnico-operacional qualitativa[48], não raro, mormente em virtude da elevada complexidade dos projetos de parcerias público-privadas, há exigências de demonstração de experiência prévia em parcelas técnicas distintas[49]. Assim, exsurgem duas hipóteses: exigência de atestado único a congregar todas essas atividades, o que já permitiria supor demasiada restritividade; e limitações ao somatório para demonstração de cada uma em separado.

Pois bem. No TC 6015/026/09[50], o E. TCE/SP analisou previsão que, embora não exigisse um único atestado para todas

---

47 CAMPELO, Valmir. *In Obras Públicas – Comentários à jurisprudência do TCU.* Belo Horizonte: Ed. Fórum. 2012. p 302.

48 No dizer de Egon Bockmann e Fernando Vernalha Guimarães, a qualificação técnico-operacional, "sob o ângulo qualitativo, significará a demonstração de experiência técnica nas parcelas de maior relevância do objeto ou de valor significativo. Trata-se de aferição da realização pretérita de objeto com exigências e atributos equivalentes". *In Licitação Pública – A Lei Geral de Licitação – LGL e o Regime Diferenciado de Licitação – RDC.* São Paulo: Malheiros. 2012. p. 297.

49 Todas consideradas de maior relevância e valor significativo.

50 TCE/SP, Tribunal Pleno, Cons. Rel. Robson Marinho, sessão de 1º/07/2009.

as atividades técnicas, o fez em relação a cada uma delas[51]. A decisão reputou tal exigência como irregular, por inexistir "justificativa bastante que [autorizasse] exigência editalícia de comprovação de capacitação técnica nos termos ora previstos". Já no TC 31.851/026/11[52], a Corte entendeu regular disposição semelhante[53], sob o fundamento de que a limitação não estaria relacionada *"a todas as parcelas de comprovação exigidas, mas sim ao somatório de quantitativos em cada uma delas, ou seja, não é necessário a apresentação de atestado único para comprovar a totalidade da experiência solicitada em todas as parcelas"*.

Evidencia-se, pois, a relevância dos fundamentos técnicos utilizados pela Administração, os quais devem demonstrar a razoabilidade de eventuais limitações impostas.

Em relação à simultaneidade de execução, no bojo do TC nº 727.989.12-1[54], a Corte reputou como regular disposição

---

51 "Concorrência pública, do tipo menor valor de contraprestação a ser paga pelo Município [de São Carlos], para contratação de parceria público-privada, na modalidade concessão administrativa, para execução de serviços de limpeza urbana e atividades correlatas". Eis o teor do dispositivo vindicado (*verbis*): *"06.01.08.03. Para fins de atendimento ao disposto neste item 06.01.08, a licitante poderá apresentar atestados referentes a um ou mais contratos, desde que os quantitativos mínimos referentes a cada serviço especificado sejam atendidos, individualmente, por um único contrato, não sendo admitida a soma de quantitativos de contratos diferentes para atender os quantitativos mínimos de um mesmo serviço"*.

52 TCE/SP, Tribunal Pleno, Cons. Rel. Cristiana de Castro Moraes, sessão de 23/11/2011.

53 "Edital da Concorrência nº 01/2011 (Processo nº 1687/2011), promovida pelo Serviço Municipal de Água e Esgoto – SEMAE – Autarquia Municipal de Piracicaba, objetivando a escolha da melhor proposta de parceria público-privada, na modalidade administrativa, para a concessão do serviço público de esgotamento sanitário, com ampliação e modernização do sistema de esgotamento, na cidade de Piracicaba, pelo critério de julgamento de melhor técnica combinado com o de menor valor da contraprestação do parceiro público". Eis previsão contida no instrumento editalício (*verbis*): *"12.5. Será permitido o somatório de atestados para cumprimento das exigências de capacidade técnica, com exceção dos quantitativos expressos em cada item, os quais visam demonstrar aptidão para execução de obra de vulto semelhante ao do empreendimento em pauta, que é atributo de qualidade - porte - da obra"*.

54 TCE/SP, Tribunal Pleno, Cons. Rel. Cristiana de Castro Moraes, sessão de 21/11/2012.

editalícia que restringia a soma de atestados a atividades desempenhadas num mesmo período (fixado em um ano)[55]. A decisão lastreou-se na suficiência das justificativas técnicas, haja vista a "relevância do objeto".

No TC nº 42428/026/09[56], o órgão de controle, ao apreciar o edital relativo ao projeto "SBI" do Metrô[57], deparou-se com previsão que, não obstante admitisse o somatório de atestados[58], continha restrições que conjugavam quantitativos e simultaneidade temporal de transações executadas[59]. Todas foram consideradas regulares, à luz do ordenamento vigente, com o expresso destaque de que *"as exigências de prazo fixadas no edital [referiam-se], em verdade, a parâmetros objetivos de aferição da qualificação técnica necessária à garantia da execução contratual"*.

---

55 "Concorrência Pública nº P-004/2012 (Processo Administrativo nº 11.343/2012) da Prefeitura Municipal de Taboão da Serra que objetiva a contratação de Parceria Público-Privada de Concessão Administrativa para a delegação da prestação de serviço público de limpeza urbana e manejo de resíduos sólidos urbanos no Município". Essa a redação do dispositivo questionado (*verbis*): *"9.1.5.2.1. Será permitido o somatório de atestados, desde que referentes a contratos executados em períodos simultâneos de, no mínimo, 1 (um) ano"*.

56 TCE/SP, Tribunal Pleno, Cons. Rel. Cláudio Ferraz de Alvarenga, sessão de 28/4/2010.

57 "Edital da concorrência n. 40889212, que objetiva a CONCESSÃO ADMINISTRATIVA dos serviços do SISTEMA DE ARRECADAÇÃO CENTRALIZADA – SBI das tarifas públicas cobradas dos usuários das redes municipal e metropolitana de transportes coletivos de passageiros do Estado de São Paulo".

58 *"8.3.5.1.2. Para cada um dos subitens do item 8.3.5.1.1. poderão ser apresentados atestados que somem os quantitativos descritos, respeitadas as características definidas em tais subitens"*.

59 Cite-se, por exemplo, o item 8.3.5.1.1. a (*verbis*): *"a) Elaboração de projeto, fornecimento e implantação de sistema utilizando CARTÃO INTELIGENTE (com circuito integrado – chip), contemplando, no mínimo e simultaneamente, 1.500 (mil e quinhentos) equipamentos de leitura e/ou gravação de cartões e 30.000.000 (trinta milhões) de transações dentro de um período de, no máximo, 30 dias consecutivos"*.

Em outra oportunidade, no bojo do TC nº 9023/026/11[60, 61], o TCE/SP julgou irregular a limitação de apresentação de apenas dois atestados, para três atividades consideradas de maior relevância técnica, ante a determinação de que um dos documentos deveria reunir duas atividades distintas[62]. O fundamento apresentado pela Corte de Contas foi a inexistência de "justificativa técnica no caso concreto para a limitação".

Da análise dos excertos *supra*, dessume-se que a jurisprudência confere especial relevância para os estudos técnicos realizados pela Administração no bojo dos respectivos processos. Destarte, imprescindível a demonstração da razoabilidade e pertinência da limitação, como elemento necessário ao atingimento da perfeita execução do objeto licitado.

Outro aspecto que merece ser abordado concerne ao somatório no âmbito dos consórcios[63]. Este deve ser visto, ao menos, sob dois prismas distintos, quais sejam: comprovação dos quantitativos de licitantes consorciadas para o projeto presente; e demonstração de experiências realizadas em consórcios já extintos pelo cumprimento de seu objeto.

No que tange ao primeiro, consoante o disposto no artigo 33, III, da Lei Nacional de Licitações, quando as licitantes reunirem-se sob a forma de consórcio, será franqueada a

---

60 TCE/SP, Tribunal Pleno, Cons. Rel. Antonio Roque Citadini, sessão de 27/7/2011.

61 *"Edital da Concorrência Pública Nacional n° 005/2011 para outorga de concessão para exploração dos serviços públicos municipais [de Presidente Prudente] de abastecimento de água potável e esgotamento sanitário".*

62 "44.e: As exigências estabelecidas nos subitens d.1.1, d.2.1 e d.3 deverão se referir a período igual ou superior a um ano e será admitida a apresentação de até dois atestados, sendo, nesse caso, um para atendimento do subitem d.1.1 e outro para atendimento do subitem d.2.1, devendo a experiência descrita no subitem d.3 estar comprovada em pelo menos um desses atestados".

63 Somente serão aventados temas pertinentes ao somatório de atestados no âmbito da qualificação técnica, haja vista a existência de artigo específico sobre "consórcios e parcerias público-privadas", com os respectivos e pertinentes detalhamentos.

soma de quantitativos de cada uma para verificação da qualificação técnica.

Conquanto ainda possam pairar dúvidas acerca da interpretação do dispositivo legal, revela-se juridicamente sustentável o entendimento de que, aludida conjugação, se dá em termos absolutos de valores, vale dizer, não se restringiria aos percentuais de participação de cada consorciado[64], nem autorizaria o eventual acréscimo de até 30%, tal como ocorre com a qualificação econômico-financeira.

Nesse sentido, o Superior Tribunal de Justiça assim se manifestou[65]:

> 3. Licitações em sintonia com o princípio da isonomia, de tal sorte que o art. 33, inciso III, da Lei de Licitações, não somente em consonância com sua literalidade, mas também com outros elementos hermenêuticos, deve ser antevisto sob o prisma de favorecer as pequenas empresas. 4. Qualificação técnica que deverá ser avaliada pelo somatório de um consórcio e, não, pela participação de cada empresa. A norma involucrada no art. 33, inciso III, da Lei nº 8.666/93 tem por móvel incentivar a maior competitividade no certame licitatório. Esta a sua teleologia. Favorecer as pequenas empresas para que supram suas incapacidades com o consórcio colmata o princípio da isonomia na sua vertente material, regulando, nas suas exatas diferenças, a conduta daqueles que pretendem disputar a licitação.

Outra hipótese relevante, não regulada pelo ordenamento, concerne à comprovação de experiência anterior também realizada em consórcio.

A solução que se apresenta como mais adequada, parte da concreta avaliação da atestação apresentada. Portanto, se a

---

64 Nesse sentido: BOCKMANN, Egon. *Os Consórcios Empresariais e as Licitações Públicas. Considerações em torno do art. 33 da Lei 8.666/93*, in Revista Eletrônica de Direito Administrativo Econômico, Salvador: Instituto de Direito Público da Bahia, n°3, ago-set-out, 2005. Disponível em http://www.direitodoestado.com.br. Acesso em 15/05/2013.

65 STJ, REsp 710.534/RS, 2ª Turma, rel. Min. Humberto Martins, unânime, DJ 15/5/2007.

atividade pretérita foi discriminada de forma clara para cada empresa (anteriormente consorciada) no atestado técnico ofertado, esta poderia (e deveria) ser aceita em valores absolutos unicamente para a efetiva executora[66], ora licitante.

No entanto, o problema surge quando não há tal discriminação, o que ensejaria fosse considerado seu percentual de participação no consórcio pretérito, cujo objeto já teria sido executado.

Sobre o tema, o TCU já se manifestou no seguinte sentido[67] (*verbis*):

> Tais atestados somente deverão ser aceitos na exata proporção das parcelas atribuíveis a cada empresa integrante do consórcio. Não fosse assim, estaria aquela autarquia [DNIT] admitindo na licitação uma empresa cujo acervo técnico não refletiria o real histórico de empreendimentos por ela realizados. Essa hipótese, em minha concepção, implicaria um risco contratual desnecessário, o qual pode ser evitado com a regra contida na determinação sugerida pela Unidade Técnica[68], com a qual manifesto integral concordância[69].

Muito embora tal conclusão pareça a mais óbvia, desconsidera a existência dos chamados consórcios heterogêneos, nos quais empresas especializadas (*v.g.*, projetistas) executam determinadas atividades de forma integral, não

---

66 Posto tratar-se de acervo técnico desta e não das demais consorciadas.

67 No mesmo sentido: TCU, Ac 2993-53/09, Plenário, Proc. 020.385/2009-5, rel. Min. Augusto Nardes, sessão de 9/12/2009.

68 Eis as recomendações efetuadas ao DNIT, na oportunidade: "9.2.1.2 adstrinja o reconhecimento dos atestados de execução de serviços de engenharia relativos a consórcio ao percentual de participação financeira e à parcela de serviços executada atribuíveis única e exclusivamente à empresa dele integrante; 9.2.1.3. mantenha em arquivo, doravante, registro dos atestados de execução de serviços para fins de qualificação técnica-operacional, de maneira a possibilitar a verificação de conformidade das informações prestadas em licitações subsequentes; 9.2.2 ao emitir atestados de obras executadas em consórcio, discrimine as quantidades de serviço executadas por cada empresa consorciada, tendo por base as informações obtidas no instrumento de contrato e, ainda, na fiscalização e acompanhamento da execução das obras pertinentes".

69 TCU, Ac nº 2299-46/07, Plenário, TC 011.181/2005-3, rel. Min. Augusto Nardes, sessão de 31/10/2007.

obstante contem com pequeno percentual de participação no consórcio.

Neste ponto, cumpre trazer à baila decisão proferida pelo Superior Tribunal de Justiça[70]:

> "No inciso III do art. 33 da Lei 8.666/93, que disciplina participação de consórcios em licitações, observa-se que, para efeito de qualificação técnica, admite-se o somatório dos quantitativos de cada empresa consorciada. A norma não previu, entretanto, regra específica para o caso de as consorciadas pretenderem demonstrar a qualificação técnica adotando-se quantitativo relativo a atividade desenvolvida anteriormente em consórcio. Assim, como bem observado no Parecer CONJUR/MI 1.255/2007, que analisou o recurso administrativo interposto, "a solução ao problema deve partir das regras do Edital, das posições da Comissão de Licitação, e, acima de tudo, da aplicação cautelosa dos princípios que informam o assunto, em atenção ao postulado da razoabilidade".

Como se vê, nos termos da decisão *supra* transcrita, ante a lacuna legal, as disposições editalícias ganham especial relevância ao disciplinar tais situações de maneira específica, de modo a elucidar, previamente, qual será o entendimento da Administração.

Grupos empresariais e alterações societárias

Questão relevante, no âmbito da qualificação técnica, diz respeito à apresentação de atestados de experiência técnica emitido em nome de empresa distinta da licitante, mas componente do mesmo grupo empresarial (empresas controladas, empresa controladora, empresas coligadas), como se houvesse sido emitidos em nome do licitante.

No TC-036774/026/07, o TCE/SP julgou inoportuna a cláusula editalícia que vedava a apresentação de "*atestados de capacidade técnica emitidos por pessoas jurídicas integrantes do mesmo grupo comercial, industrial ou de qualquer outra ati-*

---
70 STJ, MS 13005/DF, 1ª Seção, rel. Min. Denise Arruda, maioria, DJe 17/11/2008.

vidade econômica a que pertença a proponente", entendendo que tal disposição conduzia a uma restritividade injustificada do certame.

Da mesma forma, nos TC-024702/026/09, TC-024699/026/09, TC-017876/026/09 e TC-017893/026/09, todos relativos à mesma concorrência internacional para a modernização dos trens do Metrô/SP, o TCE/SP entendeu que as peculiaridades do setor da contratação, caso inviabilizada a apresentação de atestados de outras empresas do mesmo grupo econômico, limitariam a competitividade, ou mesmo inviabilizariam a licitação, na medida em que a contratação pretendida pela Administração tinha proporção muito superior à capacidade de atendimento da indústria nacional.

De qualquer forma, a jurisprudência acabou se consolidando no sentido de que, para a admissibilidade de apresentação de atestados de experiência técnica emitidos em nome de outra empresa componente do grupo econômico, que não a licitante, é indispensável que se comprove a transferência do acervo técnico. E, para tal transferência de acervo técnico, não é admissível a mera apresentação de contrato de natureza civil dispondo sobre essa transferência, sendo imprescindível a ocorrência de alguma espécie de reorganização societária capaz de demonstrar a efetiva transferência da capacidade operacional, da empresa responsável pela experiência anterior para a empresa que apresentou o atestado.

A esse respeito, Marçal Justen Filho esclarece que:

> "para fins de licitação, a experiência anterior apenas apresenta relevância jurídica quando funcionar como evidência de capacitação para executar um certo objeto no futuro. (...) A experiência não é um bem nem sobre ela surge uma relação de propriedade. O titular da experiência não é 'dono' dela, no sentido técnico-jurídico. A experiência não é uma coisa, dotada de corporalidade e sobre a qual um sujeito exercitaria poderes de domínio. Não se trata de um bem jurídico, na acepção de configurar-se como objeto de uma relação jurídica. A experiência é um atributo do sujeito, de cuja figura não pode ser dissociada. (...) Desaparecido o sujeito, extingue-se a sua

experiência. Portanto, não é possível submeter 'acervo de experiências anteriores' ao regime jurídico da propriedade em sentido estrito. (...) A questão não envolve tutela à autoria ou aos efeitos econômicos derivados da criação. Deve examinar-se o vínculo entre o 'sujeito' e o potencial por ele desenvolvido para enfrentar dificuldades e encontrar soluções. Esse potencial corresponde a uma espécie de habilidade pessoal, não materializável em um suporte físico. (...)"[71].

Nesse sentido, aliás, o entendimento do TCU[72] e do TJSP[73].

---

71 *Comentários à Lei de Licitações e Contratos Administrativos*, 15. ed., São Paulo – Dialética, 2012, p. 496/497.

72 "a transferência da capacidade técnico-operacional entre pessoas jurídicas é possível não somente na hipótese de transferência total de patrimônio e acervo técnico entre tais pessoas, mas também no caso da transferência parcial desses ativos. (...) a transferência de capacidade técnica operacional entre pessoas jurídicas objeto de reestruturação empresarial ... já está devidamente consagrada na doutrina e na jurisprudência brasileiras. (...) no caso sob exame, além da transferência de parcela do patrimônio tangível da empresa EIT – Empresa Industrial Técnica S/A para a EIT – Construções S/A, houve também a transmissão de parcela significativa do conjunto subjetivo de variáveis que concorreram para a formação da cultura organizacional prevalecente na EIT – Empresa Industrial Técnica S/A. (...) algumas deliberações do Tribunal que consagraram tal entendimento: Acórdãos nºs. 1.108/2003, 2.071/2006, 634/2007, 2.603/2007 e 2.641/2010, todos do Plenário. Concluiu então: "... os elementos objetivos presentes no caso em exame, sobretudo os vínculos atípicos que ligam a subsidiária integral à sua controladora, a comprovação de transferência de parcela do patrimônio e do acervo documental, a compatibilidade entre os responsáveis técnicos da EIT Construções S/A e aqueles que deram origem às ARTs anteriormente detidas pela EIT – Empresa Industrial e Técnica S/A (...) demonstraram que o interesse público primário será adequadamente atendido com a aceitação do julgamento realizado na fase de habilitação da Concorrência Pública 3/2011". (TCU – Ac 1528/2012).

73 A Corte entendeu não ser admissível a transferência de acervo técnico com empresa integrante do mesmo grupo econômico mediante "contrato de transferência de acervo técnico", aludindo que "no caso e apreço, não se trata de reorganização societária, mas de contrato de cessão e transferência de acervo técnico celebrado com outra empresa, pessoa jurídica distinta do impetrante, embora pertencente ao mesmo grupo econômico. (...) Assim, não há se perquirir se a transferência implicou em mera cessão documental de acervo, ou se houve efetiva transferência de tecnologia. Afinal, não se transfere por documento, pura e simplesmente, uma tradição operacional de uma empresa para outra. (...) Somente a transferência decorrente das formas de reorganização societária já citadas traz garantias da sua efetividade, não se podendo aceitar outras formas de cessão, como a defendida pelo impetrante, sob pena de frustrar a garantia de execução do contrato administrativo, daí a razão de interesse público que norteou a inabilitação do impetrante". (TJSP – Apelação nº 9067064-59.2009.8.26.0000 – 7a Câmara de Direito Público – Rel. Des. Moacir Peres – j. 30/5/2011).

Qualificação Técnica "facultativa" – ou "subcontratada qualificada"

Editais recentes de processos licitatórios em parcerias público-privadas, com o objetivo de ampliar a competitividade do certame, têm previsto requisitos de qualificação técnica "alternativos", nos quais o licitante poderia comprovar o atendimento da qualificação técnica ou, alternativamente e à sua escolha, comprometer-se a, previamente à contratação, apresentar o contrato celebrado com uma empresa subcontratada, comprovando que esta atende ao aludido requisito de qualificação técnica.

Essas previsões são destinadas a resolver um problema recorrente na modelagem de processos licitatórios de alta complexidade: de um lado, a própria complexidade e o vulto econômico do objeto licitado limitam, naturalmente, o universo de potenciais concorrentes, tornando bastante prejudicial à competitividade do certame a previsão de requisitos de qualificação técnica demasiadamente rígidos, capazes de afastar potenciais concorrentes. De outro lado, a mesma complexidade do objeto licitado também determina a necessidade de uma maior preocupação da Administração em garantir a contratação de empresa que, comprovadamente, mostrar-se capaz de executar fielmente o objeto contratado, com a qualidade para tanto requerida, o que, por sua vez, impõe a fixação de exigências de qualificação técnica capazes de excluir do certame licitatório as empresas que não atenderem a este rígido nível de excelência.

Assim, de maneira a conciliar ambas as preocupações – certamente legítimas –, passou a ser admitida a participação de licitantes que, muito embora não sejam capazes de comprovar o atendimento de todos os requisitos de qualificação técnica previstos no edital, revelem a capacidade de subcontratar, junto ao mercado, outra empresa com a experiência exigida, alocando-a para a execução desta parcela específica do objeto contratado, o que, de qualquer forma, atende à demanda da Administração voltada à garantia de que o objeto contratual deva ser executado por empresa com capacidade técnica para tanto.

A este respeito, Marçal Justen Filho entende que:

> "admite-se que os requisitos de qualificação técnica sejam atendidos mediante a consideração conjunta dos atributos de diversas empresas no caso da participação de consórcios. Portanto, não haveria lógica em admitir a participação de consórcios e negar a possibilidade de que um licitante invocasse os requisitos de qualificação técnica de um subcontratado. Por outro lado, a qualificação técnica profissional de um terceiro pode ser aceita nos casos em que existir um contrato de prestação de serviços. E não teria cabimento negar o atendimento da capacitação técnica operacional por via similar[74]."

De maneira semelhante, Floriano Azevedo Marques Neto sustenta:

> "coloca-se como uma medida aconselhável a inclusão, nos editais de licitação para concessão de serviço público, de dispositivo admitindo que parte das exigências de comprovação de capacidade técnico-operacional seja feita pela apresentação de atestados não em nome de empresa licitante ou integrante de consórcio licitante, mas de atestados em nome de empresa especialista, indicada como subcontratada nomeada, que assumiu com o licitante o compromisso firme pelo qual se obriga a fornecer os bens ou realizar os serviços objeto da contratação[75]."

O TCU, no Acórdão nº 2.922/2011, já se manifestou pela admissibilidade – ainda que excepcional – da exigência de cumprimento de requisitos de qualificação técnica pelas subcontratadas, sendo tal demonstração "condicionante de autorização para execução dos serviços"[76].

---

[74] *Comentários à Lei de Licitações e Contratos Administrativos*, 15. ed., São Paulo – Dialética, 2012, p. 519.

[75] *A admissão de atestados de subcontratada nomeada nas licitações para concessão de serviços públicos*. Boletim de Licitações e Contratos – BLC. Ano XX, nº 2, Fev-2007, São Paulo: NDJ, 2007, pág.: 122.

[76] No caso, o TCU analisou um projeto de concessão do aeroporto de Confins/

Em sentido semelhante, o TCE/SP, ao se manifestar, em exame prévio do Edital, quanto ao processo denominado "Expresso Aeroporto", julgou:

MG, no qual o edital havia vedado a subcontratação de serviços tradicionalmente terceirizados em obras aeroportuárias, além de exigir habilitação técnica para comprovar experiência anterior na implantação de itens específicos de instalações de aeroportos, como esteiras de transporte e pontes de embarque. No julgado, o TCU determinou "à Infraero que, doravante, se abstenha, para o fim de habilitação técnica de licitantes, de exigir atestado de capacidade técnica relativo à execução ou ao gerenciamento da execução de itens tecnicamente específicos e que, por isso, são usualmente subcontratados". Mais adiante, no mesmo julgado, e analisando a questão relativa à admissibilidade da subcontratação de parcela relevante do objeto contratual, o TCU asseverou que "para garantir a certeza da boa execução do objeto, são exigidos, dentre outros, atestados de comprovação de habilitação técnico-profissional e técnico-operacional. A empresa – e seu responsável técnico – precisa demonstrar que é capaz de executar o resultado pretendido (no caso, a parcela mais relevante) de complexidade semelhante ao que se deseja contratar. (...) se foram gastos recursos valiosos para, numa fase anterior à etapa de propostas, escolher uma empresa apta a executar essa fração fundamental do objeto (que em consequência, garantirá a execução do todo), admitir a subcontratação de tal parcela, sem qualquer providência (como verificar, também, a aptidão da subcontratada), seria tergiversar o *mens legis* do art. 30 e do art. 72 da Lei de Licitações; e até mesmo do art. 3°, por não garantir a escolha da 'melhor proposta'". O caso submetido à apreciação do TCU, portanto, envolvia dois aspectos aparentemente inconciliáveis: de um lado, existia uma parcela relevante dos serviços que, por peculiaridades do mercado aeroportuário, era usualmente objeto de subcontratação pelo operador aeroportuário, o que inviabilizaria a inclusão da exigência, na qualificação técnica, de prévia experiência na execução destes serviços; de outro lado, em razão da própria relevância destes serviços, existe grande interesse do Estado de garantir que a empresa a ser subcontratada detenha capacidade e aptidão suficientes para desempenhar a atividade no nível desejado. Sob tais premissas, a decisão do TCU foi a de acolher a sugestão do órgão técnico, "em, excepcionalmente, considerar viável a solicitação de atestados das subcontratadas – [cujo espírito] também é o de garantir o *know how* da executora nessa parcela fundamental da obra; isso sem ferir a competitividade do certame. Nessa hipótese, na prática, a necessidade da formação de consórcios estaria descartada, desde que na parcela sub-rogada as empreiteiras terceirizadas também comprovassem ter capacidade para executar a fração da obra onde foram exigidos atestados na licitação. Vejo plausibilidade nesse raciocínio. (...) conveniente que se determine à estatal que, no caso da subcontratação de itens para os quais houve solicitação de atestados de qualificação técnica na licitação, a empresa exija das contratadas originais, como condicionante de autorização para execução dos serviços, a apresentação de atestados das subcontratadas, nos mesmos moldes das previsões editalícias para aquele encargo, disposição que deve constar, necessariamente, do instrumento convocatório". (TCU, Ac 2.922/2011, Plenário, Rel. Min. Valmir Campelo, sessão de 16/11/2011).

"razoável a previsão contida no subitem 10.4.1.1.2, relacionado à qualificação técnica, que exige dos proponentes operadores de transporte público de passageiro que não forem do ramo ferroviário e/ou metroviário, a formalização de compromisso com empresa para fins de obter orientação e assessoria técnica. Chego a essa conclusão porque entendo que a regra editalícia busca ampliar o rol de potenciais interessados em participar da licitação, sem que a Administração descuide dos preceitos de ordem técnica que garantirão a execução satisfatória do objeto. Ora, ao definir tal aspecto, poderia o Poder Público restringir a participação no procedimento apenas das empresas do setor ferroviário e/ou metroviário, sem incorrer em exigências em atividade específica, mesmo porque os mencionados ramos empresariais guardariam estreita correlação com o objeto posto em disputa. Pois bem, quis o órgão promotor da licitação possibilitar ampliação da disputa admitindo prestadores de serviço de transporte público em geral, desde que tecnicamente amparados, justificando-se a exigência sob o ponto de vista da competitividade. Nessa perspectiva, ante a permissividade salutar da disposição, não há que se cogitar potencial violação a Sumula nº 15 desta Corte, sendo também despropositada a crítica incidente sobre o subitem 10.4.1.1.2.1 que impõe que o compromisso com terceiro exigido na cláusula anterior seja firmado impreterivelmente com empresa do ramo ferroviário e/ou metroviário, que deverá demonstrar a qualificação técnica exigida pelo edital, regra que busca assegurar o Poder Público na execução satisfatória do objeto"[77].

Veja-se, portanto, que a previsão editalícia de requisitos de qualificação técnica que possam, alternativamente, ser atendidos quer pelo licitante (isoladamente ou em consórcio), quer por empresa por este subcontratada, atende ao imperativo essencial das exigências de qualificação técnica, que é o de garantir a capacidade técnica da empresa que venha a desempenhar o objeto da contratação, enquanto, ao mesmo tempo, amplia a competitividade do certame, legitimando a participação de licitantes que não atendam individualmente todas as exigências de qualificação técnica, mas que sejam capazes

---

77 TCE/SP, TC-25059/026/09, Tribunal Pleno, Cons. Rel. Carlos Alberto de Campos, sessão de 26/8/2009

de buscar, junto ao mercado, empresas que preencham tais requisitos, sem que, para tanto, sejam os licitantes forçados a constituir consórcios.

Revela-se, assim, muito salutar a evolução jurisprudencial demonstrada pelas Cortes de Contas, admitindo uma maior flexibilidade nas exigências de qualificação técnica que não representam, de forma alguma, disponibilidade do interesse público ou das garantias de fiel execução do contrato, mas que permitem uma ampliação da competitividade do processo licitatório.

Sugestão de cláusula

Com fundamento nas premissas expostas no decorrer deste capítulo, apresenta-se abaixo uma sugestão de cláusulas-padrão a serem adotadas em editais de parcerias público-privadas, com a ressalva de que todas estas cláusulas contam com notas explicativas e devem ser adequadas às peculiaridades de cada empreendimento. Oportuno ressaltar-se, ainda, que estas cláusulas não foram, institucionalmente, aprovadas pela Procuradoria Geral do Estado de São Paulo, mas redigidas a partir dos estudos dos quais decorreu o presente trabalho.

HABILITAÇÃO TÉCNICA[78]

1 QUALIFICAÇÃO TÉCNICO-OPERACIONAL

1.1 *Comprovação de experiência anterior no desempenho de atividade pertinente e compatível em características, quantidades e prazos com o objeto da licitação, por meio da apresentação de atestado(s) de capacidade técnica, emitidos em nome da LICITANTE ou de membro do CONSÓRCIO, por pessoa jurídica de direito público ou privado, devidamente registrado*

---

78 Caso não seja admitida a apresentação de atestados por subcontratada, suprimir o item X.3.

na entidade profissional competente, quando for o caso. Para fins de comprovação das características, quantidades e prazos a que se refere este subitem, o(s) atestado(s) deverá(ão) indicar a execução das seguintes atividades79:

1.1.1. *Operação de [_____ atividade específica _____], por no mínimo [__tempo___] meses consecutivos, com pelo menos [_____exigência quantitativa_____], correspondente a [___]% do previsto nesta CONCESSÃO.*

1.1.2. *Implantação de [_____conhecimento específico_____], com, no mínimo, [_____características técnicas mínimas_____], correspondente a [___]% do previsto nesta CONCESSÃO.*

1.1.3. *Construção de empreendimento de grande porte, com área construída mínima de [_____]m², correspondente a [___]% do previsto nesta CONCESSÃO.*

1.1.4. (..............)

1.1.5. *Experiência na participação em empreendimentos de grande porte, no qual tenha realizado investimento mínimo de [_____], provenientes de capital próprio e/ou de terceiros, correspondente a [___]% do valor do investimento mínimo previsto nesta CONCESSÃO.*

1.1.6. *Participação em empreendimento de grande porte, no qual tenham sido captados recursos correspondentes a, no mínimo, R$_____ (_____), para cumprimento das obrigações financeiras assumidas, por meio de financiamentos de longo prazo (assim compreendidos os financiamentos com*

---

79 Rol meramente exemplificativo, a ser elaborado de acordo com as peculiaridades do projeto.

*prazo de vencimento superior a cinco anos), estruturados nas modalidades de financiamento de projetos (*project finance*) ou financiamento corporativo (*corporate finance*).*

1.2. Para fins de qualificação técnico-operacional, a LICITANTE, isoladamente ou em CONSÓRCIO, deverá apresentar ainda:

1.2.1. *Certidão de registro da(s) empresa(s), e de seu responsável técnico, no Conselho Regional de Engenharia, Arquitetura e Agronomia – CREA da região da sede da LICITANTE;*

1.2.2. *Atestado emitido pelo Poder Concedente de que a LICITANTE realizou a Visita Técnica, nos termos do item _____ deste Edital.*

1.3. *Para atendimento dos patamares exigidos no item X.1.1. será admitido o somatório de atestados, nas seguintes condições:*

1.3.1. *Quanto à exigência indicada no item 1.1.1, o LICITANTE deverá demonstrar experiência anterior em* [_____ mesmo objeto do item 1.1.1_____], *por no mínimo* [__mesmo tempo do item 1.1.1__] *meses consecutivos, com pelo menos* [_____50% da exigência do item 1.1.1_____]. *Para complementação do valor exigido no item 1.1.1, o LICITANTE deverá demonstrar experiência anterior em outros empreendimentos nos quais o* [___aspecto quantitativo____], *somado, seja, no mínimo, igual a* [_____50% da exigência do item 1.1.1___].

1.3.2. *Quanto à exigência indicada no item 1.1.2, o LICITANTE deverá demonstrar experiência anterior em* [_____mesmo objeto do item 1.1.2_____], *com no mínimo* [_____50% da exigência do item 1.1.2_____]. *Para complementação do valor exigido no item 1.1.2, o LICITANTE deverá demonstrar* *experiência anterior em outros empreendimentos nos quais o [___aspecto quantitativo____], somado, seja, no mínimo, igual a [_____50% da exigência do item 1.1.2____].*

1.3.3. *Quanto à exigência indicada no item 1.1.3, o LICITANTE deverá demonstrar experiência anterior em [_____ mesmo objeto do item 1.1.3_____], com área construída mínima de [_____50% da exigência do item 1.1.3_____]m². Para complementação do valor exigido no item 1.1.3, o LICITANTE deverá demonstrar experiência anterior em outros empreendimentos nos quais a área construída, somada, seja, no mínimo, igual a [_____50% da exigência do item 1.1.3____].*

1.1.4.   (.........)

1.4. *Quando se tratar de CONSÓRCIO, admitir-se-á, para efeito de qualificação técnica, o somatório dos quantitativos de cada consorciado, desde que respeitadas as condições do item 1.3.*

2 QUALIFICAÇÃO TÉCNICO-PROFISSIONAL

2.1 Comprovação de que o LICITANTE, ou alguma das empresas integrantes do CONSÓRCIO, possui, em seu quadro permanente, na data prevista para a entrega da proposta, profissional(is) de nível superior detentor(es) de atestado(s) e/ou certidão(ões) de responsabilidade técnica devidamente registrado(s) no CREA da região onde os serviços foram executados, acompanhados de declarações de aceitação em participar do empreendimento na qualidade de responsável técnico, conforme modelo do ANEXO _____ deste EDITAL, e das respectivas certidões de acervo técnico expedidas pelo CREA, que comprovem ter o(s) profissional(ais) executado, para pessoas jurídicas de direito público ou privado, obras/serviços de características técnicas similares às do objeto da presente licitação, na seguinte conformidade:

2.1.1. *Construção de empreendimento de grande porte.*

2.1.2. *Operação de [_____atividade específica_____].*

2.1.3. *(................)*

2.2. *A comprovação de o profissional pertencer ao quadro técnico permanente do LICITANTE individual ou membro de CONSÓRCIO se dará mediante a apresentação de relação explícita e da declaração formal da sua disponibilidade, sob as penas cabíveis.*

2.2.1. *Para o presente EDITAL, considera-se pertencentes ao quadro permanente do LICITANTE aqueles profissionais que com ele possuam vínculo trabalhista, societário ou civil, podendo tal comprovação se dar mediante contrato social, registro na carteira profissional, ficha de empregado ou contrato de trabalho, sendo possível a contratação de profissional autônomo que preencha os requisitos e se responsabilize tecnicamente pela execução dos serviços.*

2.3. *Não serão aceitos atestados técnicos de fiscalização, projeto ou consultoria.*

3. SUBCONTRATAÇÃO

3.1. *O LICITANTE deverá comprovar, para fins de qualificação técnico-operacional, o atendimento de pelo menos, um dos itens ____, _____, _____, _____, [ex: 1.1.1, 1.1.2, 1.1.3, 1.1.4], alternativamente e à sua escolha, podendo os demais serem atendidos por empresa subcontratada, nos termos do item 3.2.*

3.1.1. *As exigências constantes dos itens _____, _____, _____, [ex: 1.1.5 e 1.1.6], bem como as indicadas nos itens 1.2.1 e 1.2.2, deverão ser atendidas, obrigatoriamente, pelo próprio LICITANTE, ou membro do CONSÓRCIO.*

3.2. *As exigências de qualificação técnico-operacional previstas nos itens _____, _____, _____, _____ [mesmos itens indicados no 3.1], caso não sejam atendidas pelo próprio LICITANTE, deverão ser objeto de SUBCONTRATAÇÃO, nos termos dos itens _____ e _____, devendo o LICITANTE, previamente à assinatura do CONTRATO, comprovar que a(s) empresa(s) subcontratada(s) atende(em) a estes requisitos de qualificação técnica.*

3.2.1. *Na hipótese prevista neste item, o LICITANTE deverá apresentar a declaração indicada no item _____*[80].

3.3. *O LICITANTE poderá comprovar, para fins de qualificação técnico-profissional, o atendimento dos itens _____, _____, [ex: 2.1.1, 2.1.3], quer em nome próprio, ou de uma das empresa integrantes do consórcio, quer em nome de empresa subcontratada, nos termos do item 3.4.*

3.1.1. *A exigência constante do item _____ [ex: 2.1.2] deverá ser atendida, obrigatoriamente, pelo próprio LICITANTE, ou membro do CONSÓRCIO.*

---

[80] O Edital deverá prever, no item relativo às "OUTRAS DECLARAÇÕES" para habilitação do Licitante, o seguinte item: *"Caso o LICITANTE opte pela SUBCONTRATAÇÃO prevista no item X.3, deverá apresentar declaração, conforme modelo constante do ANEXO ___, comprometendo-se a, no momento da CONTRATAÇÃO, ter firmado os contratos de SUBCONTRATAÇÃO e ter apresentado os atestados que comprovem as suas qualificações técnicas, nos termos dos itens _____, _____, _____ deste EDITAL".*

3.4. *As exigências de qualificação técnico-profissional previstas nos itens ____, ____ [mesmos itens indicados no 3.3], caso não sejam atendidas pelo próprio LICITANTE, deverão ser objeto de SUBCONTRATAÇÃO, nos termos dos itens ____ e ____, devendo o LICITANTE, previamente à assinatura do CONTRATO, comprovar que a(s) empresa(s) subcontratada(s) atende(em) a estes requisitos de qualificação técnica*[81][82].

4. GRUPOS EMPRESARIAIS E ALTERAÇÕES SOCIETÁRIAS

4.1. *A experiência exigida neste edital também poderá ser comprovada por meio de atestados emitidos em nome de empresa controlada, controladora e/ou coligada, nos termos definidos na Lei federal nº 6.404/76 e de empresa matriz estrangeira de filial brasileira, bem como de empresas sob controle comum,*

---

[81] No Edital, no item relativo à CONTRATAÇÃO (ou Adjudicação), deverá haver a seguinte previsão: *"Até 2 (dois) dias úteis antes da data prevista para assinatura do CONTRATO, o ADJUDICATÁRIO deverá comprovar à CONTRATANTE, que: (...) xx) Assinou o contrato de SUBCONTRATAÇÃO, caso tenha optado por esta modalidade, relativo ao serviço de _____ [mesmo objeto de um dos itens de qualificação técnica], comprovando que a subcontratada preenche o requisito de qualificação técnica previsto no item _____, deste EDITAL".* Este item do Edital deverá ser repetido quantas vezes forem necessárias, preferivelmente um item específico para cada hipótese de subcontratação.

[82] Por fim, no item do EDITAL relativo à "EXECUÇÃO DOS SERVIÇOS" deverá haver subitem segundo o qual *"A CONCESSIONÁRIA deverá comunicar à CONTRATANTE a SUBCONTRATAÇÃO da empresa responsável pelo _____, pelo _____ ou pelo _____, bem como a substituição das empresas indicadas como subcontratadas, nos termos dos itens ____ e ____ do EDITAL, devendo tais empresas atender aos requisitos de HABILITAÇÃO técnica previstos nos itens ____, ____ e ____ do EDITAL".* Esta disposição deverá ser repetida na minuta de Contrato, junto com cláusula segundo a qual *"Caso a CONTRATADA tenha optado pela SUBCONTRATAÇÃO dos serviços de _____, nos termos do item ____ do EDITAL, o contrato de SUBCONTRATAÇÃO deverá permanecer vigente até o fim desta CONCESSÃO",* ou, alternativamente, cláusula segundo a qual *"Caso a CONTRATADA tenha optado pela SUCONTRATAÇÃO dos serviços de* [especialmente construção ou implantação]*, nos termos do item _____ do EDITAL, o contrato de SUBCONTRATAÇÃO deverá permanecer vigente até a conclusão integral das obras".*

direta ou indiretamente, desde que todas essas situações sejam devidamente comprovadas pelo Licitante e vigorem desde a data anterior à da publicação do presente edital.

4.1.1. O uso de atestados conforme permitido no item 4.1 deverá vir acompanhado de autorização da empresa diretamente detentora da qualificação técnica e declaração de que contribuirá na transferência da experiência exigida.

4.2. No caso de alterações societárias e de fusão, incorporação ou cisão de empresas, os atestados somente serão considerados se acompanhados de prova documental e inequívoca da transferência definitiva de acervo técnico, devendo ser apresentados os documentos comprobatórios contendo todas as condições dessas transações, em especial no que se referirem à transferência do acervo técnico.

4.2.1. Não serão considerados válidos quaisquer outros atestados que não sejam decorrentes dos eventos societários acima destacados.

4.3. Não serão aceitos, em nenhuma hipótese, para comprovação da qualificação técnica do Licitante, cessão de tecnologia ou instrumentos de natureza similar celebrados entre o Licitante e terceiros, mesmo que esses sejam pertencentes ao grupo econômico do Licitante.

5. OUTRAS DISPOSIÇÕES QUANTO À HABILITAÇÃO TÉCNICA

5.1. O LICITANTE deverá apresentar de forma clara e inequívoca os dados relevantes dos atestados apresentados, devendo ainda, para eventual complementação de informações exigidas, anexar outros documentos comprobatórios pertinentes, tais como cópias do Contrato a que se refere o atestado, ordens de serviços e outros tidos por relevantes para o julgamento da qualificação técnica.

5.1.1. Em nenhuma hipótese os documentos relacionados no item acima substituirão o atestado.

5.2. A conformidade dos atestados poderá ser confirmada por meio de diligência, sendo que a sua desconformidade, quando não permitir a comprovação da HABILITAÇÃO exigida, implicará na imediata inabilitação do LICITANTE, sem prejuízo de outras sanções cabíveis em virtude da falsidade das informações prestadas.

5.3. As empresas estrangeiras que apresentem atestados na condição de subcontratadas, na forma do item 3 deste Edital, deverão fornecer atestados de forma similar àquela prevista nos itens 1 e 2, apresentando atestados equivalentes emitidos por órgãos similares do país de origem, com as anotações e certificados técnicos equivalentes ao CAT.

5.3.1. Caso, no país de origem de uma determinada subcontratada, não sejam conferidos atestados equivalentes, tal subcontratada poderá se utilizar de declaração própria, firmada por seus representantes legais, na qual declara e descreve a sua experiência, habilitação ou regularidade no quesito em questão, contendo informações suficientes e precisas da subcontratada.

5.4. Quando os valores apresentados nos atestados estiverem especificados em moeda estrangeira, os montantes relativos ao porte dos empreendimentos realizados serão convertidos em Reais (R$), pela taxa de câmbio em vigor na data de assinatura do contrato que originou a experiência relatada, o que deverá ser indicado e descrito em declaração anexa ao atestado.

5.4.1. Na hipótese deste item, a atualização dos valores, para fins comparativos, será efetuada pela variação do Índice Geral de Preços ao Consumidor - IGP-M, calculada entre a data, o mês que originou a experiência relatada e o mês anterior à data de publicação deste EDITAL.

5.5. Quando os valores apresentados estiverem especificados em Reais (R$), e a data de assinatura do contrato que originou a experiência relatada for anterior ao período de 12 (doze) meses contados da data da publicação deste EDITAL, os valores deverão ser atualizados nas mesmas condições do item 5.4.1.

5.6. Somente serão aceitos atestados em que o LICITANTE individual ou membro de CONSÓRCIO figure em uma das seguintes formas de participação no empreendimento atestado:

a) Como responsável direto pela execução do empreendimento, seja na condição de investidor individual, seja na condição de consorciado, hipótese na qual será considerado, para fim de verificação, somente o percentual de participação do responsável no consórcio; [Neste item, poderá também ser previsto: (...) hipótese na qual a atuação no empreendimento deve ter sido individual ou como consorciado com participação mínima de ____% (_____ por cento) no Consórcio].

b) Como investidor individual relevante no empreendimento, comprovada sua participação no bloco de controle da sociedade responsável pelo investimento. [Neste item, poderá também ser previsto: "(...) hipótese na qual a participação econômica do investidor não pode ter sido inferior a ____% (_____ por cento) do patrimônio da entidade que tenha sido responsável direta pela execução do empreendimento ou fornecimento", previsão menos restritiva].

5.7. O(s) atestado(s) deverá(ão) conter, sem a elas se limitar, as seguintes informações:
a) Objeto;

b) *Características das atividades e serviços desenvolvidos;*
c) *Valor total do empreendimento;*
d) *Valor proveniente de capital próprio;*
e) *Valor proveniente de capital de terceiros, acompanhado da indicação dos terceiros envolvidos no empreendimento;*
f) *Percentual de participação da Licitante no empreendimento;*
g) *Datas de início e de término da realização das atividades e serviços;*
h) *Datas de início e término da participação da empresa no CONSÓRCIO, quando o atestado tiver sido emitido em nome de CONSÓRCIO;*
i) *Descrição das atividades exercidas no CONSÓRCIO, quando o atestado tiver sido emitido em nome de CONSÓRCIO;*
j) *Local da realização das atividades e serviços;*
k) *Razão social do emitente;*
l) *Nome e identificação do signatário, com informações atualizadas de seus telefones e* e-mail *para contato.*

5.8. *As comprovações exigidas poderão referir-se ao mesmo empreendimento, desde que sejam atendidos todos os requisitos lá estabelecidos.*

5.9. *Os atestados poderão referir-se a contratos em andamento, desde que os quantitativos e características técnicas do objeto já realizado sejam compatíveis com o objeto desta licitação.*

5.10. *As comprovações exigidas nos itens 1 e 2 poderão ser feitas por meio de declarações do LICITANTE, quando se tratar de empreendimentos próprios, as quais deverão observar o disposto neste item 5 e vir acompanhadas dos documentos necessários à comprovação de sua veracidade.*

Conclusão

Com as considerações expostas, buscou-se apresentar ao leitor uma visão bastante prática das questões mais polêmicas relacionadas ao tema da qualificação técnica em contratos de parcerias público-privadas, sempre atentando às considerações expostas pelo TCU e pelo TCE/SP.

Espera-se, com estas breves linhas, fornecer uma ferramenta de fácil acesso capaz de auxiliar na elaboração de editais de parcerias público-privadas ou de solução de problemas concretos decorrentes de processos licitatórios com alto grau de complexidade. Para tanto, optou-se, quando necessário, por sacrificar um olhar mais crítico sobre o tema ou um aprofundamento doutrinário, para, de outro lado, apresentar problemas e questões enfrentadas pela Administração quando da elaboração de editais de parcerias público-privadas, buscando garantir a absorção, nestes projetos, de soluções encontradas em situações pretéritas.

Bibliografia

BOCKMANN, Egon. *Os Consórcios Empresariais e as Licitações Públicas. Considerações em torno do art. 33 da Lei nº 8.666/93*, in Revista Eletrônica de Direito Administrativo Econômico, Salvador: Instituto de Direito Público da Bahia, nº 3, ago-set-out, 2005. Disponível em http://www.direitodoestado.com.br. Acesso em 15/5/2013.

_____, Egon, GUIMARÃES, Fernando Vergalha. *Licitação Pública – A Lei Geral de Licitação – LGL e o Regime Diferenciado de Licitação – RDC*. São Paulo: Malheiros. 2012.

CAMPELO, Valmir. *Obras Públicas – Comentários à jurisprudência do TCU*, Belo Horizonte: Ed. Fórum. 2012.

COUTINHO, Diogo Rosenthal. *Parcerias Público-Privadas: Relatos de Algumas Experiências Internacionais "in"*

SUNDFELD, Carlos Ari (org.) Parcerias Público Privadas. São Paulo: Malheiros, 2007.

JUSTEN FILHO, Marçal. *Comentários à Lei de licitações e Contratos Administrativos*. 15. ed. São Paulo: Dialética, 2012.

MARQUES NETO, Floriano Azevedo. *A admissão de atestados de subcontratada nomeada nas licitações para concessão de serviços públicos*. Boletim de Licitações e Contratos – BLC. Ano XX, nº 2, Fev-2007, São Paulo: NDJ, 2007.

PEREIRA JUNIOR, Jessé. *Comentários à Lei de Licitações e Contratações da Administração Pública*. 7. ed. Rio de Janeiro: Renovar, 2007.

RIBEIRO, Maurício Portugal e PRADO, Lucas Navarro. *Comentários à Lei De Parceria Público Privada*. São Paulo: Malheiros, 2010.

capítulo IV

Plano de Negócios. Função Contratual e Desafios Licitatórios

Anna Luisa Barros Campos Paiva Costa[*]
Denis Dela Vedova Gomes[*]
Diego Brito Cardoso[*]
Fabio Trabold Gastaldo[*]

Introdução

O presente trabalho pretende, em quatro capítulos, delinear o conceito do Plano de Negócios no contexto das concessões de serviços públicos e apontar seus reflexos para o certame e para a execução do contrato.

Sob o ponto de vista jurídico, interessa-nos avaliar, no segundo capítulo, a obrigatoriedade de aplicação de suas premissas, de caráter informacional, durante a fase de execução contratual, especialmente diante da inerente mutabilidade dos contratos de longo prazo, que costumeiramente são acompanhados de circunstâncias supervenientes imprevisíveis ou previsíveis, mas cujas consequências são incalculáveis no momento anterior à formulação da proposta econômica.

Igualmente, sendo documento relevante para o acompanhamento da execução contratual, convém avaliar os modos adotados pelo Poder Público para avaliação da consistência do Plano de Negócios durante a licitação para que, no último capítulo, possamos sugerir fase da licitação mais recomendada para sua avaliação.

Conceito e função do Plano de Negócios para os projetos de infraestrutura para concessão de serviço público

O Plano de Negócios consiste no conjunto de informações necessárias para caracterizar um novo negócio ou empreendi-

---
[*] Procuradores do Estado de São Paulo.

mento, apresentando um fluxo de caixa[1] estimado de acordo com os cenários financeiros e estratégicos considerados pela empresa e projetados ao longo do tempo.

Sob o ponto de vista estratégico, o Plano de Negócios deverá refletir as informações consideradas pela empresa para a gestão do serviço público concedido. Tais informações deverão estar sensíveis aos principais riscos, custos e receitas esperadas durante a execução do contrato.

Sob o viés financeiro, o Plano de Negócios deverá trazer, ainda, o preenchimento das planilhas cujo modelo é disponibilizado pelo Poder Público durante a publicação da licitação, com a indicação pelo licitante de sua projeção, ao longo dos anos pré-operacionais e operacionais, das estimativas de receitas e despesas.

É comum, ainda, que o Plano de Negócios exija não somente a Demonstração dos Fluxos de Caixa (DFC), que é a principal demonstração contábil para os objetivos do Plano de Negócios, como também um espelho do Balanço Patrimonial (BP) e Demonstração de Resultado do Exercício (DRE) esperada.

A elaboração da DFC para as sociedades anônimas está prevista no art. 188, da Lei federal nº 6.404/76, com redação dada pela Lei federal nº 11.638/2007. Na regulamentação infralegal, a elaboração do DFC está disciplinada pelo Pronunciamento Técnico 03, do Comitê de Pronunciamentos Contábeis, entidade não governamental competente para padronizar as demonstrações contábeis das empresas.

A regra geral determina que a DFC indique, no mínimo, as alterações ocorridas durante o exercício, no saldo de caixa e equivalentes de caixa, segregando-se essas alterações em, no

---

1 Segundo o Pronunciamento Técnico CPC 03 (R2), do Comitê de Pronunciamentos Contábeis, Fluxo de Caixa é composto pelas entradas e saídas e de caixa da empresa, adicionado aos equivalentes de caixa, sendo estes compreendidos como aplicações financeiras de curto prazo, de alta liquidez, que são prontamente conversíveis em montante conhecido de caixa e que estão sujeitas a um insignificante risco de mudança de valor.

mínimo, três fluxos distintos: a) das operações; b) dos financiamentos; e c) dos investimentos.

As Atividades Operacionais são representadas pelas receitas e gastos decorrentes da industrialização, comercialização ou prestação de serviços da empresa. Estas atividades têm ligação com o capital circulante líquido da empresa. No âmbito das Parcerias Público-Privadas, as despesas operacionais integram, regra geral, o valor dos custos de operação do serviço e manutenção da infraestrutura.

As Atividades de Investimento são os gastos lançados à conta "Realizável a Longo Prazo", em Investimentos, no Imobilizado ou no Intangível, bem como as entradas por venda dos ativos registrados nos referidos subgrupos de contas. Nas Parcerias Público-Privadas, os investimentos representam o custo com a execução das obras necessárias para o desenvolvimento do serviço, incluindo-se as despesas necessárias para implantá-las, ainda que indiretas, tais como desapropriações e licenças ambientais e urbanísticas.

As Atividades de Financiamento são os recursos obtidos como empréstimos e financiamentos de curto prazo. As saídas correspondem à amortização destas dívidas e os valores pagos aos acionistas a título de dividendos e distribuição de lucros. Em Parcerias Público-Privadas, as atividades de financiamento referem-se aos empréstimos-ponte (financiamentos de curto prazo), o custo e rolagem do serviço da dívida do projeto em sentido amplo e permitem a identificação da alavancagem[2] da empresa, isto é, a calibragem entre os valores de "debt" (passivo) e "equity" (ativo) que comporão a SPE ao longo da execução do projeto.

Uma vez delineado o que consiste um Plano de Negócios, passamos a traçar seus objetivos. Segundo o Pronunciamento Técnico n.º 3 do Comitê de Pronunciamentos Contábeis, o Pla-

---

[2] Termo utilizado no mercado para indicar o grau de endividamento com capital de terceiros a longo prazo na estrutura de capital da empresa.

no de Negócios visa proporcionar aos leitores uma base para avaliar a capacidade de a entidade gerar caixa e equivalentes de caixa, bem como as necessidades da entidade de utilização desses fluxos de caixa. As decisões econômicas que são tomadas pelos financiadores e empreendedores exigem a avaliação da capacidade da entidade gerar caixa e equivalentes de caixa, bem como da época de sua ocorrência e do grau de certeza de sua geração.

Os projetos de infraestrutura são, sob um prisma financeiro, um financiamento de longo prazo, cuja principal garantia consiste na amortização dos investimentos advindas da certeza de recebíveis futuros, consistentes nas eventuais tarifas dos usuários e contraprestações que serão pagas pelo Poder Concedente. Por isso, o Plano de Negócios assume importância ao estimar as diversas etapas da vida de um projeto em maturação, fornecendo aos financiadores balizas para permitir a decisão de investimento.

Do lado do Poder Público, o Plano de Negócios consolida as informações financeiras do empreendimento, simulando, com certa margem de segurança, as diversas etapas de maturação de um serviço público, viabilizando ao Poder Concedente a análise segura do projeto e certeza de que o serviço concedido será executado de acordo com os padrões e cronograma mínimos desejados durante o planejamento que, invariavelmente, deverá ser adequado à população usuária do serviço concedido.

Ao Poder Concedente, portanto, o Plano de Negócio assume um perfil informativo[3], especialmente porque a gestão do

---

[3] A guisa de exemplo, vê-se que o Edital 001/2011 para a concessão da Rodovia federal BR 101/ES/BA, em seu item 11.1, prevê a apresentação, pelas proponentes, de Plano de Negócios, a ser elaborado conforme orientações de seu Anexo 16 - Termo de Referência do Plano de Negócios - e incluindo informações e documentos relativos a investimentos, despesas, receitas, riscos a serem assumidos, receitas oriundas de tarifas de pedágio, prazo da concessão e depreciação dos investimentos.

serviço concedido estará, obrigatoriamente, sob a responsabilidade do Concessionário, restando àquele pouca margem de interferência em sua condução, exceto intervenções para que os objetivos da concessão sejam alcançados.

Dessa maneira, ao Poder Concedente cabe a avaliação da qualidade e coerência das informações compendiadas no fluxo de caixas. Para tanto, a análise desses qualificativos depende de uma base comparativa confiável do Poder Público, o que nem sempre é possível de ser obtido.

Como se pode notar, o Plano de Negócios serve, basicamente, para redução da assimetria de informações entre o Poder Concedente e o Concessionário, na medida em que o Estado poderá regular a execução contratual com maior conhecimento das características específicas do negócio e do modo peculiar de gestão adotado pelo Concessionário.

Nessa esteira, Ribeiro (2013) assinala, também, que o Plano de Negócios evita a seleção adversa na licitação, pois se premia aquele que, de maneira consistente, considera em sua proposta comercial custos com a resolução de riscos e contingências possíveis e previsíveis. De outro lado, aquele que os despreza devido a um estudo menos cuidadoso, tem condições de oferecer uma proposta mais barata e, portanto, "vantajosa" ao Poder Concedente.

Finalmente, ressalta-se outra importante função do Plano de Negócios, durante a etapa do planejamento para a modelagem da concessão. Ao simular o fluxo de caixa do projeto a ser licitado, torna-se possível ao Poder Público contextualizar a viabilidade do empreendimento, embasando ainda a decisão da melhor forma da execução daquele determinado Serviço Público, seja mediante contração de obra pública e prestação direta ou efetivamente mediante uma das modalidades de Concessão definidas.

Isso porque, ao simular os diversos cenários de estimativas de custos e receitas do serviço concedido, acrescentando, ainda, uma taxa mínima de atratividade (remuneração pelo capital e riscos) esperada pela iniciativa privativa para execução do contrato, poderá criar comparativo segundo as estimativas de custos e receitas para execução direta da atividade ou por meio de sua Administração Indireta. Havendo maior eficiência econômica na execução da atividade pela iniciativa privada, legitima-se o início dos trabalhos para modelagem da concessão. Tal exercício de comparação entre custos e benefícios é denominado de "Value for Money" do projeto, conhecido na União (mais especificamente no Departamento Nacional de Infraestrutura de Transportes) como estudo de viabilidade técnica, econômico-financeira e ambiental (EVTEA)[4].

Conveniência de Apresentação do Plano de Negócios e seus efeitos e Vinculação do Plano de Negócios para proposta de Reequilíbrio Econômico-Financeiro do Contrato de Concessão

Conforme já assinalado no início deste trabalho, o Plano de Negócios tem o escopo de reduzir a assimetria de informações na execução do contrato, permitindo ao Estado captar maior conhecimento das características específicas dos negócios e do modo peculiar de gestão adotado pelo Concessionário e evitar a seleção de proposta adversa na licitação, pois se premia aquele que, de maneira consistente, considera em sua proposta comercial custos com a resolução de riscos e contingências possíveis, em contraponto àquele que os despreza, por um estudo menos cuidadoso, e, por consequência, teria condições de oferecer uma proposta de preço menor e exequibilidade questionável.

A discussão assume especial relevância em projetos de infraestrutura, que invariavelmente contemplam contratos e financiamentos de longo prazo, com grande comprometimento de receitas futuras, sem que os futuros gestores detenham grandes margens para alterações relevantes na execução con-

---
[4] Para maiores detalhes, confira-se o conteúdo do EVTEA no endereço eletrônico <http://www.dnit.gov.br/planejamento-e-pesquisa/planejamento/estudos-de-viabilidade/lcs-097-2010-solic-public-texto-evtea-site-dnit.pdf>

tratual. A complexidade da análise financeira em tais casos torna conveniente à entidade contratante exigir o Plano de Negócios elaborado pela licitante, de modo a descrever as várias etapas da vida do projeto, tornando a decisão de contratar mais segura do ponto de vista do dispêndio de recursos públicos e da garantia de disponibilização do serviço adequado.

Segundo Ribeiro (2013):

> "Um uso do plano de negócios que tem me parecido útil - particularmente em projetos em que há custos não revelados, ou de difícil identificação e no qual o Governo, por razões políticas, não queira dar prazo suficiente para revelar esses custos - é incluir no edital a exigência do participante da licitação consignar no plano de negócios valores mínimos para lidar com custos (...) que o Poder Público já saiba existir.
> Esse uso do plano de negócios diminui:
> a) a assimetria de informações entre o Poder Concedente e os participantes da licitação (por meio desse mecanismo o Poder Público transfere a informação sobre o custo estimado para lidar com os problemas relacionados ao projeto); e, o que é mais importante,
> b) a assimetria de informações entre os participantes da licitação, de modo a evitar a seleção adversa na licitação - evita que participantes que estudem mais profundamente o problema percam a competitividade por incluírem em suas respectivas propostas o custo de lidar com o problema, que participantes que não realizaram esforço para obter as informações não considerarão nas respectivas propostas e, por isso, esses últimos terão propostas mais competitivas."[5]

Conveniência em exigir o Plano de Negócios

Sobre a reflexão acerca de exigir-se ou não o Plano de Negócios, é imprescindível enunciar o histórico de uma recente polêmica acerca do assunto, ocorrida no âmbito do Ministério dos Transportes, por ocasião da licitação de sete lotes de rodovias federais, no início de 2013, por meio de contratos de concessão comum, na qual não foi exigida a apresentação do

---

[5] "Erros e Acertos no Uso do Plano de Negócios" - http://www.slideshare.net/portugalribeiro/erros-e-acertos-no-uso-do-plano-de-negcios-e-da-metodologia-do-fluxo-de-caixa-marginal#

referido documento pelos licitantes nas respectivas propostas econômicas.

Na licitação da concessão da BR-101, em janeiro de 2012, o consórcio que ficou em segundo lugar obteve decisão judicial que impediu a contratação, questionando a consistência do Plano de Negócios apresentado na proposta econômica vencedora[6]. Concluiu o Governo Federal que os atrasos na licitação decorrentes das paralisações judiciais motivadas na discussão ao Plano de Negócios mostrariam desvantagens que dariam azo a não exigi-lo nos futuros certames.

Consta da consulta pública dos sete lotes de rodovias federais que os licitantes não deverão apresentar seus Planos de Negócio em conjunto com a proposta econômica, "sob pena de desclassificação da proponente e aplicação de multa equivalente ao valor da Garantia da Proposta, com sua consequente execução" (item 9.6 do edital em consulta pública).

A iniciativa, contudo, gerou reações contrárias pelos diversos atores comumente envolvidos nos empreendimentos. Pela pertinência com o tema, calha reproduzir trecho de artigo da lavra do Diretor Presidente da Associação Brasileira de Concessionárias de Rodovias – ABCR, Moacyr Servilha Duarte:

> "Uma das dúvidas tem como exemplo o caso da BR-101 (ES/BA).... Em novembro de 2011, após várias idas e vindas, foi definida a licitação desse trecho, devidamente aprovada pelo Tribunal de Contas da União e parte da 3.ª etapa do programa de concessão de rodovias federais. Em janeiro de 2012 ocorreu a licitação, utilizando o critério da inversão de fases, sob o argumento de que se conseguiria, como na 2.ª etapa, maior agilidade no processo licitatório. Nesse sistema é aberto o plano de negócios apenas do licitante que oferece a menor tarifa. Detalhes deste plano da 1.ª colocada foram objeto de contestação pelo 2.º colocado - primeiro, administrativamente e, depois, pela via judicial, em que conseguiu liminar suspendendo a assinatura do contrato. O caso está pendente e vai-se com-

---

6 Apud PEREIRA. Bruno "Plano de negócio, teste de estresse e licitantes oportunistas". Artigo acessado em http://www.pppbrasil.com.br/portal/content/artigo-plano-de-neg%C3%B3cio-teste-de-estresse-e-licitantes-oportunistas.

pletar um ano sem definição sobre a concessão do único trecho previsto para 2012. E não se vê atuação mais significativa do governo federal para desamarrar o processo. O exemplo deixa claro que o processo de concessão, além de contar com a evidente má vontade de muitos dirigentes públicos e políticos, pela forma como é feito - não se trata de mero leilão para a compra de móveis, mas da contratação de empreendimento complexo -, ainda tem de enfrentar dificuldades institucionais e legais para se viabilizar, pois envolve vários órgãos autorizadores e licenciadores. Fala-se, atualmente, em círculos ligados ao processo, em cancelar a licitação e recomeçar tudo, dando por perdidos os dois ou mais anos já dedicados aos estudos, montagem da licitação e elaboração das propostas.
Nas licitações recentemente lançadas, da fase 2 da 3.ª etapa, foi mantida a exigência de apresentação do plano de negócios, mas noticia-se a intenção de suprimi-la na fase 3, que abrange sete trechos. Isso, é claro, impede contestações da proposta vencedora, como no caso da BR-101 (ES/BA), e pode se repetir nas duas novas licitações. Mas também inviabiliza a obrigação do poder concedente de cumprir seu dever de verificar a exequibilidade das propostas."[7]

O economista Raul Velloso também escreveu artigo com o sugestivo título de "A vitória dos despreparados", concluindo ser "chocante o anúncio de que, a partir de agora, os planos de negócios não serão mais exigidos dos concorrentes". Afirmou, ainda, que a análise do plano de negócio é essencial para "se fazer um julgamento adequado sobre se os pré-selecionados entenderam bem a tarefa a ser executada, e se estão realmente em condições de implementá-la".[8] Ribeiro (2013) chega a assinalar a ocorrência de uma "demonização política do plano de negócios", no âmbito da União, no mesmo trabalho já citado.

Vale assinalar que, no caso da concessão dos aeroportos – em que o Plano de Negócios também foi proibido -, foram ne-

---

7 Jornal "O Estado de São Paulo", 28/12/12 - "Futuro e presente das concessões" http://www.estadao.com.br/noticias/impresso,futuro-e-presente-das-concessoes-,978310,0.htm

8 Apud PEREIRA. Bruno "Plano de negócio, teste de estresse e licitantes oportunistas". Artigo acessado em http://www.pppbrasil.com.br/portal/content/artigo-plano-de-neg%C3%B3cio-teste-de-estresse-e-licitantes-oportunistas.

cessários quatro meses para que os contratos fossem, de fato, celebrados com a Agência Nacional de Aviação Civil (ANAC), tendo um dos licitantes derrotados apresentado recurso administrativo questionando a proposta vencedora da concessão do aeroporto de Viracopos.

Feitas tais observações, cumpre indagar: o risco de paralisação por ordem judicial é bastante para excluir, pura e simplesmente, a análise do Plano de Negócios na licitação?

Parece claro que a decisão de dispensar a apresentação do aludido documento foi justificada por uma decisão política, pautada na celeridade da conclusão da Concessão para evitar riscos de questionamento judicial do Plano de Negócios apresentado. Tal medida não nos parece acertada devido às importantes funções informacionais promovidas por este documento, adiante ressaltadas.

Vinculação do Plano de Negócios ao pleito de reequilíbrio ao contrato

Visto que, em nosso entendimento, as justificativas apresentadas pela União são insuficientes para a dispensa do Plano de Negócios, resta verificar outra questão, mais relevante e de solução mais complexa: a sua vinculação ao pleito de reequilíbrio ao contrato. Calha a seguinte indagação: justifica-se a dispensa do Plano de Negócios para evitar infundados pleitos de reequilíbrio contratual pelos concessionários?

Sob determinado viés, o equilíbrio econômico-financeiro nos contratos administrativos em geral compreende, ao menos, duas formas de compensação financeira: pela ocorrência de eventos que são risco de uma das partes, mas que afetam negativamente a outra; ou pela necessidade de novos investimentos ou alterações no objeto contratual.

Em ambos os casos, o Plano de Negócios pode ser utilizado como referência, como tem sido feito no setor de concessões rodoviárias, pela Agência Nacional de Transportes Terrestres - ANTT.

Todavia, Ribeiro (2013) critica o Pano de Negócios como instrumento de realização do equilíbrio econômico-financeiro por dois motivos: primeiro, sua adoção para os fins colimados provoca distorções da Matriz de Riscos. É dizer: eventuais falhas de gestão do concessionário nos riscos a ele atribuídos contribuíam para redução da rentabilidade do projeto, menor em relação àqueles índices de rentabilidade apresentados no Plano de Negócios.

Vale assinalar, contudo, que a situação descrita não pode ser atribuída como uma falha decorrente da exigência do Plano de Negócios em si. O que deve ser evitado é o processamento de um pleito de reequilíbrio econômico financeiro sem a definição clara dos eventos que lhe dão ensejo, no edital e no contrato de tal modo que o reequilíbrio em favor do concessionário só poderia ocorrer na presença de evento cujo risco tenha sido atribuído ao Poder Concedente.

O segundo motivo estará presente quando o Plano de Negócios servir como fundamento para reequilíbrio por novos investimentos: dentre outros, critica-se o uso das premissas financeiras do Plano de Negócios para justificar o reequilíbrio pela inclusão de novos investimentos, em face da melhoria da situação macroeconômica do país nos últimos vinte anos.

Isso porque, no contexto da assinatura do contrato ocorrida em períodos de instabilidade econômica, o Plano de Negócios seria benéfico ao concessionário para justificar seu pleito de reequilíbrio na atualidade, por trazer consigo altas taxas de desconto suficientes para cobrir-lhes os custos de oportunidade da época. Um novo investimento pautado naqueles elementos financeiros desatualizados faria com que o Concessionário se apropriasse dos ganhos decorrentes de eventos não causados por ele e sobre os quais não tenha controle.

Em atenção a essa crítica, desenvolveu-se a metodologia da recomposição do equilíbrio econômico-financeiro por fluxo de caixa marginal, adotada para compensação dos concessionários pela inclusão de novos investimentos no contrato. Aqui, a ideia é privilegiar o contexto econômico do momento em que é tomada a decisão do novo investimento. Isso se opõe à ideia tradicional da utilização de premissas financeiras do Plano de Negócios originário para reger as condições do novo investimento[9].

Todavia, a utilização do fluxo de caixa marginal não torna dispensável o Plano de Negócios. Ao contrário, contata-se que sua utilização é conveniente após um decurso razoável de tempo do contrato. Mas em casos onde o fator de desequilíbrio ocorre no início da avença (exemplo clássico: atrasos nas desapropriações), sem que a concessionária tenha um fluxo de caixa operacional, o Plano de Negócios seria fundamental para apreciação do pleito de reequilíbrio, mesmo quando a regra para o reequilíbrio seja o fluxo de caixa marginal.

A ausência do Plano de Negócios, nessa hipótese, seria uma causa de total instabilidade da relação contratual, já que, à míngua de uma base de dados minimamente precisa e segura, fatalmente o pleito de reequilíbrio estaria sujeito a controvérsias entre as partes, com potencial criação de litígio entre elas e resultados imprevisíveis.

A licitação é a oportunidade para o poder público reduzir a assimetria de informação com o mercado, mitigando o espaço para condutas oportunistas durante a vigência do contrato. Sob esse prisma, parece-nos que a exigência do Plano de Negócios está intimamente ligada a tais fins. Desconsiderá-lo sem razão suficiente implica em prejuízo ao próprio interesse público.

---

9 Embora não haja exata correlação com o tema ora proposto, antecipamos que dois parâmetros para definição de taxa de desconto atualizada para o reequilíbrio pelo fluxo de caixa marginal podem ser utilizados: a) definição de taxa de desconto no contrato, baseada em taxas de mercados flutuantes (CDI mais prêmio de risco, por exemplo); e b) custos de mercado no dimensionamento dos custos operacionais e de investimentos para a modelagem do novo investimento, em detrimento às referências originárias do Plano de Negócios.

Portanto, não há fundamento jurídico, ou até mesmo financeiro, que justifique a dispensa do Plano de Negócios nas grandes contratações pelo Poder Público.

A viabilidade e a exequibilidade do Plano de Negócios: a análise pela comissão julgadora

A análise do Plano de Negócios pela comissão julgadora, principalmente no que se refere à sua viabilidade e exequibilidade, tem sido questão tormentosa para a Administração Pública.

Independentemente da fase em que o Plano de Negócios seja exigido durante a licitação, a dificuldade de analisar a viabilidade e exequibilidade do Plano de Negócios persiste, pois o Poder Concedente, através da Comissão de Licitação, em muitos casos, não possui condições de distinguir entre uma proposta comercialmente agressiva e uma inexequível.

Como já ressaltamos anteriormente, o Plano de Negócios serve para a redução da assimetria de informações entre o Poder Concedente e o Concessionário. Paradoxalmente, a própria assimetria de informações dificulta a análise do Plano de Negócios pelo Poder Concedente, o que resulta, na maioria dos casos, numa análise meramente perfunctória do seu conteúdo.

Ribeiro (2011), na sua obra "Concessões e PPPs", assim pontua:

> "(...) nunca assistimos situação em que a Administração Pública declare inexequível proposta em licitação de concessão comum e PPP. E isso por várias razões. Em primeiro lugar, porque é muito difícil de estabelecer critérios objetivos para distinguir uma proposta agressiva (e, portanto, viável, mas ousada) do que é uma proposta inexequível.
> (...) Em regra, o Poder Público não tem a menor condição, ao longo de um processo de licitação, de avaliar se esses custos correspondem ou não à realidade, mesmo quando tem contratado os melhores consultores técnicos, pois é muito difícil em projetos envolvendo obras relevantes a realização dessa avaliação. Na prática, o que acontece é que, na impossibilidade de avaliar de fato os custos, eles terminam aceitos sem maior análise.

> Além disso, exatamente pela dificuldade de realizar a distinção entre proposta agressiva e proposta inexequível, é também difícil para os agentes públicos integrantes da comissão de licitação bancar, da perspectiva política, declarar inabilitado um participante da licitação que, tendo oferecido garantias de proposta reputadas válidas, declara ser capaz de prestar o serviço por um preço muito menor do que o de seus concorrentes. Note-se que desqualificar esse participante da licitação sem ter um fundamento objetivo e relevante é como renunciar os benefícios financeiros para o usuário do serviço e para a Administração"[10].

Assim, o Plano de Negócios exigido na Concessão comum e nas Parcerias Público-Privadas, em vários casos, é analisado pelo Poder Concedente como "mais um documento" apresentado pelo licitante. Costuma ser incluído nos editais como documento essencial a ser apresentado conjuntamente com a proposta, mas o seu conteúdo, a viabilidade do que ali está descrito, enfim, a exequibilidade do que está proposto não é realmente aferida, de forma técnica;

Sua finalidade demanda a verificação de coerência do Plano de Negócios com o objeto do contrato e a proposta financeira. Isso somente seria possível se a Comissão Julgadora fosse formada por especialistas técnicos aptos a analisar as informações econômico-financeiras consolidadas, o que não é a praxe.

Em pesquisa realizada, identificamos que uma forma de garantir maior consistência técnica do Plano de Negócios e buscar reduzir o risco de sua eventual inexequibilidade é a exigência de declaração elaborada por instituição financeira com experiência na estruturação financeira de projetos assemelhados, do mesmo porte, atestando sua viabilidade econômico-financeira.

Tal declaração tem sido exigida nas Parcerias Público-Privadas realizadas no Estado de São Paulo[11]. A União, por meio

---

10 1ª edição, 2011, Ed. Atlas, p. 36.
11 (i) Concorrência Internacional n.º 001/DAEE/2013/DLC - Parceria Público-Privada, por meio de concessão administrativa, para a prestação de serviços

da ANAC, também adotou tal exigência quando da concessão dos aeroportos internacionais Governador André Franco Montoro, em Guarulhos-SP; Viracopos, em Campinas-SP, e Presidente Juscelino Kubitschek, em Brasília-DF[12].

O Tribunal Pleno do Tribunal de Contas do Estado de São Paulo ao analisar o Edital de Concorrência Internacional nº 8274080011 (TC 25059/026/09), visando a Concessão do Serviço Seletivo Especial de Transporte Ferroviário Metropolitano de Passageiros (Expresso Aeroporto), em sessão realizada em 26.08.2009, entendeu como regular a exigência de declaração de instituição financeira, sob o seguinte fundamento:

> "Considerando a magnitude do Projeto, que prevê investimentos do futuro concessionário na ordem de R$ 1.570.216.628,00 (um bilhão, quinhentos e setenta milhões, duzentos e dezesseis mil e seiscentos e vinte e oito reais), conforme estimativa constante do Estudo Econômico-Financeiro da Concessão, boa parte deles, cerca de 1,4 bilhões a serem concretizados nos primeiros anos da Concessão, penso que não subsistem as alegações de impropriedade atinentes ao subitem 8.3 que exige a apresentação de Declaração de instituição financeira, nacional ou estrangeira, atestando que examinou o edital, seus anexos e Planos de Negócios da Licitante e que considera viável a concessão dos financiamentos necessários ao cumprimento das obrigações da concessionária.

Na situação apresentada, o aludido documento busca resguardar a solidez da proposta que será encaminhada, assegurando ao Poder Público que o licitante possui condições financeiras de assumir o Projeto, excetuando-se, neste caso específico, a incidência da Súmula nº 15 deste Tribunal, ante as

---

de operação, manutenção e expansão do sistema de reservatórios de controle de cheias da bacia hidrográfica do Alto Tietê, recuperação e modernização dos reservatórios existentes, e construção de novos reservatórios; (ii) Edital da Concorrência Internacional nº 001/2012 - Concessão Patrocinada da Prestação de Serviços Públicos de Transportes de Passageiros da Linha 6 – Laranja do Metrô de São Paulo.

12 Edital do Leilão Nº 2/2011 - Concessão para ampliação, manutenção e exploração dos Aeroportos Internacionais Brasília -Campinas- Guarulhos.

peculiaridades do caso concreto, como bem assentaram aqueles que funcionaram na instrução do presente feito."

Apesar de o julgado tratar de uma concessão comum, sua fundamentação é perfeitamente aplicável aos casos de concessão patrocinada, motivo pelo qual foi trazido à colação.

Há editais[13] que exigem não só a declaração de viabilidade financeira do Plano de Negócios, que poderia ser conferida por uma instituição financeira ou por empresa de auditoria independente, ambas de primeira linha, mas também (1) carta de instituição seguradora ou corretora de seguros declarando que apoiará o empreendimento e (2) comprovação de que tal seguradora/corretora tem experiência prévia em colocação de programa de seguros similares e gerenciamento de risco, além de estar entre as dez maiores no ranking da Superintendência de Seguros Privados - SUSEP.

Nesses casos a Administração Pública busca obter uma maior garantia quanto à exequibilidade dos Planos de Negócios apresentados, pois estabelece uma dupla checagem de institucional, ao exigir, além da análise prévia e reconhecimento de idoneidade econômico-financeira atestada por uma instituição financeira, a necessidade de apresentação de declaração de instituição seguradora ou corretora de seguros.

Na esfera federal, a aferição da viabilidade e exequibilidade do Plano de Negócio tem sido feita por intermédio de outro mecanismo: a proposta acompanhada do Plano de Negócios é entregue pelos licitantes aos cuidados da BM&FBOVESPA, e,

---

13 (i) Concorrência N° 001/2006 – CGPE - Exploração mediante Concessão Patrocinada da ponte de acesso e sistema viário do Destino de Turismo e Lazer Praia do Paiva – Estado de Pernambuco; (ii) Concorrência N° 070/2006 – DER/MG - Exploração mediante Concessão Patrocinada da Rodovia MG – 050 e trechos de entroncamento diversos – Estado de Minas Gerais; (iii) Concorrência 0044/2011 - Concessão para implantação, operação, manutenção, monitoração, conservação e realização de melhorias do Corredor Expresso Transolímpica, ligando a Barra da Tijuca a Deodoro – Prefeitura do Rio de Janeiro.

caso haja necessidade, esta sociedade presta auxílio à Comissão Julgadora, conjuntamente com terceiros previamente arrolados no edital, na análise de tal documentação.

Ou seja, ao invés de solicitar prévia declaração de terceiros quanto à exequibilidade do Plano de Negócios de todos os licitantes, prevê-se a possibilidade de consulta de terceiros após a análise da proposta pela Comissão Julgadora, de modo a aferir sua viabilidade e exequibilidade.

Podemos citar como exemplo a Concessão comum para a exploração de trechos da Rodovia BR-101/ES/BA[14], em que a ANTT conjugou as garantias até aqui apresentadas e exigiu: (1) carta de instituição ou entidade financeira que assessorou a Proponente na montagem financeira do empreendimento, declarando que analisou o Plano de Negócios apresentado pela Proponente e atestando sua viabilidade e exequibilidade e (2) carta de empresa de auditoria independente, registrada no órgão competente, declarando que analisou o Plano de Negócios apresentado pela Proponente e atestando sua adequabilidade, sob os aspectos contábil e tributário. Todavia, tal documentação deveria ser entregue à BM&FBOVESPA, que poderia prestar auxílio à Comissão Julgadora, caso fosse solicitado.

É possível identificar, portanto, a existência de critérios diversos com o intuito de possibilitar ao Poder Concedente a aferição da viabilidade e exequibilidade do Plano de Negócios, tanto na concessão comum, como na patrocinada.

Apesar dos esforços, o Plenário do Tribunal de Contas da União não vê com simpatia a delegação a terceiros da análise quanto à exequibilidade do Plano de Negócios e já realizou expressa recomendação à ANTT para fixar nos seus editais critérios objetivos para a avaliação da exequibilidade das propostas dos licitantes, conforme acórdão proferido no julgamento do TC 003.499/2011-1 [Apenso: TC 005.238/2011-0], realizado em

---

14 Edital de Concessão n° 001/2011 - Concessão para Exploração de Trechos da Rodovia BR-101/ES/BA: Entr. BA-698 (acesso a Mucuri) – Divisa ES/RJ.

Sessão Ordinária de 26.9.2012, justamente analisando o Edital de Concessão n° 001/2011 para a exploração de trechos da Rodovia BR-101/ES/BA:

> "ACORDAM os Ministros do Tribunal de Contas da União, reunidos em Sessão do Plenário, diante das razões expostas pelo Redator, em:
> (...)
> 9.3. determinar, com fundamento no art 43, inciso I, da lei 8.443/92 e art 250, inciso II do Regimento Interno do TCU, à Agência Nacional de Transportes Terrestres (ANTT) que, nas futuras concessões:
> (...)
> 9.3.4. inclua item editalício fixando parâmetros ou critérios objetivos para avaliação da exequibilidade das propostas dos licitantes, para garantir a seleção da proposta mais vantajosa, com fundamento no art. 48, inciso II, da Lei 8.666/1993 e no art. 15, § 3°, da Lei 8.987/1995;"[15]

---

[15] Como fundamento, adotou o TCU: "94.Na resposta ao pedido de diligência, a Comissão de Outorga não elencou os critérios específicos nos quais deveria ter se baseado para a verificação da exequibilidade da proposta apresentada pela licitante primeira colocada, limitando-se a reproduzir o item 3.10.2 do Termo de Referência do Plano de Negócios - Anexo 16 do Edital 001/2011 BR 101/ES/BA (peça 55) - , no qual são descritos os critérios de aceitabilidade do Plano de Negócios:(...) 95.O expediente enviado ao TCU pela ANTT em atendimento ao solicitado pela diligência fez referência ainda às determinações constantes no item 11.1, (vii) e (viii), do Edital 001/2011 BR 101/ES/BA, que condicionam a exequibilidade da proposta às já citadas cartas de instituição ou entidade financeira e de empresa de auditoria independente: (...) 96. Dessa maneira, é de se concluir que não há parâmetros técnicos objetivos que suportem a análise efetiva, pela Comissão de Outorga, das premissas constantes no Plano de Negócios apresentado. Em outras palavras, não há, por parte da ANTT, qualquer análise de viabilidade e exequibilidade do Plano de Negócios apresentado pelas proponentes, bem como de adequabilidade, sob os aspectos contábil e tributário. Tal encargo fica exclusivamente a critério de instituições financeiras e empresas de auditoria independente, cujas declarações representam a única garantia, para o Poder Concedente, de que o Plano de Negócios analisado é viável e exequível. 97. Diante do exposto, as justificativas enviadas pela ANTT a respeito do item levantado pela diligência não foram capazes de esclarecer de forma completa os questionamentos elaborados por este Tribunal, revelando que a Agência, representando o Poder Concedente, não efetua de forma criteriosa a análise de viabilidade e exequibilidade do Plano de Negócios apresentado pelas proponentes. 98 Assim, constatada a ausência, no Edital 001/2011 - BR-101/ES/BA, de demonstração dos critérios objetivos adotados para fixação do limite mínimo de exequibilidade, entendemos pertinente recomendar à ANTT que, nos futuros contratos de concessão, inclua item editalício fixando parâmetros ou critérios objetivos para avaliação da exequibi-

Diante dessas experiências, entendemos como benéfica a exigência de declarações de viabilidade e exequibilidade do Plano de Negócios – expedida por terceiros que possuam reconhecido "know-how" na sua análise – conjuntamente com a apresentação da proposta, como já tem exigido o Estado de São Paulo, principalmente quando consideramos que o Pleno do Tribunal de Contas do Estado de São Paulo reputou válida tal exigência[16].

Todavia, entendemos ser recomendável incorporar a postura já adotada pela União, que faculta à Comissão Julgadora a possibilidade de solicitar auxílio aos órgãos da própria Administração Pública e também a empresas que possuam expertise na avaliação de Plano de Negócios, pois assegura uma maior confiabilidade na aferição de sua viabilidade e exequibilidade.

Cumpre observar que os recentes editais de licitação de PPPs no Estado de São Paulo igualmente conferem à Comissão de Licitação a possibilidade de, a qualquer tempo, durante a licitação, promover diligências e esclarecimentos quanto à proposta comercial e documento de habilitação, dentre os quais se inclui o Plano de Negócios, abrindo-se a alternativa de obter auxílio de terceiros para subsidiar sua convicção. Seria recomendável, no entanto, que os editais tratassem o tema de maneira mais clara na forma sugerida na nota abaixo[17].

---

lidade das propostas dos licitantes, de forma a garantir a seleção da proposta mais vantajosa, com fundamento no art. 48, inciso II, da Lei 8.666/1993 e no art. 15, § 3°, da Lei 8.987/1995, que determina ao Poder Concedente que recuse propostas manifestamente inexequíveis ou financeiramente incompatíveis com os objetivos da licitação."

16 Entendeu o órgão de controle que a exigência não importa em violação à Súmula n° 15 do TCESP (Em procedimento licitatório, é vedada a exigência de qualquer documento que configure compromisso de terceiro alheio à disputa), conforme acórdão retro citado, proferido nos autos do TC-25059/026/09.

17 "A Comissão de Licitação poderá solicitar auxílio da Procuradoria Geral do Estado, de quaisquer Secretarias de Estado, autarquias e fundações públicas, da BM&FBOVESPA, bem como dos membros do Poder Concedente que não integrem a Comissão de Licitação, para análise da viabilidade e exequibilidade do Plano de Negócios apresentado pela Licitante".

Finalmente, considerando o posicionamento do Tribunal de Contas da União, consideramos recomendável a inserção no edital de condicionantes objetivas à aferição da viabilidade e exequibilidade do Plano de Negócios, de modo a afastar a ideia de que a sua análise pela Administração inexiste, ocorrendo mera delegação a terceiros.

Momento do julgamento do Plano de Negócios nas diversas fases da Licitação para Concessão e suas implicações jurídicas

Segundo Ribeiro (2011)[18], o Plano de Negócios pode ser exigido em três momentos, quais sejam: como metodologia de execução do contrato, na proposta técnica e na proposta econômica.

Iniciamos a análise da exigência do Plano de Negócios como metodologia de execução. A Lei Federal n.º 11.079/04 não prevê em seu texto a possibilidade de exigência de metodologia de execução do contrato, não obstante, o artigo 12, inciso I deste diploma legal faça a seguinte previsão:

> Art. 12, I - O julgamento poderá ser precedido de etapa de qualificação de propostas técnicas, desclassificando-se os licitantes que não alcançarem a pontuação mínima, os quais não participarão das etapas seguintes.

Primeiramente, interpretando-se este dispositivo legal, conclui-se que, por se tratar de "etapa de qualificação de propostas técnicas" a ser realizada antes do "julgamento", esta fase não se confunde com a de julgamento das propostas técnicas[19].

Com efeito, a fase encimada trata de "procedimento que visa determinar os licitantes minimamente dotados do do-

---
18 RIBEIRO, Maurício Portugal, Concessões e PPPs - Melhores Práticas em Licitações e Contratos - 1ª edição, 2011, Ed. Atlas, p. 34
19 JUSTEN FILHO, Marçal. Comentários à lei de licitações e contratos administrativos, 15ª edição, 2012, Ed. Dialética, p. 532

mínio das tecnologias pressupostas pela execução do escopo contratual".[20]

A primeira dúvida que surge é se esta possibilidade encontra correspondência na regra do artigo 114 da Lei Federal n.º 8.666/93 - previsão de pré-qualificação de licitantes nas concorrências, sempre que o objeto da licitação recomende análise mais detida da qualificação técnica dos interessados - ou, se ela encontra ressonância no disposto no artigo 30, § 8º do mesmo diploma legal, onde é prevista a possibilidade da Administração Pública, no caso de obras, serviços e compras de grande vulto e de alta complexidade técnica, exigir dos licitantes a metodologia de execução.

Para a doutrina majoritária, entende-se que a fase de pré-qualificação prevista no artigo 114 da Lei Federal n.º 8.666/93 nada mais é do que a antecipação da fase de habilitação.

Segundo Justen Filho (2012):

> "a pré-qualificação acarreta uma dissociação entre as fases de habilitação e de julgamento das propostas. Os licitantes que preencherem os requisitos previstos serão considerados pré-habilitados para concorrência. Somente eles estarão legitimados a participar da concorrência. Serão convocados para apresentar suas propostas, em data futura a ser definida".[21]

Já a metodologia de execução, nos termos do artigo 30, § 8º, da Lei Federal 8.666/93, deve seguir duas regras: a) ser exigida somente em obras, serviços e compras de grande vulto, de alta complexidade técnica; b) sua análise deve ser feita antes da proposta comercial, sempre por critérios objetivos.

Segundo Mendes (2013), "o que é determinante para que se deseje realizar a referida análise não é o fato de o valor estimado da futura contratação ser de grande vulto, mas o fato

---

20 MARQUES NETO, Floriano de Azevedo, Estudos sobre a Lei das Parcerias Público-Privadas, 1ª edição, 2011, Ed. Fórum, p. 92
21 JUSTEN FILHO, Marçal. Comentários à lei de licitações e contratos administrativos, 15ª edição, 2012, Ed. Dialética, p. 659

de a solução licitada (objeto) envolver alta complexidade técnica".[22]

Corroborando este entendimento, Justen Filho (2012) sustenta que a metodologia de execução deve ser exigida somente em "licitações com peculiaridades técnicas, em que a execução do objeto comporta pluralidade de soluções técnicas".[23]

Com base nestas definições, de rigor a conclusão de que a previsão do artigo 12, inciso I da Lei federal nº 11.079/2004 aproxima-se ontologicamente do disposto no artigo 30, § 8º, da Lei federal nº 8.666/93, e não com o estabelecido no artigo 114 do mesmo diploma legal.

Com efeito, a lógica da Parceria Público-Privada é que o parceiro privado encontre a maneira mais eficiente de implantar e operar o projeto. Por existirem diversas soluções técnicas para o mesmo objeto, é possível a existência de uma fase preliminar de qualificação das propostas técnicas, exigindo-se uma pontuação mínima para que os licitantes possam passar às próximas fases do procedimento licitatório. Saliente-se que é possível a previsão da metodologia de execução independentemente da adoção ou não do critério de julgamento "melhor técnica".

Fixada a aproximação ontológica entre a metodologia de execução e a qualificação prévia prevista pelo artigo 12, inciso I da Lei federal nº 11.079/04, outra indagação deve ser resolvida: a qualificação prévia afastaria a possibilidade de exigir a documentação relativa à qualificação técnica (art. 30 da Lei Federal 8.666/93)?

Para Justen filho (2012), analisando-se sob a ótica apenas do Estatuto Licitatório, quando exigida a metodologia de execução nos termos do artigo 30, § 8º, da Lei federal nº 8.666/93

---

22 MENDES, Renato Geraldo. Lei de Licitações e Contratos Anotada - 9ª edição, 2013, Ed. Zênite, p. 690.

23 JUSTEN FILHO, Marçal. Comentários à lei de licitações e contratos administrativos, 15ª edição, 2012, Ed. Dialética, p. 531/532

a licitação teria sua estrutura procedimental modificada, de forma que a metodologia seria examinada antes da proposta comercial. Não obstante, não poderão ser confundidos requisitos de habilitação com metodologia de execução.

A habilitação técnica consiste na apuração da idoneidade do sujeito para contratar com a Administração Pública, enquanto a metodologia de execução envolveria a escolha da concepção técnica minimamente apta a ser adotada para executar certo objeto licitado. Sendo assim, de rigor a conclusão de que a exigência de proposta de metodologia não afasta a possibilidade de exigir a documentação relativa à habilitação técnica.[24]

Deve-se lembrar que a Parceria Público-Privada propicia aos licitantes a indicação de diferentes soluções técnicas[25] para o objeto do certame, fazendo com que o Poder Público apenas qualifique estas soluções – por meio de metodologia de execução, por exemplo, de forma que aquelas que preencherem os requisitos objetivos mínimos previstos no edital participem do restante da licitação.

Por fim, importante que quando da entrega dos documentos relativos à qualificação prévia (art. 12, inciso I, da Lei federal nº 11.079/04) os licitantes já entreguem também os envelopes referentes aos demais documentos de habilitação, à proposta técnica (se for o caso) e à proposta comercial.

Feitos alguns esclarecimentos a respeito da avaliação do Plano de Negócios durante a metodologia de execução, passamos a ponderar se ele poderá ser oferecido como parte da proposta técnica. Entendemos que sim. No entanto, nessa hipótese, o Plano de Negócios deverá ser avaliado como qualquer outro ponto submetido à avaliação técnica, mediante critérios

---

24 Idem. p. 532
25 O artigo 10, parágrafo 4º da Lei Federal 11.079/2004 prevê que os estudos técnicos tenham nível de detalhamento de anteprojeto, sendo despiciendo ao Poder Público a elaboração de projeto básico prévio para tais contratações, indispensável para as hipóteses de contratação de obra pública, nos termos da Lei Federal 8.666/93.

objetivos estipulados previamente no edital, de forma a atribuir mais ou menos pontos para o licitante.

Cabe lembrar que não se justificaria a adoção de uma licitação do tipo "melhor técnica" pelo simples fato da Administração Pública desejar pontuar o Plano de Negócios. Sua avaliação neste momento da licitação é acessória aos demais elementos técnicos que se pretende avaliar e que justificaram a avaliação deste critério de julgamento.

Por fim, o Plano de Negócios poderá ser apresentado junto à proposta econômica. Aqui, o Plano de Negócios servirá para demonstrar que a proposta econômica é factível (considerando um binômio previsão/exequibilidade). Da mesma forma que na pré-qualificação, nesta hipótese, o Plano de Negócios será avaliado apenas como condição de viabilidade da proposta comercial, não lhe sendo atribuído mais ou menos pontos. Em uma análise empírica, verificamos que a maioria dos editais aloca a apresentação de Plano de Negócios concomitantemente à proposta econômica.

Citamos, como exemplo, os seguintes Editais que adotaram a análise do Plano de Negócios junto ou logo após a análise da proposta econômico/financeira[26]:

a) Leilão n. 2/2011 - Concessão para ampliação, manutenção e exploração dos aeroportos internacionais Brasília - Campinas - Guarulhos[27].

---

[26] Adicionalmente a todos, citamos as PPP's promovidas pelo Estado de São Paulo: Linha 4 e 6 de Metro e Reservatório DAEE.

[27] "4.29 - A proponente deverá apresentar, ainda, em sua proposta econômica, declaração de instituição financeira, nacional ou estrangeira, com a devida comprovação dos poderes do seu signatário, na forma do modelo do Anexo 11 - Modelo de Carta Subscrita por Instituição Financeira, declarando a viabilidade da proposta econômica, emitida no papel timbrado da referida instituição, declarando, sob pena de responsabilidade, que:
4.29.1 - Examinou o Edital, o Plano de negócio da Proponente e sua proposta econômica;
4.29.2 - considera que a proposta econômica e seu Plano de negócio têm viabilidade econômica; e
4.29.3 - Considera viável a concessão de financiamentos necessário ao cumprimento das obrigações da futura Concessionária, nos montantes e nas condições apresentadas pela Proponente."

b) Concessão Patrocinada para a exploração da Rodovia MG – 050[28].

c) Edital De Licitação Concorrência N° 001/2006 – Exploração Mediante Concessão Patrocinada Da Ponte De Acesso E Sistema Viário Do Destino De Turismo E Lazer Praia Do Paiva[29].

d) Edital de licitação Concorrência Internacional n° 001/2009 para contratação, em regime de parceria público privada, modalidade concessão administrativa, da reconstrução e gestão da operação e manutenção do Estádio da Fonte Nova[30].

e) Concorrência Pública 31/2007 (Prefeitura de Canoas/RS) – PPP na modalidade concessão administrativa, para serviços de limpeza pública[31].

---

28 "11.1. Cada licitante deverá apresentar, como parte integrante da proposta econômica, o Plano de Negócios da rodovia (PLANO DE NEGÓCIOSR) que a Concessionária implementará na execução do Contrato.
11.2 O PLANO DE NEGÓCIOSR incluirá, mas sem se limitar, as informações abaixo, de acordo com o especificado no Anexo VII - diretrizes para apresentação da proposta econômica, e as cartas e/ou declarações relacionadas: (...)"

29 "20.1. Cada licitante deverá apresentar, como parte integrante da PROPOSTA ECONÔMICA, o PLANO DE NEGÓCIOS DA RODOVIA que a CONCESSIONÁRIA implementará na execução do CONTRATO."

30 "10.8 O Envelope da Proposta Econômica deverá conter apenas os seguintes documentos:
10.8.1 Proposta Econômica, conforme modelo constante do Anexo 6 na qual a Licitante declara o valor da contraprestação pública e as isenções tributárias consideradas; e
10.8.2 Plano de Negócios, conforme modelo constante do Anexo 9".

31 3.5. DA PROPOSTA FINANCEIRA: O envelope n° 02 deverá obrigatoriamente conter:
3.5.1. A Proposta Financeira / Plano de Negócios e Investimentos e a Composição de Custos Unitários por item, assinadas por representante legal ou por procurador munido de procuração hábil, nos termos da lei, ou de carta de credenciamento, nos termos dos modelos Anexos, em envelope fechado, identificado com o n° 02, em 1 (uma) via, datilografada ou digitada em papel que identifique a licitante, com valores expressos em R$ (reais), em linguagem clara e objetiva, sem erros, rasuras ou entrelinhas, devendo atender as condições contidas neste Edital e seus Anexos.

f) Concorrência nº 02/2010 (SEPLAG/MG) para exploração, mediante concessão administrativa, da operação e manutenção, precedidas de obras de reforma, renovação e adequação do complexo do Mineirão[32].

Ribeiro (2011) destaca que, além de ser inserido no bojo da execução do procedimento de licitação, o Plano de Negócios pode ser exigido também na assinatura do contrato, podendo ser vinculante ou meramente indicativo para fins de recomposição do equilíbrio econômico-financeiro.[33]

Quanto à alocação do Plano de Negócios em outras etapas licitatórias, cabe mencionar que o posicionamento majoritário dos Tribunais de Contas para as licitações é de que, em regra, qualquer exigência habilitatória não prevista na Lei federal nº 8.666/93 deve ser feita apenas na adjudicação ou na assinatura do contrato.

O fundamento deste posicionamento é que, se o artigo 37, inciso XXI, da Constituição Federal estabelece que a lei "somente permitirá as exigências de qualificação técnica e econômica indispensáveis à garantia do cumprimento das obrigações do contratado", não caberia à Administração Pública

---

32 "16.9. O LICITANTE deverá apresentar em sua PROPOSTA COMERCIAL declaração de INSTITUIÇÃO FINANCEIRA, nacional ou estrangeira, emitida no papel timbrado da referida instituição, declarando que:
a) examinou o EDITAL, o Plano de negócios do LICITANTE e sua PROPOSTA COMERCIAL;
b) considera que a PROPOSTA COMERCIAL do LICITANTE tem viabilidade econômica; e
c) considera viável a concessão de financiamentos necessários ao cumprimento das obrigações da CONCESSIONÁRIA, nos montantes e nas condições apresentadas pela LICITANTE.
16.9.1. A declaração a ser feita pela INSTITUIÇÃO FINANCEIRA referida neste item deverá tomar como referência para sua análise o PLANO DE NEGÓCIOS DE REFERÊNCIA do ANEXO IV.
16.9.2. Os Planos de negócios dos LICITANTES serão avaliados por INSTITUIÇÃO FINANCEIRA, na forma do presente item, cabendo exclusivamente à CONCESSIONÁRIA, nos termos do CONTRATO, apresentar seu Plano de negócios ao PODER CONCEDENTE, para fins de acompanhamento da execução do CONTRATO.

33 RIBEIRO, Mauricio Portugal. Concessões e PPPs - Melhores Práticas em Licitações e Contratos - 1ª edição, 2011, Ed. Atlas, p. 35.

fazer outras exigências habilitatórias sem correspondência na Lei federal nº 8.666/93.

Todavia, apesar da aplicação subsidiária da Lei Federal 8.666/93 à Lei federal nº 11.079/04, de rigor a mitigação de certos entendimentos pacificados no âmbito de licitações simples, tendo em vista as enormes diferenças entre Parceria Público-Privada e licitações ordinárias (prazos e valores contratuais, complexidade do objeto, dentre outros), especialmente porque a jurisprudência ainda não se manifestou a respeito de qual o momento correto de exigir o Plano de Negócios em Parcerias Público-Privadas.

Feita a apresentação dos momentos possíveis de alocação do Plano de Negócios na Licitação, apresentamos um cotejo entre os efeitos de cada hipótese, sob a premissa do privilégio à ampla competitividade entre os participantes:

a) Qualificação prévia (art. 12, inciso I, da Lei federal nº 11.079/04): tendo em vista que as propostas técnicas (se o caso) e comerciais serão analisadas em um momento posterior à qualificação prévia, a análise do Plano de Negócios pode causar desordem no procedimento regular do certame, já que o foco nesta fase deve ser a correta verificação das soluções técnico-operacionais apresentadas para o cumprimento do objeto do certame. Sendo assim, não se vislumbra vantagens na exigência do Plano de Negócios nesta fase.

b) Proposta Técnica: como visto, estabelecer critérios objetivos para distinguir uma proposta comercialmente agressiva e viável de uma proposta inexequível, pode apresentar severas dificuldades, especialmente em setores não maduros ou que a Administração Pública não tenha familiaridade. Por isso, a avaliação e atribuição de pontos aos custos estimados pelo participante da licitação, de acordo o Plano de Negócios apresentado, pode se mostrar temerária e apresentar desvantagens competitivas pelo vício da assimetria de informação.

c) Proposta Comercial: a maioria dos editais consultados exige a apresentação do Plano de Negócios neste momento.

Em casos como a concessão patrocinada da Linha 6 do Metro de São Paulo, a análise do Plano de Negócios seria uma subfase logo após a fase de abertura da proposta comercial.

Analisando as exigências de tais editais, denota-se que as exigências básicas para que o Plano de Negócios seja aceito pela Administração Pública é que ele guarde correspondência com a proposta comercial e que alguma instituição financeira ateste sua consistência, declarando-o viável economicamente.

Conforme já exposto alhures, tal prática pode se tornar mais útil e efetiva quando houver subsídios, à Comissão de Licitação, de auditoria independente, atestando a exequibilidade do Plano de Negócios apresentado pelo proponente, ou a possibilidade da Comissão Julgadora pedir auxílio a entes externos (como exemplo: BMF&BOVESPA), para ter como válido o Plano de Negócios.

Sem tais préstimos, de rigor o reconhecimento de que a Administração Pública, em regra, não possui capacidade técnica para fazer uma avaliação profunda da exequibilidade do Plano de Negócios apresentado, delegando tal função a terceiros o que pode enfraquecer demasiadamente a utilidade do Plano de Negócios. Todavia, com visto no capítulo anterior, tal procedimento foi julgado regular pelo Tribunal de Contas do Estado de São Paulo.

d) Habilitações: baseando-se no posicionamento majoritário dos Tribunais de Contas, segundo o qual os requisitos habilitatórios não previstos na Lei federal nº 8.666/93 devem ser feitos apenas na adjudicação ou na assinatura do contrato, e não se encontrando vantagens na exigência do Plano de Negócios conjuntamente aos documentos de habilitação, de rigor a conclusão de não ser prudente a exigência do Plano de negócios nesta etapa.

e) Requisito de Adjudicação: a exigência do Plano de Negócios neste momento poderia acarretar uma maior competitividade entre os licitantes, já que o custo da análise por parte de instituição financeira e auditoria independente ficaria a cargo apenas do vencedor do certame.

Por outro lado, considerando que o vencedor da licitação já teria oferecido sua proposta comercial, seria prudente buscar a criação de mecanismos que evitem que ele se utilize de um mero "jogo de planilhas", inserindo valores artificiais nas células do Plano de Negócios para aderir, "a posteriori", à proposta comercial já lançada.

Com efeito, o mais importante para a aceitação do Plano de Negócios, pelo menos na forma como exigido nos editais consultados, é o compromisso de responsabilidade pela exequibilidade da proposta comercial e do Plano de Negócios por parte de uma instituição financeira e/ou auditoria independente.

Não obstante, seriam necessárias previsões editalícias e contratuais de penalidades para o particular que agisse com desídia ou má-fé na elaboração de seu Plano de Negócios, principalmente no caso de ulterior impossibilidade de conclusão do objeto do certame por culpa do parceiro privado.

Outrossim, caso o primeiro colocado não apresente o Plano de Negócios nos termos previstos no edital, não há óbice em chamar o segundo colocado considerando-se os termos de sua própria proposta, à vista do que dispõe o artigo 13, inciso III da Lei federal nº 11.079/04.

f) Requisito de assinatura do contrato: caso seja exigido aqui, é certo que o objeto já estará adjudicado para o licitante vencedor. Assim sendo, caso o vencedor não consiga a garantia da instituição financeira deverá sofrer as consequências do artigo 81 da Lei federal nº 8.666/93, o que causará maiores transtornos jurídicos e aproveitamentos dos atos já praticados. Sendo assim, não há razões para exigi-lo nesse momento.

Conclusão

À vista do exposto, conclui-se que o Plano de Negócios desempenha fundamental papel na redução das assimetrias de informações, contribuindo para que a Administração Pública possa, de maneira ancilar às habilitações previstas na Lei nº

8.666/93, buscar a contratação do licitante que tenha elaborado as projeções mais fidedignas ao ciclo de vida esperado por esses projetos de longo prazo.

Paradoxalmente, verifica-se grande dificuldade de homologarem-se as premissas constantes no Plano de Negócios, especialmente em função da incompletude dos contratos de longo prazo que estão sujeitos a adequações em função de eventos futuros e imprevisíveis, ou previsíveis, mas de consequências atualmente incalculáveis.

Mesmo diante dessas dificuldades, o Plano de Negócios poderá trazer inúmeros benefícios adicionais, como indicativo da estratégia do licitante, a qualidade técnica das soluções previstas, exequibilidade do fluxo financeiro e serviço da divida do projeto, podendo contribuir, até mesmo, para eventual reequilíbrio econômico financeiro do contrato durante os períodos onde inexiste fluxo de caixa operacional.

Em razão dos desafios inerentes à sua avaliação, considerando a realidade orgânica da Administração Pública brasileira, percebe-se que a efetividade da checagem das premissas e exequibilidade do Plano de Negócios pela comissão de licitação deverá ser amparada por técnicos especializados, razão pela qual convém a contratação de auditoria ou empresas com amplo conhecimento na avaliação dessas estruturas.

Por fim, reiterando a conveniência da exigibilidade do Plano de Negócios, convém à Administração Pública, por intermédio da Comissão de Licitação, avaliá-lo em algumas fases, como na proposta comercial, qualificação prévia, qualificação técnica (quando a licitação for do tipo técnica e menor tarifa ou contraprestação) ou requisito de adjudicação.

Para um maior ganho em competitividade e redução do custo da contratação, acredita-se que a inserção do exame do Plano de Negócios nas fases de julgamento da proposta comercial ou requisito de adjudicação mostram-se mais adequadas.

Bibliografia

BRASIL. Lei n° 8.666 (compilada), de 21 de dezembro de 1993. Disponível em: < http://www.planalto.gov.br/ccivil_03/leis/l8666cons.htm>. Acesso em: 18. Out. 2013.

BRASIL. Lei n° 11.079 (compilada), de 30 de dezembro de 2004. Disponível em: < http://www.planalto.gov.br/ccivil_03/_ato2004-2006/2004/lei/l11079.htm>. Acesso em: 18. Out. 2013.

COMITE DE PRONUNCIAMENTOS CONTÁBEIS. CPC 03 – Demonstrações dos Fluxos de Caixa. Comitê de Pronunciamentos Contábeis. Brasília: CPC, 2010.

JUSTEN FILHO, Marçal. Comentários à lei de licitações e contratos administrativos. 15ª ed. São Paulo: Dialética, 2012.

MARQUES NETO, Floriano de Azevedo. Estudos sobre a Lei das Parcerias Público-Privadas. 1ª ed. Belo Horizonte: Fórum, 2011.

MENDES, Renato Geraldo. Lei de Licitações e Contratos Anotada. 9ª ed. São Paulo: Zênite, 2013.

PEREIRA. Bruno. Plano de negócio, teste de estresse e licitantes oportunistas". Disponível em: <http://www.pppbrasil.com.br/portal/content/artigo-plano-de-neg%C3%B3cio-teste-de-estresse-e-licitantes-oportunistas>. Acesso em: 18 out. 2013.

RIBEIRO, Maurício Portugal. "Concessões e PPPs - Melhores Práticas em Licitações e Contratos". São Paulo: Atlas, 2011.

_____ "Erros e Acertos no Uso do Plano de Negócios". Disponível em: < http://www.slideshare.net/portugalribeiro/erros-e-acertos-no-uso-do-plano-de-negcios-e-da-metodologia-do-fluxo-de-caixa-marginal>. Acesso em: 18 out. 2013.

capítulo V

Garantia da proposta e garantia da execução nas parcerias público-privadas

Cristiana Corrêa Conde Faldini[1]
Inês Maria dos Santos Coimbra de Almeida Prado[2]
Luciana R. Laurenza Saldanha Gasparini[3]

Introdução

A garantia da proposta e a garantia da execução são institutos já conhecidos e disciplinados nas Leis federais nºs 8.666, de 21 de junho de 1993 (Lei Geral de Licitações), e 8.987, de 13 de fevereiro de 1995 (Lei de Concessões).

Há tempos, portanto, a exigência de garantias nas licitações e contratos administrativos é indispensável para viabilizar o integral cumprimento dos projetos e contratos que a Administração Pública pretende viabilizar por meio da iniciativa privada.

Nem sempre, contudo, o tema encontra reconhecimento dessa natureza, presenciando-se, muitas vezes, itens e cláusulas replicados nos diversos contratos e editais publicados pela Administração Pública, sem a necessária análise individualizada de cada situação concreta.

A garantia da proposta, na sistemática da Lei nº 8.666/93, é exigência inserida na fase de habilitação, para a qualificação econômico-financeira dos licitantes, e destina-se, primordial-

---

[1] Procuradora do Estado de São Paulo. Mestre em Direito do Estado pela Faculdade de Direito da Universidade de São Paulo – USP.

[2] Procuradora do Estado de São Paulo. Mestre em Direito do Estado pela Pontifícia Universidade Católica de São Paulo – PUC/SP.

[3] Procuradora do Estado de São Paulo. Mestre em Direito do Estado pela Pontifícia Universidade Católica de São Paulo – PUC/SP. Graduada em Direito pela Faculdade de Direito da Universidade de São Paulo – USP e em Administração Pública, pela Escola de Administração de Empresas da Fundação Getúlio Vargas – EAESP/FGV.

mente, a garantir a consistência das propostas formuladas de forma a afastar participantes aventureiros[4].

Nas licitações objetivando a celebração de contratos em regime de parceria público-privada, a Lei nº 11.079, de 30 de dezembro de 2004 (Lei de PPPs), determina a aplicação subsidiária da Lei nº 8.666/93 no tema da garantia da proposta. A interpretação literal do artigo, portanto, leva ao entendimento de que essa garantia integra o rol de documentos de habilitação[5], o que, como se verá adiante, admite procedimento diverso.

A garantia da execução, por sua vez, guarda pertinência com a necessidade do Poder Concedente obter a adequada execução do contrato firmado, e a previsão de sua exigência no contrato também vem expressa na Lei de PPPs, conforme previsto no artigo 5º, VIII, que a vincula aos ônus e riscos envolvidos.

Há peculiaridades concernentes à natureza e duração da obra ou serviço que se pretende contratar, que devem guardar correlação direta com as modalidades e especificidades das garantias exigidas, especialmente no que se refere à execução do contrato, sem, contudo, diminuir a importância das garantias exigidas para a proposta.

A Lei de PPPs trouxe um novo modelo de contratação para a Administração Pública, especialmente para a participação privada em obras e serviços de infraestrutura. Essa nova roupagem exige um novo olhar no tema da qualificação econômico-

---

4 Para Marçal Justen Filho a garantia da proposta é incompatível com o tratamento constitucional dado à licitação, uma vez que cria indevida restrição à participação dos interessados. *Comentários à Lei de Licitações e Contratos Administrativos.* 15. ed. São Paulo: Editora Dialética, 2012., p. 547.

5 Lei nº 11.079/2004. "Art. 11. O instrumento convocatório conterá minuta do contrato, indicará expressamente a submissão da licitação às normas desta Lei e observará, no que couber, os §§ 3º e 4º do art. 15, os arts. 18, 19 e 21 da Lei nº 8.987, de 13 de fevereiro de 1995, podendo ainda prever: I – exigência de garantia de proposta do licitante, observado o limite do inciso III do art. 31 da Lei nº 8.666, de 21 de junho de 1993;"

-financeira, bem como no tema, mais especificamente falando, da garantia da execução, em razão, principalmente, do volume de investimento envolvido em contratos dessa natureza.

Num genuíno projeto de parceria público-privada, em que o objeto é predicado pela complexidade dos trabalhos e vultosos investimentos envolvidos, o tema ganha especial relevância, a fim de se preservar características inerentes ao princípio licitatório, quais sejam, alto grau de competitividade e isonomia entre os interessados e potenciais licitantes.

Em razão desse vulto e alto nível de comprometimento das partes contratantes, os projetos de parceria público-privada exigem, inclusive, que o Poder Público também preste garantias, como bem sintetiza Carlos Ari Sundfeld:

> "A característica central das concessões administrativas e patrocinadas que motivou a nova disciplina legal é a de gerar compromissos financeiros estatais firmes e de longo prazo. Como o concessionário fará investimentos logo no início da execução e será remunerado posteriormente, dois objetivos se põem: tanto impedir que o administrador presente comprometa irresponsavelmente recursos públicos futuros, como oferecer garantias que convençam o particular a investir."[6]

O presente estudo busca assim, sem qualquer pretensão de esgotar o tema, delinear os aspectos gerais, com algum grau de detalhamento, que se mostraram relevantes ou controvertidos, em relação às garantias prestadas pelo setor privado, para as licitações e contratos de parceria público-privada.

Garantia da proposta

Limite e validade

Como dito, a Lei nº 11.079/04 autorizou, nas licitações de PPP, a exigência de garantia da proposta (*bid bond*) observado o limite disposto no art. 31, inc. III, da Lei nº 8.666/93.

---

6 Guia Jurídico das Parcerias Público-Privadas, *in Parcerias Público-Privadas*, São Paulo: Malheiros, 2007. p. 23.

O citado dispositivo estabelece como limite para a garantia da proposta 1% do valor estimado do objeto da contratação. A existência desses limitadores se impõe como forma de impedir a restrição à competição com a exigência de níveis de garantia desarrazoados.

A dificuldade reside na definição do que seja "valor do contrato". A interpretação poderia levar tanto ao valor total das receitas estimadas do concessionário, como também ao valor previsto do investimento do concessionário, pelo termo do contrato.

Nos editais publicados pelo Estado de São Paulo[7] a garantia da proposta tem sido calculada sobre o montante do investimento estimado para o concessionário e está expressa em valor absoluto nos documentos convocatórios aos certames. Isso porque o valor, caso se optasse por considerar também o valor das receitas a serem auferidas como base para o cálculo do valor da garantia, esta alcançaria níveis muito elevados e poderia afastar eventuais interessados.

Maurício Portugal bem conclui que "o razoável nesse ponto é encontrar o menor valor que desestimule o descumprimento das obrigações que decorrem da participação na licitação, sem que a emissão das garantias se configure em barreira desnecessária no procedimento licitatório.[8]"

Os certames envolvendo as contratações na modelagem de PPP em geral envolvem altos valores e afetam diversos interesses dentro do mercado. Assim, não é rara a existência de

---

[7] Essa foi a prática adotada para elaboração dos editais para as seguintes concorrências: concessão administrativa, para a prestação de serviços de operação, manutenção e expansão do sistema de reservatórios de controle de cheias da Bacia Hidrográfica do Alto Tietê, recuperação e modernização dos reservatórios existentes e construção de novos reservatórios; concessão patrocinada para implantação e operação do sistema de metrô – Linha 6; e concessão administrativa para a construção, fornecimento de equipamentos, manutenção e gestão dos serviços não assistenciais em três complexos hospitalares no Estado de São Paulo.

[8] RIBEIRO, Mauricio Portugal. *Concessões e PPP's: melhores práticas em licitações e contratos*. São Paulo, Atlas. 2011, p. 32/33.

demandas judiciais que podem alongar o procedimento para além do planejado.

Por essa razão é recomendável a aposição de prazo de validade para a garantia da proposta, com previsão de renovação.

Esse formato tem sido adotado na maioria dos editais de licitação dos projetos de PPP já publicados no âmbito do Estado de São Paulo, como a concessão administrativa para gestão, operação e manutenção, com fornecimento de bens e realização de obras para adequação da infraestrutura existente, da indústria farmacêutica de Américo Brasiliense – Ifab, de titularidade da fundação para o remédio popular "Chopin Tavares de Lima" – Furp e a concessão administrativa, para a prestação de serviços de operação, manutenção e expansão do sistema de reservatórios de controle de cheias da Bacia Hidrográfica do Alto Tietê, recuperação e modernização dos reservatórios existentes e construção de novos reservatórios.

Nas concorrências indicadas acima, exigiu-se prazo mínimo de 180 (cento e oitenta) dias de validade para a garantia da proposta, com previsão de renovação e, caso decorrido mais de um ano a partir a publicação dos editais, deverá incidir atualização pelo IPC-Fipe para os valores dados em garantia.

Diferentemente, no Edital de Concorrência nº 001/2013 da Secretaria da Saúde, que objetiva a construção e prestação de serviços de gestão de três complexos hospitalares, não foi definido prazo mínimo de validade, mas há cláusula expressa no sentido de que a garantia da proposta deverá estar válida até o momento da assinatura do contrato, pois a partir desse momento, será substituída pela garantia da execução contratual.

Apresentação e execução

Uma questão de relevância é a que concerne ao momento de análise da garantia da proposta apresentada pelos licitantes. Na lógica estabelecida pela Lei nº 8.666/93 (e que pode ser adotada para as licitações de PPP) a garantia da proposta integra os documentos de habilitação, que devem ser os primeiros a serem examinados. Assim, caso o licitante não ofereça garantia válida ou suficiente, deverá ser inabilitado, sem prejuízo ao certame.

Na mesma linha, nos procedimentos em que seja adotada a pré-qualificação, a garantia da proposta deve integrar a documentação relativa à pré-qualificação[9].

A dúvida surge quando se elege o procedimento com *inversão de fases*, em que o julgamento da proposta precede ao exame da habilitação, conforme autorizado pelo art. 13 da Lei nº 11.079/04. Nessas hipóteses, embora não haja expressa previsão legal, a solução razoável é que haja previsão no edital de entrega de envelope apartado com a garantia da proposta, a ser examinado antes da abertura dos envelopes correspondentes à proposta.

Dessa forma, preserva-se a razão de ser da garantia da proposta, na medida em que não faria nenhum sentido sua análise após o exame das propostas, o que vulneraria a posição da Administração.

Por prestar-se a assegurar a seriedade da participação do licitante em dado certame, a garantia da proposta poderá ser executada sempre que houver descumprimento de condições previstas no edital, constatação de ilicitudes ou fraudes durante o processo licitatório ou descumprimento de exigências feitas pela Comissão de Licitação.

Todavia, a importância dessa garantia revela-se ainda mais latente nas licitações de PPP, quando o licitante vencedor recusa-se a assinar o contrato. Nessa hipótese, os demais parti-

---

[9] Maurício Portugal chama atenção para cautela de se evitar a separação entre os documentos para pré-qualificação e os documentos relativos à proposta. De acordo com o autor, "ao separar o momento de entrega desses dois conjuntos de documentos, a Administração permite que os participantes da licitação conheçam o exato universo daqueles que apresentarão a proposta, antes que essas propostas sejam definidas. Ora, especialmente se esse universo for reduzido, cria-se nesse momento espaço para a ocorrência de conluios." RIBEIRO, Mauricio Portugal. *Concessões e PPP's: melhores práticas em licitações e contratos.* São Paulo: Atlas, 2011, p. 25.

cipantes poderão escolher entre assinar ou não o contrato nas mesmas condições do primeiro colocado, o que poderá colocar a perder todo o empenho do Poder Público na estruturação do projeto.

Sobre o tema, vale a ponderação de Maurício Portugal a seguir reproduzida:

> "Cremos ser crucial, independentemente da assinatura ou não do contrato por outros participantes, a execução integral, nesses casos, independentemente de apuração de eventuais danos materiais ao Poder Público, da garantia de proposta do participante que ganhou a licitação, mas se negou indevidamente a assinar o contrato. O risco que ele coloca o Poder Público e todo o processo de licitação e implantação do projeto e o interesse público de gerar o incentivo para que todas as propostas em licitações sejam sérias e exequíveis justifica a execução do valor integral da garantia de proposta do vencedor da licitação que se negue a assinar o contrato."

O autor defende, ainda, a execução da garantia da proposta, nos procedimentos em que haja inversão de fases entre proposta e habilitação, por inabilitação do proponente "desde que essa possibilidade seja expressamente prevista no edital".[10] O receio é de que o participante da licitação, conhecedor de sua inabilitação, pratique atos atentatórios à seriedade do procedimento licitatório.

Não obstante a legitimidade da preocupação, especialmente em licitações de PPP, cujo planejamento demanda alto investimento de tempo e dinheiro, a execução da garantia da proposta nessa situação pode significar uma sanção desarrazoada e em desconexão com a hipótese normativa que a fundamenta, alcançando atos não sancionáveis.

Isso porque o não atendimento estrito das condições de habilitação de um licitante pode se dar por inúmeras razões que variam conforme o objeto do certame e não necessariamente

---

10 RIBEIRO, Mauricio Portugal. *Concessões e PPP's: melhores práticas em licitações e contratos.* São Paulo, Atlas. 2011, p. 27.

implica ausência de seriedade da proposta ou da participação da empresa. Assim, a execução da garantia da proposta por inabilitação só seria cabida em casos extremos, quando demonstrada a má-fé do licitante, que, manifestamente inabilitado, pratique atos que atentem contra a licitação.

Garantia da execução

Objetivos

Antes de adentrar nos aspectos específicos das garantias prestadas para a execução dos contratos de parcerias público-privadas, é importante entender a finalidade das exigências, ou seja, o objetivo da inclusão dessa obrigação ao parceiro privado.

De um lado, a exigência de garantias para a execução dos contratos reduz o risco de crédito implicado no recebimento pela Administração Pública de multas por descumprimento da avença.

De outro, assegura diretamente o recebimento dos valores relativos às multas e demais penalidades financeiras que vierem a ser aplicadas por descumprimento do contrato, afirmação que permite antever, desde logo, uma relação de proporcionalidade entre os valores envolvidos no contrato e o montante de garantias exigidas.

Em consequência, constitui incentivo para cumprimento adequado do contrato, em razão dos efeitos financeiros indesejáveis decorrentes do inadimplemento.

Há, como preceituou Adilson Abreu Dallari[11] em parecer proferido para caso concreto, diferentes ordens e finalidades de garantias, lição aplicável aos contratos de parcerias público-privada:

---

11 *Concessão de serviço público. Garantias exigíveis dos proponentes. Legislação aplicável. In:* RTDP, 16/1996, P.85.

"Em primeiro lugar, dado que a empresa ou consórcio vencedor da concorrência deverá constituir uma empresa especificamente destinada a operar o complexo de obras e serviços concedidos (SPC – *special purpose company* – que seria a verdadeira concessionária), cuidou-se de assegurar a saúde financeira dessa futura empresa, motivo pelo qual o edital exige uma garantia de integralização do capital subscrito. (...)
Em segundo lugar, como o concessionário deve efetuar o pagamento de determinadas quantias ao concedente, consta do item 11.3 do edital a previsão de garantia desses valores. Esta garantia destina-se a cobrir eventuais inadimplências no tocante a tais pagamentos. Trata-se de **garantia relacionada à parte econômica do contrato**.
Em terceiro lugar, o item 13.1 cuida de coisa diversa, qual seja, a "garantia específica do exato e pontual cumprimento das obrigações decorrentes do CONTRATO, relacionados com o desenvolvimento das atividades abrangidas pela EXPLORAÇÃO DA CONCESSÃO". Trata-se de **garantia diretamente relacionada com a parte dita regulamentar do contrato**, referida ao complexo de obras e serviços delegados. O item 13.3. fixa esta garantia em 10% (dez por cento) do valor do contrato."
Em quarto lugar, dada a possibilidade da contratação pela Concessionária (a futura empresa) de serviços de terceiros para executar algumas funções, o item 13.8. estipula que estes terceiros deverão oferecer garantias à concessionária. Não se trata, pois, de ônus da Concessionária, mas, sim, de terceiros. (...)
Em síntese, as únicas garantias que representam ônus para a Concessionária são duas: aquela referente ao pagamento das importâncias devidas ao concedente e, a outra, de garantia da execução do contrato." (grifamos)

Não obstante o autor do parecer examinado tenha abordado o tema da possibilidade de cumulação das garantias econômicas do contrato com as garantias relacionadas com a parte regulamentar do contrato, releva para o exame em questão, o estabelecimento de duas ordens de garantias a serem prestadas pelo privado.

Nos contratos de parcerias público-privadas, pode-se falar em dois conjuntos de garantias exigidas para a execução do contrato, classificados de acordo com a natureza da parcela do objeto a que se relacionam.

Assim, fala-se nas garantias de desempenho contratual (fase operacional), que conforma um conjunto chamado de ***performance bond***, exigido a partir do início da operação e ao longo do cumprimento do contrato.

Além desse, tem-se também como indispensável o conjunto de garantias nomeado de ***completion guarantee***, que se destinam a garantir o término das obras e fabricação ou compra e instalação de equipamentos. Somente faz sentido essa exigência, na linha de preservar a isonomia entre os possíveis interessados, nos projetos que demandam investimento inicial para obras, fabricação e montagem de equipamentos.

Não é incomum, como dito, em razão da diversidade de naturezas das obrigações que visam a garantir, que seja exigida uma combinação desses universos de garantias. É dizer, há casos de obras que ocorrem ao longo da execução do contrato, fazendo sentido que as garantias referentes a elas sejam estendidas para esse período também.

No que concerne às modalidades de garantia propriamente ditas, importante fazer remissão ao item 4 desse trabalho, que abordou a natureza e objeto das modalidades de garantia exigíveis dos privados, comuns aos temas da proposta e da execução do contrato.

Limites de valor

Tendo sido ventilada a importância de guardar proporcionalidade entre as garantias exigidas para a execução do contrato e objeto que se pretende tutelar, passa-se a tratar dos limites de valor passíveis de serem impostos ao privado para aquela finalidade.

A limitação desses valores visa, precipuamente, a evitar restrição à licitação, permitindo, ao mesmo tempo, assegurar ao poder público contratante o adequado cumprimento do contrato.

É dizer:

> "Limite razoável de garantia será aquele ditado pela proporção entre os riscos, o vulto e a duração do contrato e as garantias efetivamente exigidas. Razoabilidade e proporcionalidade são conceitos que se implicam reciprocamente...".[12]

E ainda, de acordo com Leonardo Coelho Ribeiro e Luiz Eduardo Lessa Silva, "a fixação do percentual da garantia à execução deverá considerar os aspectos peculiares do caso concreto, em geral ligados à complexidade técnica do projeto, ao porte econômico do empreendimento e aos riscos inerentes à sua execução."[13]

Nota-se, assim, que nos contratos de parceria público-privada os aspectos dos riscos envolvidos na execução do contrato devem ser analisados detidamente, com exame e projeções de ordem técnica, pois essa medida interfere, diretamente, na oneração dos custos do privado, dito que é fator que integra a equação que estabelece as garantias a serem prestadas para a execução das obras e serviços envolvidos.

Além disso, pode ensejar ofensa ao princípio da isonomia, configurando em critério de exclusão indireta de potenciais interessados, o que é mais bem abordado por Mauricio Portugal Ribeiro[14]:

> "As regras sobre exigência de garantias de execução de contratos administrativos no Brasil têm marcada preocupação em evitar a criação de barreiras de entrada nas licitações. Por exemplo, um contrato que requeira, desnecessariamente, garantias as quais, dado seu valor, só poderiam ser oferecidas por empresas de grande porte. Para evitar a concorrência desse tipo de situação, a Lei n° 8.666/93, no seu artigo 56, restringe o valor das garantias de execução do contrato.

---

12 DALLARI, Adilson Abreu Dallari. *Concessão de serviço público. Garantias exigíveis dos proponentes. Legislação aplicável. In:* RTDP, 16/1996, p. 91.

13 *Alteração da garantia à execução do contrato de concessão ferroviária. In:* RDPE, Belo Horizonte, Fórum. out/dez 2011, p. 141

14 Comentários à lei de PPP. Parceria público-privada. Fundamentos econômico-jurídicos. São Paulo, Malheiros, 2010, p. 143.

Dentre a legislação vigente para os contratos administrativos em geral, pode-se falar em três limites aplicáveis: a regra geral prevista para os contratos regidos pela Lei nº 8.666/93; as disposições constantes da Lei nº 8.987/95; e as regras aplicáveis aos contratos de parceria público-privadas, com base na Lei nº 11.079/2004.

De acordo com a regra geral do art. 56, §2º, Lei nº 8.666/93, a exigência de garantias para a execução do contrato fica a critério da autoridade competente[15], limitada, contudo, a 5% daquele valor, exceto nos contratos de grande vulto, para os quais o limite é ampliado para 10%, conforme disposto no §3º, do mesmo dispositivo legal:

> "Art. 56. A critério da autoridade competente, em cada caso, e desde que prevista no instrumento convocatório, poderá ser exigida prestação de garantia nas contratações de obras, serviços e compras.
> § 2º A garantia a que se refere o *caput* deste artigo não excederá a cinco por cento do valor do contrato e terá seu valor atualizado nas mesmas condições daquele, ressalvado o previsto no § 3º deste artigo. (Redação dada pela Lei nº 8.883, de 1994)
> § 3º Para obras, serviços e fornecimentos de grande vulto envolvendo alta complexidade técnica e riscos financeiros consideráveis, demonstrados através de parecer tecnicamente aprovado pela autoridade competente, o limite de garantia previsto no parágrafo anterior poderá ser elevado para até dez por cento do valor do contrato. (Redação dada pela Lei nº 8.883, de 1994)
> §5º Nos casos de contratos que importem na **entrega de bens** pela Administração, dos quais o contratado ficará depositário, ao valor da garantia deverá ser acrescido o valor desses bens."

Aos contratos regidos pela Lei nº 8.987/95, aplica-se o disposto no art. 18, que ora se reproduz:

> Art. 18. O edital de licitação será elaborado pelo poder concedente, observados, *no que couber*, os critérios e as normas gerais da legislação própria sobre licitações e contratos e conterá, especialmente:

---

15 SOUTO, Marcos Juruena Villela. *Direito administrativo contratual . Licitações. Contratos administrativos.* Rio de Janeiro, Editora Lumen Juris. 2004, p. 349.

XV - nos casos de concessão de serviços públicos precedida da execução de obra pública, os dados relativos à obra, dentre os quais os elementos do projeto básico que permitam sua plena caracterização, bem assim as garantias exigidas para essa parte específica do contrato, adequadas a cada caso e limitadas ao valor da obra; (Redação dada pela Lei nº 9.648, de 1998).

Nota-se, assim, a possibilidade da garantia exigida para as obras atreladas ao contrato exceder o limite de 10% (dez por cento) estabelecido para os contratos de grande vulto, acima referidos, razão pela qual é imperioso verificar, no caso concreto, qual o valor razoável a se exigir a titulo de garantia para a execução do avençado.

Na Lei nº 11.079/2004, é o art. 5º que conduz a análise do tema, sendo necessário tratar das modalidades de parceria público-privada em separado.

> "Art. 5º As cláusulas dos contratos de parceria público-privada atenderão ao disposto no art. 23 da Lei no 8.987, de 13 de fevereiro de 1995, **no que couber**, devendo também prever:
> VIII – a prestação, pelo parceiro privado, de garantias de execução suficientes e compatíveis com os ônus e riscos envolvidos, observados os *limites dos §§ 3o e 5o do art. 56 da Lei no 8.666, de 21 de junho de 1993*, e, **no que se refere às concessões patrocinadas, o disposto no inciso XV do art. 18 da Lei no 8.987, de 13 de fevereiro de 1995**; (grifos nossos)

Assim, na concessão patrocinada há expressa remissão à Lei nº 8.987/95 (art. 3º, §1º e 5º, VIII, Lei 11079/2004), aplicando-se, nessa linha, os limites previstos no art. 18, inciso XV, tratados no item anterior.

Para a concessão administrativa, portanto, aplica-se a norma geral dos §§ 3º e 5º, do art. 56, da Lei nº 8.666/93, também já referido.

O que se discute, para essa modalidade de parceria público-privada, é a aplicabilidade, ou não, do § 2º, do art. 56, da Lei nº 8.666/93, não obstante o inciso VIII, do art. 5º, da Lei nº 11.079/200, se reporte apenas ao § 3º daquele dispositivo, bem como a possibilidade de estender às concessões administrativas o disposto na Lei nº 8.987/95, quanto ao limite das garantias para a execução do contrato.

No art. 3º, *caput*, da Lei nº 11.079/2004, foi feita expressa indicação dos dispositivos da Lei nº 8.987/95 que se aplicam às concessões administrativas, enquanto que no §1º houve remissão geral à aplicabilidade da chamada Lei de Concessões comuns para as concessões patrocinadas.[16]

Embora Mauricio Portugal e Lucas Navarro Prado entendam que as disposições da Lei nº 8.987/95 também seriam aplicáveis, na medida em que as remissões diretas não excluiriam as subsidiárias[17], parece recomendável fiar-se ao entendimento de que se a Lei de PPP se remeteu expressamente ao § 3º, estabelecendo garantia no valor de até 10% do valor do contrato (o que, nesse caso, se transmuta para valor do *investimento*), portanto, esse deve ser o limite aplicável às contratações na modalidade de concessão administrativa.

Outro ponto relevante para a questão, que impacta indiretamente no valor das garantias exigidas, concerne à definição do conceito de *obra* para fins, por exemplo, de definição da base de cálculo passível de ser extraída do art. 18 da Lei nº 8.987/95, supracitado.

A dúvida consiste em adotar conceito abrangente ou restritivo do que seria obra, a fim de limitar o valor máximo passível de ser exigido como garantia de execução. Parece também boa prática, baseado em situações concretas, que o conceito abrangente de obra se prestaria a atender a finalidade da norma, ou seja, considerar todos os investimentos realizados para tanto,

---

16 "Art. 3º As concessões administrativas regem-se por esta Lei, aplicando-se-lhes adicionalmente o disposto nos arts. 21, 23, 25 e 27 a 39 da Lei nº 8.987, de 13 de fevereiro de 1995, e no art. 31 da Lei nº 9.074, de 7 de julho de 1995. (Regulamento)
§ 1º As concessões patrocinadas regem-se por esta Lei, aplicando-se-lhes subsidiariamente o disposto na Lei nº 8.987, de 13 de fevereiro de 1995, e nas leis que lhe são correlatas."

17 *Comentários à lei de PPP. Parceria público-privada. Fundamentos econômico-jurídicos.* São Paulo, Malheiros, 2010, p. 143

incluindo não só compra, mas também o valor de instalação de equipamentos, quando exigir serviços de engenharia.

Assim, para as concessões patrocinadas pode-se impor, para o valor pertinente à obra que precede o serviço, garantia específica, excedendo o percentual de 10%, enquanto que para as concessões administrativas, a exigência de garantia fica adstrita àquele limite.

A casuística, no entanto, parece se amoldar bem aos limites tratados. Para a contratação da concessão patrocinada para implantação e operação da Linha 6 do Metrô de São Paulo, o Estado estabeleceu, como garantia, o valor correspondente a 5% do valor do investimento do empreendimento.

Prazo de validade e variação de valor ao longo do tempo

O prazo de validade das garantias exigidas deve constar expressamente do contrato firmado, assim como também deve estar cotejada a necessidade de renovação ao longo da concessão.

Normalmente, a contratação das garantias é feita com prazo de validade de um ano, com renovação 30 dias antes do vencimento, o que permite, de certa forma, controlar o excessivo encarecimento do custo da garantia, que, ao fim e ao cabo, acaba repassado ao Poder Público contratante, no mais das vezes, embutido no valor oferecido para a contraprestação.

O valor das garantias pode variar durante a vigência da concessão, podendo-se cogitar até mesmo da supressão dessa exigência, desde que, intuitivamente falando, haja apresentação de motivação técnica, no mais das vezes, necessária para demonstrar que aquela conduta beneficia a prestação adequada do serviço público, objeto do contrato, concretizando, de forma efetiva, o interesse público.[18]

---

18 RIBEIRO, Leonardo Coelho Ribeiro. SILVA, Luiz Eduardo Lessa. *Alteração da garantia à execução do contrato de concessão ferroviária. In:* RDPE, Belo Horizonte, Fórum. out/dez 2011, p. 145.

Esse aspecto demonstra a "necessidade de parecer técnico justificativo do montante das garantias e da sua aprovação pela autoridade competente. Esse parecer tem, entre outros, o objetivo de justificar o montante da garantia requerida, de maneira a evitar que a exigência de garantias desnecessárias crie barreiras à competição."[19]

Num contrato de parceria público-privada, parece mais crível que o interesse público conviva harmonicamente com uma sistemática de redução proporcional das garantias exigidas, estabelecida de acordo com os investimentos e graus de riscos do privado.

A propósito do fluxo de investimentos do parceiro privado em contratos envolvendo grandes obras, tem-se que no início da obra (fase em que o fluxo de caixa, em geral, é negativo e o comprometimento com investimentos é consistente) é recomendável que o valor da garantia seja alto. Já durante a fase operacional, pode-se planejar uma redução das garantias exigidas.

Na fase final da concessão, por sua vez, pode ser necessário que as garantias voltem a ser maiores, para assegurar a reversão dos bens em condições adequadas (havendo bens reversíveis).

Por fim, após a extinção do contrato, pode-se cogitar que a garantia se estenda por determinado período para assegurar possíveis faltas[20], desaconselhando-se a utilização de modalidades que tenham sua validade atrelada à vigência do contrato principal, tais como fiança bancária ou seguro garantia.

---

19 RIBEIRO, Mauricio Portugal. PRADO, Lucas Navarro. *Comentários à lei de PPP. Parceria público-privada. Fundamentos econômico-jurídicos.* São Paulo, Malheiros, 2010, p. 145.

20 P. ex., no caso da licitação para contratação da concessão administrativa para gestão, operação e manutenção, com fornecimento de bens e realização de obras para adequação da infraestrutura existente, da indústria farmacêutica de Américo Brasiliense – Ifab, de titularidade da fundação para o remédio popular" Chopin Tavares de Lima" – Furp, há previsão de manutenção das garantias por 120 dias após o prazo da concessão.

Ciente, portanto, que a exigência de garantias deve guardar relação de pertinência com a curva de investimentos, tem-se a importante tarefa de modular os custos do privado, cuja oneração excessiva eleva o custo do contrato e, como efeito nocivo, encarece a contratação para o Poder Público.

Também por isso, não obstante possa parecer, numa primeira análise, que a orientação privilegia a esfera de interesses do privado, deve-se considerar sempre a possibilidade de liberação gradual das garantias, de acordo com a execução do contrato, estabelecendo-se marcos. Essa providência poderá gerar efeito mais benéfico ao Poder Público do que ao parceiro privado, na medida em que reduzirá os custos do mesmo, viabilizando o repasse dessa vantagem à contraprestação.

Como exemplo dessa boa prática, o recente edital, publicado para contratação de concessão patrocinada para a Linha 6 do Metrô, prevê que a garantia será gradualmente liberada na proporção de 1/19 por ano durante a execução da Fase II, limitada sua restituição até o montante de 50% do valor inicialmente indicado. O valor remanescente ficará retido até a assinatura do Termo Definitivo de Devolução do Serviço.

Em razão das consequências adversas que podem decorrer do manejo desproporcional ou excessivamente rigoroso do tema das garantias, é medida recomendável que as exigências postas nos casos concretos sejam precedidas de pareceres técnicos correspondentes, a fim de motivar o montante dessa ordem imposto ao privado e garantir o princípio da isonomia, exteriorizado na legítima competição instaurada com a licitação.

A questão da variação das garantias ao longo do tempo, também se mostra relevante em face dos financiamentos tomados pelo privado. É dizer, com a superação de etapas (em especial as etapas de complexidade de construção) há redução do risco de crédito, o que deveria reduzir o valor desse custo, propiciando condições de financiamento (ou refinanciamento) mais vantajosas, o que ainda não se mostra factível nos contratos de parceria público-privadas celebrados no Brasil.

No caso brasileiro, e isso consta ser uma peculiaridade, "o BNDES não realiza operações de refinanciamento dos projetos para refletir a queda do seu risco decorrente do sucesso da sua implantação."[21]

A propósito do tema, Saulo Krichanã Rodrigues tece as seguintes observações:

> "O segundo pecado mortal, diz respeito ao conceito operacional de Project Finance não adotado pelos bancos financiadores das concessões: o BNDES (assim com a CEF e o BB) durante o período de formação dos ativos (CAPEX) exige dos sócios da SPE Concessionária da PPP as Garantias Corporativas (Corporate Finance) até que os ativos formados sejam afinal fruíveis para que os Parceiros Privados possam prestar os serviços (OPEX) previstos e passem a receber do Parceiro Público as contraprestações a que fazem jus.
> E que deveriam substituir as garantias do parceiro privado (Project Finance).
> Essa retenção das garantias onera as contraprestações pagas pelos entes federados de duas formas: diretamente, o custo dos empréstimos-ponte tomados antes da aprovação do crédito oficial – cujo prazo de análise e aprovação é, aliás, demasiadamente longo – e indiretamente, o custo de retenção das garantias após a fruição é precificado nos cálculos da contraprestação estimada pelos parceiros privados nas PPP.
> Ou seja, embora exista o Fundo Garantidor para ancorar as contraprestações públicas, a retenção das garantias privadas (que diminui a capacidade de alavancagem em outras PPP e concessões) e o custo dos empréstimos ponte acaba sendo bancada (*sic*) pelo parceiro público, o que onera as operações concessionadas."[22]

A não redução proporcional das garantias exigidas, somada à possibilidade de retenção dessas garantias e de pagamentos, pode onerar excessivamente o parceiro privado com reflexos no valor da contraprestação a ser paga pelo Poder Concedente.

---

21 RIBEIRO, Mauricio Portugal. PRADO, Lucas Navarro. *Comentários à lei de PPP. Parceria público-privada. Fundamentos econômico-jurídicos.* São Paulo, Malheiros, 2010, p. 152.

22 Os sete pecados capitais que oneram as PPP nos Estados e Municípios. *In* sítio: *www.pppbrasil.com.br. Consulta em 15/10/2013*

Modalidades de garantia nos contratos de parceria público-privada

As modalidades de garantia aplicáveis aos contratos de PPP são as mesmas previstas para outros contratos administrativos, encontrando-se listadas no §1º do art. 56 da Lei nº 8.666/1993, quais sejam: *caução em dinheiro, títulos da dívida pública, seguro garantia e fiança bancária.*

A redação, atribuída ao art. 56 da Lei nº 8.666/1993, confere discricionariedade à Administração para, em cada caso, estabelecer a exigência de garantias no instrumento convocatório, observadas as modalidades previstas em seu §1º. Nos contratos de PPP, contudo, os elevados montantes envolvidos e o longo prazo de vigência, de certo modo, acabam funcionando como limitador à margem de escolha das autoridades públicas, exigindo cuidado especial em relação à previsão de garantias.

A Administração deverá cercar-se de cautela, buscando aconselhamento técnico especializado, a fim de que as garantias previstas efetivamente possam assegurar que o parceiro privado cumpra regularmente suas obrigações contratuais. No entanto, há que se buscar um equilíbrio, a fim de que a exigência de garantias não atue em prejuízo da competitividade do certame. Outro possível efeito negativo, que deve ser sopesado para o adequado dimensionamento das garantias, é que, evidentemente, estas representarão um custo para o contratante, que será considerado e repassado na formulação de sua proposta.

Relevante observar que, embora o *caput* do art. 56 da Lei nº 8.666/93 atribua discricionariedade à Administração para decidir sobre a exigência de garantia, o §1º do citado dispositivo, ao tratar das modalidades de garantia, atribuiu a possibilidade de escolha ao contratado[23]. De se perquirir, portanto,

---

23 Vale destacar a redação atribuída ao §1º do artigo 56 da Lei nº 8.666/1993, *verbis*:
Art. 56 (...)

como deve ser interpretada a discricionariedade administrativa na definição da garantia da proposta e da garantia da execução nas parcerias público-privadas, conciliando a possibilidade de escolha do contratado e as características dos contratos de PPPs.

Ao analisar o conteúdo do §1º do art. 56 da Lei nº 8.666/1993, embora não sob o enfoque de contratos de PPP, mas sim de contratos administrativos em geral, Joel de Menezes Niebuhr frisa que "à Administração não é dado optar por uma das modalidades de garantia e impô-la ao contratado. Quem decide sobre a modalidade de garantia é o contratado, que é livre para escolher aquela que melhor lhe aprouver"[24].

Em sentido análogo, com objetivo de evitar restrição à competitividade, a jurisprudência do Tribunal de Contas da União (TCU) tem vedado a restrição das exigências de prestação de garantias, tendo em vista a faculdade oferecida aos licitantes de optar pelas modalidades capituladas no art. 56, §1º, da Lei nº 8.666/1993[25].

Em relação aos contratos de PPP, contudo, a interpretação do dispositivo deve compatibilizar a possibilidade de escolha do licitante e o interesse público na ampliação da competitividade na licitação, com o não menos relevante interesse público em assegurar o cumprimento das obrigações pactuadas pelo parceiro privado; o que somente poderá ocorrer, se a Administração tiver condições técnicas de valorar adequadamente

---

§1º Caberá ao contratado optar por uma das seguintes modalidades de garantia:
I – caução em dinheiro ou em títulos da dívida pública, devendo estes ter sido emitidos sob a forma escritural, mediante registro em sistema centralizado de liquidação e de custódia autorizado pelo Banco Central do Brasil e avaliados pelos seus valores econômicos, conforme definido pelo Ministério da Fazenda;
II – seguro garantia;
III – fiança bancária. (grifos nossos)

24 Licitação pública e contrato administrativo, 2. ed., Belo Horizonte: Fórum, 2011, p. 680.

25 AC-0088-02/08-2, sessão de 12/2/08.

as garantias oferecidas. Nesse sentido, há que se compreender que a discricionariedade da Administração em relação à exigência de garantias abarca a viabilidade de fixar critérios, no edital, para aceitabilidade das modalidades arroladas no art. 56, §1º da Lei nº 8.666/1993, como, por exemplo, perfil de crédito dos bancos e seguradoras emissores de garantia, na hipótese, respectivamente, de fiança bancária e seguro-garantia.

Em reforço ao que ora se afirma, cabe observar que a própria Lei nº 11.079/2004 alterou a redação do art. 56, §1º, inciso I, da Lei nº 8.666/1993, para acrescentar, em relação aos títulos da dívida pública, a exigência de que tenham sido emitidos sob a forma escritural, mediante registro em sistema centralizado de liquidação e de custódia autorizado pelo Banco Central do Brasil e avaliados pelos seus valores econômicos, conforme definido pelo Ministério da Fazenda. A mudança redacional objetivou coibir o oferecimento em garantia dos chamados "títulos podres", que não possuem valor de mercado definido; ressaltando a preocupação com a solidez das garantias nas parcerias público-privadas.

Em seus comentários à Lei de PPP, Mauricio Portugal Ribeiro e Lucas Navarro Prado observam que o direito de escolha da modalidade de garantia pelo parceiro privado somente pode ser exercido dentro de condições estabelecidas no edital de licitação "porque é condição do seu exercício a existência tanto das regras para utilização de cada uma das formas de prestação da garantia quanto de estrutura técnica que assista à Administração Pública na análise da regularidade de tais garantias"[26].

Os autores ponderam, ainda, acerca do conteúdo do art. 56 da Lei nº 8.666/1993 e da fixação de condições para oferta de garantia pelos licitantes, que

---

26 RIBEIRO, Mauricio Portugal. PRADO, Lucas Navarro. *Comentários à lei de PPP. Parceria público-privada. Fundamentos econômico-jurídicos.* São Paulo, Malheiros, 2010, p. 282.

"Enquanto o *caput* do art. 56 da Lei 8.666/1993 deixa claro que é uma faculdade da autoridade contratante exigir a garantia de proposta, seu §1º dá a entender que seria direito do participante da licitação a escolha da forma de prestação de garantia. Contudo, **é prática há muito aceita a de o edital, a título de disciplinar o procedimento para a prestação das garantias, definir quais as formas aceitáveis de garantia no caso concreto, à vista da capacidade e da conveniência de a Administração receber e analisar as garantias**. Por exemplo, não é incomum que os editais excluam a prestação de caução em dinheiro ou em títulos públicos pelas dificuldades da Administração de, respectivamente, receber o depósito (o que teria que ser feito antes da entrega dos documentos e mediante abertura de conta bancária para tanto) ou avaliar a autenticidade, validade e liquidez dos títulos públicos oferecidos. Perceba-se que o art. 26 da Lei de PPP alterou o §1º do art. 56 da Lei nº 8.666/1993, exigindo que os títulos públicos a serem recebidos como garantia de contrato ou de proposta sejam títulos escriturais, registrados em sistema de liquidação e de custódia autorizado pelo Banco Central do Brasil. Exige ainda que tais títulos sejam avaliados pelos seus valores econômicos, conforme definido pelo Ministério da Fazenda. Mesmo quando se trata da recepção de fiança bancária ou de seguro-garantia, isso não se faz sem alguma preparação. A melhor prática para assegurar a isonomia de condições entre os seguros e fianças obtidos pelos licitantes é que os editais tragam, entre seus anexos, os modelos de apólice de seguro--garantia e de contrato de fiança bancária, que uniformizam, assim, as condições da garantia."[27] (grifos nossos)

Concluem, por fim, que o razoável "é encontrar o menor valor que desestimule o descumprimento das obrigações que decorrem da participação na licitação, sem que a emissão das garantias se configure em barreira de entrada no procedimento licitatório"[28].

Em síntese, portanto, reconhece-se a existência de discricionariedade administrativa no estabelecimento, em edital,

---

27 RIBEIRO, Mauricio Portugal. PRADO, Lucas Navarro. *Comentários à lei de PPP. Parceria público-privada. Fundamentos econômico-jurídicos.* São Paulo, Malheiros, 2010, p. 281-282.

28 RIBEIRO, Mauricio Portugal. PRADO, Lucas Navarro. *Comentários à lei de PPP. Parceria público-privada. Fundamentos econômico-jurídicos.* São Paulo, Malheiros, 2010, p. 283.

das condições relativas à garantia da proposta e à garantia da execução, havendo que se buscar um equilíbrio para assegurar o cumprimento das obrigações do parceiro privado, evitando-se restrição excessiva que desestimule a participação no certame. A possibilidade de escolha do licitante quanto às modalidades de garantia não impede que sejam fixadas regras no edital, à luz das circunstâncias específicas e da maior adequação ao caso concreto.

**Caução em dinheiro e títulos públicos
(art. 56, §1º, I, da Lei nº 8.666/1993)**

A maior dificuldade, habitualmente apontada em relação aos títulos públicos, relaciona-se à sua avaliação pela Administração. Diante disso é que, conforme já afirmado no item precedente, a Lei de PPP incumbiu-se de alterar a redação do art. 56, §1º, inciso I, da Lei nº 8.666/1993 para condicionar a aceitabilidade dos títulos públicos à sua emissão sob a forma escritural, mediante registro em sistema centralizado de liquidação e de custódia autorizado pelo Banco Central do Brasil e à avaliação pelos seus valores econômicos, ou seja, pelo valor de mercado, conforme definido pelo Ministério da Fazenda.

A alteração legislativa objetiva evitar que sejam apresentados em garantia títulos com baixo valor de mercado, adotando-se critérios questionáveis para atualização monetária de seu valor de face.

Ainda assim, Maurício Portugal Ribeiro reconhece possíveis dificuldades técnicas na avaliação de títulos públicos, admitindo, por essa razão, a legalidade da Administração excluir sua aceitação como garantia[29]. Alternativamente, caso se opte por aceitá-los, o autor considera viável que os editais de licitação e minutas de contrato enumerem as séries exatas que

---

29 RIBEIRO, Mauricio Portugal. *Concessões e PPP's: melhores práticas em licitações e contratos.* São Paulo, Atlas. 2011, p. 133.

poderão ser apresentadas para garantia da proposta ou da execução do contrato[30].

Uma possível dificuldade relativa à garantia mediante caução em dinheiro refere-se ao recebimento do depósito pela Administração, o que, conforme adverte Ribeiro, teria que ocorrer antes da entrega dos documentos dos licitantes e mediante a abertura de conta bancária[31].

Essa espécie de circunstância motivou representação ao TCU, formulada pela Secretaria de Fiscalização de Obras, a respeito de possível irregularidade no edital-padrão do Departamento Nacional de Infraestrutura de Transportes – Dnit, que possui cláusula contendo a exigência do recolhimento da garantia prevista no inciso III do art. 31 da Lei nº 8.666/1993, antes da data da abertura das propostas. O Tribunal considerou não haver ilegalidade na previsão do aludido recolhimento antecipado e a respectiva comprovação inserida no envelope de habilitação, tendo em vista que, para que os licitantes sejam capazes de comprovar o recolhimento da garantia, faz-se necessário que, antecipadamente, recolham seus valores junto a uma agência bancária ou entidade financeira, conforme a modalidade de garantia. Em consequência, não seria possível que o recolhimento ocorresse simultaneamente à comprovação, que ocorre no momento da análise dos documentos inseridos no envelope de habilitação.

O TCU recomendou ao Dnit, porém, que procurasse "aperfeiçoar a sistemática para o recolhimento da garantia prevista no art. 31, III, da Lei nº 8.666/1993, verificando a possibilidade de se adotar o recebimento da garantia em conta-corrente indicada pelo órgão (quando a interessada optar por recolher em

---

30 RIBEIRO, Mauricio Portugal. PRADO, Lucas Navarro. *Comentários à lei de PPP. Parceria público-privada. Fundamentos econômico-jurídicos.* São Paulo, Malheiros, 2010, p. 439.

31 RIBEIRO, Mauricio Portugal. PRADO, Lucas Navarro. *Comentários à lei de PPP. Parceria público-privada. Fundamentos econômico-jurídicos.* São Paulo, Malheiros, 2010, p. 282.

espécie), além de permitir o recebimento dos próprios comprovantes de seguro-fiança ou fiança bancária no envelope de habilitação, sem necessidade de emissão de guia por setor específico da entidade".[32]

Seguro-garantia (art. 56, §1º, II, da Lei nº 8.666/1993)

O seguro-garantia é uma das modalidades mais frequentemente utilizadas, ao lado da fiança bancária. Com relação a essas duas modalidades, um aspecto relevante a ser observado é o perfil de crédito, ou *rating*, das instituições que emitem as garantias; respectivamente, seguradoras ou bancos.

Considerando os elevados valores envolvidos em contratos de PPP, pode haver risco de que a Administração venha a enfrentar dificuldades, caso necessite executar tais garantias, ainda que tanto bancos quanto seguradoras estejam sujeitos a regulação e fiscalização. Nesse sentido, Maurício Portugal Ribeiro sugere que o edital de licitação fixe *rating* de crédito mínimo da instituição que conceda a garantia[33].

O autor faz referência à jurisprudência do TCU que proibiu a previsão em edital da exigência de que os participantes de licitações de PPP e concessões apresentassem carta de banco de "primeira linha" para assegurar a viabilidade da proposta, entendendo, o Tribunal, que a expressão seria subjetiva.

Não obstante a aludida jurisprudência, consideramos que a recomendação formulada por Ribeiro é pertinente e poderá ser prevista adotando-se as devidas cautelas para adoção de termos com caráter técnico, evitando-se expressões subjetivas.

Em relação ao seguro-garantia, é relevante observar ainda, que os vultosos valores objeto *dos contratos de PPP recomendam, em geral, que se estabeleça a exigência de resseguro.* Tra-

---

32 AC-0557-09/10-P, processo nº 013.864/2009-2, Relator Min. Raimundo Carreiro.
33 RIBEIRO, Mauricio Portugal. *Concessões e PPP's: melhores práticas em licitações e contratos.* São Paulo, Atlas. 2011, p. 128-129.

ta-se, contudo, de ponto a ser avaliado com critério, sopesando o incremento de custos para o parceiro privado.

Nesse sentido, por exemplo, o recente edital da PPP da Linha 6 do Metrô de São Paulo previu, em relação ao seguro-garantia, a exigência de emissão por seguradora autorizada a funcionar no Brasil, devendo as apólices de seguro estar acompanhadas da comprovação da contratação de resseguro.

Fiança bancária (art. 56, §1º, III, da Lei nº 8.666/1993)

Para evitar repetições desnecessárias, reportamo-nos, neste ponto, às observações relativas a *rating*, reiterando a conveniência de que o edital consigne exigências relativas ao perfil de crédito das instituições financeiras que concederão a fiança, nos moldes formulados no item precedente.

Recentemente, no Estado de São Paulo, os editais da PPP-FURP e da PPP da Linha 6 do Metrô exigiram, na hipótese de opção do licitante pela modalidade fiança bancária, que esta fosse emitida por instituição bancária classificada entre os bancos relacionados no último Relatório dos 50 maiores Bancos – Critério de Ativo Total menos Intermediação, emitido trimestralmente pelo Bacen.

Conclusão

Se em contratos regidos pela Lei nº 8.666/93 e, também naqueles disciplinados pela Lei nº 8.987/95, o tema das garantias e dos limites de exigências importa para a correta avaliação de efetivos custos do privado, nas concessões administrativas e concessões patrocinadas, regidas pela Lei nº 11.079/2004, esse aspecto desborda para a própria análise de viabilidade financeira do projeto, tendo em vista que, em razão do vulto do contrato, pode haver oneração excessiva para o privado, inibindo ou restringindo sua participação.

Para muitos autores, a contratação por meio de parceria público-privada deve se dar diante de aspectos específicos, quando afastados os instrumentos já postos pelo ordenamento jurídico em vigor, tais quais as contratações da Lei nº 8.666/93 e da Lei nº 8.987/95.

De acordo com precisa lição de Gustavo Binenbojm[34], ao tratar das concessões administrativas,

> "além da nota da complexidade (combinação de obras, fornecimento de bens ou equipamentos e prestação de serviços), é mister que se exija necessariamente o investimento inicial do parceiro privado na criação, ampliação ou recuperação de alguma infraestrutura (obras e/ou equipamentos), no montante mínimo estabelecido em lei, como justificativa jurídica a constar da fase interna de licitação para a contratação de PPP, na modalidade de concessão administrativa de serviços ao Estado. Aqui, como nas concessões patrocinadas, o uso da PPP deve ser excepcional e especificamente motivado, como o tipo de contratação que melhor atende o interesse público, consideradas as circunstâncias do caso concreto (Lei nº 11.079/2004, art. 10, I, "a").

O desacerto da medida de exigência, pode ensejar consequências indiretas nocivas ao modelo desenhado para viabilizar que o Poder Público contrate determinado objeto, mediante contraprestação no menor valor possível.

Tão motivada quanto a decisão que fundamenta a escolha do instituto parceria público-privada para a realização de uma política pública, deve ser a que estabelece a espécie, valor, limites e variação no tempo das garantias exigidas para a proposta e para a execução dos contratos respectivos, a fim de não só guardar proporcionalidade entre riscos, investimentos e exigências feitas ao privado, mas também propiciar legítima competição em bases sólidas de viabilidade econômico-financeira.

---

34 As parcerias público-privadas (PPPS) e a Constituição. *In* RDA jul/dez 2005, p. 163.

Bibliografia

BINENBOJM, Gustavo. *As parcerias público-privadas (PPPS) e a Constituição*. In: RDA jul/dez 2005.

DALLARI, Adilson Abreu.*Concessão de serviço público. Garantias exigíveis dos proponentes. Legislação aplicável.* In: RTDP, 16/1996.

JUSTEN FILHO, Marçal. *Comentários à Lei de Licitações e Contratos Administrativos.* São Paulo, Editora Dialética, 2012, 15. ed.

NIEBUHR, Joel de Menezes. *Licitação pública e contrato administrativo*, 2. ed., Belo Horizonte: Fórum, 2011.

RIBEIRO, Leonardo Coelho. SILVA, Luiz Eduardo Lessa. *Alteração da garantia à execução do contrato de concessão ferroviária*. In: RDPE, Belo Horizonte, Fórum. out/dez 2011.

RIBEIRO, Mauricio Portugal. *Concessões e PPP's: melhores práticas em licitações e contratos*. São Paulo, Atlas. 2011.

RIBEIRO, Mauricio Portugal. PRADO, Lucas Navarro. *Comentários à lei de PPP – Parceria Público Privada*, São Paulo: Malheiros, 2010.

SOUTO, Marcos Juruena Villela. *Direito administrativo contratual. Licitações. Contratos administrativos.* Rio de Janeiro, Editora Lumen Juris. 2004.

SUNDFELD, Carlos Ari. *Guia Jurídico das Parcerias Público--Privadas.* São Paulo, Malheiros, 2007.

capítulo VI

A sociedade de propósito específico nas parcerias público-privadas: debatendo o tema sob uma perspectiva prática

André Luiz dos Santos Nakamura[1]
Cláudia Regina Vilares[2]
Maria de Lourdes D'Arce Pinheiro[3]
Fernando Bernardi Gallacci[4]

Introdução

De modo geral, e este trabalho assume esta premissa, a história de criação da legislação das Parcerias Público-Privadas no Brasil (Lei federal nº 11.079/2004) e, mais especificamente, no Estado de São Paulo (Lei estadual nº 11.688/2004) é de conhecimento de todos. Em síntese, pode-se afirmar que se tratava de uma busca por investimentos que possibilitassem a realização de projetos envolvendo tanto serviços públicos, quanto outros serviços de cunho social, ou, ainda, de demandas continuadas da Administração Pública.

Também é possível afirmar que as PPPs representavam e representam um instrumento/estrutura contratual que pos-

---

[1] Procurador do Estado de São Paulo. Mestre em Direito do Estado pela Pontifícia Universidade Católica de São Paulo - PUC/SP. Especialista em Direito Processual Civil pela Escola Superior da Procuradoria Geral do Estado de São Paulo. Graduado em Direito pela Universidade Mackenzie.

[2] Procuradora do Estado de São Paulo. Pós-graduanda em Direito Econômico pela Escola de Direito de São Paulo da Fundação Getúlio Vargas - FGV. Graduada em Direito pela Pontifícia Universidade Católica de São Paulo - PUC/SP.

[3] Procuradora do Estado de São Paulo. Mestre em Direito do Estado pela Universidade Metodista de Piracicaba (Unimep).

[4] Estagiário de Direito da Coordenadoria de Empresas e Fundações da Procuradoria Geral do Estado de São Paulo. Graduando em Direito (8º semestre) pela Pontifícia Universidade Católica de São Paulo (PUC-SP). Ex-aluno da Escola de Formação da Sociedade Brasileira de Direito Público (SBDP). Pesquisador da área de Direito Público, especificamente no que tange questões constitucionais e da administração pública.

sibilita a captação de investimentos pela iniciativa privada, necessários à execução do projeto e, ao mesmo tempo, proporciona uma fiscalização eficiente pelo Estado. É, possivelmente, por causa desse cenário que se chegou à formulação da obrigação de que o licitante vencedor do certame, seja ele individual, seja ele consorciado, estruture uma sociedade com o propósito específico ("SPE") para executar o objeto da licitação[5].

Nessa toada, pode-se afirmar que a constituição de uma sociedade de propósito específico traz vantagens para a Administração Pública, pois, de modo geral, permite o controle contábil sem a mistura de recursos públicos e privados destinados a outras finalidades que não a execução do contrato. Já para o particular, há a vantagem de isolar a PPP das demais atividades empresariais, favorecendo planejamento tributário, estruturação societária do grupo e a captação de investidores que, por sua vez, teriam um contratante com atividades bem delimitadas e com garantias robustas advindas de um contrato continuado[6].

A lógica é, então, principalmente econômica. Afinal, tal sociedade é que terá a obrigação de executar o objeto licitado e, para tanto, deverá, entre outras atribuições: captar e gerir financiamentos; instituir um sistema eficiente para prestação do serviço aos usuários ou, conforme o caso, ao Estado; organizar os direitos de seus acionistas; administrar fornecedores e construtores; gerir o plano de negócios de acordo com o prazo da concessão e prestar contas ao Poder Concedente e/ou

---

5 O *caput* do artigo 9º da Lei federal nº 11.079/2004 estabelece que "antes da celebração do contrato deverá ser constituída sociedade de propósito específico, incumbida de implantar e gerir o objeto da parceria".

6 Cf. OLIVEIRA, Renata Filho de; GRUENBAUM, Daniel. *Sociedade de propósito específico nas parcerias público-privadas*, pp. 186-193. Para mais informações sobre as vantagens das SPEs em PPPs, consultar o capítulo IV "*Da Sociedade de Propósito Específico*" do livro "*Comentários à Lei de PPP: Parceria Público-Privada – fundamentos econômico-jurídico*" de Maurício Portugal Ribeiro e Lucas Navarro Prado.

agência reguladora. São essas atribuições que determinam o funcionamento da SPE na PPP, podendo ser visualizadas, de forma resumida, no esquema abaixo.

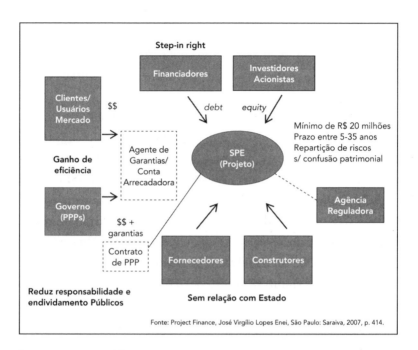

Organograma: Estruturação de Projeto de PPP – Foco SPE.

O esquema acima permite verificar que a SPE é o centro do desenvolvimento de uma PPP, sendo, portanto, de suma importância sua análise para prover os instrumentos de parceria público-privada[7].

Do ponto de vista jurídico, essas sociedades não apresentam um tratamento detalhado no direito brasileiro. São sociedades historicamente criadas pelo direito norte-americano, sendo lá denominadas de "*Special Purpose Company*" ("SPC"),

---

7 Ainda para maiores disposições sobre a importância de se constituírem SPEs para execução de uma PPP, ver, por exemplo, o acórdão do TCE-SP, analisado pelo pleno: Processo nº 00000887.989.12-7; Relator Robson Marinho, julgado em 12/9/2012 e publicado em 15/9/2012.

"*Special Purpose Entity*" ("SPE") ou, ainda, de "*Special Purpose Vehicle*" ("SPV"). Nesse país, o aumento do uso das SPEs ocorreu no início da década de 1970, devido às operações de securitização das hipotecas garantidas pelo governo, assim como operações de securitização de outros recebíveis, sendo que, somente depois disso se perceberam os benefícios de se utilizar as SPEs para alavancar investimentos relativos a um projeto específico[8].

No Brasil, de modo genérico, as ditas sociedades estão previstas no parágrafo único do art. 981[9] do atual Código Civil[10], podendo, *a priori*, adotar qualquer tipo societário do direito brasileiro[11]. No campo das PPPs, todavia, as SPEs são, em regra, sociedades anônimas, regidas pela Lei federal nº 6.404/1976. Isso não deve ser entendido como algo ao acaso, uma vez que a Lei Federal de PPPs estipula algumas referências para a constituição das SPEs, não possibilitando ampla margem de discricionariedade para a escolha de seu modelo

---

8 TOLEDO, Margherita Coelho. *A Sociedade de Propósito Específico no Âmbito do Direito Empresarial Brasileiro*, p. 69-78.

9 Art. 981. Celebram contrato de sociedade as pessoas que reciprocamente se obrigam a contribuir, com bens ou serviços, para o exercício de atividade econômica e a partilha, entre si, dos resultados. Parágrafo único. A atividade pode restringir-se à realização de um ou mais negócios determinados. (g.n.)

10 A título de possível interpretação jurídica, esclarece-se que também é factível defender a existência das sociedades de propósito específico durante a vigência do Código Civil de 1916, pois, por exemplo, o art. 1.374 dispunha que "no silêncio do contrato, o prazo da sociedade será indefinido, salvo a cada sócio o direito de retirar-se mediante aviso com dois meses de antecedência ao termo do ano social. Se, porém, o objeto da sociedade for negócio ou empresa, que deva durar certo lapso de tempo, enquanto esse, negócio, ou essa empresa, não se ultime, terão os sócios de manter a sociedade" (g.n.).

11 Ressalta-se que as SPEs não necessariamente têm de ter um prazo de duração determinado. O que estipula sua duração é a execução de seu propósito e, não, um termo previamente estipulado. Assim, caso uma SPE, concessionária de um determinado serviço público, tenha seu prazo de duração estipulado, por exemplo, em 15 anos, mas, que ao término desse período de tempo tenha sua outorga prorrogada, por óbvio, que sua duração também será prorrogada. Nesse caso específico, conta-se, ainda, com a incidência do princípio da continuidade da prestação dos serviços públicos, o que impossibilita o fim da SPE pelo simples decurso de prazo.

societário. Esse ponto, no entanto, será abordado de forma mais detalhada adiante.

Ainda serão expostas, aqui, outras questões legais envolvendo as sociedades de propósito específico em parcerias público-privadas como, por exemplo, a possibilidade de se tornarem companhias abertas, com valores mobiliários admitidos para negociação no mercado[12]; a autorização da Administração Pública para a transferência do controle da sociedade[13]; e a instituição de padrões de governança corporativa somado com a adoção da contabilidade e demonstrações financeiras padronizadas[14].

Não obstante, é, sobretudo sob a perspectiva econômica e jurídica supra elucidada, que este artigo buscará descrever e compreender as experiências da Administração Pública no campo da modelagem jurídica de projetos de PPPs, analisando-se, mais especificamente, a elaboração de parte de editais, contratos e seus anexos que disponham sobre a formulação das SPEs. Para tanto, este estudo se valeu de metodologia empírica, estudando as regras específicas de editais e contratos de PPPs.

Procedeu-se, assim, à análise de 21 editais, bem como de uma minuta de contrato[15], postos em licitação, de maneira a

---

12 Conforme o § 2° do artigo 9° da Lei federal n° 11.079/2004: "A sociedade de propósito específico poderá assumir a forma de companhia aberta, com valores mobiliários admitidos a negociação no mercado".

13 Conforme o §1° do artigo 9° da Lei federal n° 11.079/2004: "A transferência do controle da sociedade de propósito específico estará condicionada à autorização expressa da Administração Pública, nos termos do edital e do contrato, observado o disposto no parágrafo único do art. 27 da Lei n° 8.987, de 13 de fevereiro de 1995".

14 Conforme o §3° do artigo 9° da Lei federal n° 11.079/2004: "sociedade de propósito específico deverá obedecer a padrões de governança corporativa e adotar contabilidade e demonstrações financeiras padronizadas, conforme regulamento".

15 O presente artigo envolveu a análise documental de 21 editais referentes a projetos de infraestrutura pública para verificação de aspectos relativos à formação e à constituição do consórcio para participação na licitação e à constituição, estruturação e controle da respectiva SPE. Analisaram-se os seguintes instrumentos convocatórios: Estádio Castelão - CE, Estádio Mineirão - MG,

identificar o tratamento que vem sendo dado a alguns pontos definidores da participação dos interessados na licitação e na constituição da SPE que assinará o contrato com a Administração Pública. Dentre os pontos de análise se destacam: participação de consórcio no procedimento licitatório; limitação do número de consorciados; previsão de percentuais mínimos de participação no consórcio; instrumento jurídico utilizado para a formalização do relacionamento no grupo de licitantes; exigência de capital mínimo na SPE; exigência de integralização de parcela mínima do capital social; responsabilidade solidária dos acionistas da SPE por obrigações assumidas pela concessionária no contrato; repetição da composição do consórcio no capital da SPE; restrição à alteração posterior da composição acionária da SPE; possibilidade de assunção do controle acionário da SPE pelos financiadores; exigência de conteúdo para o estatuto da SPE; e restrição à alteração do controle indireto da SPE.

O presente artigo está organizado de modo a apresentar, unicamente da perspectiva da Administração Pública, alguns pontos considerados de grande importância para constituição de SPEs em projetos de PPPs, abordando-se tanto os temas já expostos acima, quanto esclarecimentos complementares inerentes ao debate aqui proposto.

Passa-se, agora, à análise dos principais pontos.

A Constituição da Sociedade de Propósito Específico

Pois bem, sob uma visão tradicionalista de procedimentos administrativos da Lei federal nº 8.666/93, a licitação de

---

Trem de Alta Velocidade - ANTT, Creches PMSP, Datacenter, Hospital Subúrbio – Salvador, Praia de Paiva – PE, Aeroportos, Estádio Fonte Nova, Sistema Penitenciário - MG, Esgotamento Sanitário – Rio Claro, Linha 4 do Metrô SP, Linha 6 do Metrô SP, DAEE - SP, Hospitais – SP, Alto do Tietê – SABESP/SP, São Lourenço – SABESP/SP, Polícia Militar - Canoas - RS, Rodovia – MG 050, Transolímpica – RJ, Unidades de Atendimento Integrado (UAI) – MG.
No que tange aos contratos, analisou-se unicamente a minuta do contrato da "Linha 6 – Laranja" do Metrô/SP, pois esse é, atualmente, o documento de referência no Estado de São Paulo.

uma PPP contém uma situação bem peculiar: a sociedade de propósito específico, que executará o objeto licitado, não se confunde com os interessados que concorrem na licitação. Ela somente é formada após o fim desse procedimento, sendo, então, a responsável pela execução da obra e/ou prestação do serviço[16].

Criaram-se, com isso, duas situações distintas. Uma relativa à fase licitatória e pré-licitatória, indicando a composição e formação dos licitantes, sejam eles individuais ou em consórcio. E a outra, relativa ao término da licitação, a assinatura do contrato e a sua posterior execução, destacando, por sua vez, a constituição da SPE. Ambas merecem atenção, contudo, devem ser destinadas a sujeitos distintos. Na primeira, foca-se nos licitantes e, na segunda, na SPE formada por eles.

Licitantes

Como a análise realizada neste artigo constatou ser raro que os editais vedem a formação de consórcio, este tópico somente abordará as peculiaridades dos consórcios[17] formados para competir nas PPPs.

---

16 "Pretendeu o legislador colocar em apartado a pessoa jurídica interessada na parceria, de um lado, e a pessoa jurídica incumbida da execução do objeto do contrato, de outro" (CARVALHO filho, José dos Santos. *Manual de Direito Administrativo*, p. 417).

17 Vale ressaltar, que os consórcios são modalidades de organização empresarial, sem personalidade jurídica, cujo regime jurídico geral está nos arts. 278 e 279 da Lei federal nº 6.404/1976, tendo por finalidade permitir que empresas de qualificações diversas formem vínculo de integração horizontal, que objetiva coordenar seus interesses para a realização de determinado empreendimento.
Não obstante, tais previsões normativas não regulam inteiramente a participação de consórcios no âmbito licitatório, vez que, nesta seara, deve-se observar o disposto no artigo 33 da Lei federal nº 8.666/93. Ou seja, a forma de consórcios para participar em licitações é aquela prevista na legislação específica, podendo se valer das regras comerciais sob o título de normas gerais. Sobre este tema sugerimos a leitura de: MOREIRA, Egon Bockmann, "Os consórcios empresariais e as licitações públicas (considerações em torno do art. 33 da Lei 8.666/1993)", RT 833/11-25, São Paulo, Ed. RT, março/2005.

Assim, a primeira questão a ser tratada é justamente quanto à preferência da Administração Pública em facultar a participação de licitantes de modo consorciado. Tal circunstância revela a hipótese de que a possibilidade de formação de consórcios torna a licitação mais competitiva, cabendo, ainda, a especulação de que a formação de consórcios é essencial quando o edital exige qualificações técnicas ou financeiras que dificilmente estariam reunidas em um único licitante.

Com essa premissa fixada, outro ponto que foi observado é que a limitação do número de participantes reunidos em consórcio é mais frequente em editais de concessões administrativas (arenas esportivas, hospitais e creches). A dita limitação, por seu turno, se por um lado pode ensejar restrição à competição, permite igualmente ser considerada como propulsora à competitividade, visto que, em um determinado mercado onde poucos sejam os licitantes aptos a atender às exigências de qualificação técnica, por exemplo, não haveria por que se permitir consórcios envolvendo número ilimitado de companhias. A análise, todavia, deve perpassar as peculiaridades de cada caso concreto.

Anotou-se, ainda, ser raro que o edital estabeleça a participação mínima ou máxima dos interessados nos consórcios. Como eventual ponderação sobre essa alegação, tem-se que, por um lado, o estabelecimento de limites mínimos ou máximos pode restringir a competitividade da licitação, enquanto, por outro, o estabelecimento de limites mínimos justifica-se como forma de valorizar algum participante considerado estratégico para o Poder Público, ao passo que a fixação de limites máximos busca equilibrar a convivência entre os consorciados, para minimizar conflitos de interesses.

Apesar de essa prática ter seus prós e contras, assim como ser um padrão identificado nos editais aqui analisados, é importante esclarecer, mais uma vez, que cada projeto é um projeto. A decisão sobre a vedação ou não de formação de consórcios, somada às estipulações sobre sua composição, só encontra significado frente às peculiaridades de cada PPP. Nessa toada, pode haver sentido em exigir, no caso dos leilões de aeroportos pelo governo federal, que o operador aeroportuário detenha um percentual relevante de participação do consórcio[18]. O mesmo pode parecer estranho quando se licitar, por exemplo, a construção e operação de um sistema de reservatórios, o qual não envolve um serviço público prestado diretamente aos usuários e não exige expertise detida por poucos agentes do mercado.

A composição do consórcio também requer a apresentação do compromisso de constituição do mesmo. Isso foi observado em todos os editais analisados, supondo-se que tal exigência decorre da presunção de que isto facilita a organização privada para participar da licitação, assim como possivelmente auxilia na garantia da participação do certame e, posteriormente, na formação da SPE e assinatura do Contrato.

Para encerrar as disposições deste tópico, verificou-se que os editais se dividem quanto à exigência de repetição da composição do consórcio na formação do capital da SPE. Sobre isso, em relação aos editais que não fazem a exigência, presume-se que a Administração pode ter partido do pressuposto de que a repetição da composição do consórcio, para aquele caso específico, seria irrelevante para o Poder Público, assim como poderia retirar a flexibilidade do licitante vencedor em acomodar seus interesses pós-licitação. De outro lado, a exigência da repetição pode ser considerada como decorrência lógica do princípio de licitação (art. 37, XXI, da CF), podendo, se não cumprida, ser interpretada como uma forma de burla a essa disposição constitucional.

---

18 O operador aeroportuário tem, por obrigação do edital, que apresentar participação igual ou superior a 25% do consórcio que participa na licitação dos aeroportos de Confins/MG e Galeão/RJ. Esse valor foi aumentado se comparado com a exigência de participação mínima de 10% dos aeroportos de Brasília, Guarulhos e Viracopos.

Sociedade de Propósito Específico

No que tange à constituição da SPE, o exame dos editais revelou o costume de exigir a apresentação de declaração de compromisso para constituição de sociedade de propósito específico. Essa exigência é compreendida como outra forma de garantir ao Poder Concedente que a Companhia responsável pela execução do objeto licitado será criada.

A declaração acima deve ser apresentada como forma de habilitação, seguindo-se, depois, normalmente o procedimento licitatório até sua adjudicação e homologação. A constituição da SPE é devida, então, como condição de assinatura do contrato[19].

No tocante à forma de constituição da SPE, explica-se que, por via de regra, essa pode ser uma subsidiária da empresa vencedora, ou, ainda, pode ser um espelho da participação dos interessados organizados no consórcio vencedor do certame. Caso o vencedor da licitação seja uma única sociedade, essa deverá estabelecer um vínculo de controle com a SPE a ser constituída, não importando que este vínculo seja direto, no qual a própria sociedade é a acionista controladora, ou indireta, onde a sociedade exerce controle por meio de seu grupo econômico. Na hipótese de ser o vencedor do certame um consórcio de sociedades, este deverá deter o poder de controle sobre a SPE, conforme acordo entre as empresas que compõem referido consórcio[20], também considerando as disposições de controle direto ou indireto de cada participante.

Não obstante, cabe ressaltar que, muito embora seja possível argumentar que a sociedade de propósito específico possa

---

19 Nesse sentido também se destaca a aplicação com parcimônia do artigo 33 da Lei federal n. 8.666/93.

20 Cf. CARVALHO, Gabriel Luiz. *Sociedade de Propósito Específico como Instrumento de implantação e gerência das parcerias público-privadas*. Disponível em: http://periodicos.franca.unesp.br/index.php/direitounesp/article/view/274/359, acesso em 28/8/2013.

ser resultante da modificação de uma sociedade já existente, nos casos em que, além de haver uma alteração do objeto social para exclusivamente implantar e gerir o objeto da parceria, também haja uma liquidação de todas as obrigações e direitos anteriormente constituídas à assinatura do contrato, não é recomendável que seu uso seja aceito pela Administração Pública. Tal interpretação não encontra guarida na lógica da constituição das SPEs nas PPPs, pois, mesmo tendo equacionado todas as obrigações, ainda restaria eventual risco da superveniência de passivos trabalhistas e ambientais, o que possivelmente impactaria no financiamento do projeto.

Exigências de subscrição e integralização de capital

Ademais deste ponto, aventa-se que quase a totalidade dos editais analisados contém exigência de subscrição do capital social mínimo necessário para a constituição da SPE. Em aproximadamente metade dos casos analisados, o valor do capital mínimo era proporcional ao valor do investimento de responsabilidade do concessionário. Nos demais casos, não ficou claro o critério utilizado para determinar o valor do capital mínimo, havendo nítida disposição de que a estipulação de valores a serem subscritos na SPE é deixada a cargo da discricionariedade do administrador público.

É possível supor, no entanto, que a estipulação de capital mínimo acolhe o entendimento de que se trata de exigência útil ao Poder Público, na medida em que reforça a demonstração de idoneidade financeira do concessionário, funcionando como garantia corporativa de cumprimento das obrigações assumidas pela SPE, perante o Poder Concedente, podendo também fomentar a captação de investimentos.

Para que as disposições do parágrafo acima sejam alcançadas, resta fazer a ressalva de uma importante exigência: a integralização de parcela mínima de capital social da SPE como condição de assinatura do contrato de concessão. Isso é feito pela maioria dos editais analisados, com exceção dos projetos do Datacenter e do Hospital do Subúrbio de Salvador, visto ser, inclusive, uma obrigação legal para as sociedades anônimas, contida no art. 80 da Lei federal nº 6.404/1976[21]. Talvez seja por esse motivo que os projetos, anteriormente referidos como exceções, não tenham incluído nada sobre a necessidade de integralização, ou seja, por existir uma exigência de um mínimo legal, puderam os editais se calar sobre o tema.

Somando ambos os pontos supra, por via das dúvidas, especula-se que deve haver a exigência de subscrição de capital social mínimo compatível com a complexidade do empreendimento e valor dos investimentos a serem feitos. Por outro lado, não deve haver, contudo, a exigência inicial de integralização de todo o capital social exigido, mas apenas de parte dele, sendo recomendável inserção de cláusula atribuindo responsabilidade solidária aos sócios, mesmo em se tratando de sociedade anônima, pelo capital subscrito e não integralizado, conforme a lei já prevê para as sociedades limitadas[22].

Sobre esse último ponto, reforçando a importância da integralização do capital social, alguns editais já prescrevem a solidariedade dos acionistas da SPE pela parcela faltante de capital não integralizado. É o caso, por exemplo, da Linha 6 – Laranja do Metrô de São Paulo (Cláusula 18.2.2 da minuta do contrato).

---

21 Art. 80. A constituição da companhia depende do cumprimento dos seguintes requisitos preliminares:
I - subscrição, pelo menos por 2 (duas) pessoas, de todas as ações em que se divide o capital social fixado no estatuto;
II - realização, como entrada, de 10% (dez por cento), no mínimo, do preço de emissão das ações subscritas em dinheiro;
III - depósito, no Banco do Brasil S/A., ou em outro estabelecimento bancário autorizado pela Comissão de Valores Mobiliários, da parte do capital realizado em dinheiro.
Parágrafo único. O disposto no número II não se aplica às companhias para as quais a lei exige realização inicial de parte maior do capital social. (g.n.)

22 Art. 1.052 do atual Código Civil.

Responsabilidade solidária das obrigações da SPE

A responsabilidade solidária dos acionistas quanto à integralização do capital inicialmente subscrito, contudo, não tem qualquer relação com a prescrição de responsabilidade solidária dos acionistas por obrigações assumidas pela SPE perante o Poder Público. Na maioria dos editais analisados, não há essa estipulação. Conquanto a estipulação de responsabilidade solidária dos acionistas quanto ao cumprimento do contrato possa parecer importante para a proteção dos interesses do Poder Concedente, pode ensejar dificuldades relevantes para o setor privado, o que certamente afastaria interessados. Ademais, pode-se supor que a garantia de execução contratual, combinada ou não com a exigência de subscrição de capital mínimo da SPE, somada à possibilidade de o Poder Concedente realizar intervenção e extinguir a concessão, é tida como suficiente para proteger o Poder Público contra futuras inadimplências do concessionário.

Limitações de alteração do controle e do capital social

Ainda na análise das regras estipuladas no edital e no contrato, visando assegurar a saúde financeira da SPE, é possível afirmar que devem existir cláusulas limitando as reduções do capital social posteriores à contratação, como forma de preservar a adequação deste com o vulto de investimentos a serem feitos. Nesse sentido, constatou-se que todos os editais contêm algum tipo de restrição.

O controle da Companhia é outra questão sensível, sendo que a maioria dos editais apenas exige a anuência do Poder Público quando a alteração contratual implicar mudança do controle da SPE. Um número significativo dos editais é mais restritivo e exige a autorização para qualquer alteração. E somente uma minoria dispensa a anuência da Administração Pública para a retirada de acionistas, após o transcurso de determinado período[23].

Quanto aos editais que só preveem a autorização para os casos de mudança de poder de controle, pode-se dizer que as transferências de ações entre acionistas minoritários não vem sendo consideradas relevantes, o que não ocorre com a figura do acionista controlador, que é tido como de grande importância para o cumprimento das obrigações assumidas pela SPE.

No que diz respeito aos editais que exigem a autorização do Poder Público para qualquer alteração da composição acionária, a escolha pode ser justificada pela necessidade de se assegurar a manutenção das qualificações técnicas e financeiras exigidas pelo edital.

Já em relação aos editais que não exigem a autorização para a retirada de acionistas após o transcurso de tempo determinado, presume-se que essas alterações societárias não ocasionam transferência da concessão ou do controle da concessionária, assim como, no que tange a este período, as qualificações técnicas e financeiras exigidas no edital já foram absorvidas pela SPE, tornando sem importância a figura dos acionistas.

---

23 Nesse sentido, cabe destacar as disposições do art. 27 da Lei federal nº 8.987/1995:
Art. 27. A transferência de concessão ou do controle societário da concessionária sem prévia anuência do poder concedente implicará a caducidade da concessão.
§ 1º Para fins de obtenção da anuência de que trata o caput deste artigo, o pretendente deverá:
I - atender às exigências de capacidade técnica, idoneidade financeira e regularidade jurídica e fiscal necessárias à assunção do serviço; e
II - comprometer-se a cumprir todas as cláusulas do contrato em vigor.
§ 2º Nas condições estabelecidas no contrato de concessão, o poder concedente autorizará a assunção do controle da concessionária por seus financiadores para promover sua reestruturação financeira e assegurar a continuidade da prestação dos serviços.
§ 3º Na hipótese prevista no § 2º deste artigo, o poder concedente exigirá dos financiadores que atendam às exigências de regularidade jurídica e fiscal, podendo alterar ou dispensar os demais requisitos previstos no § 1º, inciso I, deste artigo.
§ 4º A assunção do controle autorizada na forma do § 2º deste artigo não alterará as obrigações da concessionária e de seus controladores ante ao poder concedente. (g.n.)

Todas as disposições acima se referem ao chamado controle direto. Já do ponto de vista do controle indireto, verificou-se que a maioria dos editais analisados contém restrições a esse tipo de mudança do controle da SPE. Sobre esta disposição, afirma-se somente que há uma decorrência lógica da mesma previsão relativa à mudança do controle direto. Mesmo porque, apesar de possível, constituiria, no mínimo, estranho restringir a mudança do controle acionário direto e não restringir a alteração do controle indireto.

Conteúdo do estatuto social

Outra consideração que surgiu da análise realizada, diz respeito à opção de não se trazerem disposições sobre o conteúdo específico do estatuto das Companhias nos editais. Entende-se que tal postura, provavelmente, decorre do fato de que a ingerência no estatuto das SPEs poderia criar desconforto aos potenciais licitantes. Nessa hipótese, o regramento da estrutura de governança da SPE somente se justificaria nos casos em que o Poder Concedente também figurasse como acionista potencial ou necessário[24]. Isso é comprovado pela análise dos editais que, em sua maior parte, se limitam a afirmar que a SPE deve observar as boas práticas de governança corporativa sem entrar em detalhes quanto às suas cláusulas estatutárias.

Terminamos esse tópico esclarecendo sobre outras duas práticas e peculiaridades das SPEs formadas para executar projetos de PPP, quais sejam: a abertura da Companhia para proporcionar a negociação de valores mobiliários no mercado (art. 9º, § 2º, da Lei nº 11.079/2004); e a corrente utilização do modelo das sociedades anônimas. Explicar-se-á, primeiro, esse último ponto.

---

24 Os casos que envolvem o Estado como acionista das SPEs em PPPs serão abordados mais à frente neste artigo.

Modelo societário: S.A.

De acordo com o mencionado na contextualização desse trabalho, a análise dos editais demonstrou que o modelo societário das SPEs em PPPs é, por excelência, aquele conferido às sociedades anônimas.

Não é por acaso. Apesar das SPEs poderem adotar qualquer modelo societário estipulado pelo ordenamento brasileiro, *a priori*, no caso das PPPs somente caberia a constituição de sociedades anônimas[25]. Ocorre que esse instrumento das parcerias público-privadas, em primeiro lugar, exige que a sociedade criada ao término da licitação seja personificada, o que, por si só, já exclui a possibilidade de se adotarem as sociedades em conta de participação (arts. 991 a 996 do atual Código Civil) e as sociedades em comum (arts. 986 a 990 do atual Código Civil). Em segundo lugar, podem-se descartar as chamadas sociedades simples (arts. 997 a 1.038 do atual Código Civil), visto que essas são, em regra, tipos societários voltados para a execução de atividades não empresariais. Em seguida, também é possível descartar a ideia de se utilizarem as sociedades em nome coletivo (arts. 1.039 a 1.044 do atual Código Civil) e as sociedades em comanditas (arts. 1.045 a 1.051 do atual Código Civil), já que essas estabelecem responsabilidade ilimitada dos "comanditados", ponto que certamente seria um impasse aos interessados em participar do projeto, enquanto aquelas só permitem a participação de pessoas físicas.

O modelo societário que, depois das sociedades anônimas, talvez fosse o mais próximo das aspirações de um projeto de PPP é o das sociedades limitadas (arts. 1.052 a 1.087 do atual Código Civil). No entanto, devido às exigências legais da lei federal de PPPs, especialmente quanto à possibilidade de ne-

---

25 Além das disposições deste artigo, o tema dos tipos societários que podem assumir a forma de SPE em projetos de PPPs e concessões também é abordado em: RIBEIRO, Maurício Portugal; PRADO, Lucas Navarro. Comentários à Lei de PPP, fundamentos econômico-jurídicos, pp. 247-249.

gociações de valores mobiliários, assim como adoção de padrões de governança, essa espécie societária deve ser substituída. Ainda que se fale na possibilidade das limitadas adotarem parte das estruturas de governança das sociedades anônimas, a utilização padrão para SPEs de PPPs deve seguir sendo de sociedades anônimas. O motivo é um só: além de tudo o que já foi dito, as SAs se encaixam perfeitamente no modelo contratual de uma PPP[26].

Emissão de valores mobiliários

Havendo esclarecido sobre a utilização do modelo societário das SPEs em PPPs, explica-se, agora, sobre a possibilidade dessas Companhias abrirem seu capital e negociarem valores mobiliários na Bolsa de Valores[27]. Sobre o tema constatou-se que os últimos editais do Estado de São Paulo, normalmente, dispõem que a SPE somente poderá assumir a forma de Companhia aberta, com valores negociados no mercado "após encerrada a fase de investimentos para construção das obras"[28]. Há, aqui, uma possível lógica de que o licitante vencedor, seja individual ou consorciado, é quem deve assumir a responsabilidade pelos investimentos iniciais. A abertura da sociedade

---

26 Como um possível sentido contrário, trazemos o exemplo relativo ao posicionamento do professor Marcelo Andrade Féres, que afirma "Por outro lado, a SPE pode organizar-se sob a forma da sociedade simples pura, que foi concebida pelo Código Civil de 2002 em oposição às sociedades de índole empresarial. Não há, no campo legal, qualquer norma que vede a eleição desse tipo" (Marcelo Andrade Féres. *As sociedades de propósito específico (SPEs) no âmbito das parcerias público-privadas (PPPs): algumas observações de direito comercial sobre o art. 9° da Lei no 11.079, de 30 de dezembro de 2004*).

27 Apontamos sobre o tema, a Instrução Normativa da Comissão de Valores Mobiliários ("CVM") n° 480/2009, a qual dispõe "sobre o registro de emissores de valores mobiliários admitidos à negociação em mercados regulamentados de valores mobiliários".

28 É o caso da PPP dos Hospitais e da PPP da FURP. No caso da PPP da Linha 6 – Laranja (Metrô/SP) uma lógica similar foi seguida, uma vez que, de acordo com o Edital, a SPE deve assumir feição de Companhia aberta com possibilidade de emitir valores mobiliários em até seis meses antes do início da operação comercial ou operação comercial antecipada.

em momento anterior ao término das obras poderia tornar o procedimento licitatório inócuo, na medida em que, caso fosse permitida a abertura da Companhia em momento anterior, outro licitante sem as mesmas capacidades poderia, por meio de abertura da empresa, se capitalizar e promover o projeto. Isso, todavia, dependerá de cada modelagem do projeto.

Um caso que, muito embora ainda siga incipiente no Brasil, mas que merece observação como um meio de negociação de valores mobiliários, é o da emissão de debêntures de infraestrutura. Essas estão previstas, principalmente, no Decreto federal nº 7.603/2011[29], e correspondem a títulos a serem emitidos pelas SPEs como uma forma alternativa de financiamento, frente aos já tradicionais empréstimos do BNDES. Tal alternativa já foi utilizada, por exemplo, em nível do Governo do Estado de São Paulo, pela AutôBan (concessionária de rodovias do sistema Anhanguera-Bandeirantes) e pode vir a ser um mecanismo eficiente de financiamento, caso se resolvam as questões envolvendo a atratividade desses valores mobiliários – o que depende de regulamentação a ser emitida pelo governo federal.

Padrões de Governança Corporativa e Contabilidade

O tema sobre a estipulação de padrões de governança e de contabilidade é outra questão importante para as SPEs em PPPs, visto que traduz a possibilidade de fiscalização mais eficiente pelo Poder Público. Nesse sentido, o § 3º do art. 9º da Lei federal nº 11.079/2004 exige que as sociedades de propósito

---

29 A regulamentação dessa espécie de título é realizada a nível federal por cada ministério ou secretaria específica. Nesse sentido, destacam-se, por exemplo, as seguintes normas: Portarias nº 47/2012, 90/2012, 177/2013 e 282/2013 (Ministério de Minas e Energia); Portarias nº 181/2012 e 868/2012 (Ministério da Ciência, Tecnologia e Inovação); Portarias nº 481/2012 e 482/2012 (Ministério das Cidades); Portaria nº 330/2012 (Ministério das Comunicações); Portaria nº 76/2012 (Ministério da Integração Nacional); Portaria nº 09/2012 (Secretaria dos Portos); Portaria nº 18/2012 (Secretaria da Aviação Civil); e a Portaria nº 09/2012 (Ministério dos Transportes).

específico se subordinem a padrões de governança corporativa, bem como a padrões de contabilidade e demonstrações financeiras, ou seja, regras que têm por objetivo promover a transparência, a equidade na relação com os sócios controladores e minoritários, a prestação de contas por parte dos administradores e diretores e a responsabilidade social da empresa.

Algumas regras de governança corporativa e contabilidade estão na Lei federal nº 6.404/1976, e outras decorrem de regras escritas ou costumeiras que regem o mercado de valores mobiliários. Dessa forma, quando se fala em subordinação a padrões de governança corporativa e de contabilidade, isso significa submeter ao que a lei e os atos normativos que norteiam a atuação empresarial de certa forma já exigem. No entanto, a adoção do regime de governança corporativa implica obediência a regras que vão além da simples obediência às normas da Lei federal das Sociedades Anônimas, cabendo atenção às práticas recomendadas do próprio mercado.

Sobre isso, destaca-se, por exemplo, a existência do Instituto Brasileiro de Governança Corporativa ("IBGC"), que estabelece alguns parâmetros para as questões de governança corporativa[30]. De acordo com o dito Instituto, existem regras específicas dessa governança, as quais, por sua vez, são de grande quantidade, perpassando desde instituição de conselhos de administração até a adoção de auditorias independentes e condutas para resolver conflitos de interesses. Já as estipulações contábeis e de demonstração financeira também apresentam regramento próprio, sendo estipulado por outras entidades, como Conselho Federal de Contabilidade ("CFC").

Mais especificamente, no que tange aos editais das PPPs implementados no Estado de São Paulo, é possível perceber que se exige a atenção genérica das normas de governança

---

30 É o caso da publicação do "Código das Melhores Práticas de Governança Corporativa", que pode ser visto em <http://www.ibgc.org.br/CodigoMelhoresPraticas.aspx>.

corporativa, sem, contudo, explicar quais seriam essas. Em caminho contrário, os mesmos editais exigem, especificamente, a adoção de contabilidade e demonstrações financeiras adotadas no Brasil, baseadas na Lei das Sociedades Anônimas, assim como das disposições contidas nas normas expedidas tanto pelo CFC, quanto contidas nas Interpretações, Orientações e Pronunciamentos do Comitê de Pronunciamentos Contábeis ("CPC").[31]

Assim, considerando que adesão às regras de governança corporativa é, em tese, voluntaria[32], indicamos que seria recomendável os editais identificarem com certa precisão quais seriam as regras a serem atendidas pela SPE, facilitando a sua adoção pela concessionária e, ao mesmo tempo, a fiscalização pelo Poder Concedente.

Um possível parâmetro para os editais pode estar na indicação de um dos níveis de estrutura de governança estabelecidas pela Bolsa de Valores, na pessoa jurídica da BM&FBovespa, a ser incorporada pela SPE. A Bovespa lista as companhias, por exemplo, em Nível 1, Nível 2 e Novo Mercado[33], conforme os padrões de governança que adotam, favorecendo, com isso, suas condições de financiamento e controle.

Como se vê, aí está outra peculiaridade que tem fundamento direto no modelo específico adotado para as PPPs e, por esse motivo, deve ser pensada como tal.

---

31 O edital da PPP do Alto do Tietê ainda cita a observância da Portaria da Secretaria do Tesouro Nacional nº 614/2006, que dispõe sobre normas gerais relativas à consolidação das contas públicas aplicáveis aos contratos de parcerias público-privada – PPP.

32 Cf. RIBEIRO, Maurício Portugal; PRADO, Lucas Navarro. *Comentários à lei de PPP*, Fundamentos econômico-jurídicos, p. 250.

33 Para conferir as disposições sobre a listagem da BM&FBovespa, acessar o seguinte *link* <http://www.bmfbovespa.com.br/pt-br/scrvicos/solucoes-para-empresas/segmentos-de-listagem/o-que-sao-segmentos-de-listagem.aspx?idioma=pt-br >.

Transferência do controle acionário aos financiadores

É possível a transferência do controle acionário da sociedade de propósito específico aos financiadores de projetos de PPPs. Ressalta-se, todavia, que os condicionamentos ou restrições para a cessão do controle da SPE sempre deverão estar presentes no edital do certame, sob pena de violação ao princípio da licitação.

Segundo a Lei federal das PPPs, art. 5º, § 2º, os contratos poderão prever os requisitos e condições em que o parceiro público autorizará a transferência do controle da SPE para os seus financiadores, com o objetivo de promover a sua reestruturação financeira e assegurar a continuidade da prestação dos serviços, não se aplicando para este efeito o previsto no inciso I do § 1º do art. 27 da Lei federal nº 8.987/1995.

Desta forma, resta para o âmbito do edital e/ou do contrato trazer os requisitos e as condições para a Administração Pública conceder a autorização de transferência de controle da SPE aos seus financiadores, autorizando esses, no caso de inadimplemento, a fazer uso da cláusula de *Step-in Right*[34] e assumir o controle da SPE, com o objetivo de reestruturá-la. O dispositivo permite apenas a assunção do controle pela instituição financiadora, desde que preenchidos os requisitos do contrato[35], não sendo admitida a posterior venda para terceiros que operem no setor da concessionária, salvo se houver nova autorização da Administração Pública, daí sim, na forma do art. 27 da Lei federal nº 8.987/1995[36].

---

34 De modo simples, o direito de *step-in rights* consiste em assunção de controle da SPE pelos financiadores do projeto. (Maurício Portugal Ribeiro. *Concessões e PPPs: melhores práticas em licitações e contratos*, p. 164).

35 Cf. VASQUEZ, Juan Luiz Souza. *A Sociedade de Propósito Específico na Parceria Público-Privada: uma análise de direito societário*. Disponível em: *http://www.dominiopublico.gov.br/download/teste/arqs/cp119788.pdf*. Acesso em 29/10/2013.

36 Nesse sentido: "Segundo a tradição inglesa, o direito de assunção de controle implica conceder aos financiadores o direito de obter o controle da SPE em caso de inadimplência (*step-in*), reestruturá-la e transmitir (*step-out* ou *way*

Viu-se que a maioria dos editais admite expressamente tal possibilidade, no caso de inadimplemento do financiamento contraído pela empresa concessionária. Alguns facilitam a assunção, ao dispensar a autorização prévia do Poder Público, enquanto outros a exigem. Somente a minoria dos editais omitiu-se sobre o assunto. Mesmo nesses casos, especula-se que a omissão pode ser justificada pelo fato de que a possibilidade de assunção do controle acionário da SPE pelos financiadores decorre de lei. Já a expressa afirmação no edital quanto a tal possibilidade e a dispensa de autorização prévia, talvez, possa ser entendida como um importante mecanismo para fomentar a capacidade de financiamento do projeto.

Apesar da grande importância estratégica e financeira dos direitos de *Step-in Right*, há entendimentos acerca da inconstitucionalidade da previsão de transferência do controle da SPE pelos financiadores, por suposta ofensa ao art. 37, XXI, da Constituição Federal[37]. Segundo esse entendimento, a possibilidade de assunção do controle da SPE pelos financiadores, sem a necessidade de atender às exigências de capacidade técnica, idoneidade financeira e regularidade jurídica e fiscal necessárias à assunção do serviço, seria inconstitucional.

Entretanto, esta alegação é afastada, na medida em que, conforme lição de José dos Santos Carvalho Filho[38], não há inconstitucionalidade, porque o mandamento constitucional só considera os citados requisitos (as exigências de qualificação técnica e econômica) quando "indispensáveis à garantia do cumprimento das obrigações", que é o que ocorre com a trans-

---

out) o controle para um ente que opere no setor objeto da SPE. Todavia, a Lei nº 11.079/2004 não regulou essa segunda transferência (*way out*), de maneira que se aplica no caso o art. 27 da Lei nº 8.987/95, em sua integralidade..." (RIBEIRO, Maurício Portugal e PRADO, Lucas Navarro. *Comentários à Lei de PPP Parceria Público-Privada,* p. 170).

37 Cf. MELLO, Celso Antonio Bandeira de. *Curso de Direito Administrativo*, p. 790.

38 CARVALHO filho, José dos Santos. *Manual de Direito Administrativo*, p. 413.

ferência do controle da sociedade. Além disso, argumenta-se que essa é exatamente uma das formas de compartilhamento dos riscos previstos na legislação.

Cabe, ainda, ressaltar a possibilidade de uma espécie de "*Step-in Right* do Poder Público". Essa corresponde à entrada do Estado como sócio do licitante vencedor na sociedade de propósito específico que será a concessionária. Tal hipótese ocorre especificamente nos casos de eventual aquisição da maioria do capital votante da SPE, por instituição financeira controlada pelo Poder Público, em caso de inadimplemento de contratos de financiamento (§ 4º do art. 9º da Lei federal nº 11.079/2004). Não há, então, sem que haja estipulação editalícia prévia, que se falar de outra forma de o Estado se tornar acionista controlador da Companhia. Isso, por sinal, iria contra o objetivo de delegar aquele determinado serviço e obra ao parceiro privado, já que o Poder Público acabaria por executá-lo de qualquer maneira[39].

Outras questões sobre o tema

Além dos mecanismos e peculiaridades descritos anteriormente, restam outros pontos que a Administração Pública tem lidado para elaborar projetos de PPPs.

Da criação de filiais pela SPE

Destaca-se, por exemplo, a possibilidade de se estipular a obrigação de a SPE criar filiais para operar mais de um lote ou, então, operar mais de um objeto dentro do mesmo lote. Isso ocorreu no caso da PPP dos Hospitais, onde se licitavam dois lotes, compreendendo o Lote 02, dois Complexos Hospitalares – Hospital Estadual de São José dos Campos e Hospital Centro de Referência da Saúde da Mulher. Nesse caso, o edital

---

39 Cf. CARVALHO filho, José dos Santos. *Manual de Direito Administrativo*, p. 418.

previa uma cláusula que obrigava à SPE constituir filial para gerir cada um dos Complexos Hospitalares, no caso de Adjudicação do Lote 02 da licitação ou caso se sagrasse vencedora de ambos os lotes.

A ideia é manter uma única sociedade de propósito específico[40], o que permite melhor diálogo com o Poder Concedente, aproveitando, contudo, a possibilidade de se constituírem filiais para conferir maior especialidade administrativa a cada complexo hospitalar.

Da Participação Acionária da Administração Pública

Outro ponto que vem sendo considerado, ao menos em esfera federal, é a participação do Estado no quadro acionário das SPEs[41]. Esta postura poderia, possivelmente, ajudar no aporte de investimentos, na redução de assimetria de informações entre público e privado e na transferência de *know-how*. Por outro lado, tal participação societária deve ser observada com cautela, pois, igualmente poderia gerar um ambiente de duradouro conflito interno, de sobrecarga de atribuições estatais e de instabilidade institucional, já que haveria um grande número de atores

---

40 A título de exemplo, em Portugal, há parcerias público-privadas na área da saúde em que se constituíram duas SPEs para um mesmo projeto. Nessas oportunidades, houve uma mesma licitação, ocasionando um contrato que envolvia três partes, sendo elas: o Poder Concedente; um parceiro privado que efetuava o projeto, a construção, o financiamento, e a gestão e manutenção física das instalações hospitalares; e outro parceiro privado que realizava a aquisição de equipamento e a exploração da atividade clínica hospitalar. (Parcerias Público-Privadas e Concessões: Relatório de 2012, elaborado pelo Ministério das Finanças, mais especificamente da Direção-Geral do Tesouro e Finanças do Estado Português. *In:* < http://www.dgtf.pt/ResourcesUser/PPP/Documentos/Relatorios/2012/Relatorio_Anual_PPP_2012.pdf>. Acessado em 21/10/2013).

41 No Reino Unido, por meio da Secretaria do Tesouro, também se desenvolveu um modelo, no qual o Estado participa societariamente das Parcerias Público-Privadas, atuando na forma uma Companhia Estatal (*HM Treasury Company Limited*) e se baseando em um acordo de acionistas ("PF2") *In:* < https://www.gov.uk/government/publications/private-finance-2-pf2>, acessado em 21/10/2013.

governamentais fiscalizando a execução do projeto (agência reguladora, entidade acionária da SPE, Poder Concedente etc.). No Brasil já houve, pelo menos, três tentativas de participação estatal nas SPEs de projetos de infraestrutura, havendo, então, importantes lições sobre o tema[42]. Na primeira delas, tem-se a relação do Estado, por meio de uma empresa pública e um acordo de acionistas, com o licitante vencedor, seja ele individual ou consorciado. É o caso das concessões dos aeroportos[43]. Tanto na rodada da concessão dos aeroportos de Presidente Juscelino Kubitschek (Brasília), Viracopos (Campinas/SP) e Governador André Franco Montoro (Guarulhos/SP), quanto na licitação dos aeroportos de Tancredo Neves/Confins (Confins e Lagoa Santa/MG) e Galeão – Antonio Carlos Jobim (Rio de Janeiro/RJ), a Empresa Brasileira de Infraestrutura Aeroportuária ("Infraero") participa na execução das concessões, detendo 49% das ações das SPEs[44].

Nesses casos, o edital de licitação continha disposição expressa sobre o tema, apresentando, ainda, um anexo com a minuta do acordo de acionistas a ser assinando ao final do procedimento licitatório. Cabe ressaltar que, por meio desse acordo, a Infraero detinha vários poderes na gestão de assuntos da Companhia. Por exemplo, para os seguintes casos, exigiu-se o consentimento da Companhia Estatal caso se desejasse: alterar o Estatuto Social da Concessionária, do seu objeto social ou

---

42 Olhar: FORGIONI, Paula A. *PPPs e participação minoritária do Estado-acionista: o direito societário e sua instrumentalidade para o direito administrativo*, pp. 177-182.

43 Informações veiculadas no sítio eletrônico da Agência Nacional da Aviação Civil ("ANAC"), *In:* <http://www2.anac.gov.br/GRU-VCP-BSB/> e <http://www2.anac.gov.br/Concessoes/galeao_confins/>. Acessados em 21/10/2013.

44 De acordo com matérias publicadas no jornal *Valor Econômico* (23 e 24 de outubro de 2013), o Ministro da Secretaria da Aviação Civil, Moreira Franco, afirmou que a participação de 49% da INFRAERO nas SPEs das concessões de aeroportos seria um peso para o Tesouro federal, uma vez que a estatal não estaria devidamente capitalizada. Desse modo, embora a Ministra-chefe da Casa Civil tenha rechaçado as alegações de que o governo federal estaria reconsiderando o modelo, já se tem perspectivas de críticas quanto a esse.

da natureza dos negócios conduzidos; liquidar a Concessionária, com exceção da hipótese de encampação; formar qualquer parceria, consórcio, *joint venture* ou empreendimento similar; adquirir participações em qualquer pessoa jurídica; alterar o tipo societário da Concessionária; nomear ou trocar de auditor externo; transferir, vender, locar, licenciar ou alienar ativos necessários à Concessão; contratar qualquer endividamento que não seja vinculado à realização dos investimentos previstos no Plano de Exploração Aeroportuária; celebrar qualquer contrato, compromisso, arranjo ou acordo com parte relacionada dos acionistas do Acionista Privado, salvo se em termos e condições de mercado ou permitido pelo financiador; realizar operações de reestruturação societária; e alterar o capital social autorizado ou reduzir ou emitir novas ações, de valores mobiliários ou de qualquer opção ou direito de preferência de subscrição de novas ações[45].

O segundo caso se refere ao projeto do Trem de Alta Velocidade ("TAV")[46], destinado a operar a infraestrutura de transporte ferroviário no trecho do Rio de Janeiro - Campinas. A participação do Estado, de acordo com a Resolução nº 07/2013 do Conselho Nacional de Desestatização[47], seria realizada pela Empresa de Planejamento e Logística ("EPL"), a qual atuaria por meio de uma *golden share*, ou seja, por meio de uma ação

---

45 Baseado no Anexo 23 (Acordo de Acionistas) do Edital dos aeroportos de Guarulhos, Viracopos e Brasília.

46 Cabe informar que, até a ocasião, já foram apresentados dois projetos para implantação do TAV. Um em que a concessionária teria a obrigação de construir a infraestrutura rodante do trem, podendo operar o transporte depois. E outro em que a VALEC – Engenharia, Construções e Ferrovias S.A. construiria os trilhos, cabendo à concessionária privada somente a função de operador do serviço de transporte. Essa última versão foi, no entanto, retirada pela própria Administração Pública, pois houve a percepção de que o mercado ainda teria reservas quanto ao projeto e seus investimentos..

47 Resolução que aprova o modelo de desestatização da operação da EF-222, destinada ao Trem de Alta Velocidade, no trecho entre os municípios do Rio de Janeiro/RJ, São Paulo/SP e Campinas/SP, o procedimento de operacionalização da concessão, publicada no *Diário Oficial da União*, na Seção 1, em 3 de julho de 2013.

preferencial de classe especial com diversas prerrogativas. Essa ação conferiria, por exemplo, o direito de veto à EPL. A Estatal decidiria, então, sobre: alteração da denominação social; (mudança da sede social; qualquer mudança no objeto social e a inclusão de outras atividades estranhas ao objeto social; liquidação, dissolução, transformação, cisão, fusão ou sua incorporação por outra sociedade, bem como pedido de autofalência e início de recuperação judicial ou extrajudicial; alteração da obrigação estatutária de observar as disposições do acordo de acionistas arquivado na sede social da SPE; alteração da obrigação estatutária de observar as regras mínimas de governança da SPE; e quaisquer modificações nos direitos atribuídos à ação preferencial de classe especial da SPE – ação essa inalienável.

Aborda-se, por fim, o exemplo do primeiro leilão para exploração e produção de petróleo e gás natural no pré-sal, licitado no regime de partilha de produção. Tal leilão ocorreu em 21/10/2013[48], situação em que se requeria a participação de duas empresas estatais. De acordo com os documentos disponibilizados pelo governo federal, a Petróleo Brasileiro S.A. ("Petrobras") seria a operadora e empresa líder de todos os blocos exploratórios, devendo participar com, pelo menos, 30% em consórcio celebrado pelos licitantes vencedores. Somar-se-á, também, a Empresa Brasileira de Administração de Petróleo e Gás Natural S.A. ("PPSA"), como sendo uma Companhia voltada à gestão do contrato de partilha de produção.

Não será feito, aqui, qualquer análise de valor do modelo utilizado. Explica-se somente que, pelos exemplos supramencionados, vê-se ser possível assegurar ao Estado-acionista das SPEs determinados direitos societários que resultem em sua participação gerencial, destacando-se como eventuais meca-

---

48 Para maior acesso às informações, acessar o sítio eletrônico da Agência Nacional do Petróleo ("ANP"). *In:* <http://www.anp.gov.br/?id=2798>, acessado em 21/10/2013.

nismos: acordo de acionistas, ações preferenciais, consórcios, previsão de quórum qualificado para determinadas matérias e, em caso de companhias fechadas, divisão do capital em diferentes classes de ações ordinárias, atribuindo-se àquelas detidas pelo Poder Público o direito de indicar determinados cargos dos órgãos administrativos[49].

As situações descritas acima não se referem a PPPs, mas sim a contratos de concessão que, inclusive, não se confundem entre si, devido a peculiaridades de cada área. Acreditamos, todavia, independentemente disso, que todos os três casos apresentam questões positivas e negativas que podem e devem ser analisadas para futuras modelagens de projetos de PPPs.

Conclusão

Em vista de sua importância para execução de um projeto de PPP, a SPE deve ser constituída de forma robusta, considerando que é o capital desta que fará frente às necessidades financeiras do contrato, e não o patrimônio dos licitantes que serão seus acionistas.

As Companhias devem ser entendidas sob o contexto das Parcerias Público-Privadas, apresentando, assim, diferenças e peculiaridades frente aos tradicionais modelos societários. Este é o principal ponto deste artigo, pois, por mais que se busquem soluções societárias sobre a questão de sociedades anônimas com um propósito específico, elas não podem ser apartadas da lógica da Lei de PPPs e do determinado setor do projeto.

O perigo mora exatamente na junção acrítica de institutos jurídicos e mecanismos econômicos. Para evitá-la, deve-se refletir sobre as características de cada caso, perpassando, no entanto, pelo menos, pelas questões abordadas neste texto.

---

49 Cf. FORGIONI, Paula A. *PPPs e participação minoritária do Estado-acionista: o direito societário e sua instrumentalidade para o direito administrativo.*

Não se deve esquecer, assim, que algumas peculiaridades das PPPs tornam as SPEs constituídas para sua execução, únicas. Como lembrança, destacamos que, se as empresas, em regra, não estão obrigadas a seguir padrões de governança corporativa, no caso das sociedades de propósito específico de PPPs, em razão da exigência legal, isso é obrigatório, de maneira que se recomenda que os editais descrevam quais regras de governança corporativa devam ser atendidas.

O mesmo acontece com a possibilidade de se restringir a regra da subsidiariedade, prevista na Lei federal nº 6.404/1976, e estipular contratualmente a responsabilidade solidária dos acionistas no que tange à completa integralização do capital social da SPE.

O tema pode ir mais além e requerer diversos outros estudos para indicar a relação específica e peculiar que essas Companhias criadas para desenvolver projetos de PPPs têm com os direitos dos acionistas minoritários, assunto a ser explorado em outra ocasião.

Por ora, o importante é refletir sobre as disposições postas, sem nunca deixar de analisar cada caso concreto e buscar o aperfeiçoamento do modelo que se apresenta para a sociedade de propósito específico em PPPs, que melhor atenda à correta execução do projeto.

Bibliografia

ARAGÃO, Alexandre Santos de. *As parcerias público-privadas – PPP's no Direito Positivo Brasileiro*. Revista Eletrônica de Direito Administrativo Econômico, Salvador, Instituto de Direito Público da Bahia, nº 2, maio-jun-jul, 2005. Disponível em: <HTTP://www.direitodoestado.com.br>, acesso em 29/8/2013.

BASSO, Maristela. *Joint Ventures: manual prático das associações empresariais*. São Paulo: Livraria do Advogado, 2002.

BRAGA, Bruno César Maciel. *Sociedade de Propósito Específico e Sociedade em Conta de Participação: novas reflexões*. Revista de Direito Empresarial – RDEmp, Belo Horizonte, ano 9, n° 2, pp. 165-188, maio/ago. 2012.

CARVALHO, Gabriel Luiz. *Sociedade de Propósito Específico como Instrumento de Implantação e Gerência das Parcerias Público-Privadas*. In: Revista Eletrônica de Direito/Unesp. Disponível em: <http://periodicos.franca.unesp.br/index.php/direitounesp/article/view/274/359>, acesso em 28/8/2013.

CARVALHO filho, José dos Santos. *Manual de Direito Administrativo*: Rio de Janeiro: Lumen Juris, 22. ed., 2009.

CARVALHOSA, Modesto. *Comentários à lei de sociedades anônimas*. Todos os volumes. 5. ed. São Paulo: Editora Saraiva, 2011.

DELMON, Jeffrey. *Private Sector Investment in Infrastructure: Project Finance, PPP Projects and Risk*. New York: Wolters Kluwer, 2009, pp. 271-283 (Shareholders' agreement).

ENEI, José Virgílio Lopes. *Project Finance*. 1. ed. São Paulo: Editora Saraiva, 2007.

FÉRES, Marcelo Andrade. *As sociedades de propósito específico (SPEs) no âmbito das parcerias público-privadas (PPPs): algumas observações de direito comercial sobre o art. 9° da lei no 11.079, de 30 de dezembro de 2004. In:* Rev. Jur., Brasília, v. 7, n° 75, pp. 01-05, out/nov, 2005.

FORGIONI, Paula A. *PPPs e participação minoritária do Estado-acionista: o direito societário e sua instrumentalidade para o direito administrativo*. Revista de Direito Público da Economia – RDPE, Belo Horizonte, ano 4, n° 16, pp. 177-182, out/dez. 2006.

MELLO, Celso Antonio Bandeira de. *Curso de Direito Administrativo*. São Paulo: Malheiros, 27. ed., 2010.

MOREIRA, Egon Bockmann, *"Os consórcios empresariais e as licitações públicas (considerações em torno do art. 33 da Lei 8.666/1993)"*, RT 833/11-25, São Paulo, Ed. RT, março/2005.

OLIVEIRA, Renata Filho de; GRUENBAUM, Daniel. *Sociedade de propósito específico nas parcerias público-privadas.* In: SOUZA, Mariana Campos de (coord.), *Parceria Público-Privada.* São Paulo: Quartier Latin, 2008, pp. 186-193.

PIRES, Beatriz Calero Garriga. *As sociedades sob o controle compartilhado do Estado.* Dissertação de Mestrado (2012). Rio de Janeiro: Universidade Cândido Mendes.

RIBEIRO, Maurício Portugal. *Concessões e PPPs: Melhores Práticas em Licitações e Contratos.* 1. ed.. São Paulo: Editora Atlas, 2011.

RIBEIRO, Maurício Portugal; PRADO, Lucas Navarro. *Comentários à lei de PPP*, fundamentos econômico-jurídicos. São Paulo: Malheiros, 2010.

SILVA, Danilo Tavares da. Licitação na Lei nº 11.079/04. *In:* MARQUES NETO, Floriano de Azevedo; SCHIRATO, Vitor Rhein (Coord). *Estudos sobre a lei das parcerias público-privadas.* Belo Horizonte: Fórum, 2011.

TOLEDO, Margherita Coelho. *A Sociedade de Propósito Específico no Âmbito do Direito Empresarial Brasileiro.* Dissertação de Mestrado (2009). Minas Gerais: Faculdade de Direito Milton Campos.

VASQUEZ, Juan Luiz Souza. *A Sociedade de Propósito Específico na Parceria Público-Privada: uma análise de direito societário.* Disponível em: <http://www.dominiopublico.gov.br/download/teste/arqs/cp119788.pdf.>, acesso em 29/8/2013.

capítulo VII

Garantias do Poder Público em parcerias público-privadas: uma análise dos projetos da Linha 6 do Metrô de São Paulo, do Estádio Castelão, do Complexo Viário da Praia do Paiva e do Complexo Penal de Minas Gerais

Dânae Dal Bianco[1]
Justine Esmeralda Rulli Filizzola[2]

Introdução

A Lei federal nº 11.079, de 30 de dezembro de 2004 (Lei de PPPs), trouxe novas modalidades de concessão (patrocinada e administrativa), para projetos envolvendo investimentos expressivos[3] e que importem em alguma contraprestação do Poder Concedente. Para garantir o cumprimento das obrigações pecuniárias assumidas pelo Poder Concedente nesses contratos, a Lei de PPP autorizou o oferecimento de garantias ao parceiro privado (art. 8º).

Essas modalidades de concessão têm sido utilizadas em projetos de infraestrutura[4] e, justamente em razão dos altos

---

1 Procuradora do Estado de São Paulo. Mestre em Direito da Seguridade Social pela Universidade de São Paulo – USP. Graduada em Direito pela Universidade de São Paulo – USP e em Administração de Empresas pela Fundação Getúlio Vargas – FGV.

2 Procuradora do Estado de São Paulo. Pós-graduanda em Direito da Infraestrutura na Faculdade de Direito da Fundação Getúlio Vargas – FGV. Graduada em Direito pela Pontifícia Universidade Católica de São Paulo – PUC/SP.

3 A Lei de PPPs exige como requisito para a celebração de contrato de parceria público-privada que o valor envolvido não seja inferior a R$ 20.000.000,00 (vinte milhões de reais). Esse é o teor do disposto no inciso I, do §4º, do art. 2º, da Lei de PPPs ("Art. 2º - Parceria público-privada é o contrato administrativo de concessão, na modalidade patrocinada ou administrativa. (...) § 4º É vedada a celebração de contrato de parceria público-privada: I – cujo valor do contrato seja inferior a R$ 20.000.000,00 (vinte milhões de reais); (...)".)

4 De acordo com dados da revista Exame do mês de maio de 2013 (edição 1040, ano 47, nº8, pp. 26-27), nos últimos dois anos, 52 projetos de PPPs entraram em análise no Brasil, enquanto que em 2010, eram somente três. A promessa é que, para 2013, pelo menos mais 40 sejam postos em análise.

investimentos envolvidos, uma adequada estrutura de garantias para as obrigações assumidas pelo Poder Concedente é essencial, tanto para atrair o parceiro privado,[5] como para imprimir maior competitividade ao certame[6] e para o sucesso do próprio empreendimento.[7]

Some-se a isso o fato de que, muito provavelmente, o parceiro privado não usará apenas recursos próprios para financiar o projeto, mas também recursos captados no mercado (seja por meio da emissão de debêntures, *project finance*, ou outra forma de captação) possivelmente com garantia nas receitas futuras do contrato de concessão. Os financiadores, por sua vez, para tomar a decisão de financiar ou não o projeto verificarão o fluxo das receitas provenientes da concessão, bem como se o risco de inadimplência do Poder Concedente em relação às obrigações pecuniárias assumidas está razoavelmente controlado.[8][9]

---

5 Tanto pelo fato de estar mais protegido em relação a uma eventual inadimplência do Poder Concedente, como pelo fato de darem maior segurança ao capital investido, o que acaba por facilitar a obtenção e baratear o financiamento do projeto pelo parceiro privado.

6 Na lógica de que quanto mais segura a estrutura de pagamento ao parceiro privado, mais interessados aparecerão ao certame.

7 "Obviamente, não fosse a tradição de mau pagador do Governo brasileiro, seriam desnecessárias as garantias do parceiro público. Como se não bastasse, é imperioso lembrar que, numa situação em que as garantias estejam ausentes, os credores, ainda que não se tenha qualquer dúvida sobre a certeza e a liquidez do crédito, terão que enfrentar o procedimento dos precatórios se não houver o regular pagamento da obrigação pecuniária da Administração.
No atual cenário, a submissão dos créditos oriundos de contratos de PPP ao regime dos precatórios desestimula – se não, mesmo, inviabiliza – a assunção de obrigações de longo prazo por parte dos parceiros privados respaldados em pagamentos futuros a serem realizados pela Administração." *(in* NAVARRO PRADO, Lucas; PORTUGAL RIBEIRO, Mauricio. *Comentários à Lei de PPP – Parceria público-privada – Fundamentos econômico-jurídicos.* São Paulo: Malheiros, 2007, p. 206).

8 PINTO JUNIOR, Mario Engler. *Experiências em Parcerias no Estado de São Paulo, in* Parcerias Público-Privadas. São Paulo, Malheiros, 2. ed. 2011, p. 591.

9 Outro ponto que também deve ser levado em consideração, é que as garantias oferecidas pelo Poder Concedente, não apenas servem para atrair o parceiro privado e dar, consequentemente, maior competitividade ao certame ou para diminuir o custo do investimento. Servem também para atrair os financiadores

Justamente por essas razões, verifica-se cada vez mais queos projetos de infraestrutura licitados ou em licitação têm trazido criativos e sofisticados mecanismos de garantia para assegurar as obrigações assumidas pelo Poder Concedente nos contratos de parceria público-privada, oferecendo maior segurança ao parceiro privado e a seus financiadores.

Este artigo representa o resultado de pesquisa sobre garantias oferecidas pelo Poder Concedente em projetos de infraestrutura licitados na modalidade de parceria público-privada realizada no Núcleo Temático de Parcerias Público-Privadas da Procuradoria Geral do Estado de São Paulo. O objetivo aqui perseguido foi estudar estruturas de garantias utilizadas em variados projetos e de diferentes unidades da federação para compilar as ideias e, eventualmente, reproduzi-las na estruturação de novas parcerias público-privadas.

O oferecimento de boas garantias depende, também, da existência de ativos para serem oferecidos e o que se pode perceber é que, Brasil afora, variadíssimas foram as estruturas criadas e os ativos encontrados para segurá-las.

Foram trazidos quatro projetos bem diferentes neste estudo; tanto em relação à infraestrutura a ser fornecida, quanto em relação às garantidas oferecidas pelo Poder Concedente.

A primeira parte deste estudo tratará brevemente das garantias previstas no art. 8º da Lei de PPPs. Após serão analisadas as garantias oferecidas pelo Poder Concedente nos proje-

---

do parceiro privado. Financiadores que, ao final do dia, tornar-se-ão mais "parceiros" do Poder Concedente do que do próprio parceiro privado. A razão para isso é uma só: o sucesso da concessionária (a pontual execução das obrigações por ela assumidas e o cumprimento de seus compromissos financeiros). Nesse sentido, Maurício Portugal Ribeiro: "Apesar disso, não se pode perder de vista que o financiador tem interesse no sucesso financeiro da SPE (com o intuito de recuperar seu investimento e obter a margem de retorno esperada), enquanto o interesse do Poder Público é mais amplo. Assim, o financiador constitui um bom fiscal da saúde financeira da SPE, mas o peso da fiscalização sobre a qualidade e a segurança do serviço prestado continua no âmbito da Administração." (in PORTUGAL RIBEIRO, Maurício. *Concessões e PPPs: melhores práticas em licitações e contratos*. São Paulo: Atlas, 2011, p. 142).

tos da Linha 6 do Metrô de São Paulo, da Arena Castelão, do Complexo Viário da Praia do Paiva e do Complexo Penal de Minas Gerais, fechando-se este estudo com algumas observações sobre o tema.

Ressalte-se que não se pretende neste estudo esgotar o tema sobre garantias a serem oferecidas pelo Poder Concedente em grandes projetos de infraestrutura. Longe de tamanha ambição, este estudo ateve-se a analisar especificamente os mecanismos de garantia oferecidos pelo Poder Concedente nos projetos supra identificados.

Breves considerações sobre as garantias previstas no artigo 8º da Lei federal nº 11.079/2004[10]

O art. 8º da Lei de PPPs autoriza o Poder Concedente, para cumprir com as obrigações pecuniárias por ele assumidas em contratos de parceria público-privada, a oferecer as seguintes garantias: vinculação de receitas (observado o disposto no inciso IV do art. 167 da Constituição Federal)[11]; instituição ou utilização de fundos especiais previstos em lei; contratação de seguro-garantia com companhias seguradoras que não sejam controladas pelo Poder Público; garantia prestada por organismos internacionais ou instituições financeiras que não sejam controladas pelo Poder Público; garantias prestadas por fundo garantidor ou empresa estatal criada para essa finalidade; bem como outros mecanismos admitidos em lei.

---

10 Esclarecimento pertinente: Sem a ambição de esgotar o tema, este item trata muito brevemente das formas de garantias a serem oferecidas pelo Poder Concedente previstas no art. 8º da Lei de PPPs e da Lei paulista sobre PPPs.

11 Art. 167, inciso IV, da Constituição Federal: "São vedados: (...) IV - a vinculação de receita de impostos a órgão, fundo ou despesa, ressalvadas a repartição do produto da arrecadação dos impostos a que se referem os arts. 158 e 159, a destinação de recursos para as ações e serviços públicos de saúde, para manutenção e desenvolvimento do ensino e para realização de atividades da administração tributária, como determinado, respectivamente, pelos arts. 198, § 2º, 212 e 37, XXII, e a prestação de garantias às operações de crédito por antecipação de receita, previstas no art. 165, § 8º, bem como o disposto no § 4º deste artigo;".

A vinculação de receitas é a possibilidade de o Poder Concedente comprometer determinadas receitas (desde que não haja vedação para tanto) para o pagamento do parceiro privado. Trata-se de mecanismo orçamentário e não de uma garantia propriamente dita. Isto é, ficaria inscrito no orçamento que determinadas receitas estariam vinculadas a garantir o pagamento de uma obrigação pecuniária assumida pelo Poder Concedente em face do parceiro privado.[12][13] Esse tipo de garantia é muito comum em contratos de financiamento tomados pelos entes federados perante o BNDES.

A instituição ou utilização de fundos especiais previstos em lei foi outra opção de garantia apresentada pela Lei de PPPs. Esses fundos são aqueles previstos no art. 71 da Lei federal nº 4.320, de 17 de março de 1964.[14] Ou seja, trata-se de fundo constituído por receitas segregadas que por lei se vinculam à realização de objetivos ou serviços específicos. Nada mais é, em verdade, do que uma "alocação legal de recursos orçamentários"[15] delimitada em regime de fundo para a realização de objetivos previamente fixados.

---

[12] "Em resumo, a vinculação de receitas não é propriamente uma garantia do direito civil, tal qual penhor, caução, fiança ou algo do gênero. O sentido desse tipo de garantia é, sobretudo, orçamentário, ao impedir que os montantes arrecadados como receita vinculada sejam utilizados para despesas outras que não as previstas no ato de vinculação." ((in NAVARRO PRADO, Lucas; PORTUGAL RIBEIRO, Mauricio. *Comentários à lei de PPP - Parceria público-privada - Fundamentos econômico-jurídicos*. São Paulo: Malheiros, 2007, p. 206).

[13] "Há uma garantia numa acepção lata (ou leiga) do termo, mas não se verifica na hipótese uma obrigação (acessória) garantidora. É um meio de pagamento a partir de receitas previamente afetadas àquele fim. Reveste-se de função de garantia, na medida em que oferece segurança ao garantido quanto ao uso de certa receita para o adimplemento de obrigações do Poder Público." (in GUIMARÃES, Fernando Vernalha. *PPP Parceria público-privada*. São Paulo: Saraiva, 2012, p. 365).

[14] Art. 71 da Lei federal nº 4.320/64: "Constitui fundo especial o produto de receitas especificadas que por lei se vinculam à realização de determinados objetivos ou serviços, facultada a adoção de normas peculiares de aplicação."

[15] GUIMARÃES, Fernando Vernalha. *PPP Parceria público-privada*. São Paulo: Saraiva, 2012, p. 371.

Outra possibilidade é a contratação de seguro-garantia pelo Poder Concedente, também conhecido como *performance bond*, por meio do qual se assegura o cumprimento de obrigações contratuais assumidas pelo Poder Concedente. Como qualquer outro contrato de seguro, o seguro-garantia poderá ser acionado caso o Poder Concedente deixe de cumprir suas obrigações pecuniárias.

A garantia de organismos internacionais ou instituições financeiras possivelmente assumirá a forma jurídica de fiança, pela qual o garantidor compromete-se a assumir as obrigações do Poder Concedente em caso de inadimplemento.

Há ainda a possibilidade de se obter garantia outorgada por empresa estatal ou fundo. Note-se que, a empresa estatal deverá ter entre suas atribuições a de dar garantia em relação às obrigações assumidas pelo Poder Concedente em contratos de parceria público-privada. Esse é o caso da Companhia Paulista de Parcerias – CPP, criada pelo Estado de São Paulo, por meio da Lei estadual nº 11.688, de 19 de maio de 2004, que, dentre seus objetivos, poderá prestar garantias reais, fidejussórias e contratar seguros (inciso VI do art. 15).

Ressalte-se que, a empresa estatal criada para esse fim e o fundo garantidor serão constituídos sob as normas do direito privado, razão pela qual não se submeterão ao regime de precatórios previsto no art. 100 da Constituição Federal. Como se verá a seguir, essa foi uma das opções adotadas nos projetos da Linha 4 e da Linha 6 do Metrô de São Paulo – a CPP como fiadora do Poder Concedente.

Da mesma forma, o fundo indicado no inciso V do art. 8º da Lei de PPPs, denominado fundo garantidor, deverá ser criado com a finalidade específica de conceder garantias ao cumprimento das obrigações assumidas pelo Poder Concedente em contratos de parceria público-privada. É o caso do Fundo Garantidor de Parcerias Público-Privadas Federal (FGP) previsto no art. 16 *et seq.* da Lei de PPPs, bem como do Fundo de Parcerias Público-Privadas criado pelo Estado de

Minas Gerais, por meio da Lei estadual nº 14.869, de 16 de dezembro de 2003.[16]

Por fim, o inciso VI do art. 8º dá maior flexibilidade ao Poder Concedente, ao permitir que suas obrigações pecuniárias sejam garantidas por outros mecanismos admitidos em lei. Essa é a indicação de que o rol apresentado pelo art. 8º não é exaustivo, permitindo-se que outras hipóteses previstas legalmente sejam utilizadas pelo Poder Concedente em contratos de parceria público-privada. Com fundamento nesse dispositivo, o Poder Concedente pode se utilizar, dentre outras, das garantias previstas no Código Civil, como a fiança, o penhor, a hipoteca e a alienação fiduciária. Dentre essas opções, as garantias reais (penhor, hipoteca e alienação fiduciária) tendem a dar maior conforto ao parceiro privado. Isso porque, no caso da fiança (em que se garante com outro patrimônio a obrigação), a depender do fiador do Poder Concedente (Administração direta ou autarquias), o parceiro privado terá da mesma forma que entrar na fila de precatórios para ver adimplida a obrigação assumida pelo Poder Concedente.

Como se verá, nos projetos a seguir analisados foram oferecidas as seguintes garantias: garantias prestadas por empresa estatal criada para essa finalidade; cessão de crédito de financiamento com a utilização de conta vinculada; vinculação de receitas e constituição de penhor pelo próprio ente federado.

Estruturas de garantias oferecidas em projetos de PPPs

O Projeto da Linha 6 do Metrô de São Paulo

A Linha 6 do Metrô de São Paulo será concedida pelo Estado de São Paulo (Poder Concedente) por meio de parceria público-privada, na modalidade concessão patrocinada, e tem

---

16 Art. 5º, *caput*: "O Fundo de Parcerias Público-Privadas do Estado de Minas Gerais operará a liberação de recursos para os parceiros privados contratados e oferecerá garantias reais que lhes assegurem a continuidade do desembolso pelo Estado dos valores contratados, na forma da legislação em vigor."

por objeto a exploração dos serviços de transporte de passageiros da Linha 6 – Laranja do Metrô, contemplando a implantação das obras civis e sistemas, fornecimento de material rodante, operação, conservação, manutenção e expansão.

A remuneração da concessionária é composta das seguintes parcelas: aporte de recursos[17]; receita tarifária[18] e contraprestação pecuniária[19]. Além disso, há previsão de que a concessionária poderá explorar receitas acessórias.

Os recursos para pagamento da parcela referente ao aporte de recursos serão provenientes de financiamento a ser obtido junto ao Banco Nacional de Desenvolvimento Econômico e Social (BNDES) e de recursos orçamentários do Poder Concedente. Para garantir que os recursos obtidos perante o BNDES sejam utilizados exclusivamente para o pagamento do aporte de recursos, eles serão depositados em conta vinculada ao projeto, destinada exclusivamente ao pagamento da conces-

---

[17] "Nos termos da Lei federal nº 11.079/04 e suas alterações, a CONCESSÃO contempla APORTE DE RECURSOS por parte do PODER CONCEDENTE, no valor máximo de R$ 3.879.018.037,00 (três bilhões, oitocentos e setenta e nove milhões, dezoito mil e trinta e sete reais), data base do mês de apresentação da proposta, cuja percepção pela CONCESSIONÁRIA, se dará em conformidade com o Fluxo de Desembolso de Parcelas do Aporte de Recursos – Volume I, do Anexo VI, em parcelas, até o 6º ano da CONCESSÃO, em função da efetiva execução dos investimentos, envolvendo construção (obra civil) e aquisição de bens reversíveis, para a implantação da LINHA 6, observada a proporcionalidade com as etapas efetivamente executadas, as quais estão vinculadas aos Eventos estabelecidos na evolução da implantação da Linha e na aferição de sua efetiva realização." (item 27.1, da cláusula vigésima sétima da minuta do contrato de concessão)

[18] "PARCELA A: Receita decorrente da TARIFA DE REMUNERAÇÃO, fixada em R$ 1,60 (um real e sessenta centavos), por passageiro transportado, na data base de 01/02/2013." (item 6.1.1 da cláusula sexta da minuta do contrato de concessão)

[19] "PARCELA B: CONTRAPRESTAÇÃO PECUNIÁRIA devida pelo PODER CONCEDENTE, no valor anual de R$ .... (identificar o valor proposto com o desconto) .... (extenso), na data base de / / (mês de apresentação da proposta), resultante da aplicação do desconto único em percentual de ....% (extenso) ofertado pela CONCESSIONÁRIA, conforme Planilha de Preços Propostos da Contraprestação Pecuniária com Cronograma Físico-Financeiro, Anexo III, Volume II, deste CONTRATO." (item 6.1.2 da cláusula sexta da minuta do contrato de concessão)

sionária a esse título.[20] O Poder Concedente, no prazo de 30 dias após a assinatura do contrato de concessão ou do contrato de financiamento com o BNDES, o que ocorrer por último, deverá celebrar contrato de administração de conta vinculada para assegurar que a totalidade dos recursos provenientes do financiamento concedido pelo BNDES seja utilizada exclusivamente para o pagamento da parcela referente ao aporte de recursos.[21]

Trata-se, portanto, de mecanismo de garantia em que há segregação dos recursos provenientes do financiamento do BNDES em uma conta vinculada para pagamento exclusivo do aporte de recursos à concessionária.

Para garantir o recebimento da receita tarifária, assim como no projeto da Linha 4, será utilizado o "Sistema de Arrecadação Centralizada".

Isso porque, o transporte público no Município de São Paulo é composto pelos seguintes agentes: Companhia do Metropolitano de São Paulo – Metrô, Companhia Paulista de Trens Metropolitanos – CPTM e São Paulo Transporte – SPTrans.[22] Há uma integração nos transportes (metrô, trem e ônibus) oferecidos por esses agentes. Essa integração significa que um passageiro pode se utilizar de ônibus e de metrô com o mesmo bilhete, pagando um preço único por essa utilização. Há também o passageiro que não faz essa integração, pagando o preço de um bilhete e utilizando-se apenas do ônibus, do trem ou do metrô.

---

20 Item 27.9 da cláusula vigésima sétima da minuta do contrato de concessão.
21 Obrigação prevista no item 27.10 da cláusula vigésima sétima da minuta de contrato.
22 Há ainda na região metropolitana de São Paulo a Empresa Metropolitana de Transportes Urbanos de São Paulo – EMTU, empresa controlada pelo Governo do Estado de São Paulo, vinculada à Secretaria de Estado dos Transportes Metropolitanos (STM), que fiscaliza e regulamenta o transporte metropolitano de passageiros de baixa e média capacidade nas quatro regiões metropolitanas do Estado de São Paulo. Ficou estabelecido no contrato de concessão da Linha 4, que a EMTU poderia futuramente integrar o Sistema de Arrecadação Centralizada, quando então ficará sujeita a todos os seus termos e condições (Item 9.2 da cláusula nona do contrato).

O Sistema de Arrecadação Centralizada funciona como uma câmara de compensação financeira do sistema metroferroviário do Estado de São Paulo e da SPTrans, e é responsável pela arrecadação integral de todos os valores pagos seja por meio do bilhete único da SPTrans, seja por meio de bilhetes do Metrô e da CPTM, inclusive aqueles vendidos para utilização da Linha 4; pelo controle da contagem física dos passageiros transportados; pela distribuição dos valores arrecadados entre os agentes acima relacionados e a concessionária da Linha 4 e pelo pagamento da receita tarifária à concessionária da Linha 4.[23]

O Sistema de Arrecadação Centralizada é composto pela "Câmara de Compensação", entidade com personalidade jurídica própria, não sujeita ao controle acionário direto ou indireto do Estado de São Paulo ou dos Municípios integrantes do sistema de transporte de passageiros da região metropolitana de São Paulo.[24] A Câmara de Compensação é fiel depositária dos valores arrecadados e atua por conta e ordem dos participantes do Sistema de Arrecadação Centralizada, dentre eles, a concessionária da Linha 4.[25]

Além disso, há o "Comitê Gestor de Integração", composto pelos participantes do Sistema de Arrecadação Centralizada, inclusive a concessionária da Linha 4, bem como a Secretaria de Estado dos Transportes Metropolitanos e a Secretaria Municipal de Transportes. O Comitê Gestor de Integração, dentre outras atividades, é responsável pela fiscalização da arrecadação tarifária e do estabelecimento das regras de operacionalização da repartição da arrecadação tarifária.[26]

---

23 Item 9.1 da cláusula nona do contrato.
24 Item 9.1.1 da cláusula nona do contrato de concessão da Linha 4 do Metrô de São Paulo.
25 Item 9.3 da cláusula nona do contrato de concessão da Linha 4 do Metrô de São Paulo.
26 Item 9.2.1 da cláusula nona do contrato de concessão da Linha 4 do Metrô de São Paulo.

O Comitê Gestor de Integração autoriza a repartição da arrecadação tarifária em duas partes: arrecadação do sistema de transporte coletivo do Município de São Paulo e arrecadação do sistema de transporte metroferroviário da região metropolitana de São Paulo, controlada pelo Comitê Metroferroviário (constituído pelo Metrô, pela CPTM e pela concessionária da Linha 4).

Verifica-se, portanto, que se trata de um mecanismo de garantia à concessionária para recebimento da receita tarifária contratualmente estabelecida, já que por meio do Sistema de Arrecadação Centralizada unificou-se o recolhimento dos valores arrecadados pela utilização dos serviços oferecidos pelos participantes do Sistema de Arrecadação Centralizada, evitando que qualquer um deles se aproprie de valores que não lhe são devidos; esses valores são segregados em conta independente administrada pela Câmara de Compensação, ou seja, desvinculada dos participantes do Sistema de Arrecadação Centralizada, evitando, por exemplo, além de qualquer apropriação indevida, eventuais penhoras judiciais de valores devidos por qualquer dos participantes do sistema; a Câmara de Compensação não está sujeita ao controle acionário direto ou indireto do Estado ou do Município de São Paulo, cumprindo as decisões recebidas do Comitê Gestor de Integração; permitiu-se a participação dos integrantes do Sistema de Arrecadação Centralizada na gestão do próprio sistema. Além disso, ficou estabelecido o pagamento prioritário e diário da receita tarifária à concessionária, pelo Sistema de Arrecadação Centralizada.

A concessionária da Linha 6 passará a integrar o Comitê Metroferroviário[27] e participará de todas as decisões relativas

---

27 Apenas para recordar, o Comitê Metroferroviário é o responsável pelo controle da arrecadação do sistema de transporte metroferroviário da região metropolitana de São Paulo e é constituído atualmente pelo Metrô, CPTM e concessionária da Linha 4.

ao sistema, com poder de veto em relação aos assuntos que afetem diretamente os seus legítimos interesses; das atividades de fiscalização da arrecadação tarifária, bem como do estabelecimento das regras de operacionalização da repartição da arrecadação tarifária.[28]

Além disso, a concessionária terá direito a receber diariamente em sua conta bancária a receita tarifária que lhe é devida, com prioridade em relação aos demais integrantes do Comitê Metroferroviário (ou a futuros e novos integrantes do sistema), exceto a concessionária da Linha 4 (que é a primeira a receber).[29]

Também na minuta do contrato de concessão da Linha 6, há previsão de mecanismo de mitigação de risco de demanda projetada, previsto no item 20.7 e seguintes, da cláusula vigésima. Esse mecanismo garante ao parceiro privado reajuste (para majorá-la) na tarifa de remuneração, a partir de fórmulas previstas contratualmente, caso a demanda real seja inferior a 85% da demanda inicialmente projetada.

Em relação ao pagamento da contraprestação pecuniária, a minuta do contrato de concessão prevê a obrigação do Poder Concedente de incluir em sua proposta orçamentária anual dotação específica em valor suficiente para suportar o pagamento da contraprestação pecuniária para o exercício subsequente, vetar alterações na referida proposta que reduzam ou restrinjam essa dotação, bem como não efetuar contingenciamento de tais recursos.[30]

Para garantir o pagamento da contraprestação pecuniária, a CPP assumirá a posição de fiadora do Poder Concedente, exclusivamente em relação ao pagamento do valor correspon-

---

28 Item 28.3.2 da cláusula vigésima oitava da minuta do contrato de concessão.
29 Item 28.3.3 da cláusula vigésima oitava da minuta do contrato de concessão.
30 Item 52.1 da cláusula quinquagésima segunda da minuta do contrato de concessão.

dente a seis prestações mensais da referida contraprestação.[31]

Além disso, a CPP constituirá a favor da concessionária penhor[32] sobre cotas de fundo de investimento do qual é única cotista.[33] Para acionar essa garantia, em caso de inadimplência do Poder Concedente, a concessionária, decorridos dez dias da data de pagamento prevista, deverá informar a CPP para pagamento espontâneo no prazo de cinco dias úteis. Não ocorrendo o pagamento espontâneo, a concessionária poderá solicitar ao agente de garantia o resgate de tantas cotas quantas necessárias para satisfação da obrigação inadimplida e a subsequente transferência dos recursos para conta corrente de sua livre movimentação.[34]

Foi estabelecido na minuta do contrato de concessão um sistema de reembolso da CPP pelo Poder Concedente, na hipótese de ser acionada a garantia pela concessionária.[35] Caso não haja o correspondente reembolso pelo Poder Concedente, a garantia prestada pela CPP será reduzida no valor executado pela concessionária e não reembolsado, até o seu esgotamento.[36] Em outras palavras, a CPP, como fiadora do Poder Concedente, só garante o pagamento do montante corresponden-

---

31 Ressalte-se que houve renúncia expressa da CPP exclusivamente ao benefício previsto no art. 827 do Código Civil. Além disso, ficou estabelecido que a fiança teria vigência a partir do início da operação comercial ou da operação comercial antecipada, plena ou parcial, até a liquidação final, pelo Poder Concedente, da última parcela da contraprestação pecuniária (item 52.2 da cláusula quinquagésima segunda da minuta do contrato de concessão).

32 Nos termos do art. 1.431 do Código Civil (item 52.3 da cláusula quinquagésima segunda da minuta do contrato de concessão).

33 Fundo de Investimento em Cotas de Fundos de Investimento Renda Fixa Longo Prazo, denominado BB CPP Projetos, inscrito no CNPJ sob n. 17.116.243/0001-92 (item 52.3 da cláusula quinquagésima segunda da minuta do contrato de concessão).

34 Itens 52.4 e 52.4.1 da cláusula quinquagésima segunda da minuta do contrato de concessão.

35 Item 52.4.2 da cláusula quinquagésima segunda da minuta do contrato de concessão.

36 Item 52.5 da cláusula quinquagésima segunda da minuta do contrato de concessão.

te a seis prestações mensais da contraprestação pecuniária e atingido esse valor (e, claro, executado pela concessionária), sem qualquer reembolso do Poder Concedente, restará extinta a garantia prestada.

Justamente em razão dessa limitação na garantia prestada pela CPP, foi estabelecido outro mecanismo contratual, denominado "remuneração contingente", o qual prevê um acréscimo na receita tarifária de R$ 1,60 por passageiro transportado, nas seguintes hipóteses: esgotamento da garantia prestada pela CPP em razão do não ressarcimento pelo Poder Concedente e da não retomada do pagamento da contraprestação pecuniária pelo Poder Concedente e ocorrência de novo evento de inadimplemento do pagamento da contraprestação pecuniária, a qualquer tempo, enquanto a garantia prestada pela CPP ainda não tiver sido recomposta pelo Poder Concedente.[37]

Trata-se, portanto, de garantia subsidiária ao recebimento da contraprestação pecuniária devida pelo Poder Concedente. Subsidiária, pois só poderá ser acionada pela concessionária na hipótese de a primeira garantia (oferecida pela CPP) ser insuficiente ou já tiver se esgotado.

A remuneração contingente será recebida pela concessionária independentemente de qualquer anuência prévia do Poder Concedente e diretamente da Câmara de Compensação do Sistema de Arrecadação Centralizada, da mesma forma que recebe a receita tarifária. Explico. Além do R$ 1,60 que recebe por passageiro transportado, receberá mais R$ 1,60 a título de remuneração contingente. Ao final, receberá R$ 3,20 por passageiro transportado, nas hipóteses em que o Poder Concedente deixar de pagar os valores devidos a título de contraprestação pecuniária e a garantia prestada pela CPP já tiver se esgotado ou for insuficiente para o pagamento da parcela da contraprestação pecuniária inadimplida. A prioridade para

---

37 Item 52.5 da cláusula quinquagésima segunda da minuta do contrato de concessão.

recebimento da remuneração contingente perante o Sistema de Arrecadação Centralizada seguirá a mesma adotada para o recebimento da receita tarifária, ou seja, primeiro recebe a concessionária da Linha 4, depois a concessionária da Linha 6 (tanto a receita tarifária quanto a remuneração contingente), para depois receberem Metrô, CPTM e eventual futuro concessionário.[38]

O valor total recebido de remuneração contingente não poderá, em nenhuma hipótese, ultrapassar o valor da contraprestação pecuniária devida pelo Poder Concedente à concessionária. Além disso, tão logo o Poder Concedente retome o pagamento da contraprestação pecuniária, imediata e automaticamente cessar-se-á o pagamento da remuneração contingente à concessionária.[39][40]

Há ainda na minuta do contrato de concessão da Linha 6 previsão de outro importante mecanismo: cumprimento de uma "fase preliminar" para ter início a vigência do contrato.[41] Nessa fase preliminar, dentre outras, devem ser tomadas as seguintes providências pelo Poder Concedente: formalização da participação da concessionária no Sistema de Arrecadação Centralizada; estruturação financeira definida pelo Poder Concedente do fluxo de aporte de recursos a favor da concessionária, abrangendo a aprovação do contrato de financiamento junto ao BNDES e/ou outras

---

38 Itens 52.7 e 52.7.1 da minuta do contrato de concessão.

39 Item 52.7.5 da minuta do contrato de concessão.

40 Na hipótese de ser recebida remuneração contingente pela concessionária, o Poder Concedente deverá restituir à Câmara de Compensação do Sistema de Arrecadação Centralizada do montante pago à concessionária a esse título (item 52.7.5.1 da minuta do contrato de concessão). Para garantir essa obrigação de restituição do Poder Concedente, a CPP assume a posição de sua fiadora no que se refere exclusivamente à reposição de 2 (duas) parcelas mensais de remuneração contingente, comprometendo-se a manter ativos líquidos no montante correspondente, disponíveis durante todo o prazo de vigência do contrato, alocados em fundo ou estrutura equivalente (item 52.7.5.1.1 da minuta do contrato de concessão).

41 Item 4.1.2 da minuta do contrato de concessão.

instituições financeiras e a eventual parcela oriunda de recursos orçamentários do Tesouro estadual; bem como formalização do contrato de penhor e outros instrumentos necessários para a efetividade da garantia da contraprestação pecuniária.[42]

Ou seja, só terá início o contrato depois de efetivados os mecanismos de garantia e mesmo as garantias (propriamente ditas) de cumprimento das obrigações pecuniárias do Poder Concedente.[43]

Diante do exposto, verifica-se, que no projeto da Linha 6 do Metrô, as obrigações assumidas pelo Poder Concedente são garantidas por vinculação dos recursos provenientes de financiamento obtido perante o BNDES para pagamento exclusivo do aporte de recursos; um sistema de arrecadação centralizada em que há a segregação das receitas auferidas pelo transporte público na Região Metropolitana de São Paulo, para posterior repartição entre seus participantes, participação direta da concessionária da Linha 6 em sua gestão, inclusive em relação às regras de repartição dos valores recebidos pelo sistema e o pagamento diário dos valores devidos à concessionária da Linha 6 a título de receita tarifária, com prioridade em relação aos outros participantes, com exceção da Concessionária da Linha 4; fiança prestada por empresa estatal, a CPP, que deu em penhor como garantia do cumprimento de suas obrigações como fiadora do Poder Concedente, cotas de fundo de investimento; bem como mecanismo subsidiário de garantia de pagamento da contraprestação, em que a concessionária recebe diretamente do Sistema de Arrecadação Centralizada o dobro do que receberia de receita tarifária.

---

42 Item 4.1.2.1 da minuta do contrato de concessão.

43 Além de outras obrigações atribuídas à concessionária, mas que não serão abordadas por estarem fora do escopo deste artigo.

O Projeto do Estádio Arena Castelão - Ceará

A Cidade de Fortaleza foi escolhida como uma das cidades que receberá partidas da Copa do Mundo de 2014, devendo, para tanto, atender a uma série de exigências formuladas pela FIFA para adequação aos padrões internacionais de cidades que recebem partidas de uma copa do mundo de futebol. Dentre tais exigências, é necessária a completa readequação, modernização, ampliação e reforma do Estádio Plácido Aderaldo Castelo ("Arena Castelão"), em Fortaleza, para a realização das partidas da Copa do Mundo, o que demandará a realização de significativos investimentos, seja em infraestrutura, seja, posteriormente, na operação das instalações.

Portanto, o Governo do Estado do Ceará ("Poder Concedente") optou pela realização de uma parceria público-privada com a finalidade de reformar, ampliar, operar e manter o referido Estádio, na modalidade concessão administrativa. O valor do contrato é de R$ 518.606.000,00.

A remuneração devida ao parceiro privado é composta por duas partes: a remuneração fixa e a contraprestação mensal. A primeira refere-se ao pagamento dos investimentos realizados com relação à infraestrutura concluída, e a segunda refere-se à remuneração pela operação e manutenção do Estádio, de forma proporcional à sua disponibilidade.

Como garantia do pagamento de todos os valores devidos ao parceiro privado, o Poder Concedente constituiu tripla garantia.

A primeira garantia consiste na vinculação e cessão, em caráter irrevogável e irretratável por todo o prazo do contrato, dos recursos advindos de financiamento que o Estado obteve ao BNDES para o Castelão. Esses recursos são direcionados à conta específica mantida junto à Caixa Econômica Federal. Nos termos de Contrato de Nomeação de Agente de Garantia e Administração de Conta Vinculada, celebrado entre a Caixa, o Estado e o parceiro privado, os recursos oriundos do financiamento do BNDES serão usados exclusivamente para os pagamentos devidos ao parceiro privado, com base em ordem do

Poder Concedente acompanhada dos documentos comprobatórios do adimplemento das parcelas dos investimentos contratados pelo parceiro privado.

Já a segunda, consiste na instituição de uma "Conta Vinculada", mantida junto à Caixa Econômica Federal, na qual o Estado depositou recursos próprios em montante equivalente a 12 vezes o valor da contraprestação mensal devida ao parceiro privado, em razão da prestação dos serviços (operação e manutenção), e essa conta ficou contratualmente vinculada, durante todo o prazo da concessão, ao adimplemento das obrigações do Poder Concedente.

Por fim, a partir do início da efetiva prestação do serviço, o Poder Concedente outorgará ao parceiro privado garantia fidejussória, contratada com a instituição financeira de primeira linha,[44] no valor equivalente a 12 vezes o valor da contraprestação mensal devida em razão da prestação dos serviços (operação e manutenção), garantia esta que vigerá até o término do prazo da concessão.

Portanto, no projeto da Arena Castelão, o Poder Concedente deu em garantia para pagamento de suas obrigações vinculação e cessão de recursos obtidos em financiamento junto ao BNDES; vinculação de recursos orçamentários depositados em conta específica e garantia fidejussória contratada com a instituição financeira de primeira linha.

Ponte de Acesso e Complexo Viário da Praia do Paiva – Pernambuco

O Governo do Estado de Pernambuco ("Poder Concedente") celebrou contrato de parceria público-privada para a construção de parcelas e exploração de sistema viário da Praia do Paiva

---

44 Assim entendida a instituição financeira devidamente autorizada a funcionar pelo Banco Central do Brasil ou órgão estrangeiro análogo que tenha patrimônio líquido de, no mínimo, R$ 1.000.000.000,00 (um bilhão de reais), conforme comprovado por meio da apresentação das últimas demonstrações financeiras disponíveis devidamente publicadas.

(incluindo a ponte sobre o Rio Jaboatão), na modalidade concessão patrocinada. O contrato celebrado tem prazo de 35 anos e encontra-se, atualmente, em fase de operação.

Trata-se de parceria público-privada em que a concessionária é remunerada pela cobrança de pedágio dos usuários do sistema, o qual é complementado por contraprestação paga pelo Poder Concedente.

A garantia dada pelo Estado ao cumprimento de suas obrigações na parceria consiste em depósito de recursos, em "Conta Garantia", correspondentes a 20% do total da parcela do Estado de Pernambuco na arrecadação, pela União Federal, da Contribuição de Intervenção no Domínio Econômico incidente sobre a importação e a comercialização de petróleo e seus derivados, gás natural e seus derivados, e álcool etílico combustível – CIDE Combustíveis, limitada à quantia correspondente ao valor máximo da contraprestação básica adicional à tarifa (CBAT) anual a ser paga pelo Poder Concedente à concessionária. O Poder Concedente deve manter a Conta Garantia constantemente com valor equivalente ao valor da CBAT anual a ser paga à concessionária.

Essa Conta Garantia é mantida junto à instituição financeira (agente fiduciário), à qual é direcionada a parcela da CIDE a que o Estado tem direito, até atingir o limite supra (valor anual da CBAT). O contrato celebrado entre as partes (Poder Concedente, concessionária e agente fiduciário) estabelece as hipóteses e condições em que o agente está autorizado a transferir os recursos dados em garantia à concessionária ou aos seus financiadores. Em linhas gerais, constatado o inadimplemento do Poder Público, a concessionária deve notificar o agente, acompanhada dos documentos pertinentes, e o agente terá o prazo de até 48 horas para efetuar o pagamento da quantia correspondente à concessionária ou a seus financiadores.

Em breves linhas, verifica-se que a garantia utilizada pelo Poder Concedente no Complexo da Praia do Paiva para cumprir suas obrigações foi a vinculação de receitas provenientes da CIDE, hipótese prevista no inciso I, do art. 8º, da Lei de PPP.

O Projeto do Complexo Penal de Minas Gerais

O Projeto Complexo Penal de Minas Gerais é uma parceria público-privada, na modalidade concessão administrativa, e tem por objeto a construção e gestão de um complexo penal pelo prazo de 27 anos.

A remuneração da concessionária é composta das seguintes parcelas para cada unidade penal:[45] contraprestação pecuniária mensal; parcela anual de desempenho e parcela referente ao parâmetro de excelência.

Como garantia ao pagamento da contraprestação pecuniária mensal o Estado de Minas Gerais ("Poder Concedente") comprometeu-se a constituir penhor sobre direitos creditórios oriundos de contratos de financiamentos celebrados entre o Banco de Desenvolvimento de Minas Gerais e a Fiat Automóveis S.A., no âmbito do Fundo de Incentivo ao Desenvolvimento; debêntures simples, da espécie quirografária, não conversíveis em ações, subscritas e integralizadas pelo Estado de Minas Gerais e emitidas pela Telemig Celular S.A. e BCP S.A. e a serem subscritas e integralizadas pelo Estado de Minas Gerais de emissão da Telemar Norte Leste S.A. e títulos da dívida pública federal.

Importante observar que a garantia oferecida pelo Estado de Minas Gerais servirá, ainda, para pagamento de eventuais multas por atraso[46] e para o pagamento da indenização em caso de encampação, na hipótese de inadimplência do Estado de Minas Gerais.[47]

---

45 Unidade Penal está assim definida no contrato "elementos que compõem o COMPLEXO PENAL, estanques e autônomos, destinados à execução da pena e à realização dos serviços auxiliares descritos nos CADERNOS DE ENCARGOS DA CONCESSIONÁRIA, anexos ao EDITAL."

46 Item 33.22 do contrato de concessão.

47 Item 41.3 do contrato de concessão.

Para guarda, administração e liquidação dos bens gravados, ficou convencionado no contrato de concessão que a concessionária contrataria instituição financeira para atuar como "Agente Garantidor".[48] O Agente Garantidor será nomeado pelo Poder Concedente como depositário da conta vinculada e dos ganhos e receitas financeiras dela decorrentes e será autorizado, de forma irrevogável e irretratável, a movimentá-la.[49]

Para execução do penhor, a concessionária deverá comunicar o Agente Garantidor a ocorrência do inadimplemento do Estado de Minas Gerais, instruindo a comunicação com a fatura pela prestação dos serviços; os relatórios da auditoria realizada pelo verificador independente[50] e o comprovante de que realizou o protocolo dos documentos descritos anteriormente perante o Estado de Minas Gerais. Recebida a comunicação, cabe ao agente garantidor comunicar ao Estado de Minas Gerais, facultando-lhe a purgação da mora no prazo de dez dias. Na hipótese de manutenção da inadimplência após o prazo concedido, o agente garantidor quitará a parcela devida à concessionária.

Como se vê, o Poder Concedente, para pagamento da contraprestação mensal, de multa por atraso e pagamento da indenização em caso de encampação, deu em garantia penhor de ativos.

Considerações finais

Ao se tomar a decisão de lançar um projeto por meio de parceria público-privada, deve-se levar em consideração que essa modalidade de contratação representa de fato uma parceria, na qual se busca o melhor negócio possível para

---

48 Item 28.6 do contrato de concessão.
49 Subitens 28.7.6 e 28.7.7 do contrato de concessão.
50 Verificador independente: entidade contratada pelo Estado de Minas Gerais para o monitoramento permanente do processo de aferição do desempenho da concessionária.

todas as partes. Daí que riscos devem ser alocados e mitigados da melhor forma possível. Além disso, para atrair o privado para ser seu parceiro, o Poder Concedente deve oferecer garantias de cumprimento de suas obrigações pecuniárias. Essas medidas tornam-se ainda mais necessárias diante de projetos de infraestrutura, em que os investimentos a serem realizados tanto pelo parceiro público como pelo parceiro privado são elevadíssimos. Dificilmente se encontrará alguém disposto a fazer pesados investimentos sem qualquer garantia de retorno.

Nesse contexto, verifica-se que os projetos analisados preocuparam-se em oferecer garantias para honrar as obrigações pecuniárias (ou parte delas) assumidas pelo Poder Concedente.

No projeto da Linha 6 houve uma preocupação em garantir os investimentos para construção, o recebimento da receita tarifária e o pagamento da contraprestação pecuniária. No projeto da Arena Castelão também houve o oferecimento de garantias tanto para o pagamento dos investimentos realizados na construção do estádio como para o pagamento da contraprestação pecuniária devida ao parceiro privado. No Complexo do Paiva houve o oferecimento de garantia para honrar com a contraprestação devida pelo Poder Concedente para o parceiro privado.

Diferentemente dos demais projetos, no Projeto do Complexo Penal de Minas Gerais, não apenas a contraprestação devida pelo Poder Concedente foi garantida, mas também o recebimento de indenização em caso de eventual encampação pelo Poder Concedente.

Bibliografia

BORGES, Luiz Ferreira Xavier; NEVES, FARIA, Viviana Cardoso de Sá. *Project finance: considerações sobre a aplicação em infraestrutura no Brasil*. Revista do BNDES, Rio de Janeiro, v. 9, n. 18, p. 241-280, dez. 2002.

BOSSONI, Claudio A.; MALVESSI, Oscar. *Project finance no Brasil: fundamentos e estudo de casos.* 3. ed. São Paulo: Editora Atlas, 2008.

BRANDÃO, Luiz E. T.; SARAIVA, Eduardo C. G. *Garantias Governamentais em Projetos de PPP: Uma avaliação por opções reais.* Revista Pesquisa e Planejamento Econômico, v. 37, n. 3, p. 381-403, dez.2007.

CARNEIRO, Maria Christina Fontainha. *Investimentos em projetos de infraestrutura: Desafios permanentes.* Revista do BNDES, Rio de Janeiro, v. 13, n. 26, p. 15-34, dez. 2006.

CRETELLA NETO, José. *Comentários à lei de parcerias público-privadas – PPPs.* Rio de Janeiro: Forense, 2005.

DI PIETRO, Maria Sylvia Zanella. *Parcerias na administração pública: Concessão, permissão, franquia, terceirização, parceria público-privada e outras formas.* 8. ed. São Paulo: Atlas, 2011.

FINNERTY, John D. *Project finance: Engenharia financeira baseada em ativos.* Rio de Janeiro: Qualitymark Ed., 1999.

GUIMARÃES, Fernando Vernalha. *A constitucionalidade do sistema de garantias ao parceiro privado previsto pela Lei Geral de Parceria Público-Privada – em especial, da hipótese dos fundos garantidores.* Revista Jurídica do Centro Universitário Curitiba, v. 23, n. 7, 2009.

GUIMARÃES, Fernando Vernalha. *PPP – Parceria público-privada.* São Paulo: Saraiva, 2012.

IRWIN, Timothy C. *Government guarantees: Allocating and valuing risk in privately financed infrastructure projetcs.* Washington: The Word Bank, 2007.

JUSTEN, Monica Spezia; TALAMINI, Eduardo (coord). *Parcerias público-privadas: Um enfoque multidisciplinar.* São Paulo: Revista dos Tribunais, 2005.

MIGUEL, Luiz Felipe Hadlich. *As garantias nas parcerias público-privadas.* São Paulo: Editora Forum, 2011.

NAVARRO PRADO, Lucas; PORTUGAL RIBEIRO, Mauricio. *Comentários à Lei de PPP - Parceria público-privada – Fundamentos Econômico-jurídicos.* São Paulo: Malheiros, 2007.

PINTO JUNIOR, Mario Engler. Parceria público-privada. Antigas e novas modalidades contratuais. *Revista de Direito Público da Economia*, v. 13, p. 175-198, 2006.

PORTUGAL RIBEIRO, Maurício. *Concessões e PPPs: Melhores práticas em licitações e contratos.* São Paulo: Atlas, 2011.

PORTUGAL RIBEIRO, Maurício. *Novo fundo garantidor de PPPs federais também pode ser utilizado por Estado e Distrito Federal: Agora vai?* Publicado no endereço eletrônico: http://www.slideshare.net/portugalribeiro/novo-fundo-garantidor-de-ppps-federal.

REGULES, Luiz Eduardo Patrone. Reflexões sobre o papel dos financiadores nas parcerias público-privadas. In: SOUZA, Marina Campos de (coord.). *Parceira público-privada: Aspectos jurídicos relevantes.* São Paulo: Quartier Latin, 2008, p. 87-109.

SCHIRATO, Victor Rhein. *Os sistemas de garantia nas parcerias público-privadas.* Revista de Direito Público da Economia, Belo Horizonte, n. 28, pp. 177-225, out./dez.2009.

SUNDFELD, Carlos Ari (coord.). *Parceiras público-privadas.* 2. ed. São Paulo: Malheiros, 2011.

Edital e contrato da Linha 4 do Metrô de São Paulo.

Edital e contrato da Linha 6 do Metrô de São Paulo.

Edital e contrato da Arena Castelão.

Edital e contrato do Complexo Viário Praia do Paiva.

Edital e contrato do Complexo Penal de Minas Gerais.

capítulo VIII

Breves notas sobre o equilíbrio econômico-financeiro nas concessões de serviços públicos

Eugenia Cristina Cleto Marolla[1]
Camila Rocha Cunha Viana[2]
Rafael Carvalho de Fassio[3]
Rodrigo Augusto de Carvalho Campos[4]

Introdução

O presente trabalho é fruto dos estudos desenvolvidos durante o ano de 2013 no Núcleo de Estudos de Parcerias Público-Privadas da Procuradoria Geral do Estado de São Paulo e pretende apresentar uma visão geral sobre o equilíbrio econômico-financeiro das concessões de serviços públicos, sejam elas comuns ou patrocinadas, e a forma como esse princípio vem sendo tratado pela lei, pela doutrina, pelo Poder Público e pela jurisprudência.

Merece destaque no estudo da equação econômico-financeira do contrato a correlação entre o direito e a ciência econômica, especialmente o ramo das finanças. Enquanto a garantia[5] pertence ao mundo do direito, sua instrumentalização se dá por meio das ciências das finanças. Assim, direito e finanças andam *pari passu* quando se fala em equação econômico-financeira dos contratos.

---

1 Procuradora do Estado de São Paulo. Mestre em Direito do Estado pela Pontifícia Universidade Católica de São Paulo – PUC/SP. Subcoordenadora do Curso de Direito do Estado da Escola Superior da Procuradoria Geral do Estado de São Paulo. Graduada em Direito pela Universidade de São Paulo.

2 Procuradora do Estado de São Paulo. Graduada em Direito pela Universidade do Estado do Rio de Janeiro – UERJ.

3 Procurador do Estado de São Paulo. Graduado em Direito pela Universidade de São Paulo – USP.

4 Procurador do Estado de São Paulo - Chefe da Consultoria Jurídica do DAEE. Mestre em Direito do Estado pela Pontifícia Universidade Católica de São Paulo – PUC/SP.

5 De manutenção da equação econômico-financeira.

O tema se mostra de suma relevância em razão dos conflitos que surgem durante a execução do acordo, os quais quase sempre envolvem vultosas somas de dinheiro, afetando de diversas maneiras o interesse público.

Entender a dinâmica desse instituto é crucial para os administradores públicos, mormente ao se considerar que os contratos de parceria exercem grande influência na dinâmica econômica do Estado, com produção de efeitos por longos períodos de tempo. Mais do que isso, o princípio do equilíbrio econômico-financeiro congrega interesses das mais diversas ordens: dos usuários, dos concessionários, do Poder Público ou até mesmo dos investidores. Encontrar a justa medida da garantia tem se mostrado tarefa árdua tanto para os operadores do direito quanto para os economistas.

A questão é complexa e está em constante evolução. Por essa razão, pretende-se num primeiro momento apresentar uma visão geral sobre o instituto. O trabalho está dividido em três partes. Na primeira, serão tecidas breves considerações jurídicas acerca do instituto. Na segunda, serão abordados os aspectos econômicos, incluindo breves explicações acerca da TIR (Taxa Interna de Retorno) e do VPL (Valor Presente Líquido), tal como tratado nas ciências econômicas. Por fim, serão analisadas as metodologias que vêm sendo empregadas na aferição do equilíbrio econômico-financeiro contratual, em razão da diversidade de tratamento que vem sendo dada pelos editais de concessão ao tema.

Breve visão jurídica sobre o equilíbrio econômico-financeiro.

Os contratos de concessão de serviços públicos, sejam comuns ou parcerias público-privadas, têm como característica a longa duração, necessária à amortização dos investimentos e depreciação dos bens utilizados na execução do serviço. São, portanto, contratos de execução continuada e como tal, estão sujeitos ao efeito do decurso do tempo sobre a estipulação inicial.

Não há como se definir, a priori, quais são os fatores ou eventos futuros que repercutirão no pacto celebrado, alterando as condições de sua execução. Trata-se de exercício de futurologia, que nem o mais habilitado dos técnicos conseguiria realizar.

Depara-se, assim, com um problema de ordem prática: permitir que o contrato seja cumprido tal como pactuado, conformando-o com as questões fáticas (futuras e incertas) que nele ecoem, surgidas ao longo de sua execução. O dilema é o de garantir a execução do pacto inicial, ao qual as partes voluntariamente se obrigaram, acomodando os eventos futuros e incertos que surjam durante seu longo prazo de duração.

Essa questão não é nova e, embora se possa dizer que não há uma solução pronta e acabada aplicável a todas as hipóteses, há mecanismos econômicos e jurídicos que permitem mitigar o problema, sem que se tenha que recorrer à solução extrema da rescisão contratual.

O princípio do equilíbrio econômico-financeiro se insere nesse contexto, tendo como finalidade a preservação da justiça contratual e da equivalência objetiva da prestação e da contraprestação, por meio da manutenção da relação de fato formada entre os encargos e vantagens anuídos pelas partes no momento da celebração do acordo.

Objetiva-se, destarte, a manutenção das condições econômico-financeiras inicialmente acordadas, que sejam turbadas por instabilidades advindas da ocorrência de eventos extraordinários e alheios à vontade das partes, ou de alteração unilateral por parte da Administração Pública, nos casos em que o interesse público demandar.

Os eventos futuros e incertos que podem interferir na relação de fato entre encargos e vantagens não redundam, necessariamente, em prejuízo para a parte que o suporta. Como risco que são, eles podem ter efeitos tanto negativos, causando um desembolso maior do que o inicialmente previsto, como positivos, trazendo ganhos inesperados para uma das partes.

Na prática, pode ocorrer um aumento nas vantagens do contratado sem base no pacto inicial, em razão de eventos alheios a sua vontade. A relação de parceria[6] e de isonomia inerente às concessões de serviços públicos impõe que os ganhos extras sejam compartilhados com os usuários do serviço concedido, não podendo ser inteiramente apropriados pelo concessionário de serviços públicos.

Assim, ao contrário do que pode inicialmente parecer, a garantia do equilíbrio econômico-financeiro não é um benefício exclusivo do privado. Ela também beneficia a Administração Pública, a quem compete a realização do melhor interesse público.

Explicar a lógica do equilíbrio econômico-financeiro é de certo modo fácil e intuitivo. Entretanto, o seu conteúdo não pode ser definido de maneira genérica e abstrata, tampouco de forma prévia. Adverte Jacintho de Arruda Câmara, que "nem nos mais complexos e profundos trabalhos acadêmicos é possível encontrar elementos ou fórmulas que indiquem o conteúdo do mencionado equilíbrio"[7].

A indeterminação é intrínseca ao conceito e não decorre de qualquer falha ou imprecisão do contrato ou dos contratantes. Como consequência, o equilíbrio econômico-financeiro é descrito no plano abstrato, de maneira bastante genérica, como a relação entre encargos e vantagens existente quando da celebração do acordo.

A descrição abstrata delimita o princípio cabendo, contudo, à situação concreta precisar esse quadro; o equilíbrio

---

[6] Nas concessões de serviços públicos a relação estabelecida entre as partes é de parceria, na qual o concessionário busca a obtenção de lucro com a exploração empresarial de um serviço público e a Administração a execução do serviço da forma mais adequada e com o menor ônus possível para o erário.

[7] CÂMARA, Jacintho de Arruda. Tarifas nas concessões. São Paulo: Malheiros, 2009, p.169.

econômico-financeiro dependerá das particularidades de cada contrato, de cada serviço e de cada concessão. Essa situação também está refletida em nossa legislação.

É voz corrente na doutrina, embora não majoritária, que a garantia possui sede constitucional, estando prevista no art. 37, inciso XXI, da Constituição Federal. Tal disposição traz regras a serem observadas nos processos de licitação e contratação realizados pela Administração Pública. Em especial, prevê que os contratos de obras, serviços, compras e alienações prevejam cláusulas que estabeleçam obrigações de pagamento, mantidas as condições efetivas da proposta, nos termos da lei. Não define, portanto, o que seja o equilíbrio econômico-financeiro do contrato, deixando para a lei ordinária estabelecer o que se deve entender por "manutenção das condições efetivas da proposta".

Também não há indicação exata do que venha a ser a equação econômico-financeira do contrato em sede doutrinária, costumando-se defini-la como a relação entre encargos e vantagens do concessionário formada no momento da celebração do acordo.

Dessa forma, a relação somente pode ser estabelecida à luz das disposições editalícias e contratuais, uma vez que não há como se definir de antemão seu conteúdo, apenas com base na lei ou na garantia constitucional. Tal impossibilidade, diga-se, é fática.

A lei que disciplina as concessões de serviços públicos (Lei nº. 8.987/95)[8] corrobora este entendimento. Seu art. 10 traz regra acerca do que se deve entender por manutenção do equilíbrio econômico-financeiro, apontando que, sempre que forem atendidas as condições do contrato, considera-se mantido seu equilíbrio econômico-financeiro.

---

8 Aplicável subsidiariamente às parcerias público-privadas.

Assim, o equilíbrio econômico-financeiro é uma relação de fato entre encargos e vantagens impostos às partes quando da celebração do acordo, sendo possível figurar, como em um balanço contábil, os encargos como contrabalançados pela remuneração. Estabelece-se uma relação convencional de equivalência entre os encargos e as vantagens.

Não significa, contudo, que o valor absoluto das obrigações recíprocas deva ser mantido, pois o que se preserva é a relação entre as obrigações e vantagens. O que se garante com a aplicação do princípio é a equivalência da relação e não a garantia das cláusulas que tenham expressão econômica em si mesmas consideradas. Sobre esse ponto, Caio Tácito, citando Duez e Debeyere, registra que

> as obrigações recíprocas que figuram na concessão não tem valor absoluto, elas possuem um valor de relação: entre elas se estabelece uma determinada proporção e é esta proporção que deve ser mantida. Não são as prestações (A,B,C) do concedente que são imutáveis, nem aquelas (a,b,c) da concessionária, mas a relação que foi estabelecida entre A,B,C e a,b,c.

A quebra da equação econômico-financeira e sua recomposição

A quebra do equilíbrio econômico-financeiro é fenômeno essencialmente econômico. Consiste na alteração do resultado econômico extraível da contratação administrativa, quando a realidade verificada na execução do contrato não corresponder às projeções inicialmente elaboradas pelas partes em relação ao vínculo jurídico de conteúdo patrimonial. Consequentemente, ela só pode ser verificada por comparação de duas realidades, a projetada pelas partes quando da contratação e a ocorrida. É questão de fato, que deve ser provada pela parte prejudicada, a quem compete demonstrar que a realidade do contrato não condiz com o pactuado.

Para sua configuração, também se afigura necessário que a parte onerada não tenha dado causa ao evento. Assim, nos casos em que acontecimento gere prejuízos, a conduta culposa da parte, que levar a sua própria oneração, não gera obrigação de ressarcimento para o outro contratante. Neste caso, o encargo não decorreu de qualquer ato ilícito ou de responsabilidade da outra parte e deve ser inteiramente suportado por quem lhe deu causa.

Além disso, a quebra da equação econômico-financeira demanda que a desconformidade entre a realidade projetada e a verificada decorra de um risco não imputado à parte que, de fato, o suporta. Isso porque, se de um lado, a concessão de serviços públicos representa uma oportunidade de obtenção de lucros pelo concessionário, pela exploração econômica do negócio; de outro, ela não pode ser executada inteiramente à custa da Administração Pública.

Mas não são apenas essas as peculiaridades do equilíbrio econômico-financeiro nos contratos de concessão. A alteração da equação deverá, ainda, levar em conta a situação concreta do contrato, verificando, em dado momento, se a criação de ônus ou obrigação não foi compensada por uma vantagem ou por uma diminuição de outras obrigações, de forma que, no fim das contas, o equilíbrio se restabeleça. Não se pode afirmar, de plano, que qualquer novo ônus ou obrigação imposta ao concessionário dê ensejo à quebra do equilíbrio inicialmente estabelecido. A caracterização do desequilíbrio dependerá de detida análise do caso concreto, avaliando-se a nova obrigação e a realidade na qual o contrato está inserido. De fato, pode ocorrer que o ônus econômico da nova obrigação seja compensado pela redução de custos incorridos na execução do serviço como, por exemplo, na aplicação de novas técnicas de gerenciamento. Nesse caso, o equilíbrio econômico-financeiro inicial pode permanecer intocado, em que pesem as alterações verificadas nos encargos e vantagens do concessionário.

Verificada a ocorrência do desbalanceamento da equação, a Administração Pública deverá proceder à sua recomposição.

Normalmente, a recomposição do equilíbrio rompido se faz pelo aumento da remuneração do concessionário. Como expõe Celso Antônio Bandeira de Mello[9], é do interesse público que a garantia a ele dada seja de justa remuneração. Reportando-se às lições de Waline, ensina que, na concessão, o vínculo estabelecido entre a Administração Pública e o particular está baseado no pressuposto de que o contratante privado é um colaborador da Administração, um associado que contribui com as suas iniciativas em favor da consecução de um interesse público. Por essa razão, o interesse do Estado é o de lhe garantir uma remuneração condizente e não o menor lucro possível.

No caso das concessões comuns o aumento da remuneração do concessionário pode se dar pelo aumento da tarifa. Já nas parcerias público-privadas o aumento da remuneração do concessionário poderá ser feito pelo incremento da contraprestação paga pelo Poder Concedente, uma vez que, em regra, o valor da tarifa é insuficiente para retribuir os gastos com a execução do serviço.

A Administração Pública também pode se valer da redução dos encargos do concessionário para restabelecer a equação contratual. Trata-se de mecanismo de recomposição do equilíbrio econômico-financeiro pelo qual se compensa o aumento dos ônus ou das obrigações do concessionário com a redução de encargos ou qualquer medida que implique redução ou eliminação de custos.

Segundo Marçal Justen Filho, esse mecanismo pode se traduzir em uma vasta gama de providências, que dependerão da natureza e das condições concretas da outorga, podendo consistir, por exemplo, na redução de exigências no tocante a investimentos, na postergação de sua realização ou até mesmo na alteração dos padrões de qualidade do serviço. Pode-se, ainda, diminuir o valor a ser pago ao Poder Público pela outorga

---

9 WALINE, Marcel. Droit Administratif. 1963, p. 618. Apud BANDEIRA DE MELLO, Celso Antônio Bandeira. *Curso de direito administrativo.* 26. ed. São Paulo: Malheiros, 2009, p. 636.

da concessão, caso o concessionário possa ser satisfeito com a dispensa do dever de executar esses pagamentos em favor do Poder Público, mantendo-se os valores das tarifas.

Todos os encargos do particular representam um custo, levado em consideração na formulação da proposta e na formatação da tarifa. Com a redução dos encargos do concessionário, tem-se a diminuição ou eliminação de uma dessas fontes de custo, de forma que a remuneração volta a ser suficiente para fazer frente às obrigações do concessionário.

Além da redução de encargos contratuais, a Administração Pública pode se valer da prorrogação do prazo contratual como forma de recomposição, permitindo ao concessionário atingir os seus objetivos em período de tempo maior do que o inicialmente avençado, possibilitando a amortização dos custos e investimentos e a depreciação de ativos em um período maior de tempo.

É de se anotar que não há uma fixação legal dos mecanismos de reequilíbrio à disposição dos contratantes, assim o edital e o contrato poderão prever formas específicas.

Breve visão econômica sobre o equilíbrio econômico-financeiro

A adequada abordagem jurídica das questões relacionadas ao equilíbrio econômico-financeiro do contrato de concessão não prescinde do conhecimento de algumas noções sedimentadas e utilizadas em finanças corporativas, notadamente quando estas noções e, eventualmente, suas respectivas fórmulas são aportadas aos contratos.

É certo que o propósito aqui não é esgotar o tratamento do tema, o que seria próprio para um profissional da área em questão, mas apenas trazer alguns apontamentos para que se permita compreender a lógica e o sentido das cláusulas pertinentes ao reequilíbrio econômico-financeiro.

Neste sentido, por serem elementos que têm sido frequentemente utilizados nos contratos de concessão, passaremos a expor noções elementares sobre: fluxo de caixa, valor presente líquido (VPL), taxa de desconto, taxa interna de retorno (TIR) e custo médio ponderado de capital (WACC[10]).

"Por *fluxo de caixa* se entende a quantidade de dinheiro gerada pelo projeto, o que não é a mesma coisa que o lucro gerado pelo mesmo, pois o lucro refere-se à receita menos as despesas/custos; porém, todos os investimentos não estão ali contemplados"[11].

Recorrendo às demonstrações contábeis da empresa, tem-se que os fluxos de caixa advêm das contas da Demonstração do Resultado do Exercício (DRE). A partir da conta de Lucro Operacional, a qual não depende de como o projeto é financiado, pode-se determinar o Fluxo de Caixa Livre para Firma (FCFF), o qual consiste basicamente na adição da Depreciação e posterior subtração dos investimentos em capital fixo e em capital de giro."[12]

(=) Lucro operacional

(+) Depreciação e Amortização

(=) Lucro Operacional (EBITDA)

(-/+) Variação no Capital de Giro

(-) Investimentos

(-) I. Renda & C. Social Efetivo

(=) Fluxo de Caixa Livre

De toda forma, em que pese a relevância destas referências acerca das técnicas contábeis para aferição do fluxo de caixa,

---

10 Acrônimo de uso corrente originado da expressão em inglês: "Weighted Average Cost of Capital".

11 GABRIELLI, Marcio Fernandes. Análise de investimentos, *in:* Introdução às Finanças Empresariais. Coord. Hsia Hua Sheng. Série GVLaw – Direito, Gestão e Prática. 2012. p. 268

12 GABRIELLI, Marcio Fernandes. Análise de investimentos, *in:* Introdução às Finanças Empresariais. Coord. Hsia Hua Sheng. Série GVLaw – Direito, Gestao e Prática. 2012. p. 270.

é mais importante ter presente a informação de que o *fluxo de caixa* é a quantidade de dinheiro gerada por um dado projeto, o que pode ser assim representado graficamente:

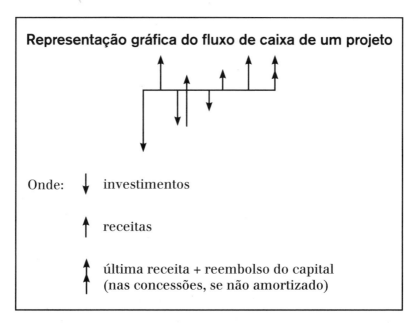

Por sua vez, a compreensão do que, no campo das finanças corporativas, são os chamados *"fluxos de caixa marginais" ou "incrementais"* é sobremaneira importante para abordagem jurídica das cláusulas de reequilíbrio econômico-financeiro do contrato de concessão, razão pela qual é oportuna a transcrição de excerto do texto de Marcio Fernandes Gabrielli[13]:

> *Ao se realizar a projeção de fluxos de caixa futuros, devem ser considerados apenas os fluxos de caixa incrementais, ou seja, os fluxos de caixa extras que são gerados por um determinado projeto de investimento.* Isto é, todos os fluxos que já existiram independentemente da realização ou não do novo investimento não devem ser considerados, pois não são relacionados a esse projeto especificamente. (...)

---

13 Análise de investimentos, in: *Introdução às Finanças Empresariais*. Coord. Hsia Hua Sheng. Série GVLaw – Direito, Gestão e Prática. 2012. p. 272/273.

Um exemplo bastante claro sobre esse aspecto seria em relação à expansão de uma instalação fabril. Ao projetar fluxos de caixa futuros, não se pode projetar todos os fluxos referentes à produção da nova instalação fabril e contrapô-los com os custos na expansão da fábrica. Devem ser consideradas somente as receitas extras que a nova instalação terá em relação às receitas que já existiriam com a instalação antiga, isto é, *deve-se considerar apenas o que é marginal, o que varia em relação ao que já existia. Se isto não for feito dessa forma, estar-se-á superestimando os fluxos de caixa que serão gerados com a expansão, o que não seria correto, pois aqueles que já existiriam sem a expansão não se devem a ela* (destaquei).

Para tratar do chamado *Valor Presente Líquido (VPL)*, há que se ter presente a intuitiva noção de que o "dinheiro muda de valor ao longo do tempo".

Dessa forma, para que se possa corretamente comparar valores monetários distintos em diferentes instantes do tempo, é necessária a aplicação de uma taxa de desconto (taxa de juros) para que os valores sejam trazidos a um "mesmo instante" (presente ou futuro).

Por Valor Presente Líquido (VPL) entende-se a soma de todos os valores presentes dos fluxos de caixa de um projeto.

Tomando em conta a representação gráfica acima exposta, é a operação que traz todas as setas verticais para um mesmo ponto na linha horizontal (mesmo instante temporal), de forma a permitir a comparação entre os desembolsos e as entradas havidas no projeto. Se o VPL for positivo, as entradas superam os desembolsos, se o VPL for negativo, os desembolsos superam as entradas.

Na hipótese de o VPL vir a ser igual a zero, os investidores foram (ou serão) remunerados exatamente à taxa mínima de remuneração que exigem (como será abordado, o WACC).

Passando ao termo *taxa de desconto*, tem-se que, como visto, é a taxa que será utilizada para trazer a valor presente (ou levar a valor futuro) um determinado fluxo de caixa.

Como regra básica, a taxa de desconto deve refletir o **risco** associado a um determinado fluxo de caixa. De regra, a se considerar que um dado projeto enquadra-se nas atividades próprias (*core business*) da empresa (o que é desejável nas concessões[14]), a avaliação da taxa de desconto deste projeto corresponderá ao Custo Médio Ponderado de Capital (WACC)[15], pois este, como se verá, reflete o caixa que deverá ser gerado para remunerar os investidores e os credores.

No que diz respeito à chamada *Taxa Interna de Retorno (TIR)*, tem que esta é uma métrica de análise que apresenta um resultado sobre o investimento na forma de uma taxa (percentual) a um determinado período de tempo"[16].

Como explica Marcio Fernandes Gabrielli[17], "a TIR é calculada de maneira iterativa ao se determinar qual valor da taxa de desconto faz com que o VPL de um investimento seja igual a zero".

Para a compreensão do denominado *Custo Médio Ponderado de Capital (WACC)*, há que se ter presente que, para que uma empresa tenha recursos para o desempenho de suas atividades, é necessário que ela recorra a dois tipos de financiamento: capital de terceiros (dívida) e capital próprio (participação).

Cada um destes (dívida ou participação) possui custos distintos. É dizer, o credor exige determinada remuneração para emprestar à empresa, a qual é menor do que a exigida pelo

---

14 Hipótese assumida para simplificação e adequação aos propósitos desta nota técnica. Na hipótese contrária, isto é, quando o projeto não está em linha com o *core business* da empresa, deve ser tomada uma taxa que reflita o risco específico do projeto. GABRIELLI, Marcio Fernandes. Análise de investimentos, *in: Introdução às Finanças Empresariais.* Coord. Hsia Hua Sheng. Série GVLaw – Direito, Gestão e Prática. 2012. p. 277, Ob. cit. p. 277.

15 GABRIELLI, Marcio Fernandes. Análise de investimentos, *in: Introdução às Finanças Empresariais.* Coord. Hsia Hua Sheng. Série GVLaw – Direito, Gestão e Prática. 2012. p. 277.

16 GABRIELLI, Marcio Fernandes. Análise de investimentos, *in: Introdução às Finanças Empresariais.* Coord. Hsia Hua Sheng. Série GVLaw – Direito, Gestão e Prática. 2012. p. 284.

17 Análise de investimentos, *in: Introdução às Finanças Empresariais.* Coord. Hsia Hua Sheng. Série GVLaw – Direito, Gestão e Prática. 2012. p. 285.

acionista, dado que este participa dos riscos do negócio e não pode exigir a devolução do que entregou a empresa, ao passo que o credor pode exigir o pagamento no vencimento do prazo e, mesmo se não a dívida não vier a ser adimplida, ainda será detentor de um título ou mesmo uma garantia, os quais poderão ser executados.

Como aponta Luiz Augusto Martins[18], "o custo médio ponderado de capital (CMPC), é uma referência de custo de oportunidade da empresa e representa o retorno mínimo anual que a empresa deve obter em seus projetos de investimento para justificar a injeção de capital dos investidores que financiaram a empresa (credores e acionistas)."

Para o cálculo do WACC, é preciso saber a composição da estrutura de capital da empresa, o custo do capital de terceiros (qual a taxa de juros que os credores cobram para emprestar para a empresa) e o custo do capital próprio (quanto os acionistas, para manterem sua participação, estimam receber pelo risco que assumem).

Com estes elementos, é possível fazer o cálculo mediante a aplicação da seguinte fórmula estabelecida pela ciência das finanças:

$$WACC = \frac{E}{(E+D)} R_E + \frac{D}{(E+D)} R_D (1-T)$$

onde:

E equivale ao capital próprio;

D equivale ao capital de terceiros;

R_E equivale ao custo de capital próprio; e

R_D equivale ao custo de capital de terceiros.

(1 –T) redutor do custo da dívida devido ao benefício fiscal da dívida, onde T equivale aos impostos sobre a renda.

---

18 Composição e Custo de Capital, *in: Introdução às Finanças Empresariais.* Coord. Hsia Hua Sheng. Série GVLaw – Direito, Gestão e Prática. 2012. p. 188.

Assim, postas estas noções básicas, possível será a abordagem das cláusulas de reequilíbrio econômico-financeiro que as utiliza.

Metodologias utilizadas para a aferição do equilíbrio econômico-financeiro dos contratos

Como visto inicialmente, o Poder Concedente poderá vir a ser chamado a recompor o equilíbrio econômico-financeiro do contrato basicamente em duas hipóteses.[19]

A primeira diz respeito à introdução de novos investimentos no objeto contratual que, muito embora não tenham sido originalmente previstos na avença e no plano de negócios, sejam posteriormente incluídos no escopo dos serviços. Considerando a racionalidade limitada que caracteriza os contratos de concessão comum, administrativa e patrocinada – motivada substancialmente pelos longos prazos de vigência necessários à amortização dos investimentos em jogo – é bastante provável que os projetos venham a sofrer adaptações ao longo do tempo, provocando reflexos no plano de negócios e no contrato.

O segundo tipo de "evento de reequilíbrio" corresponde à materialização de um risco que, muito embora tenha sido alocado a uma das partes, gera consequências negativas para a outra. Nestes casos, há uma distorção na matriz de riscos definida pelas partes, desequilibrando o contrato e tornando possível o pleito de reequilíbrio econômico-financeiro. Maurício Portugal Ribeiro é claro ao enfatizar a importância da "especificação das hipóteses em que o parceiro privado poderá solicitar a recomposição do reequilíbrio-econômico financeiro", hipóteses essas que "deverão corresponder aos riscos alocados à Administração Pública"[20]. Dessa forma, o fato de não ter sido

---

19 Aqui compartilhamos o mesmo entendimento esposado por Maurício Portugal Ribeiro em seu livro Concessões e PPPs, melhores práticas em licitações e contratos.

20 Termo utilizado por Maurício Portugal Ribeiro.

atingida a rentabilidade média prevista na TIR do plano de negócios não autoriza, por si só, o pleito de recomposição do reequilíbrio. A equação econômico-financeira do contrato só se considera desequilibrada quando frustrado o cumprimento da sua matriz de riscos.

Esses dois tipos de eventos que geram turbação da equação econômico-financeira podem ser recompostos mediante o emprego de metodologias de cálculo diferentes. É certo que tais métodos não pertencem ao mundo do direito, mas das ciências das finanças, campo do conhecimento onde se encontram as diversas teorias acerca desse tema. Contudo, cabe ao Direito verificar se a metodologia empregada garante a manutenção das condições efetivas da proposta e como tal método será disciplinado pelas partes nas cláusulas contratuais.

Nos contratos de concessão onde há exclusividade de prestador são três as metodologias mais comumente utilizadas: recomposição pela Taxa Interna de Retorno do plano de negócios (TIR); fluxo de caixa marginal somente para novos investimentos e fluxo de caixa marginal para a recomposição do equilíbrio econômico-financeiro de todo o projeto. Vejamos cada um deles.

A TIR (taxa interna de retorno) é a taxa de desconto que deixa nulo o valor presente líquido das entradas e saídas do fluxo de caixa, ao longo de todo o prazo da concessão. É modelo de análise de investimento que não se vincula a fatores (mercados) externos ao projeto. O raciocínio básico por trás da TIR é o de que se procura obter uma única cifra para sintetizar os méritos do projeto.

Ela não depende de nada a não ser do próprio fluxo de caixa do empreendimento, sendo estimada para a projeção do fluxo total de entradas e saídas.

Embora possa ser utilizada como um indicativo de rentabilidade anual do projeto, ela somente pode ser obtida se considerado o período integral da concessão. A TIR, dessa forma, somente se perfará no último dia do prazo do contrato. Num projeto com uma TIR de 20% ao ano, não significa que em cada ano isolado da concessão se obterá isoladamente tal resultado. Normalmente, os primeiros anos de concessão costumam ter mais saídas (despesas, investimentos) do que entradas, o que pode, inclusive, tornar a TIR isolada desses anos negativa. Todavia, com o desenrolar do projeto, a tendência é que as entradas superem as saídas e o concessionário se compense dessa "perda" inicial.

Quando os investidores decidem aportar recursos em um projeto de infraestrutura, levam em consideração para a sua decisão a rentabilidade que dele poderá advir. Apenas após confrontar os retornos esperados do empreendimento com os demais investimentos existentes no mercado, é tomada a decisão de investir. Por essa razão, o fluxo de caixa projetado por todo o período da concessão é ferramenta importante na tomada de decisão daqueles que pretendem participar do projeto. A ponderação dos riscos e dos retornos em longo prazo são balizas importantes para a decisão sobre o investimento.

A TIR corresponde, assim, à rentabilidade projetada para certo empreendimento, à taxa necessária para igualar o valor de um investimento (valor presente) com seus respectivos retornos futuros, justificando (ou não) que o empresário assuma o risco do investimento.

Nos casos em que se utiliza a TIR como metodologia de reequilíbrio, esta taxa é utilizada, além de taxa de desconto, como parâmetro para a verificação da ocorrência do desequilíbrio. Para tanto, o fluxo de caixa do plano de negócios original é usado como a própria equação econômico-financeira do contrato.

De se ressaltar que os parâmetros constantes do plano de negócios e do fluxo de caixa do projeto são definidos pelo Poder Concedente no edital de licitação (na forma de planilhas) e completados com os dados apresentados pelo concessionário em sua proposta.

A TIR vem sendo tradicionalmente utilizada como parâmetro de reequilíbrio e taxa de desconto nas concessões de serviços públicos, sendo uma metodologia bastante conhecida e difundida. Contudo, ela não está imune a críticas.

A principal delas refere-se ao fato de a TIR ser estática, ou seja, ela avalia o valor econômico dos recursos lançados no tempo, tal qual as circunstâncias em que foram elaborados, sem levar em consideração alterações do cenário econômico que podem beneficiar sobremaneira o concessionário. É que, nessas hipóteses, não haveria qualquer ação do concessionário para aumento de sua remuneração, ele simplesmente se beneficiaria das condições econômicas favoráveis. De outro lado, esta metodologia não estabelece uma forma de se internalizar ganhos advindos de fatores externos à concessão, o que poderia beneficiar os usuários do serviço com uma diminuição de tarifa.

Também se aponta como problemas dessa metodologia o fato de ela não fomentar a busca de eficiência por parte do concessionário, não permitir que os ganhos de eficiência por ele alcançados beneficiem os usuários, nem que eventual diminuição na taxa de juros paga pelos investimentos sejam internalizados no projeto.

Ressalta-se, todavia, que na doutrina moderna já é possível encontrar mecanismos contratuais para mitigar os problemas decorrentes da utilização da TIR, como, por exemplo, a previsão de revisões ordinárias em períodos de tempo predeterminados (no edital) - o que permite atualizar o fluxo de caixa do projeto com dados mais próximos da realidade da execução do pacto - e a utilização do fluxo de caixa marginal para novos investimentos.

A segunda metodologia baseia-se na utilização do fluxo de caixa marginal para a recomposição da equação econômico-financeira do contrato.

Um fluxo de caixa é, em poucas palavras, a quantidade de dinheiro necessária a um projeto ou gerada por ele. Diz-se que um fluxo de caixa é marginal quando o mesmo é calculado de maneira independente, desvinculado dos custos e das receitas estimadas pela proposta no fluxo de caixa do projeto original. Quando aplicado ao cálculo do reequilíbrio, o fluxo de caixa marginal torna-se um sistema compensatório (e não regulatório) utilizado nos casos de revisão extraordinária em favor da concessionária nas hipóteses de materialização de risco atribuído pelo contrato ao Poder Concedente ou inclusão de novos investimentos não previstos originalmente no objeto do contrato.

A grande vantagem da metodologia do fluxo de caixa marginal em relação à da TIR é que o reequilíbrio econômico-financeiro não será calculado com base nas estimativas do plano de negócios, mas sim com base no fluxo de caixa real obtido pelo parceiro privado ao longo do projeto. Segundo Mauricio Portugal Ribeiro:

> A sua utilização implica em – todas as vezes que se realizar evento cujo risco não seja do parceiro privado e que cause desequilíbrio do contrato – o Poder Concedente gerar um fluxo de caixa paralelo para o parceiro privado que compense o desvio criado pelo evento causador do desequilíbrio econômico-financeiro. Esse fluxo de caixa que compensará o desvio poderá ser criado por qualquer das formas lícitas de realizar a recomposição do equilíbrio econômico-financeiro: aumento do prazo do contrato, aumento do valor da contraprestação pública, redução do pagamento pela outorga, pagamento à vista, aumento de tarifa ou redução de custos ou encargos do parceiro privado.[21]

Por essa razão, esta metodologia tem a vantagem de levar em consideração no cálculo da compensação a evolução do cenário econômico do país.

Em geral, as taxas de retorno são altas quando comparadas com o mercado atual, apesar de condizentes com a remuneração da proposta econômica vencedora da licitação. Esse fato gera uma distorção no equilíbrio econômico-financeiro, pela

---

21 RIBEIRO, Mauricio Portugal. Concessões e PPPs – Melhores práticas em licitações e contratos. São Paulo: Atlas, 2011, p. 121-122.

inserção de novas obras ou serviços, não previstos na proposta econômica vencedora da licitação. Nesse sentido, a metodologia apresentada busca remediar em parte esse problema.

A utilização do fluxo de caixa marginal foi analisada pelo Tribunal de Contas da União[22] e aprovada pelo Tribunal de Contas do Estado de São Paulo[23].

Além disso, vale ilustrar que a metodologia foi aplicada ao reequilíbrio econômico-financeiro nos seguintes editais:

- Sistema de Rodovias BA093;
- Concessões dos aeroportos de Guarulhos, Brasília e Viracopos;
- Concessão patrocinada da Linha 6 do Metrô de São Paulo;
- Minuta do contrato de concessão da 3ª Etapa das Concessões Rodoviárias Federais (em consulta pública).

Ressalte-se que a doutrina vem recomendando a utilização do fluxo de caixa marginal apenas para novos investimentos.

A partir da constatação das ineficiências da metodologia do reequilíbrio pela TIR – o que vincula, na prática, o reequilíbrio ao plano de negócios – passou-se a falar na utilização de um fluxo de caixa – marginal, em relação àquele apresentado na proposta e novo, porque calculado em função do evento – para a recomposição do reequilíbrio econômico-financeiro.

As distorções são mais evidentes quando o evento de reequilíbrio decorre da introdução de novos investimentos no contrato – o que ocorre, às vezes, décadas após a sua assinatura. Aqueles que são favoráveis à adoção desse mecanismo de reequilíbrio, sustentam que não seria razoável considerar para investimentos não previstos inicialmente, as mesmas condi-

---

22 Acórdão 101/2007 – acompanhamento BR-116 e BR-324 – Plenário, 07/02/2007, e Acórdão 2154/2007, Min. Rel. Ubiratan Aguiar, Plenário, Sessão 10/10/2007.

23 TC-022943/026/98 em decisões proferidas nos processos TC-32914/026/98 – sessão de 20/11/12 – e TC-16088/026/98 – sessão de 03/07/2012 –, ambos sob a relatoria do E. Conselheiro Antonio Roque Citadini.

ções existentes na celebração do contrato, consolidando uma situação de fato que, muito provavelmente, não mais existe. A introdução de um novo investimento, por si, já gera um fluxo de caixa novo e que considera os custos de transação e o contexto macroeconômico daquele momento. Nesses casos, o melhor seria considerar os custos e a remuneração da data da inserção do novo investimento no contrato de concessão, com uma nova taxa de desconto, mais consentânea com a realidade dos fatos da época da inserção da nova obrigação no contrato.

Assim, é lógico que um eventual pleito de recomposição do equilíbrio-econômico financeiro seja calculado não com base nos custos e receitas estimados à época do plano de negócios, mas sim com base nos cursos e receitas reais levadas em consideração nesse fluxo de caixa marginal. Afinal, quando se trata da introdução de um investimento não previsto no contrato original, não é possível reproduzir a condição original de competição entre os vários proponentes que estariam dispostos a realizá-lo, devendo o Poder Concedente contratar a realização desse novo investimento com a concessionária que já explora o serviço com exclusividade.

O novo investimento é, portanto, um novo contrato, que não pode ser objeto de leilão, razão pela qual é defensável que a sua taxa de retorno reflita o custo de capital em vigor na época da sua realização. O custo de oportunidade da realização desse novo investimento corresponde, em linhas gerais, aos custos decorrentes de uma nova licitação para realizá-lo. Neste certame hipotético, a proposta – bem como a estimativa da nova TIR correspondente – seria determinada pelas condições de mercado contemporâneas. Não faz sentido, portanto, que duas oportunidades de negócio distintas sejam remuneradas a taxas construídas com os mesmos fundamentos.

Nesses casos, o Poder Concedente deve tomar cuidado para que a concessionária não se aproprie de todo o excedente gerado pelo novo investimento, sob a forma de lucro. De outro lado, deve garantir que ela seja remunerada a uma taxa compatível com o seu custo de capital. É por isso que o fluxo de caixa marginal associado ao novo investimento seja calculado com custos e mercado, tomando por base em valores contemporâneos de receitas e custos, inclusive o custo de capital.

Juridicamente, a utilização do fluxo de caixa marginal praticamente cria um "subcontrato" dentro da avença original, considerando o novo investimento como um novo pacto e tratando o evento de reequilíbrio de forma diversa da do contrato original – especialmente, mas não exclusivamente, em relação aos custos e receitas. Há casos, inclusive, em que se prevê a realização de uma revisão ordinária periódica para o fluxo de caixa marginal em contratos nos quais esse mecanismo não foi originalmente previsto.

No Estado de São Paulo, a metodologia do fluxo de caixa marginal para novos investimentos vem sendo utilizado pela ARTESP, desde 2012. Em 2011, ele foi previsto como forma de reequilíbrio em razão da troca de índices de reajuste do pedágio para as concessões do primeiro lote. O Tribunal de Contas do Estado analisou os termos aditivos e modificativos que veicularam tal alteração concluindo pela sua regularidade. No caso do edital BA-093, a utilização do fluxo de caixa marginal está sendo contestada judicialmente pela ABCR (Associação Brasileira de Concessionárias de Rodovias).

A Metodologia do Fluxo de Caixa Marginal foi idealizada para os casos de reequilíbrio econômico-financeiro em virtude da inclusão de novos investimentos no curso do contrato, levando à ampliação do objeto contratual.

No entanto, novas contratações de parcerias público-privadas passaram a aplicar a Metodologia do Fluxo de Caixa Marginal para outras hipóteses de reequilíbrio econômico-financeiro, respeitada a matriz de riscos contratual.

Essa nova configuração foi adotada no edital de concessão da Linha 6 do Metrô de São Paulo e nos contratos de concessão dos Aeroportos de Guarulhos, Brasília e Viracopos lançados pela Agência Nacional de Aviação Civil – ANAC.

Há, contudo, restrições à adoção dessa metodologia para todas as hipóteses ensejadoras de reequilíbrio, especialmente nos casos em que o evento gerador de reequilíbrio se dá antes de a concessionária ter receitas/entrar em operação, ou seja, na fase de implantação do investimento.

Por exemplo, o Poder Público se compromete a obter licença prévia ambiental para a implantação de determinado investimento e não consegue obter a licença no prazo estipulado. O atraso no início das obras gera perda de rentabilidade para o investidor. Nesse caso, se o reequilíbrio é feito pelo Fluxo de Caixa Marginal, não há, ainda, referências reais para cálculo de custos e receitas, pois a concessionária ainda não tem fluxo de caixa.

Na prática, serão utilizadas como referência para as compensações financeiras as projeções e meta de rentabilidade consubstanciadas no Plano de Negócios ou, ainda, os estudos de viabilidade do projeto elaborados pelo Poder Concedente, na hipótese de não existir Plano de Negócios.

Outro objeto de questionamento por parte da doutrina é a definição contratual da taxa de desconto a ser utilizada para a diluição no tempo da compensação financeira.

Preliminarmente, há o risco dessa taxa ser inferior à taxa de rentabilidade do projeto. Nesse caso, aponta-se um abalo na credibilidade da distribuição de riscos contratual em razão da insuficiência do sistema de compensação financeira, além da possível caracterização de onerosidade excessiva do contrato.

Ou seja, a doutrina destaca o risco de que a compensação financeira seja insuficiente para colocar a concessionária na condição anterior à ocorrência do evento gravoso cujos impactos negativos sejam de responsabilidade do Poder Concedente.

Além disso, discute-se também como será definida essa taxa de desconto: Contratualmente? Por meio de regulamento da Agência Reguladora?

Nesse particular, Mauricio Portugal Ribeiro sugere que o Poder Público considere em sua opção a visão de mercado sobre a rentabilidade necessária para implantar e operar um projeto com nível de risco semelhante. Há que se levar em conta que a opção pela fixação da taxa de desconto em momento posterior ao da celebração do contrato, por meio de audiências públicas promovidas pela Agência Reguladora, por exemplo, pode gerar insegurança jurídica e incremento do risco para o investidor.

Entende-se, assim, que o Poder Concedente deve avaliar se o risco de uma compensação financeira inadequada/insuficiente será monetizado e embutido no preço da licitante (TIR). Dessa forma, a percepção de risco da iniciativa privada é relevante para avaliar a conveniência ou não de se adotar a metodologia de fluxo de caixa marginal para todas as hipóteses de reequilíbrio da equação econômico-financeira do contrato.

A utilização do fluxo de caixa marginal como metodologia na hipótese de reequilíbrio em virtude da materialização de um risco atribuído a uma das partes, mas que gera consequências negativas para a outra ainda não foi objeto de apreciação pelos Tribunais de contas, nem pelo Poder Judiciário. Também não há referências quanto à sua utilização no exterior, de forma que ainda levará algum tempo para se verificar os erros e acertos na utilização dessa metodologia.

Nos contratos de concessão para ampliação, manutenção e exploração dos aeroportos internacionais de Guarulhos, Brasília e Viracopos, a Metodologia do Fluxo de Caixa Marginal é adotada como instrumento de recomposição do equilíbrio econômico-financeiro para a hipótese de inclusão de novos investimentos e para situações em que ocorre evento gravoso que é risco de uma parte, mas afeta a outra parte do contrato.

Os contratos de concessão dos Aeroportos preveem que o seu equilíbrio econômico-financeiro será preservado por meio de mecanismos de reajustes (cláusula 6.3 e seguintes), revisões ordinárias de cinco em cinco anos (cláusula 6.14 e seguintes) e revisões extraordinárias.

Os procedimentos de revisão extraordinária objetivam a recomposição do equilíbrio econômico-financeiro do contrato para compensar as perdas ou ganhos da concessionária, devidamente comprovadas, em virtude da materialização de um risco alocado ao Poder Concedente, desde que implique alteração relevante dos custos ou da receita da concessionária (cláusula 6.20).

Nos termos da cláusula 6.26, a revisão extraordinária deverá considerar a Metodologia do Fluxo de Caixa Marginal para calcular a compensação financeira "que anule os impactos financeiros positivos ou negativos do evento que ensejou o desequilíbrio." Confira-se a redação da cláusula:

> 6.26. Para fins de Revisão Extraordinária deverá ser considerado o Anexo 5 - Fluxo de Caixa Marginal, em que estão previstos os procedimentos para a elaboração do Fluxo de Caixa Marginal de cada evento gerador do desequilíbrio econômico-financeiro do Contrato, a fim de calcular a compensação financeira que anule os impactos financeiros positivos ou negativos do evento que ensejou o desequilíbrio.

Os eventos geradores de reequilíbrio estão elencados na matriz de riscos contratual, desenhada nas cláusulas 5.1. (Riscos do Poder Concedente) e 5.3. (Riscos da Concessionária). Os riscos foram alocados de acordo com o disposto nas cláusulas 5.2 e 5.5, a seguir reproduzidas:

> 5.2. Salvo os riscos expressamente alocados ao Poder Concedente no Contrato, a Concessionária é exclusiva e integralmente responsável por todos os demais riscos relacionados à presente Concessão.
> 5.5. A Concessionária não fará jus à recomposição do equilíbrio econômico-financeiro caso quaisquer dos riscos não alocados expressamente ao Poder Concedente, em especial, a não realização da demanda projetada pela Concessionária, venham a se materializar.

Dessa forma, uma vez materializado risco atribuído ao Poder Concedente e que gere impacto negativo nos custos e receitas da concessionária, haverá direito à compensação financeira a ser calculada por meio da Metodologia do Fluxo de Caixa Marginal.

Já no projeto de PPP da Linha 6 do Metrô de São Paulo, foi eleita a Metodologia do Fluxo de Caixa Marginal, sem a previsão de revisão ordinária ou extraordinária do contrato. Houve a previsão expressa das hipóteses cuja ocorrência poderá levar à necessidade de reequilíbrio do contrato.

Há cláusula expressa no sentido de que *"o reequilíbrio poderá ser calculado antes ou depois do efetivo impacto do evento que ensejou o desequilíbrio no fluxo financeiro da CONCESSIONÁRIA, sendo, para tanto, calculado o Valor Presente dos fluxos de desequilíbrios, na data da avaliação"*. Nesse caso, o contrato prevê a utilização de Taxa de Desconto real anual para apuração do Valor Presente, que será composta pela média dos últimos três meses da taxa bruta de juros de venda das Notas do Tesouro Nacional – Série B (NTN-B), ex-ante a dedução do Imposto de Renda, com vencimento em 15/05/2045, publicada pela Secretaria do Tesouro Nacional, apurada na data do efetivo impacto do evento de desequilíbrio no fluxo de caixa da concessionária, acrescida de um prêmio de risco de 2,5% a.a.

Para impactos futuros, a Taxa de Desconto real anual será composta pela média dos últimos três meses da taxa de juros de venda das Notas do Tesouro Nacional – Série B (NTN-B), com vencimento em 15/05/2045, publicada pela Secretaria do Tesouro Nacional, apurada na data de formalização do reequilíbrio mediante assinatura do correspondente Aditivo, acrescida de um prêmio de risco de 2,5% a.a.

Quando os fluxos de caixa do negócio (fluxo de caixa estimado sem considerar o impacto do evento, fluxo de caixa projetado, e fluxo de caixa observado) forem apurados em reais (R$) correntes, a Taxa de Desconto real anual para cálculo do Valor Presente dos fluxos de desequilíbrio deverá incorporar o Índice Nacional de Preços ao Consumidor Amplo (IPCA), publicado pelo Instituto Brasileiro de Geografia e Estatística.

Como se verifica, o reequilíbrio será calculado pela Metodologia do Fluxo de Caixa Marginal, mas com a indicação prévia do método de apuração da taxa a ser aplicada, dando conhecimento, portanto, à concessionária, do mecanismo a ser utilizado.

Conclusão

O princípio do equilíbrio econômico-financeiro é, em abstrato, conceito jurídico indeterminado, porque não pode ser expresso por uma regra predefinida e imutável, aplicável a todos os contratos de concessão. Não há nenhuma norma que determine seu conteúdo, de forma que sua definição e aplicação ao caso concreto dependem, essencialmente, das disposições contratuais acordadas pelas partes. O contrato é, portanto, a fonte primordial das regras que nortearão a manutenção e eventual recomposição do equilíbrio econômico-financeiro nos contratos de concessão de serviços públicos.

A finalidade do princípio é a de manter as condições efetivas da proposta, nos termos da lei[24]. Decorre daí, o entendimento de que a equação econômico-financeira é intangível, ou seja, a relação entre encargos e vantagens inicialmente estabelecida e tida como a melhor para os contratantes deve ser mantida por todo o período de duração do contrato.

O planejamento e a estruturação da concessão, no que tange aos aspectos econômicos, financeiros e jurídicos e a consequente indicação da metodologia de recomposição a ser utilizada mostram-se de extrema relevância, porquanto nortearão toda a longa execução contratual, vinculando a Administração Pública, que não poderá se utilizar de suas prerrogativas para realizar alterações unilaterais nessa espécie de cláusulas contratuais.

---

24 Nos termos do artigo 37, XXI da Constituição Federal de 1988.

A experiência adquirida pela Administração Pública nas concessões de serviços públicos tem permitido o desenvolvimento de novas metodologias a serem utilizadas na recomposição da equação rompida.

As primeiras concessões feitas utilizaram-se do método de recomposição pela taxa interna de retorno (TIR). Trata-se de metodologia internacionalmente aceita, baseada no fluxo de caixa do projeto (apresentada no momento da proposta) e no custo do dinheiro no tempo. O grande problema apontado em relação a este método de recomposição reside no fato de ele refletir as condições macroeconômicas da época da contratação, o que pode levar o concessionário a obter grandes ganhos (ou perdas) em razão de eventos externos à sua vontade, que não guardam qualquer correlação com sua eficiência na execução do serviço público.

Estas distorções fizeram com que fossem desenvolvidos estudos com vistas a minimizar o problema, trazendo maior eficiência na prestação do serviço, bem como a possibilidade de apropriação, pelos usuários, dos ganhos decorrentes da alteração das condições macroeconômicas sobre o contrato. Passa-se a se falar – e a se utilizar – da Metodologia por Fluxo de Caixa Marginal, primeiro para novos investimentos e depois para qualquer evento de desequilíbrio.

Não é possível se afirmar que uma metodologia é melhor do que a outra; ambas possuem pontos positivos e negativos. É importante que o Administrador Público conheça os principais defeitos e virtudes de cada uma dessas metodologias, bem como o projeto e a atividade a ser desenvolvida para poder sopesar os prós e contras de cada uma e decidir qual delas melhor se aplica ao projeto de concessão a ser desenvolvido.

Bibliografia

BANDEIRA DE MELLO, Celso Antônio. *Curso de direito administrativo.* 26. ed. São Paulo: Malheiros, 2009.

BARBO, André Roriz de Castro; CORREIA, Diógenes; ENGELMANN, Elisia; GUZEN, Érico; GOIS, Gustavo; QUEBAUD, Mírian; MURSHED, Ali; SOUZA, Natália; QUEBAUD, Stéphane. *A evolução da regulação das rodovias federais concedidas*. Revista ANTT, Brasília, v. 2, n. 2, nov. 2010. Disponível em: http://appweb2.antt.gov.br/revistaantt/ed3/_asp/ed3artigosEvolucao.asp. Último acesso em: 10 de junho de 2013.

CÂMARA, Jacintho de Arruda. *Tarifas nas concessões*. São Paulo: Malheiros, 2009.

COSSALTER, Philipe. A private finance initiative. In: TALAMINI, Eduardo; JUSTEN, Monica Spezia (coords). *Parcerias público-privadas: Um enfoque multidisciplinar*. São Paulo: Revista dos Tribunais, 2005, p. 425-490.

DEVOLVÉ, Pierre. *Droit public de l'economie*. Paris: Dalloz, 1998.

DI PIETRO, Maria Sylvia Zanella. *Direito administrativo*. 22. ed. São Paulo: Atlas, 2009.

_____. *Discricionariedade administrativa na constituição de 1988*. 2. ed., São Paulo: 2001, Atlas.

_____. *Parcerias na administração pública: concessão, permissão, franquia, terceirização, parceria público-privada e outras formas*. 7. ed. São Paulo: Atlas, 2009.

GABRIELLI, Marcio Fernandes. Análise de investimentos, *in: Introdução às Finanças Empresariais*. Coord. Hsia Hua Sheng. Série GVLaw – Direito, Gestão e Prática. 2012.

JUSTEN FILHO, Marçal. *Comentários à lei de licitações e contratos administrativos*. 12. ed. São Paulo: Dialética, 2008.

_____. *Teoria geral das concessões de serviço público*. São Paulo: Dialética, 2003

_____. A PPP brasileira e as lições do passado. In: TALAMINI, Eduardo; JUSTEN, Monica Spezia (coords.). *Parce-*

rias público-privadas: um enfoque multidisciplinar. São Paulo: Revista dos Tribunais, 2005, p. 17-26.

MOREIRA, Egon Bockmann. *Direito das Concessões de Serviço Público. Inteligência da Lei nº 8.987/1995* (Parte Geral). São Paulo: Malheiros/SBDP, 2010.

RIBEIRO, Mauricio Portugal. *Concessões e PPPs – Melhores práticas em licitações e contratos.* São Paulo: Atlas, 2011.

_____. *Erros e acertos no uso do Plano de Negócios e da Metodologia do Fluxo de Caixa Marginal.* Rio de Janeiro, fev. 2013. Disponível em: http://www.slideshare.net/portugalribeiro/erros-e-acertos-no-uso-do-plano-de-negcios-e-da-metodologia-do-fluxo-de-caixa-marginal. Acesso em: 10 de junho de 2013.

RIBEIRO, Maurício Portugal; PRADO, Lucas Navarro. *Comentários à lei de PPP – parceria público-privada. Fundamentos econômico-jurídicos.* São Paulo: Malheiros, 2007.

TÁCITO, Caio. Concessão de energia elétrica: tarifas – equilíbrio econômico. Parecer. *Revista de Direito Administrativo.* Rio de Janeiro, n. 242, p. 335-342, out./dez. 2005.

_____. O equilíbrio econômico-financeiro nas concessões de serviços públicos. In: *Temas de direito público (estudo e pareceres).* Rio de Janeiro: Renovar, 1997, p. 199- 255

_____. Reformas do estatuto de concessões de serviços Públicos. In: *Temas de direito público (estudo e pareceres).* Rio de Janeiro: Renovar, 1997, p. 754-755.

ZANCHIM, Kleber Luiz. *Contratos de Parceria Público-Privada (PPP). Risco e Incerteza.* São Paulo: Quartier Latin, 2012

capítulo IX

Término da parceria público-privada: hipóteses de extinção contratual e pontos polêmicos

Alessandra Obara Soares da Silva[1]
Igor Volpato Bedone[2]
Guilherme Martins Pelegrini[3]
Vinicius Teles Sanches[4]
Yara de Campos Escudero Paiva[5]

Introdução

No estudo das parcerias público-privadas não se pode perder de vista que a delimitação das formas possíveis de extinção do contrato, sejam elas prematuras ou a termo, constitui importante elemento da modelagem de tais ajustes.

Todo o planejamento da parceria, desde a fase de sua gestação, deve ser efetivado com considerações a respeito da conclusão do projeto, a fim de assegurar, não só sua viabilidade técnica e jurídica, mas também sua eficiência e, em última análise, a satisfação do interesse público.

Nessa etapa de planejamento, da qual depende a decisão do Poder Público de levar adiante um projeto de PPP, há diversas questões correlatas às hipóteses de extinção do contrato

---

1 Procuradora do Estado de São Paulo Assessora. Mestre em Direito do Estado pela Pontifícia Universidade Católica de São Paulo – PUC/SP. Especialista em Direito Tributário pela COGEAE/SP. Monitora do curso de Especialização em Direito do Estado pela Escola Superior da Procuradoria Geral do Estado de São Paulo.

2 Procurador do Estado de São Paulo. Mestre em Direito Civil pela Pontifícia Universidade Católica de São Paulo – PUC/SP. Graduado em Direito pela Faculdade de Direito da Universidade de São Paulo – USP.

3 Procurador do Estado de São Paulo. Graduado em Direito pela Pontifícia Universidade Católica de São Paulo – PUC/SP.

4 Procurador do Estado de São Paulo. Graduado em Direito pela Faculdade de Direito da Universidade de São Paulo – USP.

5 Procuradora do Estado de São Paulo. Graduada em Direito pela Pontifícia Universidade Católica de São Paulo – PUC/SP.

que não podem ser menosprezadas. Bem por isso, cabe apontar que este trabalho, além de analisar cada uma das hipóteses de extinção previstas no ordenamento jurídico, aborda, ainda que perfunctoriamente, assuntos correlatos à extinção propriamente dita, como a intervenção na concessão, a assunção do controle da concessionária pelos seus financiadores e a questão fundamental da reversão de bens. Os dois primeiros assuntos podem anteceder a extinção prematura da concessão e o último é de grande relevância em toda e qualquer hipótese de extinção do contrato de concessão na modalidade PPP. A predefinição dos aspectos atinentes à reversão de bens traz, de um lado, segurança jurídica tanto ao Poder Concedente, permitindo a continuidade dos serviços prestados, quanto ao concessionário que terá garantia do recebimento da indenização relativa aos bens reversíveis, se for o caso.

Cumpre advertir o leitor, também, que o presente trabalho é fruto de estudo conjunto baseado em pesquisas empíricas (experiência nacional e internacional em PPPs), doutrinária e jurisprudencial, sendo certo que, por se tratar de modalidade relativamente nova de contratação pelo ente público, não há notícia de experiência concreta de extinção de contratos de PPP. Isso, contudo, não impediu que se alcançassem as conclusões que a seguir serão expostas.

Intervenção do Poder Concedente na execução do Contrato de Concessão. Dispositivos "gerais" e dispositivos aplicáveis ao setor elétrico

Antes de proceder à extinção do contrato, no curso de sua vigência, é possível que se constate a ocorrência de hipótese que autorize a intervenção do Poder Concedente na concessão, conforme arts. 29 e 32 a 34, da Lei federal nº 8.987/95, já que o Poder Concedente permanece como titular do serviço público concedido. Esses dispositivos trazem previsões genéricas a respeito da viabilidade, em tese, de intervenção na concessionária e, por isso, podem ser chamados de "gerais".

Segundo esses comandos legais, há possibilidade de intervenção do titular do serviço quando constatada a necessidade de zelar pela sua adequada prestação e em condições de segurança, conforme previsto no contrato e normas legais e regulamentares aplicáveis.

Como se trata de medida excepcional e aplicável em caso de grave ameaça à continuidade do serviço ou à segurança dos usuários ou da sociedade, é necessário que se dê por meio de decreto (ato normativo privativo do Chefe do Poder Executivo), com indicação do interventor, prazo, limites da medida e objetivos da intervenção. Nas hipóteses em que o contratante não é o Poder Concedente (como, por exemplo, agência reguladora[6]), há quem defenda[7] a possibilidade de o ato de intervenção ser "decretado" pela autoridade máxima da entidade que figurou no polo "contratante". Essa possibilidade, contudo, dependeria de um reforço da sua legitimidade, o que poderia ser feito mediante expressa delegação por parte do Poder Concedente à entidade contratante (seja por meio de decreto que regulamenta a concessão futura, seja por meio de lei em sentido estrito). Cabe, assim, ao Poder Concedente, por cautela, ao modelar a concessão, analisar a quem será atribuída a competência para concretizar a medida da intervenção.

Demais disso, é recomendável que o interventor utilize as receitas da contratada para solucionar os eventos que motivaram a intervenção, compensando-se as despesas que vier a realizar com os pagamentos devidos à contratada. Vale anotar, que a intervenção não modifica as obrigações e compromissos financeiros assumidos pela contratada.

Diz-se que esses dispositivos legais viabilizam em tese, desde 1995, a intervenção do Poder Concedente na concessionária

---

6 Autarquia, com personalidade jurídica própria.

7 Nesse sentido, JUSTEN FILHO, Marçal, *Teoria geral das concessões de serviço público*. São Paulo: Dialética, 2003; RIBEIRO, Maurício Portugal. *Concessões e PPPs. Melhores práticas em licitações e contratos*. São Paulo: Altas, 2011.

porque, de fato, no ano de 2012, o Poder Público federal constatou a ocorrência de hipótese de intervenção junto ao Grupo Rede de Concessionárias do Setor Elétrico. Naquela ocasião, verificou-se a ausência de normas que pudessem viabilizar, em concreto, a adoção das medidas previstas em abstrato.

Nesse cenário, e diante da necessidade prática de intervenção, pela União Federal, nas concessionárias Caiuá/SP, Cemat/MT, Cepa/PA, Celtins/TO, Enersul/MS, Nacional/SP, Bragantina/SP, Vale Paranapanema/SP, Força e Luz do Oeste/PR, editou-se a Medida Provisória nº 577, de 29/08/2012, posteriormente convertida na Lei federal n. 12.767, de 27/12/2012[8]. A novel legislação veiculou regras específicas para o setor elétrico, abrangendo regramentos para extinção das concessões e para a intervenção. Cabe destacar, que foi expressamente autorizada a intervenção do Poder Concedente *"por intermédio da ANEEL"*[9] pelo prazo de até 1 (um) ano, prorrogável uma única vez, por até mais dois anos. Afastou-se expressamente a aplicação ao setor dos arts. 32 a 34, da Lei federal nº 8.987/95 e previu-se a transferência imediata da gestão da concessionária ao interventor.

Durante a intervenção, o interventor, que será remunerado com recursos da própria concessionária, deve prestar contas à ANEEL; e seus atos que implicarem *"disposição ou oneração do patrimônio da concessionária, admissão ou demissão de pessoal"* somente poderão ser implementados após prévia e expressa autorização da ANEEL, deles cabendo recurso dirigido à agência reguladora, no prazo de 10 dias.

---

8 Dispõe sobre a extinção das concessões de serviço público de energia elétrica e a prestação temporária do serviço e sobre a intervenção para adequação do serviço público de energia elétrica; e altera as Leis nºs 8.987, de 13 de fevereiro de 1995, 11.508, de 20 de julho de 2007, 11.484, de 31 de maio de 2007, 9.028, de 12 de abril de 1995, 9.492, de 10 de setembro de 1997, 10.931, de 2 de agosto de 2004, 12.024, de 27 de agosto de 2009, e 10.833, de 29 de dezembro de 2003.

9 Agência Nacional de Energia Elétrica, instituída pela Lei n. 9.427, de 26/12/1996.

Uma das alterações mais importantes trazidas pela Lei nº 12.767/2012 é a possibilidade de a concessionária receber recursos financeiros do Poder Concedente para assegurar a continuidade e prestação adequada do serviço, enquanto durar a intervenção. Esses valores devem ser restituídos aos cofres da União no prazo de 90 (noventa) dias, após a cessação da intervenção.

Uma vez decretada a intervenção, os acionistas da concessionária têm o prazo de 60 (sessenta) dias para apresentar à ANEEL um plano de recuperação, sem prejuízo do cumprimento das obrigações tributárias da concessionária. *Deferido* o plano de recuperação, cessa a intervenção, que será seguida de fiscalização pela ANEEL, sob pena de caducidade. *Indeferido* o plano, o Poder Concedente poderá: declarar caducidade; autorizar cisão, incorporação, fusão ou transformação da sociedade, constituição de subsidiária integral ou cessão de cotas e ações; alteração do controle acionário; aumento de capital social; constituição de sociedade de propósito específico para adjudicar, em pagamento dos créditos, os ativos do devedor.

Importante lembrar que da decisão de indeferimento do plano cabe pedido de reconsideração à ANEEL. A legislação em comento prevê, ainda, a possibilidade de a agência reguladora estabelecer *"regime excepcional de sanções regulatórias"* e afasta, expressamente, a aplicação dos regimes de recuperação judicial e extrajudicial em favor das concessionárias de serviços públicos de energia elétrica, salvo se posteriores à extinção da concessão.

A edição dessas novas normas, ao final de 2012, trouxe, contudo, algumas dúvidas que ainda pendem de solução, dada a novidade do assunto. A primeira dúvida que surge refere-se à possibilidade de aplicação dessas regras a outros setores, que não o elétrico; ou, ainda, à sua extensão aos Estados federados, Municípios e Distrito Federal, aplicando-se aos serviços púbicos que competem materialmente aos demais entes da Federação. Ao que parece, por trazer novidades que, em tese, não desbordam os limites legais das hipóteses de intervenção do Poder Concedente na concessionária de serviço público, a aplicação das novas disposições poderia ser, em princípio, transportada para contratações em outros setores, desde que tal disciplina seja contemplada no edital de licitação.

Questão mais delicada refere-se à possibilidade de aplicação dos novos dispositivos legais aos contratos em vigor. O entendimento menos controvertido e mais intuitivo impediria a aplicação de novas regras às contratações já em curso. Essa posição, contudo, não pode inviabilizar a aplicação do instituto da intervenção. Em razão disso, caso sejam identificadas situações concretas que se amoldem às hipóteses legais de intervenção, a sua operacionalização poderá vir disciplinada em decreto de intervenção que, observados os limites da legalidade, poderá esmiuçar as disposições gerais da Lei federal nº 8.987/95.

Dado esse cenário, é recomendável que na modelagem de novas PPPs seja avaliada a possibilidade e conveniência[10] de serem incluídas regras detalhadas a respeito da intervenção para viabilizá-la em concreto, já que se trata de medida que pode evitar o fim prematuro da parceria.

Transferência de controle da concessionária (SPE) para seus financiadores (*step in rights*)

Outra questão correlata ao tema da extinção dos contratos e que merece ser aqui abordada, ainda que sucintamente, é a transferência de controle da concessionária (sociedade de propósito específico – SPE) contratada.

Em tese, é juridicamente possível que o contrato autorize o Poder Concedente a aceitar, motivadamente, a transferência

---

10 Fala-se em conveniência da avaliação em razão da possibilidade de a regulamentação detalhada das regras de intervenção trazer um risco regulatório que pode vir a ser considerado demasiado pelos potenciais licitantes, encarecendo o projeto.

de controle da concessionária para seus financiadores ("step in rights"), como uma alternativa à intervenção.

Trata-se de hipótese inserida no art. 5º, §2º, da Lei 11.079/2004 e no art. 27, §§ 2º a 4º, da Lei 8.987/95, segundo a qual os financiadores da SPE podem assumir, com a anuência do Poder Concedente/Contratante, o controle da concessionária em caso de inadimplência com o Poder Público, ou com os próprios financiadores. O objetivo é promover a reestruturação financeira da concessionária e assegurar a continuidade da prestação dos serviços. Essa hipótese não exclui, contudo, a possibilidade de o Poder Concedente intervir na concessionária, mostrando-se, em realidade, uma alternativa discricionária do Poder Concedente à intervenção.

Como bem alertado por Maurício Portugal Ribeiro[11], o *step in right* é uma opção dos financiadores e não um dever. Além disso, não se confunde com a alteração ordinária de controle da SPE, a qual deve obedecer aos ditames do art. 27, *caput* e §1º, da Lei nº 8.987/95. Por isso, tal direito de assunção de controle tem requisitos menos rigorosos para ocorrer do que aqueles estabelecidos para a alteração de controle da concessionária.

Cabe recordar que o art. 27 da Lei n.º 8.987/95 é objeto de Ação Direta de Inconstitucionalidade (ADI 2.946, proposta pelo Procurador-Geral da República), em razão de supostamente implicar em burla ao princípio da licitação (art. 175, CF/88). Em defesa da constitucionalidade do *step in right*, alguns autores apontam que não há, propriamente, alteração do polo contratado; não há assunção do serviço por outra pessoa[12].

Em razão da celeuma envolvida, Maurício Portugal Ribeiro entende que poderão ser reduzidas as chances de questiona-

---

11 RIBEIRO, Maurício Portugal. *Concessões e PPPs. Melhores práticas em licitações e contratos.* São Paulo: Altas, 2011, p. 151.

12 DI PIETRO, Maria Sylvia Zanella. *Parcerias na Administração Pública – Concessão, Permissão, Franquia, Terceirização e outras formas.* São Paulo: Atlas.

mentos com relação à viabilidade de assunção de controle de SPE por seus financiadores se essa possibilidade for incluída no edital e na minuta de contrato, condicionando-se, também, a possibilidade de exercício do *step in right* ao compromisso firme do financiador de garantir a continuidade e qualidade dos serviços e de assumir responsabilidade pelos atos praticados durante o período em que estiver no controle da SPE e à comprovação de inadimplência (real ou iminente da concessionária), plano de reestruturação financeira e, quando cabível, prova de contratação de empresa detentora de comprovada qualificação técnica e idoneidade para gestão da SPE[13].

Extinção do Contrato

Como é sabido, por força do art. 3º, *caput* e §1º, da Lei federal nº 11.079/2004[14], a extinção do contrato de concessão administrativa ou patrocinada rege-se pelo disposto nos arts. 35 a 39, da Lei federal nº 8.987/95. Segundo o ordenamento jurídico, a extinção da concessão constitui "encargo do Poder Concedente", que poderá fazê-lo nos casos previstos na lei e na forma estabelecida no próprio contrato (Lei federal nº 8.987/95, art. 29, inciso IV[15]).

São seis as hipóteses de extinção do contrato expressamente previstas no ordenamento jurídico, sendo certo que a doutrina[16] já insere mais uma (decorrente de caso fortuito ou força

---

13 RIBEIRO, Maurício Portugal, *op. cit*, p. 164.

14 Art. 3º - As concessões administrativas regem-se por esta Lei, aplicando-se-lhes adicionalmente o disposto nos arts. 21, 23, 25 e 27 a 39 da Lei nº 8.987, de 13 de fevereiro de 1995, e no art. 31 da Lei nº 9.074, de 7 de julho de 1995. § 1º - As concessões patrocinadas regem-se por esta Lei, aplicando-se-lhes subsidiariamente o disposto na Lei nº 8.987, de 13 de fevereiro de 1995, e nas leis que lhe são correlatas.

15 Art. 29. Incumbe ao poder concedente: [...]
   III - intervir na prestação do serviço, nos casos e condições previstos em lei;
   IV - extinguir a concessão, nos casos previstos nesta Lei e na forma prevista no contrato;

16 Por todos, confira-se RIBEIRO, Maurício Portugal. *op. cit*, p. 172.

maior, regularmente comprovados e que impeçam a execução do contrato).

Além dessas hipóteses, podem ser consideradas aquelas previstas na Lei nº 8.666/93, cabendo ao contrato indicá-las expressamente. Em virtude dos prazos das PPPs serem usualmente longos, vários incidentes podem ocorrer ensejando detalhamento das circunstâncias e hipóteses de extinção, em especial: (a) as circunstâncias nas quais o contrato pode ser rescindido por uma das partes em data anterior à prevista; (b) o pagamento que deve ser realizado pelo parceiro público ao particular na rescisão, caso devido; e (c) a condição dos ativos a serem devolvidos (revertidos) ao parceiro público, após a rescisão.

De qualquer sorte, ocorrida uma das hipóteses extintivas do contrato, as consequências jurídicas daí advindas não são as mesmas, senão vejamos.

Advento do termo contratual

O contrato extingue-se ordinariamente pelo advento do termo contratual. Nos termos do art. 5º, inciso I, da Lei federal nº 11.079/2004, *"o prazo de vigência do contrato, compatível com a amortização dos investimentos realizados, não inferior a 5 (cinco) nem superior a 35 (trinta e cinco) anos, incluindo eventual prorrogação"*, constitui cláusula essencial do ajuste.

Apesar de ser, em teoria, o modo menos problemático de encerramento da relação com o parceiro privado, algumas diretrizes devem nortear a atuação do Poder Público desde a elaboração dos termos do edital e da minuta contratual, até o fim da execução do objeto. Neste trabalho, cabe enfatizar dois objetivos principais que devem ser buscados por ocasião do encerramento contratual: garantir a continuidade da prestação do serviço, sem interrupção e decréscimo de qualidade; e receber todos os bens que sejam considerados reversíveis em bom estado de uso e conservação, bem como garantir a correta indenização em relação àqueles que o particular faça jus.

Como o término da PPP representa um momento de transição e ruptura, em que a prestação do serviço será retomada pelo Estado, deve-se focar na garantia da continuidade dos serviços prestados.

Para tanto, o ideal seria que o edital previsse que o parceiro privado deverá colaborar e encetar esforços para garantir que o fim da prestação não afete os destinatários do serviço. Ademais, é salutar que sejam descritos os compromissos que poderão ser exigidos do contratado mesmo após o fim da parceria, como por exemplo, o fornecimento de informações eventualmente não detidas pelo Estado e relacionadas à prestação do serviço.

Com efeito, cumpre lembrar que, nos termos do art. 422 do Código Civil, a obrigação das partes de agir com boa-fé não cessa com o encerramento do contrato, mas se estende para a chamada fase pós-contratual[17].

Outrossim, como incentivo a que o processo de transição ocorra da maneira mais salutar possível, Lucas Navarro Prado sugere ser conveniente que, ao final do contrato, seja estabelecido pagamento relevante, baseado em indicadores de eficiência[18].

De mais a mais, como forma de garantir que o Poder Público assuma toda a operação do serviço sem ônus exorbitantes, os editais, em geral, estabelecem que, por ocasião da extinção do contrato, o parceiro privado deverá encerrar todas as relações jurídicas celebradas com terceiros, garantindo a transferência do objeto de forma livre e desembaraçada ao Estado.

No que toca aos bens reversíveis, a princípio não haveria direito do particular à indenização paga pelo Poder Público, dado que, em tese, com o advento do termo contratual, todos

---

17 Nesse sentido, conferir o Enunciado nº 25 das Jornadas de Direito Civil, dispondo que "*O art. 422 do Código Civil não inviabiliza a aplicação pelo julgador do princípio da boa-fé nas fases pré-contratual e pós-contratual*".

18 *Extinção de contratos de PPP's e concessão*. Apresentação proferida na PGE/SP em 09 de novembro de 2012.

os investimentos feitos pelo parceiro privado estarão depreciados ou amortizados.

Porém, durante a execução do contrato é possível que o Poder Público inclua no objeto contratual investimentos necessários e pertinentes não previstos originariamente, ou que aprove novos investimentos propostos pelo próprio contratado, desde que absolutamente necessários para prestação contínua e adequada do serviço. Em hipóteses que quais, deve haver indenização por ocasião do encerramento do ajuste, limitada à parcela desses mesmos investimentos ainda não depreciada ou amortizada.

Essa é a previsão do art. 36, da Lei federal nº 8.987/95, aplicável subsidiariamente às PPP's, no sentido de que "*a reversão no advento do termo contratual far-se-á com a indenização das parcelas dos investimentos vinculados a bens reversíveis, ainda não amortizados ou depreciados, que tenham sido realizados com o objetivo de garantir a continuidade e atualidade do serviço concedido*".

Nesses casos, cabe pontuar que os editais de concessões e PPP's, apesar de reproduzirem a previsão legal, não trazem a discriminação a respeito da metodologia utilizável para o cálculo da indenização.

Entretanto, é de rigor que seja estabelecido de antemão qual o critério que será utilizado para o cálculo do pagamento. Veja-se que a Lei nº 8.987/95, no seu art. 23, inciso XI, prevê como cláusula essencial do contrato de concessão aquela relativa "*aos critérios para o cálculo e a forma de pagamento das indenizações devidas à concessionária, quando for o caso*".

A ausência de disposição dessa importância não é recomendável, uma vez que poderia dar ensejo a divergências entre as partes quando do acerto de contas – gerando riscos de judicialização ou remessa à arbitragem da questão –, além de representar um elemento de insegurança aos participantes da licitação, o que pode impactar negativamente na formulação da melhor proposta possível.

Como exemplo de situação problemática decorrente da ausência de clareza quanto aos critérios indenizatórios, podem-se citar os desdobramentos ocorridos no setor elétrico com a publicação da Medida Provisória nº 579, de 11 de setembro de 2012 (posteriormente convertida na Lei nº 12.783, de 11 de janeiro de 2013).

Com efeito, no intento de proporcionar redução no preço das tarifas, a União, por meio do referido diploma, facultou às concessionárias a renovação dos contratos atuais de geração, transmissão e distribuição de energia elétrica pelo prazo máximo de 30 anos; e as concessões de geração de energia termelétrica pelo prazo máximo de vinte anos, desde que obedecidas algumas condições previstas na lei, principalmente a aceitação da nova tarifa calculada pela Agência Nacional de Energia Elétrica – ANEEL para cada usina hidrelétrica.

Nesse sentido, os concessionários que aceitassem as condições teriam os contratos prorrogados, enquanto os demais teriam seus contratos encerrados ao final do prazo contratual.

Tanto na hipótese de extinção com o advento do termo contratual para os contratados que não optarem pela prorrogação, quanto nos casos de aditamento, poderá haver saldo a indenizar ao concessionário, decorrente de parcelas vinculadas a bens reversíveis ainda não amortizados ou depreciados. Porém, os contratos não estabeleceram critério específico para o cálculo da indenização, mas trouxeram apenas uma previsão genérica a respeito[19]. O detalhamento da metodologia acabou

---

19 Confira-se a redação do contrato:
CLÁUSULA DÉCIMA – EXTINÇÃO DA CONCESSÃO E REVERSÃO DOS BENS VINCULADOS
[...]
Quarta subcláusula - Para atender ao interesse público, mediante lei autorizadora, o PODER CONCEDENTE poderá retomar o serviço, após prévio pagamento da indenização das parcelas dos investimentos vinculados a bens reversíveis, inclusive serviço da dívida e outros encargos, ainda não amortizados ou depreciados, que tenham sido realizados pela TRANSMISSORA para garantir a continuidade e a atualidade do serviço.

contido na própria Medida Provisória nº 579/12, segundo a qual o pagamento seria feito com base no *"valor novo de reposição"* [20]. Posteriormente, tal critério foi melhor esclarecido pela ANEEL, a qual, em subsídios fornecidos ao Ministério de Minas e Energia, entendeu que *"o valor residual dos ativos será calculado com base na depreciação contábil, ou seja, pela depreciação linear ao longo da vida dos ativos"*[21].

Nesse ponto, cumpre observar que, de acordo com as práticas contábeis, existem diversos critérios de indenização, podendo-se falar, dentre outras, em depreciação linear, depreciação pela soma dos dígitos (método Cole) ou ainda pela unidade de tempo trabalhada ou das quantidades produzidas[22].

Lucas Navarro Prado ainda menciona que seria possível adotar um critério financeiro como forma de cálculo de

---

20 *Art. 8o [...] § 2o O cálculo do valor da indenização correspondente às parcelas dos investimentos vinculados a bens reversíveis, ainda não amortizados ou não depreciados, utilizará como base a metodologia de valor novo de reposição, conforme critérios estabelecidos em regulamento do poder concedente. [...]*
Art. 15. A tarifa ou receita de que trata esta Medida Provisória deverá considerar, quando houver, a parcela dos investimentos vinculados a bens reversíveis, ainda não amortizados, não depreciados ou não indenizados pelo poder concedente, e será revisada periodicamente na forma do contrato de concessão ou termo aditivo.
§ 1º O cálculo do valor dos investimentos vinculados a bens reversíveis, ainda não amortizados ou não depreciados, para a finalidade de que trata o caput ou para fins de indenização, utilizará como base a metodologia de valor novo de reposição, conforme critérios estabelecidos em regulamento do poder concedente.

21 Conferir a Nota Técnica nº 396/2012-SER/ANEEL, disponível em http://www.aneel.gov.br/aplicacoes/audiencia/arquivo/2013/092/documento/nt_053_-_ressarcimentoinvestimentos_mateus_ludimila_luciana_hng_07ago2013.doc_-_mmn_e_sgh_scg_sfg.pdf.

22 Na depreciação linear aplica-se um percentual fixo em todos os períodos de tempo, não havendo variação ao longo do tempo da medida da depreciação. O sistema Cole é baseado no tempo de vida útil do bem, de modo que a perda de valor ocorre de maneira crescente após cada intervalo de tempo, sem alteração da base de cálculo, porém. A unidade de tempo trabalhada considera a depreciação a partir do número de horas de uso do bem no período, ao passo que pelo método das unidades produzidas, de forma análoga, a depreciação ocorre a partir das unidades produzidas no período em contraposição à quantidade total que o bem é capaz de produzir.

eventual indenização. A aplicação desse critério pressupõe "*a existência de um caso-base em que estejam preestabelecidos os custos/despesas, as receitas e a taxa de desconto a serem considerados no fluxo de caixa*"[23]. Assim, a partir do caso-base modela-se a concessão ao longo do prazo de vigência, de forma que todos os investimentos estejam amortizados ao final ou, ao contrário, seja devida uma indenização.

Com esse critério, é possível adequar o projeto de forma que não exista indenização devida à concessionária ao final da concessão, ainda que investimentos futuros sejam realizados durante sua execução e de antemão previstos. Isso porque esse método permite modelar o contrato de forma que as receitas tarifárias e a contraprestação pública remunerem não somente o investimento inicial, mas também aquele futuro que vier a ser feito durante a vigência do contrato, ao menos aqueles que já podem ser previstos.

A par desta digressão, o que importa pontuar é que, independentemente do mérito da política formulada pela União quando da publicação do ato normativo que regulou o término e prorrogação das concessões, não havia clareza quanto ao montante a que as concessionárias fariam jus. Sendo assim, após a divulgação do montante da indenização calculada pelo Poder Concedente, os valores foram considerados muito baixos pelo setor, gerando desvalorizações acionárias das companhias, demissão de trabalhadores, complicações políticas e, por fim, a judicialização da questão com provocação do Supremo Tribunal Federal[24].

---

23 PRADO, Lucas Navarro. "Extinção de contratos de PPP e concessão: breves reflexões sobre o cálculo de indenizações considerando os parâmetros gerais da lei federal nº 8.987/95", *in:* OLIVEIRA, Gesner e OLIVEIRA FILHO, Luis Chrysostomo, *Parcerias Público-Privadas. Experiências, Desafios e Propostas.* Rio de Janeiro: LTC, 2013, pp. 288-298.

24 Ver Ação Direta de Inconstitucionalidade nº 5.108, ajuizada pela Confederação Nacional dos Trabalhadores da Indústria. A despeito de o fundamento jurídico da ação residir no vício formal das Medidas Provisórias nº 577/2012 e 579/2012, é possível sustentar que a razão do ajuizamento da ação reside na

Portanto, conclui-se que, para evitar conflitos do tipo e melhor regular uma situação que após décadas poderá mostrar-se problemática, é altamente recomendável que os editais definam, de antemão, quais critérios serão adotados para o cálculo das indenizações devidas ao concessionário e em quais hipóteses.

É possível diferenciar, também, entre eventual indenização que seria já prevista no início do contrato, graças a investimentos futuros programados – para a qual, a princípio, seria mais conveniente utilizar o critério financeiro como forma de depreciação – e aquela outra hipótese, representada pelas indenizações que decorram de fatos não antevistos inicialmente, para as quais algum critério também deverá ser eleito.

Por fim, no que tange ao momento de pagamento da indenização, a jurisprudência vem entendendo que, no caso de extinção pelo advento do termo final, não há necessidade de pagamento prévio para que o Poder Público assuma os serviços[25]. Assim, não há obstáculos a que o contrato defina que o pagamento ocorra quando da assunção do serviço concedido pelo Poder Concedente ou por terceiro, sem que se configure pré-condição ao ato.

---

insatisfação com as consequências deflagradas no setor elétrico pelos atos normativos.

25 *ADMINISTRATIVO. EXTINÇÃO DO CONTRATO DE CONCESSÃO DE SERVIÇO PÚBLICO. REVERSÃO DOS BENS UTILIZADOS PELA CONCESSIONÁRIA. INDENIZAÇÃO PRÉVIA. DESCABIMENTO. 1. Extinto o contrato de concessão por decurso do prazo de vigência, cabe ao Poder Público a retomada imediata da prestação do serviço, até a realização de nova licitação, a fim de assegurar a plena observância do princípio da continuidade do serviço público. Não está condicionado o termo final do contrato ao pagamento prévio de eventual indenização referente a bens reversíveis que, se for devida, tem de ser garantida nas vias ordinárias. Precedentes do STJ. 2. Recurso especial não provido.* (STJ, REsp. 201103020553, Rel. Min. Herman Benjamin, 2ª Turma, DJE de 9/12/2012)

Encampação

Avançando na análise das causas de extinção das concessões, passa-se a tratar da encampação, que é caracterizada por Marçal Justen Filho[26] como

> a manifestação, no âmbito do instituto da concessão, do poder de extinção unilateral dos contratos, fundado na satisfação do interesse público, assegurado ao Estado. Trata-se da mais significativa exteriorização dos chamados poderes exorbitantes, no âmbito dos contratos administrativos.

O conceito de tal hipótese extintiva – denominada por alguns, também, pela expressão *resgate* – está presente no art. 37 da Lei federal n.º 8.987/1995, constituindo a retomada do serviço, pelo Poder Concedente, durante o prazo da concessão, por motivo de interesse público, mediante lei autorizativa específica e após prévio pagamento da indenização, na forma do art. 36 daquele diploma.

Partindo da definição em tela, passa-se a cuidar dos elementos distintivos da encampação.

Em primeiro lugar, trata-se de situação abreviadora do contrato, eis que a extinção se dá no curso do prazo da concessão. Além disso, a presença de razão de interesse público constitui requisito para a sua decretação.

Sobre os motivos para a encampação, José dos Santos Carvalho Filho ressalta que, *"embora esses fatores sejam próprios da avaliação dos administradores públicos, estão eles vinculados à sua veracidade"*. Assim – prossegue o autor –,*"se o concedente encampa o serviço sob a alegação do motivo A, fica vinculado à efetiva existência desse motivo; se inexistente o motivo alegado, o ato de encampação é írrito e nulo"*[27].

Por se tratar de causa de extinção que independe de culpa

---

26 JUSTEN FILHO, Marçal. *Teoria geral das concessões de serviço público*. São Paulo: Dialética, 2003, p.580.

27 CARVALHO FILHO, José dos Santos. *Manual de direito administrativo*. 24. ed. Rio de Janeiro: Lumen Juris, 2011, pp. 374-375.

da concessionária, a norma de regência é expressa ao afirmar que o pagamento da indenização deverá ser prévio.

Nesse sentido, o Tribunal Regional Federal na 4ª Região já decidiu que:

> No que pertine à necessidade de prévia indenização, destaco que, por ser mero ato administrativo – lei de efeito concreto –, as leis autorizadoras específicas a que se refere o art. 37 da Lei n.º 8.987/1995 não podem inovar o ordenamento jurídico, mormente quando não há a necessária competência legislativa na unidade federativa para dispor sobre matéria cuja competência legislativa pertence à União Federal. Disso, conclui-se que qualquer expressão posta nas aludidas leis autorizadoras que impliquem na subversão da necessidade de se realizar o efetivo pagamento prévio das indenizações, estas calculadas nos estritos termos da Lei e dos contratos de concessão, não podem ser tidas como válidas[28].

Ainda a respeito da indenização devida em decorrência da encampação, merece ser destacada a existência de polêmica quanto à inclusão dos lucros cessantes no montante. Sobre o tema, o art. 37 da Lei de Concessões, remete à norma precedente, que estabelece o seguinte:

> Art. 36. A reversão no advento do termo contratual far-se-á com a indenização das parcelas dos investimentos vinculados a bens reversíveis, ainda não amortizados ou depreciados, que tenham sido realizados com o objetivo de garantir a continuidade e atualidade do serviço concedido.

Com base nesse dispositivo, parece possível afirmar que o direito posto não reconhece o direito à indenização dos lucros cessantes em caso de encampação, adstringindo a reparação aos bens reversíveis ainda não amortizados ou depreciados. Celso Antônio Bandeira de Mello[29], entretanto, enfatiza que:

---

28 TRF da 4ª Região, Terceira Turma – Agravo de Instrumento n.º 2003.04.01.054268-2/PR – Rel. Des. Fed. Luiz Carlos de Castro Lugon, DJ de 30/06/2004, p.729 (excerto da ementa).

29 BANDEIRA DE MELLO, Celso Antônio. *Curso de direito administrativo*. 27. ed. São Paulo: Malheiros, 2010, p.749.

A Lei 8.987, ao cogitar da indenização em tal caso (art. 36, por remissão do art. 37), só se refere à indenização das parcelas não amortizadas ou depreciadas atinentes aos bens reversíveis; entretanto, é óbvio e de cristalina obviedade que haveria agravo à equação econômico-financeira do contrato se não houvesse indenização pelos lucros cessantes.

Mauricio Portugal Ribeiro[30], da mesma forma, opina que

é preciso proteger os investidores do parceiro privado (os detentores de participação acionária), no caso de encampação e rescisão do contrato. Nessas duas hipóteses, a extinção se dá por decisão política ou por descumprimento do contrato pela Administração. É preciso, por isso, nestes casos, garantir não apenas o ressarcimento dos valores investidos e não amortizados, mas também as expectativas de retorno dos investidores, de maneira que eles não sejam penalizados pela inadimplência da Administração ou pela antecipação do término do contrato por razões de natureza política.

Também Marçal Justen Filho[31] defende a indenização dos lucros cessantes.

Apesar de tais opiniões, todavia, os artigos 36 e 37 já foram entendidos como empecilhos à indenização dos lucros cessantes em caso de encampação. De fato, ao analisar edital voltado à concessão de serviços públicos de abastecimento de água e esgotamento sanitário no Município de Garopaba, o Tribunal de Contas do Estado de Santa Catarina, inicialmente, apontou, entre as possíveis irregularidades, a *"previsão de indenização e pagamento de lucros cessantes à concessionária em caso de encampação pelo concedente, com ausência de amparo legal e desconformidade com os arts. 36 e 37 da Lei no 8.987/95"*[32].

Na decisão proferida sobre tal edital, entretanto, a Corte de Contas catarinense determinou a anulação do edital por razões distintas, deixando de apreciar a questão dos lucros cessantes

---

30 RIBEIRO, Mauricio Portugal. Obra citada, p.174.
31 JUSTEN FILHO, Marçal. *Teoria* ...pp.586-587.
32 Processo n. ELC - 08/00069307 – Decisão n.º 0607/2008.

por considerar que a matéria teria sido saneada no curso do processo[33].

A falta de uma posição consolidada sobre o tema se reflete, também, na análise de editais do Estado de São Paulo e da União.

Com efeito, no âmbito estadual, a subcláusula 24.1, do contrato da Linha 4 do Metrô de São Paulo prevê que, em caso de encampação, o Poder Concedente deverá realizar o prévio pagamento de lucros cessantes correspondentes à expectativa de retorno líquido econômico do capital próprio dos acionistas, conforme previsto no Plano de Negócios, pelo prazo restante de vigência do CONTRATO[34].

Todavia, editais mais recentes, como os da Linha 6 do Metrô (cláusula 44 da minuta de contrato)[35] e dos reservatórios do Departamento de Águas e Energia Elétrica – DAEE (cláusula 31 da minuta de contrato) silenciam a esse respeito[36].

Na esfera federal, da mesma forma, não existe uniformidade: a minuta de contrato de concessão oriunda da Agência Nacional de Transportes Terrestres – ANTT, relativa ao trem de alta velocidade (subcláusula 38.2.III) traz a previsão do pagamento de lucros cessantes em caso de encampação[37], o que não se observa, por exemplo, nos contratos de concessão dos Aeroportos Internacionais de Brasília, Campinas e Guarulhos (Edital n.º 02/2011 da

---

33 A anulação foi determinada na Decisão n.º 0912/2009. Quanto ao saneamento, ele teria sido reconhecido no Relatório de Reanálise DLC/INSP2/DIV4 n.º 329/2008.

34 Disponível em: http://www.bnb.gov.br/content/aplicacao/desenvolvimento_em_acao/projeto_ppp/docs/edital_linha_quatro_do_metro_sp.pdf. Acesso em 09 de outubro de 2013.

35 Disponível em: http://www.stm.sp.gov.br/index.php/edital-linha-6.

36 Disponível em: http://www.saneamento.sp.gov.br/daee120820.html. Acesso em 09 de outubro de 2013.

37 Disponível em: http://www.antt.gov.br/index.php/content/view/22585/Edital.html. Acesso em 09 de outubro de 2013.

Agência Nacional de Aviação Civil – ANAC, subcláusulas 13.13 a 13.15)[38].

Quer parecer que, à míngua de expressa previsão legal acerca de tal parcela, não se afigura recomendável, em primeira análise, a previsão do pagamento de lucros cessantes nos contratos de parcerias público-privadas. Cabe ao Poder Concedente, contudo, ponderar a questão no caso concreto, uma vez que qualquer decisão do titular do serviço público nesse campo será precificada.

Por fim – e, à parte da polêmica atinente à interpretação da regra geral prevista na Lei n.º 8.987/1995 –, cabe apontar que, ao menos em um dispositivo específico, aplicável ao regime das concessões de serviços públicos de energia elétrica, o pagamento de lucros cessantes é expressamente afastado na indenização por encampação. Trata-se do art. 19 da Lei federal nº 9.427, de 26 de dezembro de 1996, que estabelece o seguinte:

> Art. 19. Na hipótese de encampação da concessão, a indenização devida ao concessionário, conforme previsto no art. 36 da Lei nº 8.987, de 13 de fevereiro de 1995, compreenderá as perdas decorrentes da extinção do contrato, excluídos os lucros cessantes.

Caducidade

A caducidade da concessão – disciplinada no art. 38 da Lei federal n.º 8.987/1995 – decorre da inexecução total ou parcial do contrato ou do descumprimento de disposições legais ou regulamentares concernentes à concessão.

Trata-se de uma punição ao concessionário, constituindo medida necessária à realização do interesse público no contexto da concessão. Por isso, caso seja verificada causa hábil, sua decretação constitui dever do Poder Concedente.

---

38 Disponível em: http://www2.anac.gov.br/gru-vcp-bsb/. Acesso em 09 de outubro de 2013.

A propósito do texto do *caput* do dispositivo, é importante advertir – na esteira do escólio de Marçal Justen Filho[39] – que não se está, propriamente, diante de um ato declaratório de caducidade. Na verdade, a caducidade é materializada por meio de um ato constitutivo negativo. Por conseguinte,

> a concessão somente se extingue no instante em que proferido o ato estatal que reconhecer inadimplemento ou perda de condições de habilitação. Até então, o concessionário mantém a situação jurídica correspondente. Não obstante já se ter produzido o evento que acarretará posterior extinção da concessão, permanece o regime jurídico próprio.

O §1º do art. 38 arrola hipóteses em que a caducidade poderá ser decretada pelo Poder Concedente. Tal rol, todavia, não deve ser tido como exaustivo. A própria Lei de Concessões (art. 27) traz outra hipótese de caducidade. Além disso, nada impede que o instrumento contratual estabeleça situações específicas para a decretação da medida[40].

Exemplo dessa possibilidade pode ser verificada na subcláusula 45.2.14 da Linha 6 do Metrô de São Paulo, que estabelece, como hipótese de caducidade, o *"atraso superior a 360 (trezentos e sessenta) dias em relação à data prevista para início da OPERAÇÃO COMERCIAL, constante do Cronograma de Implantação do Empreendimento, apresentado pela CONCESSIONÁRIA"*[41].

Como já apontado, a caducidade pode ser decretada em situação que o ordenamento admitiria, também, a aplicação de outras sanções contratuais. Como determinar, pois, qual a punição apropriada em caso de inexecução?

---

39 JUSTEN FILHO, Marçal. *Teoria* ..., p.592.
40 Nesse sentido, cabe reportar às considerações de Marçal Justen Filho (*op. cit*, p.595.)
41 Disponível em: http://www.stm.sp.gov.br/index.php/edital-linha-6.

Quer parecer que tal decisão poderá partir de uma premissa estabelecida por Marçal Justen Filho[42]: mais do que uma punição, a caducidade deve ser entendida como medida de realização do interesse público. Assim, *"extingue-se a concessão porque a conduta do concessionário é defeituosa a ponto de autorizar a previsão de desastres futuros"*. Como decorrência desse juízo, afigura-se lícito concluir que

> Realiza-se o interesse público, por via da caducidade, pela perspectiva da elevação da qualidade dos serviços. A gravidade das infrações praticadas pelo concessionário autoriza presumir que esse objetivo não será atingível sem sua substituição.

A decretação da medida, nos termos da Lei de Concessões, *"deverá ser precedida da verificação da inadimplência da concessionária em processo administrativo, assegurado o direito de ampla defesa"* (art. 38, §2º). Por sua vez, como condição à instauração do processo administrativo de inadimplência, o diploma normativo exige a comunicação prévia e detalhada, à concessionária, acerca dos descumprimentos contratuais mencionados no art. 38, §1º e a concessão de prazo para *"corrigir as falhas e transgressões apontadas e para o enquadramento, nos termos contratuais"* (art. 38, §3º).

Caso a inadimplência seja comprovada, o Poder Concedente decretará a caducidade independentemente de indenização prévia (art. 38, §4º). Tal indenização será calculada na forma do art. 36, fazendo-se o desconto do valor das multas contratuais e dos danos causados pela concessionária (art. 38, §5º).

Finalmente, cabe alertar que a decretação de caducidade não gera, ao Poder Concedente, responsabilidade quanto *"aos encargos, ônus, obrigações ou compromissos com terceiros ou com empregados da concessionária"* (art. 38, §6º).

---

42 JUSTEN FILHO, Marçal. *Teoria...*, p.594.

Do tratamento conferido ao tema em contratações mais recentes, quer parecer que merece destaque a permissão do exercício de *step in right* anterior à declaração de caducidade, prevista nos contratos de concessão dos Aeroportos Internacionais de Brasília, Campinas e Guarulhos (subcláusula 13.20)[43].

À parte disso – e, conforme afirmado no *caput* do art. 38 da Lei de Concessões – a decretação da caducidade será realizada a critério do Poder Concedente. Quer isso dizer que não cabe ao Poder Judiciário substituir o administrador em tal atribuição.

Destaca-se, nesse sentido, aresto proferido pelo Tribunal Regional Federal da 5ª Região em sede de apelação interposta pelo Ministério Público Federal. Na sentença recorrida, julgou-se improcedente pedido formulado em ação civil pública visando à decretação de caducidade de contrato de concessão de serviço de transporte ferroviário de carga. Da ementa do julgado, transcreve-se o seguinte excerto:

> [...]
> 3. Cabe ao poder concedente, conforme oportunidade e conveniência, e não ao Judiciário, declarar a caducidade do contrato por eventual inexecução parcial.
> 4. "Evidenciado o caráter discricionário da decretação de caducidade do contrato de concessão de prestação de serviço público, e inexistente omissão da Agência Reguladora em fiscalizar e sancionar a concessionária, incabível a atuação do judiciário para impor a extinção do referido contrato desconsiderando o juízo de conveniência e oportunidade da Administração". (Parecer da Procuradoria Regional da República)
> [...][44]

A liberdade conferida ao administrador para decretar a caducidade, entretanto, deve ser bem compreendida.

---

43 Disponível em: http://www2.anac.gov.br/gru-vcp-bsb/. Acesso em 09 de outubro de 2013.

44 TRF da 5ª Região, Segunda Turma – Apelação Cível n.º 505223/PE (2004.83.00.006142-0) – Rel. Des. Fed. Manuel Maia (convocado), DJe de 14/04/2011, p.103.

Primeiro, ela não existe em caso de transferência de concessão ou do controle societário da concessionária sem prévia anuência do Poder Concedente. Em tais situações, o art. 27, *caput*, da Lei n.º 8.987/1995 comina a decretação de caducidade da concessão como medida necessária.

No que concerne às demais inexecuções contratuais, devem ser considerados, como vetores decisórios, o princípio da proporcionalidade e a realização do interesse público subjacente à contratação. Sopesados tais elementos, cabe ao administrador optar pela aplicação da penalidade, fundamentando o ato.

Rescisão

Trata-se de hipótese de extinção do contrato por inadimplemento imputado ao Poder Concedente. Opõe-se à declaração de caducidade, que tem lugar na hipótese de inadimplemento atribuível ao concessionário. Conforme adverte Marçal Justen Filho[45], *"para evitar dúvidas, a lei deu significado específico à expressão 'rescisão'. É a extinção do contrato, em virtude de decisão judicial, decorrente do inadimplemento do poder concedente"*. Veja-se o art. 39, da Lei nº 8.987/95:

> Art. 39. O contrato de concessão poderá ser rescindido por iniciativa da concessionária, no caso de descumprimento das normas contratuais pelo poder concedente, mediante ação judicial especialmente intentada para esse fim.
> Parágrafo único. Na hipótese prevista no caput deste artigo, os serviços prestados pela concessionária não poderão ser interrompidos ou paralisados, até a decisão judicial transitada em julgado.

Da dicção legal, percebe-se que não há possibilidade de rescisão unilateral do contrato por parte da concessionária, que necessariamente deverá acionar o Poder Judiciário, com exceção, obviamente, de eventual rescisão amigável.

---

45 *Op. Cit.*, p. 766.

O parágrafo único do art. 39 impõe restrição à cláusula da *exceptio non adimplecti contractus*, ainda mais severa que aquela constante da Lei n.º 8.666/93, com vistas à preservação da continuidade do serviço público. É sabido que a restrição de oponibilidade da exceção de contrato não cumprido constitui uma das cláusulas exorbitantes dos contratos administrativos, que garantem a posição de verticalidade da Administração Pública nesse tipo de avença. De acordo com a Lei de Licitações e Contratos, conforme art. 78, XIV e XV, aplicáveis aos contratos administrativos em geral, há um lapso temporal de 90 ou 120 dias, a depender do caso, em que o contratado deverá cumprir o contrato mesmo sem receber a contraprestação da Administração Pública.

Pelo art. 39 da Lei n.º 8.987/95, todavia, não há um prazo temporal delimitado, devendo a concessionária manter a prestação de serviço até o trânsito em julgado da ação por ela intentada. Diante da severidade do dispositivo, alguns autores propõem seu temperamento por intermédio da interpretação calcada na razoabilidade e na proporcionalidade. Nesse sentido, Maurício Portugal Ribeiro[46]:

> Em primeiro lugar, note-se que, atualmente, geralmente, os contratos de concessão preveem a obrigatoriedade de utilização da arbitragem, de maneira que essa decisão fatalmente seria dada por uma corte arbitral. [...] não é razoável exigir que o parceiro privado continue a prestação do serviço indefinidamente até que haja uma sentença transitada em julgado. [...] Portanto, nos parece perfeitamente razoável que, comprovada a inviabilidade de manter a prestação dos serviços pelo prazo necessário para a decretação da rescisão do contrato, deve ser concedido liminarmente ao parceiro privado a possibilidade de, em data programada e, mediante transferência da operação dos serviços para a Administração Pública, cessar ou suspender a prestação dos serviços.

---

46 *Op. cit.*, p. 174-175.

Marçal Justen Filho[47] externa posição no mesmo sentido:

> O parágrafo único do artigo 39 consagra a impossibilidade de o concessionário invocar a exceção de contrato não cumprido. Mas o dispositivo tem de ser interpretado nos limites da proporcionalidade e segundo a estruturação constitucional do Estado. Se a manutenção do serviço, em face do inadimplemento do poder concedente, for hábil a acarretar o desaparecimento do concessionário ou o sacrifício de interesses fundamentais, não incidirá o parágrafo único do artigo 39. [...]. Depois, não se extrai do parágrafo único do artigo 39 uma autorização para o Estado manter indefinidamente seu inadimplemento, constrangendo o concessionário a continuar a prestar serviços. Isso seria a mais completa consagração do arbítrio.

Diante de tal posicionamento doutrinário, bem como pela possibilidade de concessão de liminar determinando a devolução imediata do serviço ao Poder Concedente, parece recomendável que seja avaliada a possibilidade de fazer constar da minuta do contrato as cautelas que deverão obrigatoriamente ser adotadas, tudo com vistas à preservação do princípio da continuidade do serviço público.

No que tange à indenização, por se tratar de modo de extinção de vínculo contratual por fato atribuível ao Poder Concedente, devem ser utilizados os mesmos critérios válidos na hipótese de encampação.

Cumpre observar que, em se tratando de concessões patrocinadas ou administrativas, a lei de PPPs autoriza que o contrato estabeleça uma garantia em favor da concessionária, que poderá executá-la na hipótese de inadimplência do Poder Concedente. No caso da Linha 6 de Metrô de São Paulo, constou ainda previsão de que a não retomada dos pagamentos, pelo Poder Concedente, no prazo contratualmente fixado, ensejará a rescisão contratual, desde que solicitada pela concessionária, *"vedada a interrupção ou paralisação dos serviços antes do prazo de retomada estabelecido pelo Poder Concedente"*

---

47 *Curso...*, p. 766-767.

(cláusula 52.10). Como se vê, o contrato admite uma forma de rescisão contratual que dispensa autorização prévia do Poder Judiciário.

Anulação

O tema da invalidação ou anulação[48] é muito desenvolvido pela doutrina de Direito Administrativo na seara do ato administrativo. *"Invalidação é a supressão de um ato administrativo ou da relação jurídica dele nascida, por haverem sido produzidos em desconformidade com a ordem jurídica"*[49].

Nesse sentido, quando se arrola a anulação como uma das modalidades de extinção do contrato de parceria público-privada, alberga-se a possibilidade de término do contrato por algum vício de legalidade, seja no procedimento licitatório, seja nas próprias cláusulas da avença. Conforme adverte Marçal Justen Filho[50]:

> [...] anulação diferencia-se de todas as demais modalidades extintivas da concessão por relacionar-se a evento ocorrido no passado, até o momento da formalização da concessão. Não depende da conduta do concessionário no desempenho da concessão, nem se relaciona com um juízo de conveniência acerca de sua extinção.

O art. 35, V, da Lei nº 8.987/95 arrola a anulação como uma das modalidades de extinção do contrato de concessão, dispositivo que é aplicável às parcerias público-privadas pelo

---

48 A doutrina diverge sobre a nomenclatura. Celso Antônio Bandeira de Mello (*Curso de direito administrativo*. 22. ed. São Paulo: Malheiros, 2007, p. 440), José dos Santos Carvalho Filho (*Manual de direito administrativo*. 25. ed. São Paulo: Atlas, 2012, p. 154) e Marçal Justen Filho (*Curso de direito administrativo*. 8. ed. Belo Horizonte: Fórum, 2012, p. 385) preferem o termo invalidação ou invalidade, à medida que o vício pode gerar não só anulação, mas também nulidade, ao passo que Aloísio Zimmer Jr. (*Curso de direito administrativo*. 3. ed. São Paulo: Método, 2009, p. 201), dentre outros, utilizam o termo anulação, que deve ser compreendido em sentido amplo.

49 BANDEIRA DE MELLO, Celso Antônio. *Op. cit.*, p. 441.

50 *Op. Cit.*, p. 767.

fato do tema da extinção não estar regulamentado na Lei nº 11.079/2004, a teor do seu art. 3º, *caput* e §1º .

O poder de autotutela, adjudicado à Administração Pública, é antes um *dever-poder*, à medida que, regida pelo princípio da estrita legalidade, ela não pode optar por não invalidar o ato viciado. Atualmente, todavia, tem-se reconhecido hipóteses em que é aplicável a convalidação, ou em que há oportunidade de aplicação da teoria do fato consumado, em homenagem aos princípios da boa-fé, da proteção da confiança e da segurança jurídica.

A convalidação é conceituada como "o processo de que se vale a Administração para aproveitar atos administrativos com vícios superáveis, *de forma a confirmá-los no todo ou em parte*"[51].

No âmbito estadual, poderá haver a convalidação do ato administrativo quando se tratar de vício relativo à forma ou à competência, sendo impossíveis de convalidação os vícios quanto ao objeto, à finalidade e ao motivo[52].

Por vício quanto ao objeto, entende-se aquele referente ao conteúdo do ato, correspondente ao seu efeito jurídico imediato. Nesse sentido, se o objeto for ilícito, há um vício insanável a contaminar o ato administrativo. Um contrato de parceria público-privada que tenha como único objeto o fornecimento de mão-de-obra, por exemplo, poderia ser anulado com fulcro no art. 2º, §4º, III, da Lei n. 11.079/2004[53].

Já o vício quanto à finalidade caracteriza-se como desvio de poder ou desvio de finalidade, que ocorre "tanto quando o administrador distorce o fim legal do poder que lhe era confia-

---

51 CARVALHO FILHO, José dos Santos. *Op. cit.,* p. 162.
52 É o que se extrai do art. 11 da Lei Estadual n.º 10.177/1998.
53 Art. 2º. Parceria público-privada é o contrato administrativo de concessão, na modalidade patrocinada ou administrativa.[...]
§ 4º. É vedada a celebração de contrato de parceria público-privada: [...]
III – que tenha como objeto único o fornecimento de mão de obra, o fornecimento e instalação de equipamentos ou a execução de obra pública.

do pela regra de competência como quando não busca finalidades de interesse público (finalidade em sentido amplo), mas se orienta para fins particulares que nada têm a ver com os fins coletivos[54]".

Para aferir desvio de finalidade em parceria público-privada, deve-se ter em mente a função da espécie contratual, para que serve seu manejo, quais os interesses que busca consagrar. Não se pode admitir, assim, que o contrato sirva somente como uma fachada para encobrir uma flexibilização do regime jurídico de direito público, com transferência de recursos do Estado para atendimento a interesses particulares, mas sim deve ser ínsita sua lógica econômica, com ganhos ao parceiro privado e ao interesse público.

Por fim, o motivo é conceituado como o pressuposto fático que autoriza a edição do ato. Assim, o vício quanto ao motivo poderia ser a inexistência do fato ou a inadequação do fato com o pressuposto de direito (falsidade do motivo). Difícil imaginar uma possibilidade de anulação de parceria público-privada por vício de motivo, diante da quantidade de estudos técnicos, audiências públicas e consultas ao setor privado que, em geral, precedem o lançamento do edital.

Sobre a hipótese aventada no inciso II do art. 10 da Lei estadual n.º 10.177/1998, a "irregularidade" tem de ser interpretada como um vício de forma. Assim, o ato praticado com "irregularidade" é aquele que acabou por não observar alguma formalidade legal, tendo alcançado, mesmo assim, seu desiderato, sem causar prejuízo. O legislador, portanto, acaba prevendo duas modalidades de convalidação do ato administrativo com vício de forma: pelo art. 10, II, quando não houver prejuízo; pelo art. 11, II, quando, mesmo havendo prejuízo, o ato puder ser suprido de forma eficaz.

---

54 Cf. NOHARA, Irene Patrícia. *Direito administrativo*. 2. ed. São Paulo: Atlas, 2012, p. 211.

No que tange à teoria do fato consumado, foi construída pela doutrina de Direito Administrativo para afastar a invalidação de atos viciados quando seus efeitos já estiverem consolidados no tempo, em proteção da segurança jurídica e da boa-fé. No caso, com base na razoabilidade, deve prevalecer um juízo de ponderação, para verificar se o reconhecimento de vício poderia trazer consequências funestas ao interessado ou, principalmente, à Administração[55].

Dados os contornos gerais sobre a essência da anulação do contrato de parceria público-privada, cabe discorrer sobre dois pontos que têm especial interesse quando se trata dessa espécie de contrato administrativo, quais sejam, os critérios para liquidação do dano em havendo anulação do contrato e eventual possibilidade de previsão contratual para limitar a autotutela do Poder Concedente.

Liquidação de danos em caso de anulação de contratos de PPP

Há dificuldade em regulamentar a questão da indenização cabível nas hipóteses de extinção do ajuste em decorrência da sua anulação, já que o objeto do contrato e a modelagem da concessão interferem na regulamentação dessa indenização. Costuma-se determinar os critérios de liquidação remetendo aos mesmos critérios no caso de caducidade (quando houver *culpa* da concessionária) ou encampação (quando não houver *culpa* da concessionária).

Deve-se evitar a utilização do termo "culpa" quando se estiver a falar em contrato administrativo, à medida que o termo pode dar espaço a indagações subjetivas e à constatação de negligência, imprudência ou imperícia. Aliás, não são poucas as vozes, na esfera da responsabilidade contratual, que se levantam questionando o papel que, atualmente, é reservado à

---

55 Cf. NOHARA, Irene Patrícia. *Op. cit.,* p. 229-230.

culpa, dada a crescente necessidade de objetivação daquela espécie de responsabilidade[56]. Ademais, em contratos de vulto como parcerias público-privadas, com alto grau de especialização técnica, e pelos expressivos montantes envolvidos, não cabe que se ceda espaço a subjetivismos.

Nessa esteira, melhor fazer constar dos contratos que será o caso de liquidar o dano pelos critérios da caducidade quando houver *fato atribuível* à concessionária, ou pelos critérios da encampação quando *não* houver *fato atribuível à concessionária*. Dessa maneira, fecha-se dentro do contrato um sistema absolutamente coerente no que tange à indenização dos danos decorrentes da anulação do contrato.

Por fim, deve-se evitar, na espécie, a estipulação de cláusulas contratuais demasiado abertas, fixando que a indenização derivada de anulação será apurada *a posteriori*, de acordo com os danos decorrentes do evento. Cláusula de tal amplitude pode gerar problemas sérios entre o Poder Concedente e a concessionária caso sobrevenha anulação, sem contar que tal grau de incerteza certamente será precificado e aumentará o custo do contrato. Preferível, assim, que se feche o sistema com a referência aos critérios de indenização próprios da caducidade e da encampação.

Possibilidade de afastamento da autotutela administrativa por previsão contratual

Questão interessante que se coloca é a possibilidade de afastamento, por previsão contratual, do poder-dever de autotutela administrativa. Em outras palavras, questiona-se se seria possível a previsão no contrato de parceria público-privada, e de resto em qualquer contrato de concessão, de cláusula afas-

---

56 Cf. VITA NETO, José Virgílio. *A atribuição da responsabilidade contratual*. Tese de doutorado defendida na FADUSP, 2007, *passim*; CATALAN, Marcos Jorge. *A morte da culpa na responsabilidade civil contratual*. Tese de doutorado defendida na FADUSP, 2011, *passim*.

tando a prerrogativa do Poder Concedente de anular o contrato independentemente de provocação do Poder Judiciário.

A resposta é negativa. Com efeito, a autotutela é antes um *poder-dever*, de modo que, colocado diante de uma ilegalidade, deve o administrador providenciar a invalidação do ato viciado, salvo se existente algum impedimento trazido pelo art. 10 da Lei nº 10.177/98. Conforme afirma Celso Antônio Bandeira de Mello[57], *"sendo certo, pois, que invalidação ou convalidação terão de ser obrigatoriamente pronunciadas, restaria apenas saber se é discricionária a opção por uma ou outra nos casos em que o ato comporta convalidação. A resposta é que não há, aí, opção livre entre tais alternativas"*. O caput do art. 10, aliás, é claro ao prescrever que *"A administração anulará"* os atos inválidos, não deixando margem à discricionariedade.

Nesse sentido, inviável à Administração Pública abrir mão de uma prerrogativa própria do regime jurídico de Direito Público via contrato, pois não há possibilidade de disposição nesse caso, à medida que não autorizada por lei. Outrossim, examinando a questão sob uma perspectiva teleológica, se não cabe ao administrador optar por invalidar ou não o ato inválido depois de percebido o vício, nada autoriza supor que ele pudesse fazê-lo antes do aparecimento dele, abrindo mão da prerrogativa da autotutela, essencial ao regime jurídico administrativo.

Conclui-se, então, pela impossibilidade de afastamento do exercício da autotutela administrativa via inserção de cláusula contratual nesse sentido em contrato de parceria público-privada.

Falência ou Extinção da concessionária

Se a contratada não tiver mais condições de dar prosseguimento ao contrato, por falta de capacidade econômica ou financeira, extinguir-se-á a contratação por falência.

---

57 *Op.cit.,* p. 456.

Há divergência, nessa hipótese, em relação ao regime indenizatório aplicável. Alguns modelos de contratos analisados para este trabalho previram distinção na forma de cálculo da indenização conforme o motivo da decretação da falência. Se ocorrida fraude (imputável à concessionária), a indenização seria paga nos moldes da extinção em razão da caducidade. Caso a falência decretada não fosse fraudulenta, a indenização a ser paga obedeceria aos regramentos da hipótese de extinção em razão de encampação.

Em outras modelagens, contudo, essa distinção não apareceu, ou seja, independentemente do motivo para a decretação da falência, o contrato fez remissão ao pagamento da indenização previsto para o caso de caducidade. Fica, contudo, a critério do Poder Concedente definir a melhor forma aplicável a cada caso concreto. Além disso, na falência, a garantia de execução do contrato deverá ser integralmente revertida ao Poder Concedente.

Cabe apontar que alguns contratos pesquisados (como, por exemplo, aquele que tem por objeto a Linha 6 do Metrô bandeirante) incluem, na hipótese de extinção do contrato, a recuperação judicial que prejudique a execução do ajuste. Embora não exista nenhum óbice a essa inclusão, ela se afigura, em princípio, desnecessária, por estar contida na hipótese de extinção do contrato em razão de caducidade. Cabe, contudo, ao Poder Concedente, à vista de cada caso concreto e analisando de forma global a modelagem da concessão, verificar a pertinência ou não da inclusão, dentre as causas de extinção da parceria, da "recuperação judicial que prejudique a execução do contrato". Caso opte por incluí-la, vale apontar que a forma de indenização a ser prevista deverá ser a mesma estabelecida para a hipótese de falência.

Caso fortuito ou força maior

Alguns contratos incluem, dentre as hipóteses de extinção prematura do ajuste, a ocorrência de caso fortuito ou força maior, devidamente comprovada, e que impeça a continuidade da execução do contrato.

Dependendo do caso concreto, o Poder Concedente poderá definir a necessidade de incluir essa previsão no contrato, sem confundi-la com as hipóteses de encampação ou caducidade, postas linhas acima.

Reversão dos bens

A reversão de bens constitui preceito tradicional nas leis brasileiras referentes à concessão de serviços públicos, que se aplicam inteiramente aos contratos de parcerias público-privadas, sendo aspecto intimamente ligado à extinção do contrato em qualquer das hipóteses previstas na Lei nº 8.987/95.

De modo pragmático, e como já alertado linhas acima, na extinção dos contratos de parcerias público-privadas, deve-se sempre proteger e garantir a continuidade dos serviços prestados, dando destaque especial às cláusulas relacionadas aos bens reversíveis e critérios para cálculo e forma de pagamento das indenizações devidas à concessionária.

A reversão dos bens nos contratos de concessão é objeto de atenção do legislador pátrio antes mesmo da celebração do ajuste, isto é, deve ser considerada na fase interna e prevista no edital do certame que selecionará o projeto e o licitante vencedores.

Os bens reversíveis, conforme disposto na Lei nº 8.987/95, devem ser expressamente indicados no edital de licitação (art. 18, X), com suas características e condições, inclusive quando pertencentes ao Poder Público e entregues ao concessionário para o cumprimento do contrato.

A correta definição e previsão dos bens que serão revertidos ao Poder Concedente ao final do contrato, independentemente da modalidade de extinção, sejam aqueles que já lhe pertenciam, como aqueles adquiridos ou utilizados pelo parceiro privado na execução do contrato, tem por escopo a continuidade dos serviços prestados nos respectivos contratos, uma vez que a supremacia do interesse público[58] é o princípio norteador de todos os serviços públicos delegados ou outorgados, a resguardar o bem público em relação a certos interesses individuais, em especial aqueles de mero interesse econômico.

Por outro lado, a previsão contratual da reversão dos bens na extinção do contrato protege o retorno dos investidores, quando esta se der por ato da Administração Pública, e o pagamento das dívidas, na hipótese em que ocorrer o inadimplemento ou extinção do contrato por ato do parceiro privado.

O patrimônio do concessionário constituído em decorrência da atividade da SPE, não vinculado ao objeto do contrato, não constitui bem reversível e dele o parceiro privado pode dispor; vale dizer, o Poder Concedente não pode se apropriar de todo e qualquer bem do concessionário, sob pena de configuração de apossamento administrativo.

Nesse cenário, a Lei nº 8.987/95, em seu art. 18, incisos X e XI, estabeleceu a necessidade de o edital de licitação indicar expressamente os bens reversíveis, com suas características e as condições em que serão postos à disposição, na hipótese de extinção da concessão anterior. De igual modo, o art. 23, X, da mencionada norma, estabeleceu que é cláusula essencial aquela que cuida dos bens reversíveis.

Como consequência da extinção do contrato, a reversão dos bens vem tratada nos arts. 35 e 36 do mencionado diploma normativo.

Nesse cenário, o primeiro obstáculo a ser superado para que a Administração Pública receba os bens reversíveis em razão da extinção da parceria público-privada, é a definição de quais bens podem ser assim qualificados.

Do exame de alguns contratos de concessão na modalidade de parceria público-privada, infere-se que a definição dos bens reversíveis vem bem delineada no contrato da Linha 4

---

58 Consubstanciada na prestação contínua e adequada dos serviços públicos.

do Metrô de São Paulo, onde consta que são *"todos aqueles vinculados à Concessão, construídos, adquiridos, produzidos/fabricados e implantados pela Concessionária (edificações/instalações, sistemas, equipamentos, máquinas, componentes, sobressalente, bens e direitos para a prestação dos serviços e outros), bem como os disponibilizados pelo Poder Concedente, e, eventualmente por seus agentes, que se façam necessários à execução da prestação do serviço concedido".*

O que se observa, nesses diversos contratos examinados – e é recomendável que isso aconteça –, é a conceituação dos bens reversíveis. Essa conceituação não deve ser revestida de rigidez, na medida em que se está cuidando de contratos com prazos muito longos e que exigem atualização tecnológica e técnica de equipamentos, e que, no curso do contrato, não é possível contemplar todas as situações para inclusão ou exclusão de bens necessários para garantir a continuidade dos serviços.

Assim, é recomendável que se adote uma listagem, inventário, e registro desses bens, que não só podem, como devem ser atualizados periodicamente, permitindo que, no momento da extinção do contrato, não ocorram imprevistos ou divergências entre os parceiros quanto aos bens que devem ser entregues ou os que devem retornar para o parceiro público.

Além do procedimento adotado pela ANEEL, na Lei nº 12.783/2011, como mencionado no item 3.1., mostra-se interessante aquele adotado pela Agência Nacional de Petróleo, Gás Natural e Biocombustível por ocasião da desativação de instalações dos campos de exploração de petróleo e gás natural, ao editar a Resolução ANP nº 13/2011, disciplinando a articulação dos atos de Alienação e Reversão de Bens e Devolução de Áreas, definindo o que é reversão dos bens, os bens reversíveis, a devolução das áreas e a forma dessa devolução.

Merecem referência as parcerias público-privadas celebradas pelo Governo do Estado de Minas Gerais, em especial os contratos da UAI (Unidade de Atendimento Integrado) e do Estádio do Mineirão, em que foi prevista a indicação de um Verificador Independente. Essa figura tem a atribuição de realizar relatório de vistoria para retratar a situação dos bens reversíveis e definir, com a aprovação das partes, os parâmetros que nortearão a devolução dos bens integrantes da concessão, garantindo maior imparcialidade e segurança neste procedimento.

Relativamente aos bens imóveis de propriedade do Poder Concedente e entregues ao concessionário (bens de uso comum, uso especial ou dominical), deve-se estipular de modo claro as regras e limitações ao seu uso, bem como condições de devolução, especialmente nos casos de investimentos do parceiro privado nesses bens, prevendo amortização desses investimentos e eventuais direitos à indenização, na hipótese de extinção antecipada do contrato.

Sobre os bens pertencentes ao parceiro privado ou a terceiros (por exemplo, na hipótese de contrato de *leasing*, em que a instituição financeira é a titular do domínio), é necessário observar os contratos existentes e cuidar das onerações incidentes sobre os mesmos, se cabíveis no ajuste, como, por exemplo, serem apresentados como garantia de direitos reais (penhor, hipoteca, alienação fiduciária e outros).

Nesse diapasão, deve ser prevista cláusula contratual sobre a necessidade de o parceiro privado solicitar autorização do Poder Concedente antes de alienar, substituir ou onerar os bens reversíveis, ainda que por ele adquiridos, ressalvadas as hipóteses em que a oneração desse patrimônio seja consequência dos contratos de financiamento. Muito embora tal cláusula melhor se ajuste ao capítulo comumente intitulado "Regime Jurídico dos Bens da Concessão", produz reflexos diretos no momento da extinção do contrato.

É importante destacar que a eficiência do parceiro privado está relacionada ao seu poder de negociação sobre os preços e modo de aquisição de seus bens, cabendo ao parceiro público sopesar o grau de interferência sobre esses contratos. Por isso, recomenda-se a inclusão de cláusula em que conste obrigação do parceiro privado de garantir a posse e o uso dos bens reversíveis, cuja titularidade é de terceiros, com a cessão automática ao Poder Concedente, que o substituirá no contrato, no caso de extinção do contrato de concessão.

Nesse tópico, nas hipóteses em que houver necessidade desses contratos extrapolarem o advento do termo final contratual, deve haver previsão de que caberá ao Poder Concedente decidir sobre a continuidade do contrato no qual se sub-rogou.

Para as diversas hipóteses de extinção, e consoante objeto da parceria público-privada, devem ser redigidas cláusulas complementares relativas à reversão dos bens, observando-se eventual direito à retenção de valores na hipótese de entrega em desconformidade com o estabelecido, não devolução, desaparecimento ou danos.

A regra, que representa uma proteção mínima para o parceiro privado quanto aos investimentos, é a indenização dos bens reversíveis ainda não amortizados ou depreciados. Porém, o art. 36 não previu como se dará essa indenização, cabendo a sua fixação no contrato. A legislação somente estabeleceu a prévia indenização na hipótese de encampação, consoante art. 37, todos da Lei nº 8.987/95.

Todavia, o art. 6.º, § 5.º, da Lei nº 11.079/2004, com as alterações da Lei nº 12.766, de 2012, vedou a indenização de parcelas de investimentos vinculados a bens reversíveis que ainda não tenham sido amortizados ou depreciados, quando esses investimentos forem provenientes de aportes do Poder Concedente, pois esses valores não advêm de numerário despendido pelo concessionário.

De um modo geral, os contratos de parcerias público-privadas devem cuidar da inclusão de disposições em que constem:
- condições dos bens, o seu estado de conservação, funcionamento e atualidade, permitindo a continuidade dos serviços ao término do contrato, sendo recomendável a fixação de parâmetros confiáveis para

essa aferição e um prazo mínimo adicional de vida útil desses bens;
- fixação de metodologia para o cálculo da indenização dos bens reversíveis, quando o caso;
- previsão de que, na hipótese de extinção da concessão, a indenização poderá ser atribuída à proponente vencedora de nova licitação ou aos seus financiadores;
- que o Poder Concedente pode prever a compensação da indenização devida com multas, danos e quaisquer outros valores que lhe são devidos pela Concessionária;
- entrega periódica de relação dos bens que são considerados reversíveis, com acompanhamento por meio de inventário de bens e direitos (que pode ter acesso eletrônico) integrantes do patrimônio da Concessionária, permitindo maior controle pelo Poder Concedente, facilitando a extinção do contrato e o pagamento de eventual amortização ou depreciação;
- previsão de nomeação de Verificador Independente ou Comissão específica para a elaboração de relatório de vistoria que retratará a situação dos bens reversíveis; e definição dos parâmetros para a reversão, garantindo total imparcialidade (PPP UAI e Mineirão);
- elaboração de Termo de Entrega dos Bens Reversíveis;
- previsão de eventuais indenizações devidas relativamente aos bens reversíveis, cuja base de cálculo é o valor contábil de acordo com a legislação aplicável ou podem ser fixados mediante avaliação, conforme previamente estabelecido no edital.

Questão polêmica diz quanto à possibilidade de o Poder Concedente prever o pagamento prévio dos bens reversíveis, já que o art. 37 da Lei nº 8.987/95 estabelece que esse pagamento somente ocorre quando a extinção do contrato se der por encampação. Autorizado a contratar, o Poder Concedente pode estabelecer as regras aplicáveis, assim como pode decidir sobre os riscos envolvidos e a qualidade dos serviços que devem ser prestados. Nesse aspecto, predefinir que a indenização ocorrerá *a posteriori*, pode envolver aumento dos custos, pois o parceiro privado, quando da quantificação dos custos e riscos envolvidos, certamente sopesará essa demora no pagamento da indenização dos bens reversíveis.

Há jurisprudência posicionando-se favoravelmente à possibilidade de pagamento prévio da indenização dos bens reversíveis, condicionando a posse por nova concessionária dos bens a esse pagamento ou dada garantia suficiente para posse das instalações por novo concessionário (AG70051975571-TJRS), no entanto, o posicionamento predominante vem do Superior Tribunal de Justiça, que não exige o prévio pagamento da indenização para a retomada dos bens e serviços das concessões[59].

Finalmente, uma questão que deve ser abordada, refere-se aos contratos de parceria público-privada em que inexistem bens reversíveis, como, por exemplo, a construção de unidades habitacionais de interesse social com prestação de serviços de desenvolvimento de trabalho social de pré e pós-ocupação, de gestão condominial e gestão de carteira de mutuários. O escopo do contrato não permite a reversão de bens na sua extinção, ou seja, a finalidade é que os bens objeto do contrato sejam entregues a terceiros, destinatários dos serviços a serem prestados.

Tendo a contratação a finalidade de destinação dos bens para terceiros, não se vislumbra ofensa ao art. 6.º, § 5º, da Lei federal nº 11.079/2004, que veda a indenização de parcelas de investimentos vinculados a bens reversíveis que ainda não tenham sido amortizados ou depreciados, quando esses investimentos forem provenientes de aportes do Poder Concedente, pois, no caso do contrato mencionado, os bens que não integra-

---

[59] Rel. Min. Herman Benjamin, STJ, MC 13.343/SC, decisão monocrática em 05/10/2007, publicada no DJ 05/10/2007; STJ, AgRg na SS 1307/PR, Rel. Ministro EDSON VIDIGAL, CORTE ESPECIAL, julgado em 25/10/2004, DJ 06/12/2004 p. 175; STJ, Resp n. 1.059.137/SC, Rel. Min. Francisco Falcão, j. em 14.10.2008.

ram o patrimônio do parceiro privado serão obrigatoriamente repassados para terceiros definidos pelo Poder Concedente.

Ademais, o supramencionado artigo deve ser examinado em conjunto com o seu § 2.º, que autoriza para os novos contratos a previsão de indenização desses bens, desde que essa previsão conste do edital, sendo certo que para os contratos celebrados até 08 de agosto de 2012, haverá necessidade de autorização legislativa para esse pagamento.

Em conclusão, a correta caracterização dos bens reversíveis relacionados às atividades a serem desenvolvidas, desde a modelagem (fase interna) até o edital de licitação, passando pelo curso do contrato, é essencial e imprescindível para a regularidade e sucesso da PPP, destacando-se o registro, controle e inventário físico desses bens, de modo que na extinção do contrato, por qualquer causa, prematura ou não, a transferência dos bens e apuração dos valores indenitários se dê de modo sereno, sem prejuízo para as partes, para a retomada do serviço pelo Poder Concedente e para a continuidade da prestação, direta ou não.

Conclusão

O prévio estudo, técnico e jurídico, das formas possíveis de extinção do contrato, sejam elas prematuras ou a termo, traz, como visto, consequências relevantes à parceria público-privada.

Identificado o objeto da parceria, seu planejamento deverá considerar o prazo de duração do contrato futuro, bem como os investimentos que serão necessários à prestação contínua e adequada do serviço, sem olvidar da necessária estimativa de receita do parceiro privado, inclusive a contraprestação pública que lhe será devida. Essa estimativa de custos e receitas levará em consideração o prazo normal de duração do contrato para que, com o advento do termo final de vigência do ajuste, o contrato esteja de tal forma equilibrado que nada seja devido para nenhuma das partes e, principalmente, o serviço possa continuar sendo prestado (de forma direta ou por terceiros – novo concessionário), sem que o usuário perceba qualquer deficiência na qualidade do serviço público.

Entretanto, dado o longo prazo de duração de um contrato, além das dificuldades práticas que envolvem a possibilidade de antever, décadas antes, todos os eventos que podem sobrevir e trazer impacto jurídico na execução contratual, é necessário que o Poder Público e o parceiro privado considerem, *ab initio*, a possibilidade de extinção prematura do ajuste, com todas as consequências jurídicas daí advindas.

Outrossim, o estudo e a predefinição dos aspectos atinentes à reversão dos bens envolvidos na prestação dos serviços traz segurança jurídica aos parceiros público e privado que poderão – e deverão – levar esses dados em consideração desde a modelagem da concessão e desde a elaboração de proposta na qualidade de licitante, respectivamente.

Bibliografia

BANDEIRA DE MELLO, Celso Antônio. *Curso de direito administrativo*. 27ª ed. São Paulo: Malheiros, 2010.

CARVALHO FILHO, José dos Santos. *Manual de direito administrativo*. 24ª ed. Rio de Janeiro: Lumen Juris, 2011.

CATALAN, Marcos Jorge. *A morte da culpa na responsabilidade civil contratual*. Tese de doutorado defendida na FADUSP, 2011, *passim*.

DI PIETRO, Maria Sylvia Zanella. *Parcerias na Administração Pública – Concessão, Permissão, Franquia, Terceirização e outras formas*. São Paulo: Atlas, 2010.

JUSTEN FILHO, Marçal. *Teoria geral das concessões de serviço público*. São Paulo: Dialética, 2003.

_____. *Curso de direito administrativo.* . 8. ed. Belo Horizonte: Fórum, 2012.

NOHARA, Irene Patrícia. *Direito administrativo*. 2. ed. São Paulo: Atlas, 2012.

PRADO, Lucas Navarro. "Extinção de contratos de PPP e concessão: breves reflexões sobre o cálculo de indenizações considerando os parâmetros gerais da Lei federal nº 8.987/95", *in:* OLIVEIRA, Gesner e OLIVEIRA FILHO, Luis Chrysostomo, *Parcerias Público-Privadas. Experiências, Desafios e Propostas.* Rio de Janeiro: LTC, 2013, p. 288-298.

RIBEIRO, Maurício Portugal. *Concessões e PPPs. Melhores práticas em licitações e contratos.* São Paulo: Altas, 2011.

VITA NETO, José Virgílio. *A atribuição da responsabilidade contratual.* Tese de doutorado defendida na FADUSP, 2007.

ZIMMER Jr, Aloísio. *Curso de direito administrativo.* 3. ed. São Paulo: Método, 2009.

capítulo X

Aspectos polêmicos envolvendo a aplicação de penalidades contratuais nas parcerias público-privadas

Adriana Mazieiro Rezende[1]
André Zech Sylvestre[2]
Antônio Agostinho da Silva[3]
Natália Musa Domingues Nunes[4]

Introdução

Dentre as cláusulas essenciais dos contratos de parceria público-privada encontram-se as relativas às penalidades aplicáveis ao parceiro privado em caso de inadimplemento contratual, e seu procedimento, consoante o previsto no art. 5º, II, da Lei federal nº 11.079, de 30 de dezembro de 2004 c/c o art. 23, VIII, da Lei federal nº 8.987, de 13 de fevereiro de 1995.

Com o escopo de propiciar subsídios para futura elaboração de tais cláusulas em contratos de parceira público-privada, realizamos uma detida análise de doutrina, jurisprudência, pareceres da Procuradoria Administrativa – PA[5], bem como de projetos (em andamento ou em fase de licitação) de

---

[1] Procuradora do Estado de São Paulo. Pós-graduanda em Direito do Estado na Escola da Procuradoria Geral do Estado de São Paulo. Graduada em Direito pela Universidade Mackenzie.

[2] Procurador do Estado de São Paulo. Graduado em Direito pela Universidade de Fortaleza.

[3] Procurador do Estado de São Paulo. Especialista em Direito Processual Civil pela Escola Paulista da Magistratura e em Direito do Estado pela Escola Superior da Procuradoria Geral do Estado. Graduado pela Universidade Presbiteriana Mackenzie.

[4] Procuradora do Estado de São Paulo. Pós-graduanda em Direito Administrativo na Fundação Getúlio Vargas – FGV. Graduada em Direito pela Universidade de São Paulo – USP.

[5] Órgão da Procuradoria Geral do Estado de São Paulo ao qual compete emitir pareceres em processos sobre matéria jurídica de interesse da Administração Pública em geral (art. 21, I, da LC nº 478, de 18 de julho de 1986).

concessões federais, estaduais, municipais, de autarquias e de empresas estatais, quais sejam:

Edital de Concessão nº 001/2012, da Agência Nacional de Transportes Terrestres, para Exploração do Serviço Público de Transporte Ferroviário de Passageiros por Trem de Alta Velocidade na Estrada de Ferro EF-222, no trecho Rio de Janeiro – Campinas;

- Edital de Concorrência nº 01/2008, da Secretaria Municipal de Educação de São Paulo, para oferta de 40 (quarenta) mil vagas em unidades de educação infantil;
- Edital de Concorrência nº 001/2008, do Consórcio DATACENTER (Banco do Brasil S.A. e Caixa Econômica Federal), para serviços de gerenciamento, manutenção e operação da infraestrutura predial do Complexo DATACENTER;
- Edital de Concessão nº 008/2009, do Governo do Estado da Bahia, para gestão e operação de unidade hospitalar;
- Edital de Leilão nº 002/2011 da Agência Nacional de Aviação Civil, para ampliação, manutenção e exploração dos aeroportos internacionais Brasília – Campinas - Guarulhos;
- Edital de Concorrência Internacional nº 001/2009, do Estado da Bahia, para reconstrução e gestão da operação e manutenção do Estádio da Fonte Nova;
- Edital de Concorrência Internacional nº 42325212, do Estado de São Paulo, para exploração da operação dos serviços de transporte de passageiros da Linha 4 – Amarela do Metrô;
- Edital de Concorrência nº 001/2008, do Estado de Minas Gerais, para exploração da construção e gestão de complexo penal;
- Esgotamento Sanitário/ Rio Claro;
- Edital de Concorrência nº 031/2007, da Prefeitura de Canoas/RS, para a prestação de serviços de limpeza pública;

- Projeto Pontal;
- Edital de Concorrência da Prefeitura da Cidade do Rio de Janeiro, para implantação, operação, manutenção, monitoração, conservação e realização de melhorias da Ligação Transolímpica;
- Edital de Concorrência nº 001/2010, do Estado de Minas Gerais, para implantação, gestão, operação e manutenção de Unidades de Atendimento Integrado (UAI);
- Edital de Concorrência nº 002/2010, do Estado de Minas Gerais, para operação e manutenção, precedidas de obras de reforma, renovação e adequação do Complexo do Mineirão;
- Editais de Concorrência para Concessão da Malha Rodoviária do Estado de São Paulo (primeira e segunda fases);
- Edital de Concorrência da Pareceria Público-Privada do DAEE – Sistema de Reservatórios Tietê;
- Edital de Concorrência nº 001/2006, para exploração da ponte de acesso e sistema viário do destino de turismo e lazer Praia do Paiva;
- Edital de Concorrência nº 007/2006, do Departamento de Estradas de Rodagem do Estado de Minas Gerais, para exploração da Rodovia MG – 050; e
- Arena Castelão.

O presente trabalho traz as conclusões a que chegamos por meio desses estudos, de sorte que trataremos do processo administrativo sancionatório; das excludentes de responsabilidade; da tipificação das penalidades e sua previsão contratual; e, no tocante à multa (espécie de penalidade, como regra, mais utilizada), da sua forma de execução e base de cálculo.

Ressaltamos que, como no presente trabalho não existe um objeto específico de estudo, vale dizer, uma hipótese concreta para a elaboração de cláusulas contratuais, não será possível, em todos os casos, a elaboração de cláusulas-padrão. Assim, quando possível, foi feita uma sugestão para a redação da cláusula e, nos demais casos, anotações técnicas contendo parâmetros para a elaboração da futura cláusula.

Procedimento para aplicação de penalidades contratuais

Abalizada doutrina diferencia o processo administrativo sancionatório do processo sancionatório penal, especialmente no que tange aos direitos e garantias da pessoa autuada.

Com efeito, há que se lembrar que, enquanto o processo penal refere-se a uma relação de subordinação geral entre administrados e Administração Pública, o processo administrativo sancionatório diz respeito a uma relação de supremacia específica e bem delimitada, pelos termos do contrato, entre o Poder Público e o particular que com ele desejou contratar, já ciente das margens de seu poder de império e, principalmente, de fiscalização e consequente apenamento.

De toda sorte, não se discute que, mesmo em sede de processo administrativo sancionatório, por força do disposto no art. 5º da Constituição Federal, cabe aos contratados faltosos direito à ampla defesa e ao contraditório.

É preciso estudar, assim, os limites desses direitos-garantias, de modo a que, nem se peque pelo excesso, tornando o procedimento para aplicação de penalidades absolutamente moroso e ineficiente, nem pela inobservância dos comandos legais pertinentes, o que poderia levar a uma declaração de nulidade em sede judicial, tornando o trâmite na seara administrativa tão ou mais ineficiente que aquele exacerbadamente garantista.

Os contratos de concessão comum e de parcerias estudados trazem disciplina bastante diversa entre si, no que concerne ao procedimento que deve preceder a aplicação de penalidade.

Em parte, este fenômeno pode ser atribuído ao fato de que, a exemplo do que ocorre com a legislação federal pertinente ao tema – Lei federal nº 9.784, de 29 de janeiro de 1999, nem todas as normas disciplinadoras do processo administrativo trazem em si os trâmites específicos a serem observados em cada espécie procedimental.

No âmbito do Estado de São Paulo, contudo, a Lei nº 10.177, de 30 de dezembro de 1998, disciplina, nos art. 62 a 64, o rito do processo administrativo sancionatório, e o faz de modo expresso e detalhado.

Em nossos estudos, verificamos a existência de discussão acerca da aplicabilidade desta lei aos contratos administrativos. Argumenta-se, nesse sentido, que a referida lei estadual seria norma geral em matéria de processos administrativos, de modo que prevaleceriam, em sede de aplicação de penalidades contratualmente impostas, as anotações de rito constantes da Lei federal nº 8.666, de 21 de junho de 1993. Por ser lacunosa a legislação federal, haveria margem para que cada contrato, e cada entidade ou órgão administrativo, previsse, em complementação, normas próprias acerca do procedimento a ser seguido para a apuração de infrações e aplicação de penalidades.

Contudo, ao menos no que se refere aos contratos de concessão – entendimento que pode ser estendido aos contratos de Parceria Público-Privada, dada a natureza tipicamente relacional de ambos – quer nos parecer que o debate foi encerrado com a lavratura do Parecer PA-3 nº 305/2001, devidamente aprovado pelo Procurador-Geral do Estado.

Com efeito, a partir desse precedente fixou-se, de modo claro e vinculante à Procuradoria Geral do Estado de São Paulo, entendimento no sentido de que, para assegurar-se o devido processo legal e a garantia de contraditório e da ampla defesa, o procedimento a ser seguido é o da Lei federal nº 8.666/93 (diploma básico), combinado com o procedimento sancionatório previsto na Lei estadual nº 10.177/98 (de aplicação subsidiária, ou seja, na medida em que não contrariar a norma federal), bem como com normas editalícias e contratuais (de aplicação subsidiária às normais legais, quando não contrariá-las). Este entendimento apenas é excetuado nos casos em que previsão específica no âmbito do ente regulador impõe a aplicação exclusiva da norma estadual de processos administrativos, como é o caso, no Estado de São Paulo, da Agência Reguladora de Serviços Públicos Delegados de Transporte do Estado de São Paulo – ARTESP.

O resultado dessa combinação normativa foi claramente delineado no Parecer em referência, sendo possível, a partir dessas indicações, elaborar-se a seguinte cláusula padrão:

> "CLÁUSULA
> 1. O processo administrativo sancionatório iniciará com a lavratura de auto de infração contendo a indicação dos fatos em que se baseia e as normas pertinentes à infração e à sanção aplicável.
> 2. O concessionário será pessoalmente citado, no prazo de dez dias, para a apresentação de defesa no prazo de cinco dias úteis. Em sendo aplicável, em tese, pena de declaração de inidoneidade para contratar com a Administração Pública, o prazo para apresentação de defesa será de dez dias corridos.
> 2.1. O documento de citação deverá estar acompanhado de cópia do auto de infração lavrado.
> 2.2. Nessa oportunidade de defesa, o Concessionário deverá indicar, de modo preciso, as provas que deseja produzir.
> 3. Uma vez apresentada a defesa, a Administração deverá decidir, por meio de despacho motivado, quais provas serão produzidas.
> 3.1. Produzida prova documental pela Administração, o Concessionário será intimado para manifestar-se a este respeito, em sete dias.
> 3.1.1. A autoridade competente para a condução do processo administrativo sancionatório poderá assinalar prazo superior para a manifestação do Concessionário, a depender da complexidade da prova produzida.
> 3.2. Na hipótese de produção de provas orais, o Concessionário deverá ser intimado, com antecedência mínima de dois dias, para participar da oitiva.
> 3.3. Caso haja necessidade de produção de prova pericial, o Concessionário deverá ser intimado para, no prazo de sete dias, apresentar quesitos e indicar assistente técnico.
> 4. Após a conclusão da fase instrutória, o Concessionário deverá ser intimado a apresentar, em 7 (sete) dias, as suas alegações finais.
> 5. Uma vez apresentada a manifestação do Concessionário, ou encerrado o prazo para tanto conferido, os autos deverão ser encaminhados para manifestação da Consultoria Jurídica.
> 6. Emitido o parecer opinativo, caberá à autoridade compe-

tente decidir, motivadamente, no prazo de vinte dias, notificando-se o Concessionário do resultado por publicação no Diário Oficial do Estado.

7. O prazo para a interposição de recurso contra penas de advertência, multa e suspensão temporária é de cinco dias úteis, contados da notificação. Aplicada penalidade mais gravosa, o prazo de interposição do recurso será de 15 dias corridos, contados da notificação.

8. A petição de recurso será juntada aos autos em dois dias, contados da data de seu protocolo.

9. Requerida a concessão de efeito suspensivo, a autoridade recorrida apreciará o pedido nos cinco dias subsequentes.

10. Havendo outros interessados nos autos, serão estes intimados, com prazo comum de quinze dias, para oferecimento de contrarrazões.

11. Em seguida, com ou sem contrarrazões, os autos serão encaminhados à Consultoria Jurídica, para elaboração de parecer, no prazo máximo de vinte dias.

12. Devolvidos os autos à autoridade recorrida, esta terá o prazo de cinco dias para decidir entre a reconsideração da decisão ou a manutenção da penalidade imposta, caso em que deverá encaminhar os autos à autoridade superior, para deliberação.

13. A autoridade superior deverá decidir em cinco dias úteis, contados do recebimento do recurso.

14. A concessão de vista será obrigatória, no prazo para manifestação do interessado ou para apresentação de recursos, sendo que o prazo de recurso não se inicia ou corre sem que os autos do processo estejam com vista franqueada ao Concessionário.

15. Durante a instrução, sempre que não prejudicar o curso do procedimento, será concedida vista dos autos ao interessado, mediante simples solicitação."

Consoante acima indicado, nos casos de previsão específica, no âmbito do ente regulador, de aplicação exclusiva da norma estadual de processos administrativos, a cláusula acima deve sofrer modulações.

Adicionalmente, é certo que, a depender da pertinência e conveniência em cada caso, a disciplina do procedimento administrativo poderá prever a possibilidade de adoção de medidas cautelares, garantias adicionais ao contratado, bem como, conforme o modelo escolhido para a execução da pena de multa eventualmente imposta (tema a ser abordado em outro tópico), a possibilidade de notificação da entidade seguradora já quando da instauração do procedimento sancionatório.

Excludentes de responsabilidade

Assim como ocorreu com relação ao procedimento administrativo a ser seguido em matéria de aplicação de penalidade, também, no que se refere às causas excludentes de incidência das penas contratualmente previstas, não existe absoluto consenso entre os diversos modelos contratuais estudados.

Existe, ao que parece, uma tendência de se prever, basicamente, como causas excludentes de penalização, a ocorrência de eventos caracterizados como caso fortuito e força maior, cuja definição por vezes é trazida em contrato e, em outras ocasiões, é delegada ao aplicador da norma.

Dentre essas duas opções, parece mais adequado trazer em contrato a definição dessas expressões clássicas, porém, sem buscar conferir-lhes maior significado e abrangência do que aquela que tradicionalmente possuem.

Como é cediço, tanto o caso fortuito quanto a força maior são definidos no Código Civil como "fato necessário, cujos efeitos não era possível evitar ou impedir" (art. 393, parágrafo único). Não é sem motivo que estas expressões possuem natureza genérica e ampla. Em realidade, é justamente isso que permite a aplicação do instituto às mais diversas situações concretas. Assim, deve-se observar que a fuga do conceito tradicional pode trazer complicações quando da execução contratual, devido a indevidas ampliações de significado.

Muito embora, consoante acima ressaltado, verifique-se uma tendência de se prever contratualmente, enquanto causas excludentes da incidência de penalidades, tão somente eventos que possam ser caracterizados como força maior e caso fortuito, há casos em que as causas excludentes sofreram maior detalhamento, para abarcar situações intimamente relacionadas ao objeto contratual.

Exemplo desse modelo pode ser verificado no contrato de concessão do Estádio Arena Castelão, no Estado do Ceará, que disciplina em que medida a ocorrência de um tumulto poderá, ou não, ser considerado causa excludente da responsabilidade do concessionário pelo descumprimento contratual, no que tange à esfera sancionatória.

Como característica comum, tanto dos contratos que preveem como causas excludentes apenas o caso fortuito e a força maior, com ou sem definição precisa desses termos em cláusulas, como dos contratos em que, para além disso, há a indicação de eventos excludentes específicos, pode-se verificar que a finalidade básica desse trecho da cláusula contratual relativa à aplicação de penalidades é, apenas, excluir a possibilidade de penalização do concessionário por eventos que não ocorreram sob sua responsabilidade e, em outras palavras, para os quais ele não concorreu em qualquer medida.

Assim é que as excludentes de incidência de pena previstas em contrato são, em regra, situações em que estão presentes causas que ensejaram o rompimento, ou a inexistência, do nexo causal entre a conduta do concessionário e o evento danoso infracional verificado.

Não se trata, destaque-se, de apurar a culpabilidade (dolo ou negligência, imprudência e imperícia) do concessionário pela infração, mas sim de casos em que não cabe nem sequer discutir a sua culpa porque os fatos comprovados demonstram que não há relação de causalidade entre a conduta por ele implementada e a infração ou descumprimento contratual.

Por isso, parece-nos possível sugerir a adoção da cláusula utilizada no contrato de concessão do Estádio da Fonte Nova, em Salvador, como cláusula modelo, sem prejuízo de que, caso a caso, com o intuito de conferir maior segurança jurídica, fique explícita a caracterização ou desclassificação de determinados eventos enquanto excludentes[6].

---

6 "CLÁUSULA VIGÉSIMA QUARTA – EVENTOS DE CASO FORTUITO, FORÇA MAIOR, ATOS DE AUTORIDADE E OUTROS ATOS EXCLUDENTES DE RESPONSABILIDADE
24.1 Eventos Excludentes de Responsabilidade. A Concessionária ou outra parte afetada deixará de responder pelo cumprimento ou atraso na satisfação das obrigações assumidas neste Contrato, inclusive, sem limitação, pela indisponibilidade ou atraso na conclusão das Obras de Reconstrução e/ou na prestação do Serviço, na hipótese de ocorrência de eventos alheios a ela, fora de sua esfera de controle e que tenham um impacto direto sobre o adimplemento das obrigações deste Contrato, notadamente Eventos Excludentes de Responsabilidade, desde que devidamente comprovados pela Parte Afetada. A exoneração da Parte Afetada, ressalvado o disposto na subcláusula 19.1.1 e 19.1.2, se dará exclusivamente com relação à parcela atingida da obrigação, não podendo ser invocada para sua liberação integral.
24.2 Divergência. Em caso de divergência de entendimento quanto à caracterização do fato como Evento Excludente de Responsabilidade, as Partes deverão submeter a controvérsia ao sistema de Arbitragem, nos termos da Cláusula 43.
24.3 Atos Anteriores não Exonerados. Nenhum Evento Excludente de Responsabilidade eximirá a Parte Afetada de qualquer das obrigações devidas anteriormente à ocorrência do respectivo evento ou que se tenham constituído antes dele, embora vençam durante ou posteriormente à data de ocorrência do evento, em especial as obrigações de pagar importâncias em dinheiro devidas nos termos do Contrato, exceto se de outra forma prevista neste Contrato.
24.4 Exclusões. Excluem-se da configuração de Eventos de Força Maior os seguintes eventos:
greve ou qualquer outra perturbação de natureza similar executada somente pelos empregados, agentes, contratados ou subcontratados da Parte Afetada (configurando Caso Fortuito ou Força Maior, por conseguinte, as greves ou perturbações generalizadas em uma certa categoria ou região do País);
alteração das condições econômicas e financeiras da Parte Afetada, exceto na hipótese de insucesso na obtenção de Financiamento decorrente de restrições amplas e generalizadas, devidamente comprovadas para oferta de crédito de longo prazo ao Projeto ou a projetos similares de infraestrutura em regime de financiamento de projetos;
qualquer prejuízo acidental, quebra ou falha de quaisquer instalações, maquinário ou equipamento pertencente à Concessionária, ou qualquer evento ligado ao seu negócio, exceto se decorrente diretamente da ocorrência de Evento Excludente de Responsabilidade;
atraso no desempenho das obrigações assumidas por contratados ou subcontratados da Parte Afetada que afetem o cumprimento de quaisquer obrigações assumidas pela Parte Afetada neste Contrato, exceto se comprovado que o atraso por parte dos contratados ou subcontratados decorreu diretamente da ocorrência de Evento Excludente de Responsabilidade.
24.5 Deveres da Parte Afetada. Ocorrendo circunstâncias que justifiquem a invocação da existência de Eventos Excludentes de Responsabilidade, a Parte Afetada que desejar invocar a ocorrência de tais eventos, para os fins previstos no item 24.1 acima, deverá adotar as seguintes medidas:

Importante verificar que em alguns contratos foi utilizada referência à matriz de risco para definir as excludentes de penalização. Assim, se o evento estivesse entre os riscos assumidos pelo Poder Concedente, não haveria possibilidade de aplicar penalidade ante o descumprimento contratual. Por outro lado, se estivesse entre os riscos do concessionário, poderia haver a responsabilização pelo descumprimento derivado de sua ocorrência.

notificar a outra Parte da ocorrência do Evento Excludente de Responsabilidade – tão logo quanto possível, mas, em nenhuma circunstância, em prazo superior a 15 (quinze) dias contados da data em que tiver tomado conhecimento de sua ocorrência – fornecendo uma estimativa de sua duração e do provável impacto no desempenho de suas obrigações (sendo que o atraso em tal comunicação exonerará a Parte Afetada apenas dos efeitos posteriores à comunicação);
adotar as providências cabíveis para remediar ou atenuar as consequências de tal evento, visando retomar suas obrigações contratuais o mais brevemente possível;
informar regularmente à outra Parte a respeito de suas ações e de seu plano de ação de acordo com o item "ii" acima;
prontamente avisar à outra Parte de cessação do evento e de suas consequências;
outorgar à outra Parte, quando possível, o acesso a qualquer instalação afetada pelo evento, para uma inspeção local, por conta e risco da Parte que deseje inspecionar;
respaldar todos os fatos e ações em documentação ou registro disponível; e
exercer seus direitos de boa-fé e contemplar devidamente os interesses da outra Parte, em relação ao cumprimento de todas as obrigações contratuais afetadas pela ocorrência do Caso Fortuito, Força Maior ou Interferência Imprevista.
24.6 Atos Públicos. Os Eventos Excludentes de Responsabilidade, quando envolverem atos públicos, notórios ou que envolvam o próprio Poder Concedente ou o Órgão Regulador, poderão ser invocados a qualquer momento pela Concessionária, independentemente de comunicação prévia ou em prazo determinado.
24.7 Eventos Prolongados. Transcorridos mais de 12 (doze) meses sem que os efeitos do Evento Excludente de Responsabilidade tenham sido sanados, as Partes envidarão os melhores esforços para promover alterações neste Contrato, de modo a prosseguir com as atividades, resguardando-se o objeto deste Contrato e os interesses das Partes ou, caso não seja possível, poderá a outra Parte, que não seja a Parte Afetada, exigir a resolução deste Contrato, com a consequente extinção da Concessão outorgada pelo Poder Concedente. A resolução por força de Caso Fortuito, Força Maior ou Interferência Imprevista se dará sem responsabilidade a quaisquer das Partes. A resolução por Ato de Autoridade e/ou outro Evento Excludente de Responsabilidade para o qual tenha contribuído, direta ou indiretamente, o Poder Concedente, obedecerá ao disposto na Cláusula 31.
24.8 Acordo das Partes. A depender da extensão, natureza e gravidade dos efeitos do Evento Excludente de Responsabilidade, as Partes poderão, mesmo antes do transcurso do prazo mencionado na Sub-cláusula 24.7acima, acordar a alteração ou, conforme o caso, a extinção deste Contrato."

Embora esse modelo pareça lógico em um primeiro momento, tendo sido utilizado nos contratos de "Data Center" e do "Hospital de Salvador", sua utilização não parece recomendável porque, em realidade, ainda que o risco de ocorrência do evento esteja a cargo do concessionário, não há possibilidade de se aplicar penalidade sem a existência de nexo causal entre a conduta do agente e o resultado infracional, ou seja, diante da eventual existência de excludente de responsabilidade. Assim, não se deve confundir a matriz de risco elaborada para fins de apuração do equilíbrio econômico-financeiro do contrato com o instituto das excludentes de incidência de penalidade por descumprimento contratual.

Com efeito, ainda que a concessionária – a depender da matriz de riscos adotada – possa vir a ter responsabilidade pela solução dos danos gerados pelo evento externo à sua vontade, imprevisível e inevitável – ela não poderá ser penalizada diante da total ausência de responsabilidade pelo evento. Em outras palavras, não há espaço para a responsabilidade objetiva em matéria de sanções contratuais.

Há, nesse sentido, precedentes jurisprudenciais do Superior Tribunal de Justiça, os quais, embora editados em matéria de processo administrativo sancionatório disciplinar, possuem linhas mestras aplicáveis aos processos administrativos sancionatórios fundados em vínculo contratual, por haver, em ambos, relação de sujeição especial perante a Administração Pública[7].

---

7 "MANDADO DE SEGURANÇA. ADMINISTRATIVO. SERVIDOR PÚBLICO FEDERAL. PROCESSO DISCIPLINAR. ABANDONO DE EMPREGO. ART. 140, I, A, DA LEI Nº 8.112/90. LICENÇA PARA TRATAR DE INTERESSE PARTICULAR. CONCESSÃO. PEDIDO DE PRORROGAÇÃO. DEFERIMENTO PARCIAL. AUSÊNCIA DE ANIMUS ABANDONANDI. DEMONSTRAÇÃO. 1. O ato administrativo que impõe sanção disciplinar a servidor público encontra-se vinculado aos princípios da proporcionalidade, dignidade da pessoa humana e culpabilidade. Dessa forma, o controle jurisdicional é amplo e não se limita somente aos aspectos formais do procedimento. Precedentes. (...)" (Mandado de Segurança, Processo nº 13891/DF, Terceira Seção, Rel. Min. Jorge Mussi, j. em 28/11/2012)

Nessa mesma linha, impende reparar que a conduta do agente será escusável nos casos em que, embora haja nexo causal entre a conduta do agente e o resultado infracional, estejam presente causas que excluem a ilicitude ou antijuridicidade da conduta. Nesses casos, o comportamento do agente, pelas circunstâncias em que verificado, está desprovido do elemento culpabilidade, ou, em outras palavras, não será culpável. São exemplos de excludentes de ilicitude tradicionalmente reconhecidas na doutrina, ainda que não mencionadas expressamente em contrato, a prática do descumprimento contratual em situação de legítima defesa, de estrito cumprimento do dever legal, no exercício regular de um direito e em estado de necessidade.

"MANDADO DE SEGURANÇA. SERVIDOR PÚBLICO. DEMISSÃO. ACUSAÇÃO DE RECEBIMENTO DE PROPINA. CONFIGURAÇÃO COMO IMPROBIDADE ADMINISTRATIVA. PENA DE DEMISSÃO. EXIGÊNCIA DE SENTENÇA JUDICIAL TRANSITADA EM JULGADO (ART. 20 DA LEI 8.429/92). PONTO DE VISTA ISOLADO DO RELATOR. NULIDADE DA PORTARIA INAUGURAL. AUSÊNCIA DE INDICAÇÃO MINUCIOSA DOS FATOS INVESTIGADOS E CAPITULAÇÃO. DESNECESSIDADE. PRECEDENTES. ART. 161 DA LEI Nº 8.112/90. AUSÊNCIA DE DEFESA TÉCNICA EXERCIDA POR ADVOGADO OU DEFENSOR DATIVO. SÚMULA VINCULANTE 5/STF. RESSALVA DO ENTENDIMENTO DO RELATOR. ORDEM DENEGADA. 1. Em face dos princípios da proporcionalidade, dignidade da pessoa humana e culpabilidade, aplicáveis ao regime jurídico disciplinar, não há juízo de discricionariedade no ato administrativo que impõe qualquer sanção a Servidor Público, razão pela qual o controle jurisdicional é amplo, de modo a conferir garantia aos servidores públicos contra eventual excesso administrativo, não se limitando, portanto, somente aos aspectos formais do procedimento sancionatório. Precedentes. (...)" (Mandado de Segurança, Processo n. 13763/DF, Terceira Seção, Rel. Min. Napoleão Nunes Maia Filho, j. em 10/12/2008)

"ADMINISTRATIVO. MANDADO DE SEGURANÇA. PROCESSO DISCIPLINAR. IMPROBIDADE ADMINISTRATIVA. CORRUPÇÃO. DEMISSÃO. REEXAME DAS PROVAS. AUTORIDADE COMPETENTE. FORMALIDADES ESSENCIAIS. PROPORCIONALIDADE. NÃO FORMAÇÃO DE CONJUNTO PROBATÓRIO SUFICIENTE. ORDEM CONCEDIDA. 1. Em face dos princípios da proporcionalidade, dignidade da pessoa humana e culpabilidade, típicos do regime jurídico disciplinar, não há juízo de discricionariedade no ato administrativo que impõe sanção a servidor público, razão pela qual o controle jurisdicional é amplo e não se limita somente aos aspectos formais, conferindo garantia a todos os servidores contra um eventual arbítrio." (Mandado de Segurança, Processo nº 12957/DF, Terceira Seção, Rel. Min. Napoleão Nunes Maia Filho, j. em 27/08/2008)

Por fim, parece interessante mencionar a possibilidade de que, em havendo a utilização de indicadores de desempenho e de consequente redução da remuneração em caso de descumprimento, tenha-se essa diminuição como causa excludente da incidência das demais penalidades, não porque o concessionário não é responsável ou culpável pelo evento, mas sim considerando, em cada caso, a gravidade da infração cometida. Este modelo foi adotado no contrato do "Hospital de Salvador".

O problema da tipificação das penalidades e sua previsão contratual

Para o correto entendimento dos problemas envolvidos com a tipificação das penalidades e sua previsão contratual, entendemos necessário tecer as seguintes e breves considerações:

As Leis federais nº 11.079/04 e nº 8.987/95 não trazem um rol de sanções aplicáveis por descumprimento contratual no caso das Parcerias Público-Privadas - PPPs. Assim sendo, subsidiariamente há que se valer do rol contido no art. 87 da Lei federal nº 8.666/93[8].

O art. 87 da Lei federal nº 8.666/93 prevê que pelo descumprimento parcial ou total do contrato a Administração poderá, garantida a prévia defesa, aplicar ao contratado as seguintes sanções: a) advertência; b) multa; c) suspensão temporária de participação em licitação e impedimento de contratar com a Administração, por prazo não superior a dois anos; e d) declaração de inidoneidade para licitar ou contratar com a Administração Pública.

Em que pese o art. 87 da Lei federal nº 8.666/93 utilizar o vocábulo "contratado", é possível a aplicação de sanção tam-

---

8 A propósito, os ensinamentos de Fernando Dias Menezes de Almeida, PPP – Execução dos Contratos: Aspectos Gerais, Obra coletiva: Estudos sobre a Lei das Parcerias Público-Privadas, Coordenadores: Floriano de Azevedo Marques Neto, Vitor Rhein Schirato.

bém aos licitantes, por outras palavras, é possível a aplicação de sanção no curso do procedimento licitatório. Isso porque se faz necessário interpretar o disposto no citado art. 87 de forma sistemática, como esclarece Flávio Amaral Garcia:

> "No entanto, a meu ver, deve prevalecer, em uma interpretação sistemática, que o licitante, ao manifestar vontade de contratar com o Poder Público e apresentar uma proposta, se apresenta e qualifica como verdadeiro auxiliar em potencial da Administração, devendo, desde já, observância aos princípios previstos no artigo 37, caput, da CF e art. 3º da Lei nº 8.666/93, em especial ao da moralidade. Anote-se como premissa básica que os princípios que informam o procedimento licitatório alcançam a Administração Pública e os particulares que com ela desejam contratar.
> (...)
> Assim, a prática de atos durante o curso do procedimento licitatório que firam esses princípios, como, por exemplo, a apresentação de um documento falso, devem ser objeto de sanção pela Administração Pública, sob pena de, ao se omitir, estar agindo na contramão dos parâmetros e padrões de eficiência que lhe são exigidos.
> Evita-se, também, no caso de punição com base nas penalidades previstas nos artigos, 87, III e IV, da Lei nº 8.666/93, que licitante desqualificado e fraudulento se habilite a contratar com outros órgãos e entidades integrantes da Administração Pública, ficando impossibilitado de participar de certames.
> Lembre-se, ainda, que o art. 88 da Lei nº 8.666/93 pode ser invocado a favor do que ora se sustenta (...)"[9]

Na esteira do entendimento do Parecer PA-3 nº 305/2001, concluímos pela inadequação de previsão fechada de tipos infracionais, tendo em vista que: a matéria está inserida no âmbito da discricionariedade administrativa; há previsão de tipos genéricos na lei, que podem ser preenchidos por normas, contratuais e dentro de uma margem de apreciação discricionária da Administração; e em virtude da impossibilidade fática de previsão de todos os acontecimentos da vida.

---

9 GARCIA, Flávio Amaral, *Questões Polêmicas na Aplicação das Penalidades da Lei nº 8.666/93*, Editora Lumen Juris, p. 3.

Para fins de sua aplicação, não é necessário que todas as penalidades previstas no art. 87 da Lei federal nº 8.666/93 constem do Edital de Licitação e do Contrato[10], com exceção da *penalidade de multa* – que necessariamente precisa de regulamentação para sua aplicação. Entretanto, após análise de doutrina e dos modelos de Parecerias Público-Privadas considerados para os fins deste trabalho, deliberamos que a indicação de tais penalidades no edital e no contrato podem revelar interessante instrumento de incentivo ao cumprimento das obrigações contratuais pelo parceiro privado.

Conforme o objeto do contrato será interessante a tipificação de condutas, acompanhada da fixação da multa. Nesses casos, nos pareceu também que o melhor seria remeter a uma tabela/anexo que trouxesse as hipóteses e respectivas penas, *v.g.* por atraso no cumprimento de itens do cronograma físico-financeiro, por suspensão e/ou interrupção da operação, etc. Para elaboração dessa tabela/anexo, o edital da Linha 6 do metrô pode fornecer excelentes subsídios, porque traz várias hipóteses concretas.

Quanto às penalidades de declaração de inidoneidade e impedimento para licitar e contratar com a Administração, observamos que tais sanções seriam inócuas em sede de Pareceria Público-Privada, tendo em vista a obrigatoriedade de constituição de uma Sociedade de Propósito Específico – SPE para concretização da concessão[11]. Assim, muito embora se trate de solução polêmica, quer nos parecer que a melhor opção seria incluir cláusula expressa acerca da possibilidade de extensão da declaração e impedimento acima referidos ao(s) acionista(s) controladores da SPE, aplicando-se a teoria do domínio do fato na seara do direito administrativo sancionatório.

---

10 Tendo em vista que sua aplicação pode decorrer diretamente das normas legais aplicáveis.

11 Ou seja, a concessionária, por ter sido constituída tão somente para a execução daquele objeto contratual, não participará de outras licitações.

Entendemos que seria interessante fixar um valor mínimo e máximo para a multa, mas isso deverá variar de acordo com o objeto e valores envolvidos, segundo pensamos, por isso, não fizemos indicações de valores.

Alguns modelos de Parecerias Público-Privadas estudados preveem um valor máximo para penalidades, como o do Hospital Subúrbio Salvador (em que foi fixado o valor de quatro milhões de reais), pensamos que tal solução poderá ser interessante, a depender do objeto do contrato e dos valores envolvidos.

Especificamente com relação à multa por inexecução total ou parcial do contrato, acreditamos que ela poderia ser fixada em um percentual do valor da contraprestação ou do contrato. É difícil indicar um percentual sem ter conhecimento do objeto do contrato ou de seu valor.

A Lei federal nº 11.079/2004 determina que as penalidades aplicáveis em razão do inadimplemento contratual serão fixadas de forma proporcional à gravidade da falta cometida e às obrigações assumidas.

Assentadas as premissas acima, apresentamos sugestões para redação de cláusulas, ressaltando que, a depender do caso concreto, adaptações serão necessárias. Esclarecemos ainda que para elaboração dos modelos de cláusula a seguir indicados, optamos, quando da menção aos contratantes pela terminologia "parceiro público ou privado", conforme o caso, mas cremos que, da mesma forma, poderiam ser utilizados os termos: "Concessionário" e "Poder Concedente".

> CLÁUSULA _____ - DAS PENALIDADES
> 1. O descumprimento, pelo parceiro privado, das cláusulas deste contrato, de seus anexos e do Edital, da legislação e regulamentação aplicáveis, ensejará – sem prejuízo das responsabilidades civil e penal e de outras penalidades eventualmente previstas na legislação e normas regulamentares – a aplicação das seguintes penalidades:
> 1.1 Advertência;
> 1.2 Multas, quantificadas e aplicadas na forma prevista nesta

cláusula, no edital, na regulamentação e no ____Anexo/Tabela ao Edital de Licitação/Contrato;
1.3 Suspensão temporária do direito licitar e contratar com o Estado de São Paulo, inclusive suas autarquias, fundações e empresas estatais, por prazo não superior a dois anos;
1.4 Declaração de inidoneidade para licitar ou contratar com a Administração Pública, enquanto perdurarem os motivos da punição ou até que seja promovida a reabilitação perante a própria autoridade que aplicou a penalidade.
2. Nenhuma sanção será aplicada sem o devido processo administrativo, garantidos os direitos à defesa prévia e ao contraditório.
3. As penalidades são independentes e a aplicação de uma não exclui a de outras.
4. Na aplicação das sanções, o parceiro público observará as seguintes circunstâncias, com vistas a garantir a proporcionalidade:
4.1 A natureza e a gravidade da infração;
4.2 Os danos dela resultantes para os usuários, para a saúde e/ou segurança pública e para o parceiro público;
4.3 As vantagens auferidas pelo parceiro privado em decorrência da infração;
4.4 O caráter dissuasivo das sanções.
5. A Gradação das Penalidades observará as seguintes escalas:
5.1 A infração será considerada leve, quando decorrer de conduta praticada com culpa levíssima – entendida como sendo a que não respeita o grau máximo de atenção, cuidado e prudência que se espera do parceiro privado – e da qual ele não se beneficie;
5.2 A infração será considerada média, quando decorrer de conduta praticada com culpa leve – entendida como sendo a que não respeita o grau médio de atenção, cuidado e prudência que se espera do parceiro privado – efetuada pela primeira vez pelo parceiro privado, sem a ele trazer qualquer benefício ou proveito, nem afetar número significativo de usuários;
5.3 A infração será considerada grave quando o parceiro público constatar presentes, isoladamente ou em conjunto, os seguintes fatores:
5.3.1 Ter o parceiro privado agido com má-fé;
5.3.2 Da infração decorrer benefício direto ou indireto para o parceiro privado;
5.3.3 O Parceiro privado for reincidente na infração;
5.3.4 O número de usuários atingidos ou o prejuízo dela decorrente for significativo;
5.3.5 Prejuízo econômico significativo para o parceiro público/poder concedente.
5.4 A infração será considerada gravíssima quando o parceiro público constatar, diante das circunstâncias do serviço e do

ato praticado pelo parceiro privado, que seu comportamento reveste-se de grande lesividade ao interesse público, por prejudicar, efetiva ou potencialmente, a vida ou a incolumidade física dos usuários, a saúde pública, a segurança pública, o meio ambiente, o erário ou a continuidade dos serviços.

6. O previsto nas subcláusulas 4 e 5 acima, não se aplica às penas de multa que já tenham seu valor (ou percentual/formula de cálculo) previamente estabelecido na(o) Tabela ___/Anexo___ ao Edital de Licitação/Contrato, uma vez que os parâmetros traçados nas referidas cláusulas já foram considerados quando da sua fixação em abstrato.

7. A(s) aplicação(ões) da(s) penalidade(s) de suspensão temporária do direito de licitar e contratar e/ou de declaração de inidoneidade para licitar ou contratar com a Administração Pública se estende(m) aos sócios da SPE/Concessionária.

8. ADVERTÊNCIA

8.1 A pena de advertência poderá ser aplicada quando ocorrer:

8.1.1 Descumprimento das obrigações editalícias ou contratuais que não acarretem prejuízos para o parceiro público;

8.1.2 Execução insatisfatória ou pequenos transtornos ao desenvolvimento dos serviços, desde que a sua gravidade não recomende a aplicação de sanção mais grave, de multa;

9. MULTA

9.1 A sanção de multa será quantificada conforme os parâmetros estabelecidos nas subcláusulas 4 e 5, exceto quando aplicável o previsto na subcláusula 6, e na forma abaixo:

9.1.1 Valor mensal máximo de XXXX

9.1.2 Valor máximo anual XXXXXX

9.2 O parceiro público poderá aplicar ao parceiro privado multa por inexecução total ou parcial do contrato correspondente **a até** XXX% do valor da contraprestação/contrato (a depender do que for mais adequado).

9.3 Sem prejuízo de outras disposições contratuais e das previsões gerais contidas nas subcláusula 1, os comportamentos previstos no Anexo ___/Tabela são passíveis de multa nos valores/percentuais/unidades (conforme a opção realizada) ali indicados.

9.4 A multa poderá ser aplicada cumulativamente com as demais sanções, não terá caráter compensatório, e a sua cobrança não isentará o parceiro privado da obrigação de indenizar eventuais perdas e danos.

9.5 A aplicação das multas aludidas nesse contrato não impede que o parceiro público declare a caducidade da Concessão, observados os procedimentos pertinentes.

9.6 Caso o parceiro privado não proceda ao pagamento de multas no prazo regulamentar, o parceiro público, a seu critério, utilizará as garantias previstas no contrato ou descontará o valor das multas do montante dos valores por ele devidos.

9.7 A critério do parceiro público, o montante devido a título de multa poderá ser convertido em novos investimentos no objeto da Pareceria Público-Privada, desde que revertam em benefício do Poder Concedente.

10. SUSPENSÃO TEMPORÁRIA

10.1 A suspensão do direito de licitar ou contratar com o Estado de São Paulo, inclusive suas autarquias, fundações e empresas estatais, até o prazo de dois anos, poderá ser aplicada:

10.1.1 À licitante que ensejar o retardamento do certame, não mantiver a proposta – após a fase de habilitação – ou fizer declaração falsa, sem prejuízo da multa de até 5% (cinco por cento)[12] do valor total de sua proposta;

10.1.2 À adjudicatária que se recusar a assinar o contrato dentro do prazo estabelecido pelo parceiro público, sem justificativa aceita pela Administração, sem prejuízo da multa de até 5% (cinco por cento)[13] sobre o valor total do contrato a ser assinado.

10.1.3 Incorrerá nas mesmas penas previstas no parágrafo/item anterior (10.1.2) a adjudicatária que não apresentar a documentação exigida para a contratação;

10.1.4 Quando ocorrer:

10.1.4.1 A apresentação de documento falso;

10.1.4.2 A reincidência de execução insatisfatória dos serviços contratados;

10.1.5 Atraso injustificado na execução/conclusão dos serviços, contrariando o previsto no contrato;

10.1.6 Irregularidades que ensejem a frustração da licitação ou a rescisão do contrato;

10.1.7 Condenação definitiva por praticar fraude fiscal no recolhimento de tributos estaduais;

10.1.8 Prática de atos ilícitos visando a frustrar os objetivos da licitação ou prejudicar a execução do contrato;

10.1.9 Prática de atos ilícitos que demonstrem não possuir a licitante ou parceira privada idoneidade para contratar com o parceiro público;

10.1.10 Aplicações sucessivas de outras penalidades.

10.1.11 Prática de infração gravíssima.

10.2. Para as hipóteses acima elencadas, desde que a infração tenha sido praticada durante a execução contratual, a suspensão temporária será aplicada tanto à SPE como ao seu(s) acionista(s) controlador(es).

11. DECLARAÇÃO DE INIDONEIDADE PARA LICITAR E CONTRATAR COM A ADMINISTRAÇÃO PÚBLICA

---

12 O percentual de 5% pareceu-nos, a princípio, adequado. Sem prejuízo apenas a análise do caso concreto poderá indicar o percentual adequado.

13 Idem.

11.1 Poderá ser declarada a inidoneidade da SPE e do(s) seu(s) acionista(s) controlador(es) para licitar ou contratar com a Administração Pública, enquanto perdurarem os motivos da punição ou até que seja promovida a reabilitação perante a própria autoridade que aplicou a penalidade, quando:
11.1.1 Constatada má-fé, ação maliciosa e premeditada do parceiro privado em prejuízo do parceiro público;
11.1.2 Houver evidência de atuação com interesses escusos;
11.1.3 Ocorrer reincidência de faltas graves;
11.1.4 Ocorrer prática de infração gravíssima.

A execução da penalidade de multa

Nos contratos administrativos comuns, isto é, regidos integralmente pela Lei federal nº 8.666/1993, tem-se que a penalidade de multa, caso não seja recolhida espontaneamente pelo contratado, deve ser executada a garantia, instituto previsto no art. 56, I a III e §§ 1º a 5º, que estabelece:

> Artigo 56 - A critério da autoridade competente, em cada caso, e desde que prevista no instrumento convocatório, poderá ser exigida prestação de garantia nas contratações de obras, serviços e compras.
> § 1º – Caberá ao contratado optar por uma das seguintes modalidades de garantia:
> I – caução em dinheiro ou em títulos da dívida pública, devendo estes ter sido emitidos sob a forma escritural, mediante registro em sistema centralizado de liquidação e de custódia autorizado pelo Banco Central do Brasil e avaliados pelos seus valores econômicos, conforme definido pelo Ministério da Fazenda;
> II – seguro-garantia;
> III – fiança bancária.
> § 2º – A garantia a que se refere o caput deste artigo não excederá a cinco por cento do valor do contrato e terá seu valor atualizado nas mesmas condições daquele, ressalvado o previsto no parágrafo 3º deste artigo.
> § 3º – Para obras, serviços e fornecimentos de grande vulto envolvendo alta complexidade técnica e riscos financeiros consideráveis, demonstrados através de parecer tecnicamente aprovado pela autoridade competente, o limite de garantia previsto no parágrafo anterior poderá ser elevado para até dez por cento do valor do contrato.
> § 4º – A garantia prestada pelo contratado será liberada ou restituída após a execução do contrato e, quando em dinheiro, atualizada monetariamente.

§-5º – Nos casos de contratos que importem na entrega de bens pela Administração, dos quais o contratado ficará depositário, ao valor da garantia deverá ser acrescido o valor desses bens.

Tal possibilidade, conforme já se disse no início deste artigo, não dispensa a observância daquele procedimento sancionatório previsto no contrato, em abono mesmo aos princípios constitucionais da ampla defesa e contraditório. Assim, importa esclarecer que a preocupação acerca da fonte sobre a qual recairá a penalidade de multa tem como pressuposto o prévio esgotamento daquele procedimento, cumulado com o não pagamento espontâneo do valor devido pelo contratado.

No que tange às parcerias público-privadas, além do tradicional desconto da garantia de execução prestada pelo contratado, para o caso de inadimplemento dos valores referentes à prestação pecuniária, outras possibilidades se abrem para a Administração, como decorrência das variadas formas de remuneração do parceiro privado, previstas na Lei federal nº 11.079/04.

Para correta análise do tema importante que sejam analisados alguns aspectos gerais acerca da garantia de execução. É o que passaremos a fazer.

Conforme bem aponta a doutrina, a garantia de execução pode ser utilizada tanto em relação a possíveis indenizações quanto ao pagamento de multas devidas pelo contratado. É o que se verifica da previsão constante do Contrato para Concessão de Aeroportos no âmbito federal. Tal previsão, a par de ser regra geral, constitui importante garantia para a Administração.

Acerca do valor da referida garantia contratual, Maurício Portugal Ribeiro[14] pontua que:

---

14 Concessões e PPPs: melhores práticas em licitações e contratos, Maurício Portugal Ribeiro. São Paulo: Atlas, 2011, p. 131

"O valor das garantias de cumprimento do contrato, 'completion guarantee' ou 'perfomance Bond', deve ser definido caso a caso, projeto a projeto, e, para isso, é importante verificar os padrões do setor e consultar um especialista em garantias de cumprimento de contratos para o setor específico no qual o projeto se insere".

É do mesmo autor a seguinte lição:

"Como as garantias são válidas pelo período temporal nelas estabelecido, o mais comum é que o Poder Público requeira a prestação/renovação anual da garantia de execução de contrato. Não tem sido incomum, entretanto, especialmente em projetos de concessão de rodovias existentes, o Poder Público utilizar, como critério para definição do valor da garantia, o valor total do investimento estimado para cada ano, especialmente nos primeiros anos de contrato".

No caso de inadimplemento pelo contratado, prevê o art. 80, III, da Lei federal nº 8.666/93, a "execução da garantia contratual, para ressarcimento da Administração, e dos valores das multas e indenizações a ela devidos".

Marçal Justen Filho[15] acerca da previsão legal dispõe:

"A Administração deverá ser satisfeita pelo valor da multa e (ou) das perdas e danos. Para tanto, poderá demandar o particular. O inc. III alude à execução da garantia contratual, mas a questão deve ser melhor esclarecida.
Uma vez verificada a rescisão, a Administração tem o dever de definir o montante das perdas e danos sofridos. Para tanto, deverá promover procedimento administrativo, respeitando os princípios já referidos e detalhados do contraditório e da ampla defesa. Uma vez apurado o valor da dívida, seu montante deverá ser exigido do particular que poderá pagar espontaneamente ou não.
Quando a garantia for real, a situação apresenta maior complexidade. A Administração não tem a faculdade de se apropriar da garantia ou de excuti-la a seu próprio talante. Haverá necessidade de recorrer ao Poder Judiciário. O valor das perdas e danos deverá ser cobrado judicialmente. O processo de cobrança judicial dos valores dependerá do regime jurídico aplicável."

---

15 *Comentários à lei de licitações e contratos administrativos,* Marçal Justen Filho. 15. ed. São Paulo: Dialética, 2012. p. 997.

O mesmo autor[16] ainda cita Jurisprudência do Tribunal de Contas da União:

> "Ementa. A apuração de haveres, incluindo créditos da contratada, multas, prejuízos e a reversão da garantia, é procedimento posterior à rescisão do contrato. Voto: 'Quanto à eventual omissão dos gestores em executar as garantias contratuais da empresa Condic logo após esta ter cessado à execução, também concordo com as ponderações feitas pelo MP/TCU. Tal medida só poderia ter sido adotada após a rescisão do contrato, procedida a apuração de eventuais créditos, prejuízos e multas. É descabido, portanto, atribuir-se a responsabilidade pela eventual omissão ao Sr. Marcos Antonio de Melo, cuja gestão encerrou-se em seis dias após a rescisão oficial do contrato.
> Deste modo, as justificativas do responsável devem ser acatadas, sem prejuízo de se determinar à Seplante/SE que informe ao Tribunal o desfecho da questão em particular quanto aos débitos/créditos apurados após o encerramento do contrato, seu adimplemento e se foi necessário executar as garantias contratuais para sua satisfação (Acórdão n° 606/2006, rel. Min. Marcos Vilaça).

Conforme pontuamos no início deste item, além da execução da garantia de execução, como forma de assegurar os valores devidos pelo contratado, em decorrência de aplicação de penalidade pecuniária pela Administração, em contratações decorrentes de parcerias público-privadas outras possibilidades se abrem ao Poder Concedente.

Sabe-se que nas parcerias público-privadas a remuneração do parceiro privado é constituída basicamente de contraprestação, com possibilidade, a depender da espécie – se administrativa ou patrocinada – de tarifa, bem assim, dependendo da modelagem, de aporte de recursos, este último decorrente de recente alteração legislativa havida na Lei federal n° 11.079/04.

Desse modo, desde que haja previsão expressa no edital e contrato, mostra-se possível que os valores devidos pelo

---
16 *Comentários à lei de licitações e contratos administrativos,* Marçal Justen Filho. 15. ed. São Paulo: Dialética, 2012. p. 997

contratado, em decorrência de sanção pecuniária, sejam descontados diretamente da contraprestação devida pela Administração ou mesmo da receita decorrente da tarifa recebida. Trata-se de opção discricionária do Poder Concedente, devendo, contudo, restar esclarecidas pela área técnica, no caso concreto, quais as consequências da previsão de fontes outras além da Garantia de Execução (Contraprestação ou Tarifa de Remuneração), evitando-se que a qualidade da prestação do serviço fique prejudicada.

Embora estas duas últimas possibilidades possam inflacionar o valor da contratação, em virtude da insegurança do parceiro privado acerca da manutenção de seu fluxo de caixa, é válido atentar que o modelo utilizado na parceria público-privada da Linha 4 do Metrô de São Paulo, produz resultado semelhante, amenizando a presença dessa possível insegurança ao prever o uso da Contraprestação Pecuniária ou da Tarifa de Remuneração atribuída à concessionária – com limite, para esta última, de 5% do valor mensal – de maneira subsidiária, isto é, caso a Garantia de Execução seja insuficiente ou deixe o parceiro privado de complementá-la em decorrência de uso anterior.

Tal cenário, repise-se, parece esbarrar em questões técnicas que precisarão ser validadas no caso concreto, pela área técnica da Administração.

A multa e sua base de cálculo

Inicialmente, retomando o estudo referente ao Parecer PA-3 nº 305/2001 é possível a existência de tipos legais descrevendo as condutas ilícitas e as sanções correspondentes de forma mais genérica, admitindo-se, dentro do limite da lei, o detalhamento das condutas ilícitas por atos infralegais.

A previsão da cominação da multa deve ser expressa, como já decidiu o Egrégio Tribunal de Justiça:

"Apelação Cível nº. 9212296.8.26.0000
Órgão julgador: 3ª Câmara de Direito Público
Data do julgamento: 16/08/2011
Data de registro: 22/08/2011
Ementa: LICITAÇÃO – MULTA CONTRATUAL – Contratação de empresa para construção de prédio – Previsão de imposição da penalidade administrativa em caso do descumprimento do ajuste – Contrato descumprido pela vencedora do certame – Imposição de multa – Processo administrativo que assegurou o cumprimento dos princípios da ampla defesa e do contraditório – Conjugação dos termos do contrato e a Lei nº 8.666/93 – Previsão expressa de multa – Ajuste realizado por partes iguais e capazes – Sentença de improcedência – Recurso não provido."

A multa é exigível depois de encerrado processo administrativo sancionatório, devendo haver a indicação do momento de exigibilidade da multa.

Ponto importante constante no Contrato dos Aeroportos consiste na possibilidade concomitantemente de imposição das penalidades à concessionária com a aplicação de medidas acautelatórias tais quais: detenção, interdição de instalações, apreensão, embargos de obras, além de outras medidas previstas na legislação e regulamentação do setor:

> "A imposição das penalidades à Concessionária não afasta a possibilidade de aplicação de medidas acautelatórias pela ANAC, visando preservar a integridade física ou patrimonial de terceiros, tais quais: detenção, interdição de instalações, apreensão, embargos de obras, além de outras medidas previstas na legislação e regulamentação do setor".

No valor da multa, indica-se o cabimento por evento, com incidência de juros se não houver o pagamento imediato.

A Multa moratória tem previsão no art. 86 e §§, da Lei federal nº 8.666/93:

> "Art.86. O atraso injustificado na execução do contrato sujeitará o contratado à multa de mora, na forma prevista no instrumento convocatório ou no contrato.
> § 1º A multa a que alude este artigo não impede que a Administração rescinda unilateralmente o contrato e aplique as outras sanções previstas nesta Lei.

§ 2º - A multa, aplicada após regular processo administrativo, será descontada da garantia do respectivo contratado.

§ 3º Se a multa for de valor superior ao valor da garantia prestada, além da perda desta, responderá o contratado pela sua diferença, a qual será descontada dos pagamentos eventualmente devidos pela Administração ou ainda, quando for o caso, cobrada judicialmente".

Quanto às sanções administrativas, Justen Filho[17] observa:

"1) Atraso na execução e multa
A demora injustificada na execução da prestação contratual acarreta, como sanção a ser primeiramente cogitada, a aplicação de multa. Mas essa solução dependerá da previsão editalícia para tanto, sob pena de ser inviável sua exigência. Será impossível, mesmo, a previsão da multa no instrumento contratual, caso não cominada no instrumento convocatória. O instrumento contratual deverá especificar as condições de aplicação da multa. Não se admite discricionariedade na aplicação de penalidades.
2) Atraso na execução e rescisão
A mora na execução do contrato também poderá acarretar a rescisão dele por ato unilateral da Administração (art. 78, incisos III, IV e V).
É usual que o instrumento contratual estabeleça um prazo de tolerância. Esgotado o prazo para o adimplemento, incidirá multa (progressiva ou cumulativa) mas não ocorrerá a rescisão se o particular sanar o defeito dentro de um certo termo. Dentro dele, o adimplemento evita a rescisão e a única sanção cabível será a multa.
Se o contrato não dispuser acerca dos prazos para a incidência da multa moratória e para rescisão por inadimplemento, caberá à Administração demonstrar que a demora tornou inútil a prestação.
(...)
4) Existência de motivo justificado
Obviamente, somente incidirão as sanções administrativas em caso de inadimplemento culposo. Se havia motivo justificado para o atraso, o particular não poderá ser punido, daí a relevância de ser realizado o respectivo processo administrativo.
5) Diferença a maior em favor da Administração
Caso a garantia e os eventuais créditos do contrato sejam insuficientes para satisfazer a multa, a Administração promoverá a cobrança judicial da diferença (...)".

---

17 JUSTEN FILHO, Marçal. Comentários à lei de licitações e contratos administrativos. 13. ed. São Paulo: Dialética, 2009. p. 845-6.

Existem contratos que preveem valores fixos para o pagamento das multas, mas indicam o modo de correção, como no caso do Metrô: "O valor das multas será reajustado periodicamente, nas mesmas datas e pelo mesmo índice de reajuste aplicável à TARIFA DE REMUNERAÇÃO".

Quanto ao valor que será tomado como base de cálculo para aplicação da multa, entende-se mais acertada a utilização de uma referência, de modo que tal valor seja sempre reajustado, evitando sua desvalorização com o passar do tempo, o que ocorreria se fosse considerado em valor fixo da moeda. Confira-se, nesse ponto, a previsão constante na concessão dos aeroportos, a nível federal, que utiliza como referencial a Unidade de Referência da Tarifa Aeroportuária – URTA.[18]

A adoção da taxa de referência oferece menos problemas, posto que a fórmula aplicada à tarifa de remuneração, como adotada pelo Metrô, pode sofrer impugnações mais facilmente quanto ao seu cálculo, além de ser mais trabalhosa quanto ao reajuste.

Considerações finais

Em caráter conclusivo, impende destacar que, por meio do presente trabalho, pretendeu-se suscitar os principais pontos acerca da estipulação, em editais e contratos de parceria público-privada, de cláusulas atinentes à aplicação de penalidades, o que envolve tanto aspectos relativos à tipificação, como relacionados às possíveis penas a serem imputadas, às excludentes de responsabilidade e de culpabilidade, além do processo administrativo que deve preceder a incidência da sanção, para a sua plena validade.

---

18 Vale conferir, no mesmo sentido, as concessões seguintes: Projeto Polícia Militar de Canoas-RS e Transolímpica-RJ

Sempre que possível, houve a indicação de modelos e de soluções em tese mais adequadas, no que se refere a cada um desses subtemas.

É preciso destacar, contudo, que a formulação do regramento contratual acerca das penalidades deve ser precedida de estudos específicos acerca do objeto a ser outorgado, a fim de se assegurar a plena eficácia das estipulações fixadas, com enormes contribuições para a atividade de fiscalização a ser implementada pelo Estado durante o longo prazo de execução que se seguirá.

Por fim, não se pode olvidar que a matéria em questão está intimamente relacionada à garantia de que o objeto outorgado ao particular em regime de parceria duradoura seja devidamente implementado, com a qualidade requerida à plena satisfação do interesse público.

Desse modo, a despeito de o tema comumente não ser objeto de amplos debates quando da formulação dos instrumentos do certame licitatório – momento, como é cediço, já permeado por inúmeras incertezas e tormentosas questões – há que ser empregada a devida atenção à matéria, com vistas a que o Administrador não se veja posteriormente tolhido de mecanismos voltados tanto a estimular o pleno atendimento das obrigações contratuais como a reprimir condutas indesejáveis.

Bibliografia

ARAGÃO, Alexandre Santos de. *Curso de Direito Administrativo*. Rio de Janeiro: Forense, 2012.

CARVALHO FILHO, José dos Santos. *Manual de Direito Administrativo*. 24. ed. Rio de Janeiro: Lumen Juris, 2011.

DI PIETRO, Maria Sylvia. *Direito Administrativo*. 22. ed. São Paulo: Atlas S.A, 2009.

FURTADO, Lucas Rocha. *Curso de Licitações e Contratos Administrativos*. 4. ed. Belo Horizonte: Fórum, 2012.

GARCIA, Flávio Amaral. *Licitações e Contratos Administrativos*. 3. ed. Rio de Janeiro: Lumen Juris, 2010.

GUIMARÃES, Fernando Vernalha. *PPP – Parceria Público-Privada*. São Paulo: Saraiva, 2012.

MARQUES NETO, Floriano de Azevedo; SCHIRATO, Vitor Rhein. *Estudos Sobre as Leis das Parcerias Público-Privadas*. Belo Horizonte: Fórum, 2011.

MOREIRA, Egon Bockmann. *Processo Administrativo*. 4. ed. São Paulo: Malheiros, 2010.

____. *Direito das Concessões de Serviço Público*. São Paulo: Malheiros, 2010.

OSÓRIO, Fábio Medina. *Direito Administrativo Sancionador*. 4. ed. São Paulo: Editora Revista dos Tribunais, 2011.

SCHWIND, Rafael Wallbach. *Remuneração do Concessionário*. Belo Horizonte: Fórum, 2010.

SOUTO, Marcos Juruena Villela. *Direito Administrativo Regulatório*. Rio de Janeiro: Lumen Juris, 2002.

____. *Direito Administrativo das Parcerias*. Rio de Janeiro: Lumen Juris, 2005.

____. *Direito Administrativo das Concessões*. Rio de Janeiro: Lumen Juris, 2004.

UNIÃO, Tribunal de Contas da. *Licitações e Contratos*. 4. ed. Brasília, 2010.

capítulo XI

Cláusula de solução de controvérsias em contratos de parcerias público-privadas: estudo de casos e proposta de redação

André Rodrigues Junqueira[1]
Mariana Beatriz Tadeu de Oliveira[2]
Michelle Manaia Santos[3]

Introdução

A redação de cláusula de solução de controvérsias em contratos de parcerias público-privadas é um desafio ao operador do direito. Isso porque, dentre as diversas questões abordadas ao longo do contrato, certamente a solução de litígios é o campo em que se revela de forma sensível o conflito entre dois mundos: o mundo no qual os projetos de infraestrutura são desenvolvidos (com ambientes negociais altamente complexos e, em muitos casos, com a presença de financiamentos internacionais) e o mundo do Direito Administrativo (o qual, em muitos casos, se encontra vinculado a conceitos pouco úteis às necessidades contemporâneas)[4].

---

1 Procurador do Estado de São Paulo. Especialista em Direito Processual Civil pela Escola Superior da Procuradoria Geral do Estado. Graduado em Direito pela Universidade de São Paulo – USP.

2 Procuradora do Estado de São Paulo. Especialista em Direitos Humanos pela Escola Superior da Procuradoria Geral do Estado. Graduada em Direito pela Universidade de São Paulo – USP.

3 Procuradora do Estado Chefe da Consultoria Jurídica da Secretaria de Energia de São Paulo. Mestranda em Direito Econômico e Financeiro pela Universidade de São Paulo – USP. Especialista em Direito Público pela Escola Superior do Ministério Público do Estado de São Paulo. Graduada em Direito pela Universidade de São Paulo – USP.

4 Para uma abordagem mais aprofundada desse tema: RIBEIRO, Maurício Portugal. *Concessões e PPPs – melhores práticas em licitações e contratos*. São Paulo: Atlas, 2011.

Essa dicotomia transparece, em especial, quando da redação dessas cláusulas pela dificuldade, ainda existente, em se aceitar a possibilidade de a Administração Pública se submeter à arbitragem. Em geral, argumenta-se que o monopólio da jurisdição é estatal, que a submissão à arbitragem implicaria disposição de interesse público e que não se poderia afastar lesão ou ameaça a direito de apreciação pelo Poder Judiciário[5].

Todavia, o presente estudo parte da premissa de que o Estado pode se submeter à arbitragem (desde que respeitados certos limites), com amparo em sólida doutrina e jurisprudência dos tribunais superiores[6].

No que concerne aos contratos de PPP, essa questão ganha contornos mais definidos, tendo em vista que a própria lei federal que regulamenta essa modalidade de contratação permite a arbitragem (art. 11, III, da Lei federal nº 11.079/04[7]), estando no mesmo sentido a lei estadual paulista que disciplina as parcerias público-privadas neste ente federado, e que adota o mesmo princípio (art. 11 da Lei estadual nº 11.688/04[8]).

---

5 ARRUDA JÚNIOR, Demerval Ferraz. O Estado, a Jurisdição e a Arbitragem: para começo de conversa. Revista da Procuradoria Geral do Estado nº 75, jan/jun 2012, p. 21 a 32.

6 No Supremo Tribunal Federal: Agravo de Instrumento n. 52.181-GB, rel. Ministro Bilac Pinto. Tribunal Pleno, j. 14.11.1973. No Superior Tribunal de Justiça: Resp 61.439-RS e MS n. 11.308-DF.

7 "Art. 11. O instrumento convocatório conterá minuta do contrato, indicará expressamente a submissão da licitação às normas desta Lei e observará, no que couber, os §§ 3º e 4º do art. 15, os arts. 18, 19 e 21 da Lei nº 8.987, de 13 de fevereiro de 1995, podendo ainda prever:
[...]
III – o emprego dos mecanismos privados de resolução de disputas, inclusive a arbitragem, a ser realizada no Brasil e em língua portuguesa, nos termos daLei nº 9.307, de 23 de setembro de 1996, para dirimir conflitos decorrentes ou relacionados ao contrato."

8 "Artigo 11 -Os instrumentos de parceria público-privada poderão prever mecanismos amigáveis de solução das divergências contratuais, inclusive por meio de arbitragem, nos termos da legislação em vigor. Parágrafo único -Na hipótese de arbitramento, os árbitros deverão ser escolhidos dentre os vinculados a instituições especializadas na matéria e de reconhecida idoneidade."

Nessa toada, as melhores práticas em contratos de PPP recomendam que a solução de divergências contratuais seja dividida em dois itens: i) *cláusula de foro amigável de solução de disputas* e ii) *cláusula arbitral* [9].

Nos próximos tópicos, serão explorados os problemas dessas cláusulas e as experiências já existentes, buscando traçar parâmetros para a redação dos futuros contratos a serem celebrados pela administração pública paulista.

O Foro amigável de solução de disputas

Natureza jurídica

Diversos são os mecanismos possíveis para a solução de controvérsias no âmbito dos contratos administrativos. Podem ser empregados métodos consensuais (que geram condições para a celebração de um acordo), métodos adjudicatórios (por meio do qual é proferida uma decisão com força imperativa para as partes), ou ainda, mecanismos mistos[10].

Os métodos consensuais, que tem por objetivo fazer com que as próprias partes alcancem um acordo, por meio de uma composição de vontades, quando utilizados pela Administração devem ter uma atenção especial em relação a quando são utilizados apenas por particulares, tendo em vista as diferenças no campo da autonomia[11].

A perspectiva de que a Administração Pública precisa adotar meios alternativos de resolução de conflitos, como a conciliação, para evitar litígios judiciais ou mesmo para pôr fim aos já existentes, é compatível com doutrinas que defendem uma atuação mais paritária da administração, por meio de proce-

---

9 PRADO, Lucas Navarro e RIBEIRO, Maurício Portugal. *Comentários à Lei de PPP – fundamentos econômico-jurídicos*. São Paulo: Atlas, 2007, item XI.4.

10 SALLES, Carlos Alberto de. *Arbitragem em Contratos Administrativos*. São Paulo: Forense, 2011, p. 250.

11 ESQUÍVEL, José Luis. *Os contratos administrativos e a arbitragem*. Coimbra: Almedina, 2004, p. 96.

dimentos administrativos que reconheçam direitos perante os cidadãos.

Referida visão defende a necessidade de se abandonar a ideia de que a Administração é superior aos seus súditos. O Estado precisa ser visto como um titular de direitos e deveres perante a população, reconhecendo os danos que causar e pagando da melhor forma possível.

A paridade aparece como ideia de posições jurídicas semelhantes, no sentido de que o cidadão também pode exigir direitos da Administração. Logicamente, que o Poder Público continua dotado de prerrogativas e privilégios necessários para o exercício da sua função, mas admite-se a sua proximidade com os cidadãos e a necessidade de reconhecer eventuais deveres perante os mesmos.

Dentro desse contexto, Pedro Gonçalves[12] explica que o Direito Administrativo, que nasceu como um direito mais regulador, apontado como típico Direito Público, está evoluindo como um ramo mais consensual. Assim, o autor afirma que a utilização de referidos mecanismos não substituem as formas de revelação da autoridade administrativa, mas atuam de forma complementar[13].

Com isso, a perspectiva consensual e paritária, embora não desconfigure a Administração Pública, está deixando suas marcas no Direito Administrativo, que passou a se estruturar com base nos direitos dos cidadãos, abandonando a ideia de que deve se fundamentar apenas nas bases do poder[14]. Nessa perspectiva, Gustavo Binenbojm afirma que não se podem admitir mais decisões que ignorem o caso concreto, com simples conclusões de que o interesse público deve prevalecer sobre o

---

12 GONÇALVES, Pedro. *Entidades privadas com poderes públicos*. Coimbra: Almedina, 2005, p. 270-277.
13 GONÇALVES, Pedro.*Opcit*, p. 275-276.
14 GONÇALVES, Pedro. *Opcit*, p. 270-277.

interesse privado[15]. É preciso realizar ponderações na avaliação dos casos que aparecem no dia a dia, avaliando todos os interesses em jogo, para que se encontre uma solução capaz de conciliá-los da forma mais eficaz possível[16].

Tal visão, no entanto, não é unânime na doutrina. Maria Sylvia Zanella Di Pietro, por exemplo, ao enxergar o problema com moderação, afirma que o princípio da supremacia do interesse público tem grande relevância, considerando-se que *"encontra fundamento em diversos dispositivos da Constituição e tem que ser aplicado em consonância com outros princípios consagrados no ordenamento jurídico brasileiro, em especial com observância do princípio da legalidade"*[17]. Assim, a autora defende que o princípio deve ser aplicado no caso concreto e, no conflito com outros, deve-se pautar pela razoabilidade, atentando-se sempre para o fato de que é muito perigoso e contrário ao Direito Administrativo afastá-lo completamente, como pretendem alguns doutrinadores.

Tal moderação, portanto, não pode ser esquecida pelo administrador, tendo em vista os inúmeros dispositivos constitucionais que pautam o princípio da supremacia do interesse público. Com esta cautela e, em observância a todos os princípios constitucionais que guiam a Administração Pública, deve-se pensar na utilização dos mecanismos consensuais.

Nesse sentido, Eduardo Talamini explica que, não obstante referida moderação, deve-se observar que não há indisponibilidade do interesse público se a Administração constata que não tem razão em determinado conflito, devendo se submeter

---

15 BINENBOJM, Gustavo. Da supremacia do interesse público ao dever de proporcionalidade: um novo paradigma para o direito administrativo. In: BINENBOJM, Gustavo. *Temas de direito administrativo e constitucional.* Rio de Janeiro: Renovar, 2008, p. 61/94.

16 BINENBOJM, Gustavo.Opcit, p. 61/94.

17 DI PIETRO, Maria Sylvia Zanella. O princípio da supremacia do interesse público: sobrevivência diante dos ideais do neoliberalismo. In: DI PIETRO, Maria Sylvia Zanella et al (Coords.). *Supremacia do interesse público e outros temas interessantes do direito administrativo.* São Paulo: Atlas, 2010, p. 102.

aos parâmetros da legalidade e ao princípio da boa-fé. Nesse sentido, o autor exemplifica:

> "Tome-se como exemplo o dever de a Administração indenizar os prejuízos indevidamente causados ao particular. Exemplifique-se ainda com o dever que a Administração tem de anular os seus próprios atos ilegítimos praticados em detrimento da esfera jurídica de particulares (Lei nº 9.784/99, art. 53 c/c art. 55). Considere-se igualmente o dever que a Administração contratante tem de recompor os contratos administrativos, inclusive quando a equação econômico-financeira estiver desequilibrada em desfavor do particular contratado. O art. 65, II, *d*, da Lei nº 8.666/93 prevê a celebração da alteração contratual destinada a recompor o equilíbrio contratual. A despeito da redação literal da regra, o dispositivo encerra um *dever* – não uma faculdade – da Administração Pública de promover o reequilíbrio, através de um ato consensual com o contratado."[18]

Em face de referido entendimento, verifica-se que a Administração Pública pode reconhecer os direitos dos particulares independentemente da instauração de um processo judicial. Dentro desse contexto, a utilização de mecanismos consensuais pode facilitar tal reconhecimento. A mediação é um exemplo de mecanismo consensual, na qual um mediador (com conhecimentos técnicos necessários para conduzir as partes a um consenso) atua por meio de um procedimento flexível na tentativa de predispor as partes a celebrar um acordo[19].

É possível citar diversos outros exemplos, analisando-se principalmente os mecanismos existentes nos Estados Unidos. Naquele país, há uma ampla estrutura administrativa de solução de controvérsias com *Boards of Appeal*, nos quais são pro-

---

18 TALAMINI, Eduardo. A (in)disponibilidade do interesse público: consequências processuais (composição em juízo, prerrogativas processuais, arbitragem e ação monitória). *Revista de Processo*, São Paulo, a.30, v. 128, out. 2005, p. 61/62.

19 Alguns autores entendem que a mediação não precisa ser apenas facilitativa, mas pode ser também avaliativa. Nesse sentido, SALLES, Carlos Alberto de. *Op. cit.*, p. 270.

feridas decisões administrativas sujeitas à revisão judicial por juízes administrativos que não possuem as mesmas garantias dos membros do Poder Judiciário.

No âmbito dos *Boards of Appeal*, as partes podem optar ainda por um método alternativo de solução de controvérsia, realizado por meio de juízes de acordo (*settlement judges*), no qual um juiz mediador especializado apresenta um posicionamento com fundamento na tendência das últimas decisões para que as partes decidam se querem celebrar um acordo[20].

Há a possibilidade igualmente de ser realizada uma avaliação inicial por um terceiro neutro, com conhecimentos específicos sobre a matéria objeto da divergência que, por meio de um parecer não vinculante, apresenta as chances de êxito da controvérsia no Poder Judiciário.

Utiliza-se também, entre outros, o método de negociações estruturadas (*mini trials*), no qual são conduzidas as tratativas por meio de condições previamente estabelecidas, na qual são apresentadas, sob a presidência de um terceiro neutro, as provas e as razões envolvidas perante os representantes das partes com capacidade decisória[21].

Os mecanismos acima mencionados, bem como todos os outros existentes, não são fixos, pois podem ser adaptados aos contratos e modelados, inclusive, de forma mista.

No caso das PPPs, por exemplo, verifica-se que diversos contratos já celebrados no Brasil optaram por adotar como mecanismo de solução de divergências a instituição de uma Comissão Técnica. Composta por três membros (um representante de cada parte mais um terceiro neutro especializado na matéria discutida), ela tem competência para emitir um parecer, sem força vinculante, que deve ser aprovado por no mínimo dois membros, podendo servir de subsídio para as par-

---

20 SALLES, Carlos Alberto de. *Op. cit*, p. 268/270.
21 SALLES, Carlos Alberto de. *Op. cit*, p. 245-276.

tes celebrarem um acordo por meio de um termo aditivo ao contrato[22]. Referido mecanismo foi considerado apropriado, uma vez que por meio do parecer emitido são apresentados critérios objetivos que facilitam a celebração do acordo pela Administração Pública com vistas a justificar o interesse público envolvido[23].

Assim, especificamente para a solução de divergências técnicas, sugerimos a adoção deste modelo de Comissão Técnica, considerando-se que com o parecer proferido, a Administração Pública terá mais subsídios para celebrar um acordo do que numa simples mediação, por exemplo, existindo elementos para que se reconheça a existência de eventual direito do particular.

Ressalte-se que os fundamentos que embasarão o acordo são importantes para a Administração em sede de eventual controle. Destaque-se, nesse sentido, que não há uma posição clara sobre os limites do controle dos acordos celebrados pela Administração, sendo possível encontrar, no âmbito do Poder Judiciário, acórdãos que apontam para a necessidade de serem observados os princípios constitucionais como o da moralidade e impessoalidade[24].

---

22 Maurício Portugal Ribeiro assim define essas comissões: "*Consiste na formação de uma comissão de natureza técnica com membros da Administração Pública, do parceiro privado, e, às vezes, pessoas externas indicadas pelos representantes das partes, com o objetivo de analisar e propor uma solução para conflitos havidos na execução do contrato. Trata-se de um procedimento que deve ser simples, pouco burocrático e rápido.*" In: RIBEIRO, Maurício Portugal. *Concessões e PPPs: melhores práticas em licitações e contratos*. São Paulo: Atlas, 2011, p. 166.

23 Nesse sentido, Carlos Alberto Salles afirma que é mais fácil: "*(...) as partes chegarem a um acordo quando possuem um posicionamento seguro quanto às chances de sucesso em eventual processo decisório que venha a se seguir, seja ele administrativo, judicial ou de arbitragem. De alguma forma, esta constatação está presente, também, na figura do juiz mediador (settlementjudge), examinada acima, e outros mecanismos como a arbitragem não vinculante (non-bindingarbitration), julgamentos simulados e na mediação avaliativa.*" SALLES, Carlos Alberto de. *Op cit.*, p. 270.

24 "*4. Incumbe ao juiz, nos termos do art. 129 do CPC, recusar-se a homologar acordo que entende, pelas circunstâncias do fato, ter objeto ilícito ou de lici-*

Com isso, em matéria técnica, é aconselhável a utilização da comissão com profissionais especializados que avaliem o litígio e apresentem um parecer que auxilie o Poder Público a realizar ponderações em face do caso concreto, avaliando todos os interesses em jogo, para que se encontre uma solução capaz de conciliá-los da forma mais eficaz possível.

Vale observar, ainda, que referido mecanismo é facultativo e não obrigatório, sendo possível às partes analisarem, no caso concreto, se ele é interessante ou se é melhor optar diretamente pela arbitragem, tendo em vista a complexidade da divergência.

Por fim, cabe ressaltar que nas outras matérias que não sejam técnicas será fixada uma cláusula genérica, possibilitando a livre negociação e celebração de acordos pela Administração Pública, o que faz com que as partes possam recorrer à consensualidade sempre que julgarem necessário.

Estudo de casos: os modelos comparados

Ao analisar as diversas cláusulas sobre a solução de conflitos por meio da formação de uma comissão especializada, verifica-se uma divergência sobre a sua abrangência. Enquanto em algumas cláusulas foram fixadas competências para dirimir apenas questões técnicas, em outras foi acrescentada a possibilidade de serem analisadas controvérsias econômico-financeiras.

No entanto, foi aferido como mais adequado manter a Comissão apenas com a competência para solucionar as questões técnicas, uma vez que o equilíbrio econômico-financeiro

---

tude duvidosa; violar os princípios gerais que informam o ordenamento jurídico brasileiro (entre os quais os princípios da moralidade, da impessoalidade, da isonomia e da boa-fé objetiva); ou atentar contra a dignidade da justiça."
BRASIL. Superior Tribunal de Justiça. Agravo Regimental no Recurso Especial nº 1090695/MS, Rel. Ministro HERMAN BENJAMIN, Segunda Turma, julgado em 08/09/2009, Diário de Justiça Eletrônico, divulgado em 04/11/2009.

apresenta nos editais um procedimento específico de recomposição, com itens que preveem, inclusive, a possibilidade de auditoria para atender às especificidades e complexidade desse tema contratual.

Nesse sentido, verifica-se no contrato celebrado pela SABESP na PPP de São Lourenço[25] uma cláusula específica do procedimento de recomposição que atende às características dessa matéria, sendo possível citar como exemplo, além da previsão da possibilidade de auditoria já mencionada[26], a fixação de documentos específicos que devem acompanhar o requerimento de recomposição[27].

Assim, o procedimento específico de recomposição do equilíbrio econômico-financeiro, previsto nos editais e contratos, é capaz de proporcionar ao Estado o reconhecimento de eventual direito do particular, sendo desnecessário submeter a questão, caso não resolvida, a mais uma instância administrativa, que atrasaria ainda mais a solução do problema, contrariando a eficiência defendida dos meios alternativos de resolução de controvérsias.

Outra divergência existente entre os contratos analisados, refere-se ao pagamento das despesas da Comissão. Enquanto

---

25 Fonte: contrato firmado pela SABESP na PPP de São Lourenço.

26 *"A critério e às expensas da SABESP será realizada auditoria na SPE, a qualquer tempo, por intermédio da empresa especializada e com elevada capacidade técnica reconhecida publicamente para constatação da situação que ensejou no pedido de reequilíbrio econômico-financeiro do CONTRATO DE CONCESSÃO."* Fonte: contrato firmado pela SABESP na PPP de São Lourenço.

27 *"O requerimento de solicitação de recomposição do equilíbrio econômico-financeiro do CONTRATO DE CONCESSÃO deverá ser acompanhado dos documentos abaixo relacionados:*
a) relatório técnico ou laudo pericial que demonstre o impacto da ocorrência nas projeções do PLANO DE NEGÓCIOS;
b) documentos necessários à demonstração do cabimento do pleito, podendo ainda a SABESP solicitar laudos econômicos específicos, elaborados por entidades independentes;
c) todos os custos com diligências e estudos necessários à plena instrução do pedido correrão por conta da SPE." Fonte: contrato firmado pela SABESP na PPP de São Lourenço.

alguns contratos determinam que o Poder Público deve arcar com as despesas apenas de seu representante e o parceiro privado pagar as demais, outros estabelecem um rateio igualitário entre as partes. No caso concreto, deve ser analisado se a Administração prefere incentivar os parceiros privados a celebrarem o acordo, fixando a fórmula de rateio igualitário, ou fazer com que o parceiro privado já considere o valor que irá gastar com a comissão técnica no procedimento de licitação.

As demais divergências entre os contratos analisados são apenas referentes ao procedimento adotado. Ressalta-se, nesse sentido, que Maurício Portugal Ribeiro afirma que, por ser um procedimento simplificado, não deve durar mais do que 120 dias[28].

A solução proposta: a cláusula de instituição de comissão técnica

> 1. As Partes deverão envidar os melhores esforços para resolver amigavelmente, utilizando-se do princípio da boa-fé, por meio de negociação direta, qualquer divergência/conflito de interesse que venha a surgir em decorrência do presente CONTRATO.
> 2. Para a solução de eventuais divergências de natureza técnica acerca da execução do CONTRATO, poderá ser constituída uma COMISSÃO TÉCNICA, composta por três membros, sendo 1(um) membro especialista por ocasião de uma dada divergência.
> 2.1. A COMISSÃO TÉCNICA será competente para emitir pareceres fundamentados sobre as questões que lhe forem submetidas pelo Parceiro Privado ou pelo Poder Concedente, relativamente a divergências que venham a surgir quanto aos aspectos técnicos correspondentes à prestação do serviço objeto do contrato.
> 3. Os membros da COMISSÃO TÉNICA serão designados da seguinte forma:
> 3.1. Um membro efetivo e o respectivo suplente pelo Poder Concedente;
> 3.2. Um membro efetivo e o respectivo suplente pelo Parceiro Privado; e
> 3.3. Um membro efetivo, que será o Presidente da COMIS-

---

28 RIBEIRO, Maurício Portugal. *Op. cit.*, p. 166.

SÃO TÉCNICA e será escolhido de comum acordo pelos demais membros nomeados, um por cada Parte, à ocasião da divergência, devendo recair sobre profissional independente e com conhecimento comprovadamente reconhecido na matéria objeto da divergência.

4. Os membros da COMISSÃO TÉCNICA não poderão estar enquadrados em situações de impedimento e suspeição de juízes previstas no Código de Processo Civil, e deverão proceder com imparcialidade, independência, competência, diligência e discrição, aplicando-se, no que couber, o disposto no Capítulo III, da Lei nº 9.307, de 23 de setembro de 1996, que trata da arbitragem.

5. O procedimento para solução de divergências iniciar-se-á mediante a solicitação de uma das partes, de instalação da COMISSÃO TÉCNICA instruída com relatório detalhado, acompanhado de suas alegações e cópia de todos os documentos ligados ao objeto da divergência levantada, bem como indicação do membro e do suplente que a representará na COMISSÃO.

5.1. Recebida a notificação, a parte solicitada, no prazo de 15 (quinze) dias, nomeará um membro e um suplente para representá-la na COMISSÃO e apresentará as suas alegações relativamente à questão formulada;

5.2. No prazo de 15 (quinze) dias, a contar da realização da nomeação pela Parte solicitada, os dois membros nomeados, um por cada Parte, nomearão o terceiro membro, que presidirá a COMISSÃO, e que deve, necessariamente, ser profissional independente e com conhecimento comprovadamente reconhecido na matéria objeto da divergência.

5.3. No caso de existir divergência entre os membros da COMISSÃO TÉCNICA e não ser nomeado um terceiro membro em 15 (quinze) dias, as Partes deverão notificar o órgão de classe da categoria e/ou de peritos relacionados à divergência para que nomeie em 10 (dez) dias o terceiro membro, devendo ser profissional independente e com conhecimento comprovadamente reconhecido na matéria objeto da divergência.

5.4. O parecer da COMISSÃO TÉCNICA será emitido em um prazo máximo de 30 (trinta) dias, após a nomeação do terceiro membro, se outro prazo não for estabelecido pelas Partes, de comum acordo, e aceito pela COMISSÃO TÉCNICA;

5.5. Os pareceres da COMISSÃO TÉCNICA serão considerados aprovados se contarem com o voto favorável de, pelo menos, 2 (dois) de seus membros.

5.6. A análise feita pela COMISSÃO TÉCNICA deverá observar as disposições previstas no presente CONTRATO, quanto à legislação aplicável e responsabilidades assumidas pelas partes.

6. Cada parte arcará com as despesas de seus representantes, sendo que as despesas necessárias ao funcionamento da COMISSÃO TÉCNICA e os honorários do membro independente serão rateados igualmente entre as Partes.
7. A submissão de qualquer questão à COMISSÃO TÉCNICA não exonera o Parceiro Privado de dar integral cumprimento às suas obrigações contratuais e às determinações do Poder Concedente, incluindo as emitidas após a apresentação da questão, nem permite qualquer interrupção no desenvolvimento das atividades relacionadas com a Concessionária.
    7.1. Somente se admitirá a paralisação das obras/serviços quando o objeto da divergência/conflito de interesse implicar riscos à segurança de pessoas e/ou empreendimento.
8. A proposta da COMISSÃO TÉCNICA não será vinculante para as partes.
8.1. Apresentada a solução pela COMISSÃO TÉNICA, as Partes deverão manifestar em 30 (trinta) dias se concordam com a proposta. Caso aceita pelas PARTES, a solução amigável indicada pela COMISSÃO TÉCNICA será incorporada ao CONTRATO DE CONCESSÃO mediante assinatura de termo aditivo.
9. A solução técnica será considerada prejudicada se a Parte se recusar a participar do procedimento, não indicando seu representante no prazo máximo de 15 (quinze) dias a contar do recebimento da notificação para instauração da COMISSÃO TÉCNICA.
10. Caso a solução técnica seja considerada prejudicada ou a solução amigável proposta pela COMISSÃO não seja aceita por qualquer uma das partes no prazo de 30 (trinta) dias citado no item 8.1, a resolução da divergência será encaminhada para a arbitragem.

A Cláusula Arbitral

Conceitos iniciais

Em primeiro plano, cumpre realizar uma breve exposição acerca dos conceitos introduzidos pela lei de arbitragem brasileira para uma melhor compreensão sobre o tema.

Formas de previsão da arbitragem: convenção e cláusula compromissória

A convenção de arbitragem é um acordo ou negócio jurídico processual feito em um contrato em que as partes se comprometem a levar seus conflitos para serem apreciados por um árbitro. Também indica como esses árbitros serão nomeados ou escolhidos. Nas hipóteses em que o litígio já existe e as partes convencionam submeter-se à arbitragem, realiza-se o compromisso arbitral (exceção processual).

Por sua vez, nos casos em que a avença arbitral é prévia ao litígio, esta se denomina cláusula compromissória (objeção processual), que, por suas características próprias, costuma ser classificada em três modalidades: a) cheia, b) vazia ou c) patológica.

A cláusula compromissória cheia é aquela que contém os requisitos necessários à instituição da arbitragem (seja *ad hoc* ou institucional), com a definição de prazos, forma de escolha de câmara e árbitros, procedimento a ser aplicado, etc. Por sua vez, a cláusula compromissória vazia é aquela que se limita a afirmar que os litígios decorrentes de determinado negócio jurídico serão solucionados por arbitragem, sem fixar qualquer procedimento. Por fim, a cláusula arbitral patológica é aquela redigida de forma incompleta ou imprecisa, de modo a dificultar a instauração da arbitragem.

Sentença arbitral

No que concerne à sentença arbitral, o primeiro ponto que deve ser mencionado é que o próprio termo "sentença arbitral" é novidade introduzida pela Lei nº 9.307/96. A partir do advento dessa norma, a expressão "sentença" indica tanto a sentença estatal, quanto a arbitral. Dessa forma, confere-se maior valor à decisão judicial arbitral, pelo seu conteúdo semântico.

Nessa toada, uma importante modificação trazida pela Lei nº 9.307/96 foi a desnecessidade de homologação da sentença arbitral, pois a eventual submissão da arbitragem ao Poder Judiciário, como condição de eficácia, afastaria uma série de vantagens da utilização da arbitragem. Obviamente, essas considerações não se aplicam à sentença arbitral estrangeira, a qual deve ser devidamente homologada no Brasil para produção de efeitos.

Procedimento

No tocante ao procedimento a ser realizado, existem basicamente quatro opções aplicáveis à arbitragem: a) regulamento do órgão arbitral, b) lei processual qualquer, escolhida pelas partes, desde que compatível com o procedimento, c) criação de um procedimento pelas partes, o que é o mais comum nas arbitragens *ad hoc*, ou ainda d) as partes podem deixar de tratar de matéria procedimental, de modo que fica a cargo do árbitro escolher o procedimento que considerar mais correto.

A arbitragem institucional pode ser conduzida por uma sociedade anônima, uma sociedade limitada, uma entidade sem roupagem própria (pode estar dentro de outro órgão, como a OAB). Assim, sua forma jurídica pode ser múltipla, nada dizendo a lei a esse respeito.

Há órgãos arbitrais nacionais (sediados no Brasil) e internacionais (normalmente direcionados para arbitragem no comércio internacional). Alguns órgãos institucionais dedicam-se exclusivamente ao procedimento arbitral, administrando-o, outros oferecem também cursos ou simplesmente prestam serviços de nomeação de árbitros. Destaque-se que a importância dos órgãos institucionais está na administração/organização do procedimento arbitral. Organizar a arbitragem é ter uma estrutura física onde pode ocorrer a arbitragem, é estipular previamente regras para serem seguidas e é, eventualmente, nomear os árbitros. Vale ressaltar também a existência da arbitragem *ad hoc*, com estrutura organizada para o caso concreto. As partes podem, inclusive, criar um procedimento próprio para sua arbitragem e fazê-la no local em que bem entenderem[29].

---

29 CARMONA, *Op. cit.*, p. 127.

Arbitrabilidade objetiva e subjetiva em face da Administração Pública

O art. 1° da Lei de Arbitragem delimita as matérias que podem se sujeitar à arbitragem: são os direitos patrimoniais disponíveis. Assim, nos casos em que um conflito pode se submeter à arbitragem, sob a perspectiva do direito material envolvido, podemos afirmar que existe arbitrabilidade objetiva. Por sua vez, a arbitrabilidade subjetiva reflete a capacidade da parte em se submeter à arbitragem. Nessa toada, o artigo 1º da Lei federal nº 9.307/96 afirma que "as pessoas capazes de contratar poderão valer-se da arbitragem".

Com relação à Administração Pública, considerando que basta plena capacidade para ocorrência da arbitrabilidade subjetiva, em princípio, não há dúvida quanto à possibilidade de o Estado se submeter à arbitragem.

Já no tocante à arbitrabilidade objetiva, alguns questionamentos surgem, especialmente com relação à possibilidade de o Estado dispor de seu patrimônio, o que, em tese, poderia contrariar os princípios da indisponibilidade e supremacia do interesse público.

Sem pretendermos esgotar o tema – já que não é o objeto principal deste estudo – necessário ressaltar que o Estado não está proibido, *a priori*, de dispor de seu patrimônio. Nesse sentido, podemos mencionar a experiência prática dos Juizados da Fazenda Pública, nos quais existe a disponibilidade patrimonial pelo ente federativo. A dizer, não se pode confundir a indisponibilidade do interesse público (princípio da Administração Pública) com o patrimônio público, o qual é plenamente disponível, desde que atendidos os requisitos legais[30].

E em sendo possível ao Estado dispor e gerir seu patrimônio, bem como praticar atos de gestão – o que o faz diuturnamente ao firmar contratos com outros entes – não se vislum-

---
30 TALAMINI, Eduardo. *Arbitragem e Poder Público*, p. 210.

bra, a princípio, qualquer impossibilidade de a Administração Pública figurar como parte em um Tribunal Arbitral. Nesse ponto, cabe novamente esclarecer que não se trata a Arbitragem de um mecanismo consensual, que exigiria, por exemplo, a celebração de acordos, mas sim de uma modalidade de jurisdição, pela qual a controvérsia será resolvida por terceiros, em decisão que vinculará as partes que voluntariamente a ela se sujeitaram.

Estamos, assim, com Carlos Ari Sundfeld e Jacintho Arruda Câmara quando esclarecem que:

> "A mesma lógica se aplica quando se tratar de direitos e interesses de entidade estatal. Aqueles interesses (direitos) que podem ser contratados também poderão ser objeto de cláusula de arbitragem. Quando firma um contrato qualquer, a Administração está assumindo determinado ônus, com a perspectiva de receber uma contrapartida estipulada. Nesse caso, algum direito de caráter patrimonial daquela entidade está sendo negociado, por isso há de ser considerado, para efeito de aplicação da Lei de Arbitragem, um direito disponível, ou seja, um direito negociável."[31]

Daí que o pressuposto deste trabalho é a possibilidade de a Administração se submeter à Arbitragem nas contratações públicas, com ênfase especial aos contratos de parcerias público-privadas, nos quais essa modalidade de solução de conflitos é, como vista, legalmente prevista.

Colocados estes conceitos básicos, é possível passarmos para a análise da aplicação da Lei de Arbitragem aos contratos públicos, e, em especial, às parcerias público-privadas.

Estudos de casos: comparativo das cláusulas de arbitragem

Do estudo dos contratos de parcerias público-privadas já firmados, em que há participação do Estado de São Paulo, foi

---

[31] SUNDFELD, Carlos Ari; CÂMARA, Jacintho Arruda. O Cabimento da Arbitragem nos Contratos Administrativos. *In: Contratações públicas e seu controle.* São Paulo: Malheiros, 2013, p. 257.

possível verificar que a adoção da cláusula arbitral já é uma realidade na Administração Pública paulista, mas que não há uma uniformidade na sua redação.

Assim, por exemplo, o contrato da Linha 4 do Metrô prevê, expressamente a indicação da Câmara de Comércio Internacional (CCI) como órgão responsável pela realização da Arbitragem[32]. De outra maneira, a PPP da SABESP para o sistema São Lourenço prevê a formação de um Tribunal *ad hoc*, trazendo o modo de indicação dos árbitros, que deverão ter *"experiência mínima de 10 (dez) anos e registro profissional no Brasil na especialidade objeto da controvérsia"* sem acrescentar nada acerca do regulamento a ser utilizado[33]. Por fim, no caso da PPP para os reservatórios do DAEE, optou-se pela redação de uma cláusula vazia, sem qualquer previsão de indicação ou formação de Tribunal[34].

Verifica-se, de todo o exposto, a necessidade premente de adoção de um modelo de Arbitragem padrão para as parcerias público-privadas no Estado de São Paulo, tanto como forma de garantir uma coerência dentro da Administração, como para oferecer maior segurança para a execução futura destes contratos. Entendemos que deve ser formulada uma cláusula compromissória padrão a ser inserida nos futuros Contratos de PPPs, como maneira de se uniformizar a gestão futura destes contratos.

---

32 "35.13. A arbitragem será instaurada e administrada pela Câmara de Comércio Internacional (CCI), conforme as regras de seu Regulamento, devendo ser realizada no Brasil e em língua portuguesa, e aplicar o direito brasileiro." Fonte: contrato firmado pelo Metrô para Linha 4.

33 Fonte: contrato firmado pela SABESP na PPP de São Lourenço.

34 Fonte: contrato firmado pelo DAEE para Sistema de Reservatórios de Controle de Cheias.

Pressupostos necessários da cláusula arbitral: idioma, direito aplicável e forma de julgamento

A Lei federal nº 9.307/96, quando aplicada ao ente público, pode sofrer algumas derrogações publicísticas e adaptações, conforme recomendação doutrinária[35].

As primeiras adaptações a serem ressaltadas são, o idioma e o direito aplicável à arbitragem. O art. 23-A da Lei federal nº 8.987/95 – Lei de Concessões – determina que o emprego de arbitragem nas concessões de serviços públicos deve ocorrer dentro de dois limites: que o procedimento seja realizado no Brasil e em língua portuguesa. Tendo em vista que as duas formas de PPPs (concessão patrocinada e administrativa) se sujeitam a algum tipo de aplicação da Lei de Concessões (conforme dispõe o art. 3º da Lei federal nº 11.079/04), conclui-se ser recomendável que a arbitragem nas PPPs siga tais parâmetros[36].

Outros dois pontos que exigem uma reflexão na aplicação da Lei de Arbitragem às contratações públicas, dizem respeito à possibilidade de julgamento por equidade – previsto no art. 2º da Lei nº 9.307/1996 – e a eventual decretação de sigilo do procedimento. Com relação ao primeiro tema, é corrente na doutrina a impossibilidade de a Administração se submeter a julgamento por equidade, em decorrência do princípio da legalidade estrita. Já no tocante ao sigilo – situação que, diga-se de passagem, é bastante comum nos Tribunais Arbitrais

---

35 AMARAL, Paulo Osternack. *Arbitragem e Administração Pública: aspectos processuais, medidas de urgência e instrumentos de controle*. Belo Horizonte: Fórum. 2012.

36 A proposta de realização do procedimento em território nacional se explica em razão dos custos envolvidos em arbitragens estrangeiras. Além disso, ainda haveria o risco de que a sentença fosse proferida fora do Brasil, o que demandaria sua homologação pelo Superior Tribunal de Justiça (art. 34 da Lei federal nº 9.307/96 e art. 105, "i" da Constituição Federal). Por sua vez, a adoção do idioma nacional decorre da ideia de que o processo, no Brasil, desenvolve-se de acordo com o nosso vernáculo (art. 151 do Código de Processo Civil). Assim, recomenda-se que a arbitragem seja realizada no Brasil, em língua portuguesa..

envolvendo entes privados –, tendo em vista a sujeição da Administração ao princípio da publicidade (art. 37 da CF), recomendamos que, em regra, o procedimento seja público. Todavia, tal publicidade não pode ser absoluta, devendo respeitar certos limites, tais como os sigilos impostos por lei ou decisão judicial, os segredos industriais e eventuais temas afetos à segurança nacional, conforme preconizado pela Lei federal nº 12.527/2011 (Lei de Acesso à Informação).

Dessa forma, figura-se importante que o procedimento arbitral seja realizado em língua portuguesa, com base na legislação material nacional. No que concerne ao julgamento, recomenda-se que seja público, salvo exceções, e fundamentado pelas regras de direito (vedação do uso da equidade).

Cabe debater, em seguida, a modelagem da cláusula arbitral, circunscrevendo-nos, dada as particularidades desta modalidade de contratação[37], aos contratos de parcerias público-privadas.

Arbitragem institucional ou *ad hoc*?

Em geral, a doutrina afirma que a arbitragem institucional é a mais adequada, em razão de sua segurança, facilidade e pela experiência do órgão e dos profissionais envolvidos em resolver a controvérsia[38]. Neste aspecto, a Lei estadual paulista nº 11.688/04 (Lei das PPPs estaduais) traz a seguinte previsão:

> *"Artigo 11 – Os instrumentos de parceria público-privada poderão prever mecanismos amigáveis de solução das divergências contratuais, inclusive por meio de arbitragem, nos termos da legislação em vigor.*
> *Parágrafo único – Na hipótese de arbitramento, os árbitros deverão ser escolhidos dentre os **vinculados a instituições especializadas na matéria e de reconhecida idoneidade**"* (sem grifos no original).

---

[37] Destaque-se, entre elas, a longa duração das concessões e o alto valor envolvido nos contratos..

[38] CARMONA, Carlos Alberto. *Arbitragem e Processo: um comentário à Lei nº 9.307/96*. 3. ed. São Paulo: Atlas, 2009, p. 290.

Sendo assim, a redação supramencionada estabelece que os árbitros devem possuir vínculo com entidades especializadas. Essa determinação, isoladamente considerada, não permite afirmar que a norma tenha optado pela obrigatoriedade da arbitragem institucional (em tese, a arbitragem poderia ser *ad hoc*, com profissionais associados a uma determinada câmara). Todavia, a conjugação das lições da doutrina com o preceituado pela lei paulista, leva à recomendação da adoção da arbitragem institucional como modelo a ser seguido nas futuras contratações, opção que ora se encampa.

Delimitação das matérias sujeitas à arbitragem

Definir o que o Estado pode submeter a um julgamento arbitral é matéria que gera diversas discussões no âmbito acadêmico. Como visto anteriormente, há quem enxergue nos princípios da supremacia e indisponibilidade do interesse público um empecilho à possibilidade de a Administração se sujeitar a uma decisão arbitral. A delimitação acerca dos direitos patrimoniais disponíveis relacionados ao contrato pode, destarte, gerar alguma controvérsia, o que poderia até mesmo inviabilizar a instituição do procedimento arbitral.

Já expomos neste trabalho a objeção a esse entendimento, concluindo pela possibilidade de o Estado adotar uma cláusula compromissória em suas contratações, abrangendo, a princípio, todos os temas que podem ser dispostos em contrato. Todavia, como forma de se procurar evitar futuros questionamentos e incidentes judiciais, entendemos recomendável que o próprio contrato a ser firmado já enumere as matérias que deverão/poderão ser submetidas à solução por meio da arbitragem. Alguns temas que podem constar dessas cláusulas são[39]:

---

39 Fonte: contrato firmado pela Sabesp na PPP de São Lourenço.

- reconhecimento do direito e determinação do montante respectivo da **recomposição do equilíbrio econômico-financeiro**, em favor de qualquer das partes, em todas as situações previstas no CONTRATO DE CONCESSÃO[40];
- reconhecimento de hipóteses de **inadimplemento** contratual de qualquer das PARTES ou anuentes;
- cálculo e aplicação do **reajuste** previsto no CONTRATO DE CONCESSÃO;
- acionamento dos mecanismos de **garantia** estipulados no CONTRATO DE CONCESSÃO;
- valor da **indenização** no caso de **extinção** do CONTRATO DE CONCESSÃO;
- inconformismo de qualquer das PARTES com a decisão da COMISSÃO TÉCNICA.

Todas essas matérias podem ser sujeitas à solução por arbitragem, uma vez que tratam de questões atinentes à própria execução do contrato de caráter objetivo. Além disso, é possível cogitar a inclusão de uma cláusula genérica dispondo que a contratante e a Sociedade de Propósito Específico podem submeter *"de comum acordo, à arbitragem outras controvérsias relacionadas com a **interpretação** ou **execução** do CONTRATO DE CONCESSÃO, delimitando claramente o seu objeto no compromisso arbitral*[41]*"*. Nessa hipótese, antes da instauração da arbitragem, deverá haver um acordo entre as partes, que limite claramente a controvérsia que será submetida ao Juízo Arbitral, desde que verse como interpretação ou execução do contrato.

---

40 Sobre a disponibilidade da controvérsia relativa ao equilíbrio econômico-financeiro do contrato, o entendimento do STJ no Resp 904.813: "A controvérsia estabelecida entre as partes – manutenção do equilíbrio econômico-financeiro do contrato – é de caráter eminentemente patrimonial e disponível, tanto assim que as partes poderiam tê-la solucionado diretamente, sem intervenção tanto da jurisdição estatal, como do juízo arbitral". REsp 904813/PR, Rel. Ministra NANCY ANDRIGHI, TERCEIRA TURMA, julgado em 20/10/2011, DJe28/02/2012.

41 Fonte: contrato celebrado pela SABESP na PPP de São Lourenço..

Critérios para escolha da câmara arbitral

Como visto, o presente estudo optou pela adoção da arbitragem institucional, de modo que se mostra necessário estabelecer critérios para a escolha da Câmara. O primeiro aspecto a ser ressaltado é a inadequação em estabelecer no contrato qual instituição realizará o procedimento. Isso porque a contratação da câmara arbitral pelo Poder Público é futura e incerta (não se sabe, de antemão, se ocorrerá algum litígio) e os contratos de PPP possuem longa duração (o conflito poderá ocorrer somente vinte ou trinta anos após a assinatura do contrato). Assim, não será possível determinar de antemão qual o órgão mais adequado para solução de conflitos. Ademais, o estabelecimento de uma cláusula padrão com a fixação de câmara arbitral, a ser utilizada como paradigma para as futuras contratações, poderia caracterizar monopólio em favor de uma instituição arbitral, incompatível com o princípio da impessoalidade que rege a Administração Pública.

Dessa forma, a solução que se encontra é a indicação da instituição no momento em que surgir o conflito que será submetido à arbitragem. Caberá ao Poder Concedente a sugestão da Câmara – ainda que o conflito tenha sido suscitado pelo parceiro privado – como forma de garantir o atendimento ao interesse público. Apenas na hipótese de inércia da Administração é que se facultará à contratada a possibilidade de escolha da instituição.

Todavia, no momento em que o litígio surgir, a Administração precisa de critérios para escolha da câmara, para que esta contratação não ocorra de forma aleatória e prejudicial à melhor solução para a disputa. Assim, recomenda-se que sejam observados dois critérios principais para escolha da instituição: o perfil do corpo de árbitros e a adequação do procedimento ao regime jurídico da Administração Pública.

No que concerne ao primeiro quesito, convém que a Administração escolha uma câmara arbitral que possua em seu quadro de árbitros profissionais com experiência na matéria a ser discutida no litígio[42].

Quanto ao procedimento da câmara, o principal quesito a ser apreciado é a permissão de publicidade dos atos processuais. Isso porque a publicidade, como visto, é princípio constitucional da Administração Pública (art. 37, *caput*), o qual deve ser observado, salvo disposições legais em contrário. Nessa toada, a lei de acesso à informação (Lei nº 12.527/2011, regulamentada em São Paulo pelo Decreto nº 58.052/2012) não excepciona tal procedimento como de publicidade restrita. Sendo assim, o regulamento da câmara arbitral a ser selecionada pelo Estado deve sempre permitir a divulgação dos atos processuais, respeitados os limites supramencionados[43].

Por fim, vale ressaltar que os contratos de PPP, instrumentalizados com financiamento do Banco Mundial, exigem que o procedimento arbitral seja realizado por meio de Arbitragem Comercial Internacional[44]. Assim, caso o projeto conte com recursos dessa origem, deve-se atentar para esta *Guideline*.

---

42 O corpo de árbitros das câmaras arbitrais pode ser encontrado na internet, inclusive, com o currículo resumido desses profissionais. A título exemplificativo destaca-se o endereço eletrônico da Câmara de Comércio Brasil Canadá: http://www.ccbc.org.br/default.asp?categoria=2&subcategoria=corpo de árbitros. Acesso em 21.05.2013, às 10h25.

43 A título exemplificativo, cita-se o regulamento de arbitragem da Fundação Getúlio Vargas/RJ, o qual proíbe a divulgação dos atos processuais:
"*Art. 61 – Os processos de conciliação e arbitragem deverão transcorrer em absoluto sigilo, sendo vedado aos membros da Câmara FGV, aos conciliadores, aos árbitros, às partes e aos demais participantes do processo divulgar qualquer informação a que tenham tido acesso em decorrência de sua participação no procedimento*". Em outro sentido, o regulamento da Câmara de Comércio Internacional (CCI) possibilita a divulgação dos dados, conforme o art. 22 de seu regulamento. Segundo os estudiosos do tema "*Esse viés de voluntariedade da confidencialidade torna o novo Regulamento adequadamente aplicável a procedimentos arbitrais envolvendo Estados, entes estatais ou outras partes para as quais a publicidade do procedimento seja essencial*". Fonte: http://www.pn.com.br/arquivos/publicacoes/Arbitragem_Extraordinario.pdf. Acesso em 17.07.2014.

44 "*Applicable Law and Settlement of Disputes. The contract shall include provisions dealing with the applicable Law and the forum for the settlement of disputes. Consultants' contracts shall always include a clause for settlement of disputes. International commercial arbitration in a neutral venue has pratical advantages over other methods for the settlement of disputes*". Guidelines.Selection and Employment of Consultants. Under IBRD Loans and IDA Credits and Grants by World Bank Borrowers.

Forma de contratação e pagamento das despesas e eventual condenação

Da contratação

A forma de contratação da câmara pelo Poder Concedente é tema polêmico[45]. Isso porque, como é sabido, toda a prestação de serviços para a Administração Pública pressupõe, como regra geral, o procedimento licitatório, nos termos do art. 37, XXI, da Constituição Federal.

Contudo, a contratação de uma instituição que promova arbitragens, apresenta peculiaridades. Essas diferenças de regime se iniciam pela opção deste estudo em identificar o melhor momento para a contratação da câmara arbitral. Como visto, a instituição será escolhida quando surgir a necessidade, em razão de algum conflito. Assim, em referido momento, não haverá tempo hábil para a realização dos procedimentos previstos na Lei nº 8.666/93 (Lei Geral das Licitações).

Outra questão a ser discutida, se refere ao mercado em que as câmaras arbitrais se inserem. Os estudiosos do tema não cogitam a possibilidade de que referidas instituições se submetam a um procedimento licitatório, para serem contratados pelo Poder Público[46]. Assim, em razão da consolidação da arbitragem no mercado privado, o procedimento licitatório poderia restar deserto.

A despeito de tais considerações, de fato, a prestação desse tipo de serviço para a Administração parece estar circunscrita à forma de inexigibilidade de licitação (art. 25 da Lei federal nº 8.666/93).

---

45 Para uma abordagem dessa temática: OLIVEIRA, Beatriz Lancia Noronha de. *A Arbitragem nos Contratos de Parceria Público-Privada*. Dissertação de mestrado em Direito. Universidade de São Paulo, 2012, p. 95 e seguintes.

46 Para um posicionamento sobre o tema: SOARES, Carlos Henrique e outros. "(Des) necessidade de processo licitatório para escolha de câmara arbitral". Disponível em http://www2.cjf.jus.br/ojs2/index.php/revcej/article/viewFile/1578/1685 Acesso em 11.06.2013.

De acordo com as lições da doutrina, a inexigibilidade de licitação se configura nas hipóteses em que a competição é inviável. *"Essa fórmula não foi explicitada nem esclarecida pela Lei, que se restringiu a fornecer um elenco de exemplos daquilo que caracteriza inviabilidade de competição"*[47]. Dessa forma, os autores sobre o tema afirmam que o rol do art. 25 da Lei Geral de Licitações é meramente exemplificativo[48].

Nessa toada, existe entendimento no Tribunal de Contas da União de que as hipóteses de inexigibilidade de licitação discriminadas pela lei não são exaustivas, conforme a ementa abaixo:

> *"As hipóteses de inexigibilidade relacionadas na Lei no 8.666/93 não são exaustivas, sendo possível a contratação com base no caput do art. 25 sempre que houver comprovada inviabilidade de competição"* (Acórdão nº 2.418/2006, Plenário, rel. Min. Marcos Bemquerer Costa).

Assim, a inviabilidade de licitação se revela pela natureza da atividade a ser desenvolvida e porque as características da prestação funcionam como causa impeditiva de competição. A dizer, a escolha de uma câmara arbitral, dentre as diversas disponíveis no mercado, não pode ocorrer através dos critérios da Lei nº 8.666/93. É impossível definir com precisão uma relação custo-benefício. *"Ainda que seja possível determinar o custo, os benefícios que serão usufruídos pela Administração são relativamente imponderáveis"*[49]. Vale consignar que, referido entendimento em relação às possibilidades de inexigibilidade de licitação, encontram amparo junto ao Tribunal de Contas

---

47 JUSTEN FILHO. Marçal. *Comentários à Lei de Licitações e Contratos Administrativos*. 15. ed. São Paulo: Dialética, 2012, p. 405.

48 SUNDFELD, Carlos Ari. *Licitação e Contrato Administrativo*. 2. ed. São Paulo: Malheiros, 1995, p. 42. SOUTO, Marcos Juruena Villela. *Direito Administrativo Contratual: Licitação e Contratos Administrativos*. Rio de Janeiro: Lumen Juris, 2004, p. 129.

49 JUSTEN FILHO, Marçal. *Op cit.* p. 407.

da União, nos termos do acórdão nº 918/2003, 2ª C., rel. Min. Adylson Motta.

Com isso, propõe-se inexigibilidade de licitação, que deverá observar os critérios delineados anteriormente, em procedimento que será instaurado após o surgimento do conflito, apartado ao instrumento contratual.

Das custas e pagamentos decorrentes da arbitragem

O pagamento das custas envolvidas no procedimento arbitral poderá recair, ao final, à parte vencida, considerando, para tanto, aquela que obteve menor êxito em suas teses. O adiantamento desses valores poderá ser feito pela parte que solicitar a instauração da arbitragem, incluindo os honorários dos árbitros, excluindo-se somente, por óbvio, os pagamentos contratuais que as partes acordarem com seus advogados.

Nos casos em que o Estado requerer a instauração do procedimento arbitral, surge a questão atinente a como proceder ao adiantamento das custas, tendo em vista a necessidade de dotação orçamentária para tal fim. Considerando que, como visto, a instauração do Tribunal Arbitral somente ocorrerá com o surgimento de um conflito, estaríamos diante de um evento condicionado, a dizer, futuro e incerto. Daí que, não haveria como, de antemão, prever uma dotação orçamentária específica para este fim. A solução estaria, em tese, na abertura de crédito adicional especial, com os trâmites atinentes à espécie.

Entretanto, considerando a possibilidade de demora neste procedimento, que em muitos casos poderia até mesmo inviabilizar a realização da arbitragem, entendemos possível, também, que as custas sejam adimplidas com recursos advindos da Companhia Paulista de Parcerias (CPP), criada pela Lei estadual nº 11.688/2004, e que tem como principal objetivo "*colaborar, apoiar e viabilizar a implementação do Programa de Parcerias Público-Privadas*" (art. 12).

Para este fim, prevê este mesmo diploma legal a possibilidade de a CPP participar da celebração dos contratos de PPP firmados no Estado de São Paulo, situação na qual poderia *"assumir, total ou parcialmente, direitos e obrigações decorrentes dos contratos"*[50], dentre elas as custas advindas do procedimento arbitral.

Vale, neste ponto, destacar o posicionamento doutrinário que afirma que *"ao criar a empresa e possibilitar que atue como empresa não dependente, as obrigações por ela assumidas não causam impactos nos limites de endividamento do Estado"*[51]. Ou seja, em se utilizando recursos por intermédio da Companhia, o Estado não estaria restrito à dotação orçamentária prévia. Contudo, em razão da polêmica envolvendo essa proposta, e por fugir ao tema central, o presente estudo optou por não inserir essa ideia na cláusula padrão, mas apenas discorrer sobre a tese neste artigo.

Uma última questão tormentosa que se coloca é a forma de pagamento de eventual condenação pecuniária em face do Estado, a dizer, se ela deve ocorrer pela sistemática de precatórios, ou constituiria exceção à regra do art. 100 da Constituição Federal. A resposta, contudo, pode ser encontrada na redação do próprio art. 31 da Lei da Arbitragem [52] que, ao equiparar a sentença arbitral àquela proferida no âmbito do Judiciário para fins de execução, leva à conclusão de que

---

50 "Artigo 15 - Para a consecução de seus objetivos, a CPP poderá:
I - celebrar, de forma isolada ou em conjunto com a Administração direta e indireta do Estado, os contratos que tenham por objeto:
[...]
b) a instituição de parcerias público-privadas;
[...]
II - assumir, total ou parcialmente, direitos e obrigações decorrentes dos contratos de que trata o inciso I deste artigo".

51 ALMEIDA, Fernando Dias Menezes de. "PPP e sua aplicação pelo Estado de São Paulo", *in: Parcerias Público-Privadas*, 2. ed., Carlos Ari Sundfeld (org.). São Paulo: Malheiros, 2011, p. 577.

52 "Art. 31. A sentença arbitral produz, entre as partes e seus sucessores, os mesmos efeitos da sentença proferida pelos órgãos do Poder Judiciário e, sendo condenatória, constitui título executivo."

o pagamento deverá ser feito por precatório[53]. De qualquer maneira, esta análise foge do objeto central deste estudo, uma vez que não existe conveniência em dispor sobre esse tema no bojo do contrato.

A solução proposta: cláusula arbitral padrão

> Qualquer disputa ou controvérsia entre as partes contratantes que não seja dirimida de forma consensual ou pela Comissão Técnica será submetida à ARBITRAGEM, de acordo com a Lei federal nº 9.307/96.
> A arbitragem será institucional e realizada em língua portuguesa, com sede no Brasil e utilização da legislação de direito material nacional.
> Os atos do processo arbitral serão públicos, ressalvadas as hipóteses de sigilo decorrentes da lei, de segredo de justiça, de segredo industrial ou quando imprescindível à segurança da sociedade e do Estado.
> Os árbitros não poderão proferir juízo de equidade.
> As partes contratantes poderão submeter à arbitragem os seguintes conflitos:
> - reconhecimento do direito e determinação do montante respectivo da recomposição do equilíbrio econômico-financeiro, em favor de qualquer das partes, em todas as situações previstas no Contrato de Concessão;
> - reconhecimento de hipóteses de inadimplemento contratual de qualquer das partes ou anuentes;
> - cálculo e aplicação do reajuste previsto no Contrato de Concessão;
> - acionamento dos mecanismos de garantia estipulados no Contrato de Concessão;
> - valor da indenização no caso de extinção do Contrato de Concessão;
> - inconformismo de qualquer das partes com a decisão da Comissão Técnica.
>
> As partes poderão, ainda, submeter à arbitragem, de comum acordo, outras controvérsias relacionadas com a interpretação ou execução do Contrato de Concessão, delimitando claramente o seu objeto no compromisso arbitral.
> A instauração do procedimento arbitral não desonera as partes de cumprirem suas obrigações contratuais.

---

53 Referida opinião também é manifestada por AMARAL, Paulo Osternack. *Op. cit.*, p. 132.

A escolha da câmara arbitral será exercida pela CONTRATANTE, dentre as instituições de notório reconhecimento, com regulamento adaptado às arbitragens estatais e que possuam profissionais com experiência na matéria em litígio, em até 30 (trinta) dias contados da apresentação da controvérsia por qualquer das Partes, via comunicação formal à outra Parte. O procedimento arbitral observará o Regulamento da Câmara de Arbitragem adotada, bem como o disposto na Lei nº 9.307/96 e subsequentes alterações, assim como com as disposições constantes deste Contrato. Caso o Poder Concedente não indique a Câmara de Arbitragem no prazo acima indicado, caberá ao Parceiro Privado fazê-lo, no mesmo prazo, com base nos mesmos critérios.

O Tribunal Arbitral será composto de três árbitros, sendo que o Parceiro Privado e o Poder Concedente poderão indicar 01 (um) árbitro cada, os quais, conjuntamente, indicarão o terceiro árbitro, que atuará como presidente do Tribunal Arbitral. Caso os árbitros nomeados pelas Partes não cheguem a uma decisão consensual sobre o nome do terceiro árbitro, este será nomeado de acordo com o regulamento da Câmara Arbitral adotada..

Os árbitros devem ser, cumulativamente, profissionais vinculados a instituições especializadas em arbitragem e devem possuir comprovada experiência na questão que será discutida no processo arbitral.

A parte vencida no procedimento de arbitragem arcará com todos os custos do procedimento, incluindo os honorários dos árbitros, excluídos apenas eventuais honorários advocatícios contratuais. As custas serão adiantadas pela parte que suscitar a instauração do procedimento arbitral.

A sentença arbitral será considerada como decisão final em relação à Controvérsia entre as Partes, irrecorrível e vinculante entre elas.

Será competente o Foro Central da Comarca de São Paulo, para dirimir qualquer controvérsia não sujeita à arbitragem, nos termos do Contrato de Concessão, assim como a ação de execução específica prevista no artigo 7º da Lei federal n.º 9.307/96.

Bibliografia

AMARAL, Paulo Osternack. *Arbitragem e Administração Pública: Aspectos processuais, medidas de urgência e instrumentos de controle*. Belo Horizonte: Fórum. 2012.

ARRUDA JÚNIOR, Demerval Ferraz. O Estado, a Jurisdição e a Arbitragem: Para começo de conversa. Revista da Procuradoria Geral do Estado nº 75, jan/jun 2012, p. 21 a 32.

BINENBOJM, Gustavo. Da supremacia do interesse público ao dever de proporcionalidade: Um novo paradigma para o direito administrativo. In: BINENBOJM, Gustavo. *Temas de direito administrativo e constitucional*. Rio de Janeiro: Renovar, 2008.

CARMONA, Carlos Alberto. *Arbitragem e Processo: Um comentário à Lei no 9.307/96*. 3. ed. São Paulo: Atlas, 2009, p. 290.

DI PIETRO, Maria Sylvia Zanella. O princípio da supremacia do interesse público: Sobrevivência diante dos ideais do neoliberalismo. In: DI PIETRO, Maria Sylvia Zanella et al (Coords.). *Supremacia do interesse público e outros temas interessantes do direito administrativo*. São Paulo: Atlas, 2010.

ESQUÍVEL, José Luis. *Os contratos administrativos e a arbitragem*. Coimbra: Almedina, 2004.

GONÇALVES, Pedro. *Entidades privadas com poderes públicos*. Coimbra. Almedina, 2005, p. 270-277.

JUSTEN FILHO. Marçal. *Comentários à Lei de Licitações e Contratos Administrativos*. 15. ed. São Paulo: Dialética, 2012.

OLIVEIRA, Beatriz Lancia Noronha de. *A Arbitragem nos Contratos de Parceria Público-Privada*. Dissertação de mestrado em Direito. Universidade de São Paulo, 2012.

PRADO, Lucas Navarro e RIBEIRO, Maurício Portugal. *Comentários à Lei de PPP – fundamentos econômico-jurídicos*. São Paulo: Atlas, 2007

RIBEIRO, Maurício Portugal. *Concessões e PPPs – melhores práticas em licitações e contratos*. São Paulo: Atlas, 2011.

SALLES, Carlos Alberto de. *Arbitragem em Contratos Administrativos*. São Paulo: Forense, 2011, p. 250.

SOARES, Carlos Henrique e outros. "(Des) necessidade de processo licitatório para escolha de câmara arbitral". Disponível em http://www2.cjf.jus.br/ojs2/index.php/revcej/article/viewFile/1578/1685. Acesso em 11.06.2013.

SOUTO, Marcos Juruena Villela. *Direito Administrativo Contratual: Licitação e Contratos Administrativos*. Rio de Janeiro: Lumen Juris, 2004.

SUNDFELD, Carlos Ari. *Licitação e Contrato Administrativo*. 2. ed. São Paulo: Malheiros, 1995.

SUNDFELD, Carlos Ari; CÂMARA, Jacintho Arruda. O Cabimento da Arbitragem nos Contratos Administrativos. *In:Contratações Públicas e Seu Controle*. São Paulo: Malheiros, 2013.

TALAMINI, Eduardo. A (in)disponibilidade do interesse público: Consequências processuais (composição em juízo, prerrogativas processuais, arbitragem e ação monitória). *Revista de Processo*, São Paulo, a.30, v. 128, out. 2005.

capítulo XII

Aporte de recursos em PPPs - notas sobre a natureza, tratamento tributário e modificações implementadas pela Lei no 12.766/12

Ana Lúcia C. Freire Pires O. Dias[1]
Lucas Pessôa Moreira[2]

Introdução

O artigo pretende analisar o tema do "aporte de recursos" no panorama atual dos estudos sobre parcerias público-privadas, indicando a evolução do instituto, ocorrida ao longo do período que se seguiu à publicação da Lei nº 11.079, de 30 de dezembro de 2004, e culminou na sua positivação, promovida pela Medida Provisória nº 575, de 7 de agosto de 2012, convertida na Lei nº 12.766, de 27 de dezembro de 2012. Aponta-se que a positivação do aporte de recursos , considerada uma evolução da legislação, traduz um esforço de promoção da PPP, que é modalidade de contratação cujas complexidades ensejam o seu emprego ainda de forma tímida por aqui, comparando-se com os cenários desenhados em outros países. Considera-se , portanto, um avanço significativo o fato de –a lei passar a dispor de forma expressa acerca de alguns dos reflexos tributários relativos ao aporte de recursos em sociedades de propósito específico.

---

1 Procuradora do Estado de São Paulo. Mestre em Direito do Estado pela PUC/SP. Graduada em Direito pela Universidade de São Paulo – USP.
2 Procurador do Estado de São Paulo. Especialista em Direito da Administração Pública pela Universidade Federal Fluminense. Graduado em Direito pela Universidade Federal Fluminense.

Breve histórico da remuneração nas concessões

A superação da conceituação clássica de concessão gera efeitos diretos nos estudos sobre remuneração do concessionário.

Para o conceito tradicional de concessão, a remuneração do concessionário seria obtida unicamente mediante a cobrança de tarifas dos usuários do serviço público concedido, o que reforça a impressão de que somente serviços industriais e comerciais, bem como os serviços *uti singuli*, seriam passíveis de exploração mediante a utilização da técnica concessória.[3]

Em tal conceituação não se enquadravam, contudo, uma série de serviços, seja por envolverem serviços *uti universi*, não passíveis de fruição individualizada, seja por não serem prestados ao público.

Com o intuito de viabilizar tais delegações – antes impossibilitadas – foram sendo previstas outras formas de remuneração do concessionário: em primeiro lugar, passou-se a admitir que o concessionário fosse remunerado por meio de recursos provenientes da exploração de todas as potencialidades do serviço; depois, foi sendo viabilizada a aplicação de ajudas financeiras ou subsídios estatais no âmbito das atividades concedidas; finalmente, reconheceu-se que a Administração também poderia assumir o encargo de efetuar pagamentos de forma direta ao concessionário, sem que isso desvirtuasse a utilização da técnica concessória[4].

No final de 2004, com a edição da Lei nº 11.079/2004, (Lei das PPPs) confirmou-se[5] a viabilidade do emprego de recursos estatais no custeio da prestação de serviços delegados.

---

3 SCHIWIND, Rafael Wallbach. *Remuneração do concessionário: concessões comuns e parcerias público-privadas.* Belo Horizonte: Fórum, 2010, p. 28.

4 SCHIWIND, Rafael Wallbach. *Op. Cit.* p. 32.

5 Parte da doutrina já considerava possível que recursos do Poder Público fossem repassados ao concessionário com base em dispositivos das Leis nos 8.987/95 e 9.074/95.

A sistemática criada pela Lei das PPPs permitiu a aplicação da lógica concessória às atividades em que a cobrança de tarifas fosse insuficiente para o custeio do empreendimento ou fosse absolutamente inviável.

Em um contexto de escassez de recursos públicos, as PPPs surgiram com o objetivo de cometer à iniciativa privada a busca de financiamentos necessários à obtenção de recursos para a constituição de infraestrutura indispensável a diversas atividades de relevância coletiva, que não são autossustentáveis economicamente.

A adoção de modelo de PPP se dá sob a lógica da conveniência e oportunidade da contratação, como enuncia o art. 10, I, "a"[6], da já mencionada Lei, ou seja, com a comprovação da identificação de vantagem na comparação com alternativas de que disponha o Poder Público para executar os empreendimentos/obras/serviços de grande porte que se afigurem necessários.

Ainda que se admita como pertinente a sua adoção, especialmente em cenários de escassez de fontes de financiamento ou constrição fiscal, de se ver que tais condições são variáveis, cumprindo observar se, para além da análise do custo de capital do Estado, a alternativa é realmente interessante do ponto de vista da melhoria da qualidade dos serviços, inovação, eficiência, e efetiva redução dos recursos públicos demandados.

Remuneração das PPPs – Aporte de recursos

A contratação pública prevê, para o caso de parceria público-privada na modalidade de concessão administrativa, a remuneração por contraprestação pecuniária em caráter exclusivo e, para o caso de concessão patrocinada, remuneração de maneira complementar à receita proveniente da cobrança de tarifa, que passa a ocorrer na fase de operação do serviço.

---

6 http://www.planalto.gov.br/ccivil_03/_ato2004-2006/2004/lei/l11079.htm

Neste contexto surge a figura do "aporte de recursos", expressão genérica introduzida na Lei das PPPs pela Lei nº 12.766/12 (conversão da Medida Provisória nº 575, de 2012), que engloba os recursos repassados independentemente de sua natureza ou do momento em que tal repasse ocorre.

Assim, nesta análise do chamado aporte de recursos na contratação sob regime de PPPs, buscou-se mapear o desenvolvimento da legislação e doutrina produzidas a partir da Lei das Parcerias Público-Privadas e suas alterações.

Para tanto, necessário inicialmente mencionar que, a Lei nº 11.079/2004 vedava, em seu art., 7º, *caput*, o pagamento de contraprestação pelo Poder Público, antes do início da prestação dos serviços pelo parceiro privado, nos seguintes termos:

> "Art. 7º A contraprestação da Administração Pública será obrigatoriamente precedida da disponibilização do serviço objeto do contrato de parceria público-privada."[7]

Conforme comprovaram, por um lado, as tímidas tentativas de implantação do procedimento e, por outro, os alertas da doutrina que se debruçou sobre o tema a partir da edição da lei, esta vedação legal implicava ineficiências tributárias e financeiras nas situações em que obras ou outros investimentos relevantes se fizessem necessários antes do início da prestação do serviço.[8]

Ineficiência financeira porque gerava a necessidade de remunerar o intervalo temporal (juros) entre os investimentos iniciais feitos pela Sociedade de Propósito Específico (SPE) e o pagamento da contraprestação pública, que somente poderia ocorrer quando da fruição do serviço prestado, sendo que, muitas vezes, o Poder Público já tinha disponibilidade de caixa

---

7 http://www.planalto.gov.br/ccivil_03/_ato2004-2006/2004/lei/l11079.htm

8 RIBEIRO, Maurício Portugal; GALÍPOLO, Gabriel; PRADO, Lucas Navarro. *Explicando a MP 575/12 a especialistas e não especialistas*. Disponível em: <http://www.pppbrasil.com.br/portal/content/artigo-explicando-mp-57512-especialistas-e-n%C3%A3o-especialistas>

para pagar por tais investimentos desde a época da contratação da PPP. Esse descasamento entre a fase de investimentos vultosos, pelo setor privado e o recebimento da contraprestação pecuniária, portanto, poderia originar um custo financeiro elevado, a ser refletido na própria contraprestação.

Igualmente, verificou-se que, a partir da crise do sistema financeiro em 2008 nos EUA, o acesso ao crédito pelos agentes privados tornou-se mais escasso e caro, colocando, desse modo, em xeque a própria premissa financeira da PPP, qual seja, a antecipação de recursos privados para fazer frente às despesas de infraestrutura necessária à operação contratada pelo Poder Público.

Pareceu indispensável, portanto, imprimir maior racionalidade econômica à contratação, reduzindo o custo do diferimento – às vezes desnecessário – da recuperação do valor do investimento feito pelo parceiro privado através de financiamentos, o que se daria somente após o início das operações.

Para reduzir a ineficiência financeira, diversos projetos de PPP passaram a prever pagamentos de contraprestações públicas elevadas nos primeiros anos de concessões ou até mesmo imediatamente após a disponibilização, ainda que parcial dos serviços. Com isso, antecipava-se o *pay back*[9] do negócio, reduzindo-se o risco e a necessidade de financiamento, o que, consequentemente, diminuía o valor a ser pago pelo Poder Público.

Ocorre que, tais atitudes geravam outro problema: a ineficiência tributária, que acabava por eliminar parte dos ganhos financeiros. Essa ineficiência tributária se verificava porque o ingresso de recursos na SPE na fase pré-operacional, sob a forma de receita, consiste, em princípio, hipótese de incidência de variados tributos, notadamente IRPJ, CSLL e PIS/COFINS.

---

9 Tempo decorrido entre o investimento inicial e o momento no qual o lucro líquido acumulado se iguala ao valor desse investimento.

Portanto, a solução dos problemas de caráter econômico-financeiro ensejou um impasse sob o ponto de vista tributário, como se mencionou acima, pois passou a compor o risco do parceiro privado uma eventual interpretação, pela fiscalização tributária, no sentido de que essa concentração do pagamento nos primeiros anos ou logo após a conclusão do investimento, demandasse antecipação da tributação.

Isso aconteceria porque a base de cálculo do PIS e do COFINS é o faturamento pelos serviços prestados. Além disso, para fins de apuração do IRPJ e CSLL, é preciso considerar que as depreciações fiscais dos ativos apenas ocorreriam no médio e longo prazo, tudo a desenhar um impasse[10], que configura o chamado *travamento* da PPP.

Aliás, o impasse fica representado não só pela onerosidade da contratação, como também pelos riscos futuros em relação à manutenção do seu equilíbrio: como já indicaram experiências anteriores, até mesmo em casos de expressa previsão de isenções tributárias, é possível ainda a instauração de discussão sobre competência tributária.[11]

Tendo como um de seus objetivos dar solução ao problema da antecipação dos tributos e possibilitar a transferência de recursos pelo Poder Concedente ao parceiro privado, antes do início da fruição dos serviços objeto da PPP, com a concentração de pagamentos no início do contrato, foi editada em 7 de agosto de 2012 a Medida Provisória nº 575, posteriormente convertida na Lei nº 12.766, de 27 de dezembro de 2012, que buscou suprir tais omissões constantes da lei originária das PPPs.[12]

---

10 RIBEIRO, Maurício Portugal; GALÍPOLO, Gabriel; PRADO, Lucas Navarro. *Op. Cit.*

11 Vide contencioso tributário instaurado no caso da Linha 4 do METRÔ em São Paulo (Adin nº 0304416-55.2011.8.26.0000/50001 – Órgão Especial TJSP) finalmente julgado em favor do Estado de São Paulo em julho de 2014.

12 COELHO, Pedro Henrique Lacerda Miranda. *Aspectos tributários da contraprestação pecuniária nas PPPs na modalidade de concessão patrocina-*

A própria exposição de motivos da MP 575/12 esclarece que *"tal medida faz-se necessária devido ao fato de não existir previsão legal expressa do tratamento tributário dos aportes de recursos públicos em contratos de PPP, efetuados a uma SPE"*.

Verifica-se que referida medida provisória foi o primeiro diploma a isolar o conceito de "aporte de recursos", a ele conferindo contornos de "nova modalidade", tendo repetido a exposição de motivos que *"a medida ora proposta não traz renúncia de receitas, já que prevê uma nova figura em sede de contratos de Parceria Público-Privado, denominada aporte"*[13] (g.n.).

Na verdade, a doutrina desde sempre abonou a existência desta transferência de recursos, sem a denominação *aporte de recursos*, sob a modalidade de subvenção para investimentos, prevista desde a edição do DL 1538/77. Esta transferência de recursos se destinava a estimular a implantação ou expansão de empreendimento econômico contratado com parceiro privado, sem configurar receita. Sob o ponto de vista da Lei nº 4.320, de 17 de março de 1964, que estatui as normas gerais de direito financeiro, é possível identificar, dentre as várias formas de repasse de recursos públicos ao setor privado, a possibilidade de transferência de capital, na forma de auxílios ou contribuições[14]. Essa transferência, que para o Poder Público se caracteriza como *despesa*, e para o setor privado beneficiado adquire a forma de *subvenção*, quando vinculada aos inves-

---

da. Disponível em: <http://www.pmradv.com.br/novo_site/noticias/interno.aspx?codigo=1040>

13 Disponível em: <http://www.planalto.gov.br/ccivil_03/_Ato2011-2014/2012/Exm/EMI-135-MP-Mpv-575-12.doc>

14 Art. 12. A despesa será classificada nas seguintes categorias econômicas:
(...)
§ 6º São Transferências de Capital as dotações para investimentos ou inversões financeiras que outras pessoas de direito público ou privado devam realizar, independentemente de contraprestação direta em bens ou serviços, constituindo essas transferências auxílios ou contribuições, segundo derivem diretamente da Lei de Orçamento ou de lei especialmente anterior, bem como as dotações para amortização da dívida pública.

timentos da concessionária, não se constitui receita propriamente dita, e, por tal razão, estaria em tese fora do alcance da tributação. Portanto, sempre de acordo com a doutrina, a subvenção para investimento – diferentemente da subvenção para custeio – não seria computável na base de cálculo dos tributos sobre renda e lucro (IRPJ e CSLL) e sua realização também não consistiria hipótese de incidência de Pis e Cofins.

De qualquer sorte, sob a denominação genérica de "aporte de recursos", imaginou-se ter ocorrido um avanço, com a consagração expressa na lei de tal figura, com o objetivo de afastar questionamentos e esclarecer a sua utilização como mecanismo de racionalização financeira e tributária e, portanto, um importante incentivo na contratação via PPP.

Em sua redação final, a Lei nº 12.766 exibe como alterado o art. 6º da Lei de PPPs – o parágrafo único transformado em § parágrafo 1º, sendo acrescentados os § parágrafos 2º, 3º e 4º [15].

A inclusão do § parágrafo 2º possibilita que o contrato preveja o aporte de recursos para o parceiro privado para a construção ou aquisição de bens reversíveis, aqueles que retornam ao governo depois do término do contrato de exploração do serviço, nos termos dos incisos X e XI, do art. 18 da Lei nº 8.987, de 13 de fevereiro de 1995, desde que autorizado no edital de licitação, se para contratos novos, ou em lei específica, para contratos celebrados até 8 de agosto de 2012.

Já o § parágrafo 3º permite que o valor do aporte de recursos concedido seja excluído da determinação do lucro líquido para fins de apuração do lucro real e da base de cálculo da Contribuição Social sobre o Lucro Líquido – CSLL e da base de cálculo da Contribuição para o PIS/PASEP e da Contribuição para o Financiamento da Seguridade Social – COFINS.

O § parágrafo 4º determina que a parcela excluída seja computada, na proporção da realização dos bens a que se re-

---

15 Disponível em: < http://www.planalto.gov.br/ccivil_03/_ato2011-2014/2012/lei/l12766.htm >

fere o § 2º, na determinação do lucro líquido para fins de apuração do lucro real e da base de cálculo da CSLL e da base de cálculo da Contribuição para o PIS/PASEP e da COFINS.

Portanto, a Medida Provisória nº 575 passou a usar a expressão genérica "aporte de recursos" para englobar tanto os pagamentos realizados antes da disponibilização dos serviços (subsídios, subvenções, auxílios a investimentos, ou reembolso de investimentos), quanto pagamentos realizados após a disponibilização dos serviços, a título de contraprestação.

Aparentemente a intenção é permitir que o benefício tributário estabelecido possa ser utilizado independentemente do título a que tal pagamento seja definido no contrato, evitando-se a controvérsia a respeito da natureza do repasse. Embora o foco da Lei de PPPs esteja na ideia de contraprestação, seria possível considerar que o regime dos subsídios anteriormente existente, que discernia entre subvenções e transferências de capital, aquelas dependentes de autorização legislativa e estas não, sob certas condições, continua vigente.[16]

Deve-se recordar que, no âmbito do Estado de São Paulo, o art. 119, parágrafo único, da Constituição Estadual, proíbe que o Estado subsidie, em qualquer medida, os serviços concedidos ou permitidos quando prestados por particulares. Todavia, tal dispositivo deve ser interpretado segundo o panorama legislativo vigente, na medida em que a intenção do constituinte bandeirante foi evitar que recursos públicos pudessem subsi-

---

16 RIBEIRO, Maurício Portugal, GALÍPOLO, Gabriel. *Subsídio a investimento em concessões e PPPs*. Disponível em: http://www.slideshare.net/portugal-ribeiro/subsidio-a-investimento-em-concessoes-e-ppps. Apontam os autores que, dada a discrepância de entendimentos acerca do conceito de subsídio, havia entendimento doutrinário acerca da desnecessidade de previsão legal para os chamados "auxílios a investimentos" porque não expressamente qualificados como "subsídios"; muitos juristas entendiam, por sua vez, inviável a realização de subsídio a concessionário comum de serviço público e também a parceiro privado em concessão patrocinada ou administrativa, mesmo com previsão legal em lei especial no âmbito do Poder Público Concedente.

diar ineficiências financeiras do concessionário prestador de serviço, sem qualquer contrapartida aos usuários.

Permitiu-se, assim, em oposição à restritiva regra do art. 7º da Lei de PPPs, que sejam feitas transferências de recursos, do Poder Público para a SPE, ao longo da fase de investimento, mesmo antes da disponibilização ou início da prestação dos serviços.

Passou a ser possível eliminar parte relevante da ineficiência financeira mencionada, transferindo ou pagando valores relevantes à SPE no período de investimento ou logo após sua conclusão, sem gerar os efeitos tributários negativos – pois a incidência dos tributos se dará apenas quando da realização dos custos dos bens reversíveis, inclusive por depreciação, conforme a lei.

Cabe ressalvar que tal efeito restringe-se ao IRPJ e CSLL, não podendo ser estendido ao PIS/COFINS, pois tal tributo não contempla a depreciação de ativos,, nas respectivas hipóteses de extinção ou dedução da base de cálculo como o faz a legislação do IRPJ e CSLL.

Para solucionar as dúvidas decorrentes do recolhimento do PIS/COFINS, foi editada a Instrução Normativa nº 1.342, de 5 de abril de 2013, que, por interpretação extensiva, considera que a parcela excluída da base de cálculo do PIS/COFINS decorrente do recebimento do aporte seja computada no cálculo desse tributo na proporção em que for computada a parcela excluída de IRPJ e CSLL, sendo admissível o uso de créditos apenas se for o caso de PIS/COFINS não cumulativa.

A tributação passa a ocorrer ao longo da prestação de serviço, junto com a depreciação dos bens adquiridos ou construídos com os valores do aporte financeiro, que nos projetos de infraestrutura são, em regra, 4% ao ano[17], ante a determina-

---

17 COELHO, Pedro Henrique Lacerda Miranda. *Aspectos tributários da contraprestação pecuniária nas PPPs na modalidade de concessão patrocinada.* Op. Cit.

ção de que seja incluído na base de cálculo dos tributos o valor equivalente ao aporte de recursos, na proporção em que os custos de investimento forem realizados.

Tal procedimento visa à neutralidade tributária da operação, uma vez que o ingresso do recurso não foi tributado.

Destaca-se, ainda, que a nova redação do § parágrafo 2º ao art. 7º da Lei de PPPs determina que somente haverá desembolso de recursos públicos proporcionalmente às etapas efetivamente executadas, quando realizado durante a fase dos investimentos a cargo do parceiro privado. Ou seja, deve haver uma proporção entre a transferência de recursos públicos, consubstanciados nos aportes, com as etapas efetivamente cumpridas.

Busca-se reforçar o incentivo contratual ao parceiro privado para executar as obras necessárias à prestação do serviço objeto do contrato de PPP com a celeridade devida, bem como limitar a exceção ao art. 7º, fruto da inovação por meio do já mencionado art. 6º, § 2º, da Lei 11.079/2004.

No entanto, o texto da lei ainda suscitava dúvidas a respeito do delineamento desse tratamento tributário específico, o que vinha gerando maior cautela e incertezas na aplicação do aporte. Inicialmente, porque a efetiva desoneração da contratação por PPP não se verificou em relação ao PIS/COFINS. Ainda que se tenham saudado sem maiores ressalvas o esclarecimento quanto ao tratamento do IRPJ e CSLL, não havia consenso, por exemplo, quanto ao momento de recolhimento do PIS/COFINS, bem como não se sabia ao certo como seria contabilizado o aporte, o que trazia incertezas quanto à possibilidade de se contabilizar a receita do aporte concomitante com a depreciação desses custos.

Para solucionar essas dúvidas, em 8.4.2013, a RFB – Receita Federal do Brasil editou a IN Instrução Normativa nº 1.342/13, que consigna expressamente em seu art. 3º, § parágrafo 1º, que os custos objeto do aporte devem ser contabilizados no ativo do parceiro privado[18]. Como o PIS/COFINS não contempla, em suas hipóteses de extinção ou dedução da base de cálculo, a depreciação de ativos, como o faz a legislação do IRPJ e CSLL, a instrução prevê que a parcela excluída da base de cálculo do PIS/COFINS decorrente do recebimento do aporte seja computada no cálculo desse tributo na proporção em que for computada a parcela excluída de IRPJ e CSLL, sendo admissível o uso de créditos apenas se for o caso de PIS/COFINS não cumulativa.

Antes, nos § parágrafos 2º e 3º, a instrução deixa claro que a realização desses custos pode ocorrer pela depreciação ou baixa do bem, ou pela extinção da concessão, devendo a parcela referente ao aporte ser excluída da base de cálculo tributária proporcionalmente à realização do ativo, inclusive considerando eventual depreciação acelerada incentivada.

Portanto, a Instrução Normativa nº 1.342/13 veio em boa hora, não apenas para esclarecer as dúvidas advindas da redação da lei nº 12.766/12, mas por encampar interpretação mais benéfica à racionalidade dos custos tributários, contribuindo para o efetivo *destravamento* da PPP, ao menos sob o ponto de vista do tratamento tributário entendido como correto pelos órgãos da Fiscalização, na medida em que disciplinou mais detalhadamente a contabilização de recursos e apuração dos tributos correlatos, de forma a melhor situar os contratantes em termos de expectativas e custos relacionados à contratação.

Ainda que se considere que *destravamento* e *desoneração* são conceitos diversos e sujeitos a interpretação variada, é inegável o avanço em termos de positivação de institutos, cuja construção vem sendo elaborada desde o início das PPPs, podendo ser referido que há uma tentativa efetiva de estimular a contratação com o esclarecimento do que se entende por de-

---

18 LOUREIRO, Caio de Souza. *Receita Federal edita Instrução Normativa sobre a tributação do aporte em PPP.* Disponível em: <http://www.manesco.com.br/site/pt/litteraDetalhe.php?id=977>

soneração tributária, ainda que sobre esse específico tema não haja consenso entre os especialistas da área.

Certamente o aporte de recursos, na forma em que foi concebido, pretende configurar elemento de efetiva desoneração para as parcerias público-privadas, que poderá ser utilizado para viabilizar projetos relevantes ao interesse público, como foi o caso do Edital da Concorrência Internacional n° 4/2013, da Linha 6-Laranja de Metrô de São Paulo, que prevê em seu item 7.2.4:

> "a desoneração do PIS/COFINS nas receitas decorrentes da prestação de serviços de transporte coletivo metroviário de passageiros, por força da Lei federal n° 12.860, de 11/09/2013, inclusive sobre a receita decorrente de aportes diferidos, nos termos do §4° do art. 3° da Lei federal n° 11.079/04, tendo em conta que as alíquotas, previstas na Instrução Normativa RFB n° 1342, de 05 de abril de 2013, estão sendo consideradas igualmente zeradas pelos efeitos da Lei;"[19]

É certo que as últimas notícias na seara tributária não são tão alvissareiras: a recente edição da Instrução Normativa n° 1.397 de setembro de 2013, que determina a obrigação de utilização do padrão contábil brasileiro vigente até 2007 para apurar lucro fiscal e patrimônio líquido fiscal – e não os critérios internacionais (IFRS), como vinham fazendo muitas empresas, além das alterações de classificação contábil de bens, que fatalmente produzirão reflexos na aplicação do critério de depreciação para fins fiscais - , traz novas dúvidas e instabilidades que merecerão análise mais aprofundada, mas não menos urgente, uma vez que os dispositivos já produzirão efeitos a partir de 2015.

Num campo de atuação fortemente integrado por consórcios de empresas nacionais e estrangeiras, esta como qualquer outra instabilidade, ainda que aparente, infelizmente contribui para manter inseguro e imprevisível o cenário das contratações via PPP, no que tange aos aspectos tributários.

---

19 Disponível em: <http://www.stm.sp.gov.br/index.php/edital-linha-6>

Análise de caso: O aporte de recursos em PPPs e a experiência da Linha 6 do Metrô de São Paulo

A prestação dos serviços públicos de transporte de passageiros da Linha 6 – Laranja do Metrô de São Paulo (Concorrência Internacional nº 004/2013) foi licitada no segundo semestre de 2013, apresentando o Consórcio Move São Paulo, formado pelas empresas Odebrecht, Queiroz Galvão, UTC Participações e Eco Realty Fundo de Investimentos, como vencedor.

Nessa oportunidade, contemplou-se o uso do mecanismo de aporte de recursos até o sexto ano de vigência do respectivo Contrato de Concessão Patrocinada, dispondo do valor de R$ 4.469.400.000,00 para auxiliar com os custos de implantação das obras civis, sistemas, fornecimento do material rodante e, em suma, todos os demais bens reversíveis da concessão.

O aporte será pago à Concessionária (SPE) pelo Poder Concedente (Estado de São Paulo, representado pela Secretaria dos Transportes Metropolitanos)[20], com base nos valores garantidos contratualmente por meio de financiamento obtido junto ao BNDES e, em caráter complementar, por recursos orçamentários do próprio Poder Concedente. O empréstimo com o banco federal foi devidamente autorizado pela Lei estadual nº 14.987, de 17 de abril de 2013, respeitando, assim, o disposto na Lei de Responsabilidade Fiscal[21].

Para mitigar os riscos de desvio dos recursos do aporte, estes foram todos vinculados ao pagamento dos bens reversíveis da Concessão[22] por meio de seu isolamento em conta bancária

---

20 A título de informação sobre os dispositivos destacados da Lei Federal de PPPs, o glossário do Edital faz referência aos artigos 6° e 7°, assim como suas eventuais alterações posteriores.

21 Art. 32 da Lei federal complementar nº 101, de 04 de maio de 2000.

22 A Lei estadual nº 14.987/2013, por exemplo, estabelece o seguinte:
Artigo 1° - Fica o Poder Executivo autorizado a realizar operações de crédito em moeda nacional e estrangeira junto ao Banco Nacional de Desenvolvimento Econômico e Social – BNDES, a Caixa Econômica Federal – CEF, o Banco do Brasil – BB, o Banco Interamericano de Desenvolvimento – BID, o Banco Internacional para Reconstrução e Desenvolvimento – BIRD, ou outras instituições financeiras

com destinação exclusiva. Cabe esclarecer sobre mais uma ferramenta de segurança, na forma do Contrato de Administração de Conta Vinculada, que deve ser celebrado em até 30 dias do Contrato de PPP ou do Contrato de Financiamento. Em apertada síntese, tal contrato visa, da mesma forma que o depósito em conta bancária vinculada, assegurar que os recursos destinados ao aporte sirvam exclusivamente para seu pagamento.

Além dessas disposições, o pagamento do aporte em si tem outra caracaterística: é que, com o objetivo de assegurar que os valores transferidos à Concessionária correspondessem à entrega efetiva dos bens reversíveis, criou-se um mecanismo de remuneração vinculada a eventos, correspondendo a algo muito similar aos marcos ("Milestones") de um contrato de EPC – "Engineering, Procurement and Construction"[23]. Sobre

---

internacionais, organismos multilaterais e bilaterais de crédito, agências de fomento, bancos privados nacionais e internacionais, agência multilateral de garantia de financiamentos, cujos recursos serão aplicados, obrigatoriamente, na execução do projeto Linha 6 – Laranja do Metrô de São Paulo, até o valor equivalente a R$ 3.879.000.000,00 (três bilhões, oitocentos e setenta e nove milhões de reais). (...)
Artigo 7° - Fica o Poder Executivo autorizado, na forma do artigo 6°, § 2°, da Lei federal n° 11.079, de 30 de dezembro de 2004 (com redação dada pela Lei federal n° 12.766, de 27 de dezembro 2012), a aportar recursos em favor do parceiro privado, com destinação específica à construção ou aquisição de bens reversíveis que comporão a infraestrutura vinculada ao projeto mencionado no "caput" do artigo 1° desta lei, na forma do que dispuserem o Edital, a proposta vencedora, o contrato de concessão e a Lei Orçamentária Anual. (g.n.)

23 Os contratos de EPC, via de regra, designam limites amplos de atuação da contratada, que, por sua vez, se responsabiliza pelo projeto ("*engineering*"), pela aquisição de materiais e equipamentos ("*procurement*") e pela construção ("*construction*"). Não é anormal que nesses contratos, devido à característica de empreendimentos de construção com longos prazos e que necessitam de fluxo de caixa, haja mecanismos para assegurar pagamentos intermediários. Tais pagamentos podem ser pactuados de diversas formas, contudo, se por um lado o contratado necessita de fluxo de caixa para executar o empreendimento, por outro, o contratante deve saber estar pagamento por um serviço realmente executado. Isso nos leva para adoção de duas práticas costumeiras para o condicionamento de pagamentos em contratos de EPC, quais sejam: (i.) a remuneração por serviço concluído ("*progress payment*"), onde são medidas e pagas somente as atividades realizadas em períodos de tempo determinados, normalmente certificado por um Boletim de Medição; e (ii.) a remuneração por meta atingida ("*milestone*

isso, destaca-se o Anexo VI do Volume I do Edital, como sendo o documento que prevê um "Fluxo de Desembolso de Parcelas do Aporte de Recursos". Neste Anexo está disposta a definição e a ordem de cada evento passível de remuneração via aporte de recursos, havendo, ainda, uma proporção do pagamento de aporte na ocasião de conclusão de cada etapa.

Para que haja uma melhor compreensão deste mecanismo, disponibilizamos, abaixo, um exemplo, retirado do próprio Anexo VI do Edital:

Anexo VI

Volume II - Eventos para o desembolso de aporte de recursos

7 – IMPLANTAÇÃO DE OBRAS CIVIS – TBM

Evento nº 7 = Contra apresentação de realização das atividades necessárias ao início das obras com TBM:

Definição = Apresentação/comprovação de:
– Licença Ambiental de Instalação;
– Projetos de concepção concluídos;
– Projetos executivos apresentados

Proporção para Aporte = 2% do Total

---

payment"), na qual os pagamentos são liberados na medida em que são atingidas certas metas, que na maioria das vezes representam eventos relevantes para a construção.

Tabela I: Exemplo do fluxo de pagamento do aporte de recursos da Linha 6 do Metrô de São Paulo

O procedimento de remuneração pelo aporte, no entanto, não se extingue nas considerações acima. Também está prevista a contratação de uma entidade que atuará como Certificadora da Implantação durante o período de instalação da infraestrutura para realizar o apoio à fiscalização do cumprimento dos marcos contratuais da etapa pré-operacional[24]. Tal Certificadora tem estrita relação com os pagamentos do aporte, pois caberá à mesma instrumentalizar a aferição da conclusão satisfatória dos eventos, emitindo relatórios técnicos sobre cada etapa. O Poder Concedente, então, decidirá sobre a realização ou não dos pagamentos de aportes, com base nessas análises, sem prejuízo de solicitação de novos esclarecimentos.

Independentemente do cumprimento do cronograma de eventos para desembolso dos recursos do aporte inicialmente fixado, deve-se ressaltar que é facultado à Concessionária, no decorrer da implantação dos bens da Linha 6, modificar os prazos de pagamento, desde que formal e justificadamente, em novo cronograma de eventos por ela fixado.

É igualmente possível que haja o cumprimento antecipado das obras. Nessas circunstâncias, todavia, poderá ocorrer antecipação do pagamento relacionado ao evento antecipado, limitado a três bimestres do marco inicialmente previsto. A única exceção ao limite semestral fica por conta da fração de aporte correspondente à entrega da estação, em operação comercial

---

[24] Os requisitos para a contratação da Certificadora de Implantação estão previstos na "Cláusula Nona – Da Fiscalização e da Certificação da Implantação" do Contrato de Concessão. Nesse sentido, a título de curiosidade, cabe destacar que o instrumento contratual buscou estipular parâmetros para que a Certificadora detenha condições técnicas específicas, bem como que não seja influenciada diretamente pelo concessionário e seus respectivos acionistas. Para tanto, previu-se, por exemplo, que a Certificadora não poderá ser controladora, controlada ou coligada ou sob o controle comum de nenhum desses *players*..

antecipada. A limitação temporal quanto à possibilidade de antecipar o pagamento dos aportes deve-se, principalmente, a restrições de natureza orçamentária.

Por fim, explica-se que, para manter a atualização monetária dos recursos do aporte, os valores serão reajustados anualmente, pela Concessionária, e encaminhados ao Poder Concedente para avaliação. Os índices utilizados para a recomposição dos valores reais do aporte são destacados, dentro de uma cesta, mediante aplicação do Índice Nacional de Custo da Construção ("INCC"), fornecido pela Fundação Getúlio Vargas; do índice de Preços ao Produtor Amplo – Estágio de Processamento ("IPA-EP"), também da Fundação Getúlio Vargas; e o Índice de Preços de Obras Públicas – Índice Geral de Estrutura e Obras de Arte em Concreto, da Fundação Instituto de Pesquisas Econômicas ("FIPE/USP").

Já no caso de atraso do pagamento do aporte superior a 5 (cinco) dias, pelo Poder Público, os valores devidos deverão ser automaticamente acrescidos de juros de mora, com base na taxa SELIC.

Conclusão

Analisando-se a evolução do tema "aporte de recursos", desde a sua previsão implícita até a positivação expressa pela Lei nº 12.766/12, verifica-se que as ineficiências tributárias e financeiras ainda compõem o horizonte de análise da viabilidade de contratações via parcerias público-privadas, afigurando-se prematuro arriscar conclusões sobre a efetividade da sua previsão legal expressa em termos de *destravamento* do procedimento.

A adoção de determinado entendimento sobre a natureza do instituto impacta, em consequência direta, o tratamento tributário a ser conferido a diversas hipóteses normativas que daí decorrem, sendo ainda pouco claro o cenário tributário e, por isso, ainda incertos os mecanismos para obter equilíbrio na repartição de riscos entre os contratantes.

Bibliografia

SCHIWIND Rafael Wallbach. *Remuneração do concessionário: Concessões comuns e parcerias público-privadas.* Belo Horizonte: Fórum, 2010.

RIBEIRO, Maurício Portugal; GALÍPOLO, Gabriel; PRADO, Lucas Navarro. *Explicando a MP 575/12 a especialistas e não especialistas.*

COELHO, Pedro Henrique Lacerda Miranda. *Aspectos tributários da contraprestação pecuniária nas PPPs na modalidade de concessão patrocinada.*

RIBEIRO, Maurício Portugal, GALÍPOLO, Gabriel. *Subsídio a investimento em concessões e PPPs.*

PEIXOTO, Gabriel. *Fisco regula sistema de tributação de PPPs.*

LOUREIRO, Caio de Souza. *Receita Federal edita instrução normativa sobre a tributação do aporte em PPP.*

© Imprensa Oficial do Estado de São Paulo, 2014.

Biblioteca da Imprensa Oficial do Estado de São Paulo

Parcerias público-privadas / Cristina Margarete Wagner Mastrobuono, Mariângela Sarrubbo Fragata, organizadoras. – São Paulo : Imprensa Oficial do Estado de São Paulo – CEPGE – Centro de Estudos da Procuradoria Geral do Estado de São Paulo, 2014.

p. 380

ISBN 978-85-401-0137-1

1. Parceria público-privadas – Brasil 2. Contratos administrativos – Brasil 3. Concessões administrativas – Brasil I. Mastrobuono, Cristina Margarete Wagner II. Fragata, Mariângela Sarrubbo

CDD 346.81023

Índices para catálogo sistemático:
1. Brasil : Público – privadas 346.810 23

Grafia atualizada segundo o Acordo Ortográfico da Língua Portuguesa de 1990, em vigor no Brasil desde 2009.

Foi feito o depósito legal na Biblioteca Nacional (lei n° 10.994, de 14/12/2004).

Direitos reservados e protegidos pela lei n° 9.610/1998.

Proibida a reprodução total ou parcial sem a prévia autorização dos editores.

Impresso no Brasil 2014
Imprensa Oficial do Estado de São Paulo
Rua da Mooca, 1921 – Mooca
03103 902 São Paulo SP Brasil
Sac 0800 0123 401
www.imprensaoficial.com.br

Parcerias Público-Privadas

gerência de produtos
editoriais e institucionais
Carlos Roberto de Abreu Sodré

preparação de textos | revisão
edição | projeto gráfico
Edson Lemos

capa
Edson Lemos
Ricardo Ferreira

imagem capa
Cleo Velleda

assistência à editoração
Teresa Lucinda Ferreira de Andrade
Vanessa Merizzi
Marilena Villavoy

CTP, impressão e acabamento
Imprensa Oficial do Estado de São Paulo

PROCURADORIA GERAL DO ESTADO

Procurador Geral do Estado
Elival da Silva Ramos

Procuradora do Estado Chefe do Centro de Estudos
Mariangela Sarrubbo Fragata

Procuradora do Estado Assessora
Cristina Margarete Wagner Mastrobuono

Procuradora do Estado Assistente
Joyce Sayuri Saito

Formato 16 x 23cm
tipologia Walbaum | Akzidenz-Grotesk
papel capa cartão triplex 250g/m²
papel miolo pólen soft 80g/m²
número de páginas 380
tiragem 2000

GOVERNO DO ESTADO DE SÃO PAULO

Governador
Geraldo Alckmin

Secretário-chefe da Casa Civil
Saulo de Castro Abreu Filho

IMPRENSA OFICIAL
DO ESTADO DE SÃO PAULO

Diretor-presidente
Marcos Antonio Monteiro

Impresso nas oficinas gráficas da Imprensa Oficial
do Estado de São Paulo, em novembro de 2014.